U0578964

权威·前沿·原创

皮书系列为
"十二五""十三五""十四五"时期国家重点出版物出版专项规划项目

BLUE BOOK

智 库 成 果 出 版 与 传 播 平 台

汽车蓝皮书

BLUE BOOK OF AUTOMOBILE

中国汽车品牌发展报告
（2024）

ANNUAL REPORT ON THE DEVELOPMENT OF CHINESE AUTOMOBILE BRANDS (2024)

主　编／中国汽车技术研究中心有限公司

社会科学文献出版社
SOCIAL SCIENCES ACADEMIC PRESS（CHINA）

图书在版编目（CIP）数据

中国汽车品牌发展报告.2024／中国汽车技术研究
中心有限公司主编.--北京：社会科学文献出版社，
2024.10.--（汽车蓝皮书）.--ISBN 978-7-5228
-3886-1

Ⅰ.F426.471

中国国家版本馆 CIP 数据核字第 2024B5C377 号

汽车蓝皮书

中国汽车品牌发展报告（2024）

主　　编／中国汽车技术研究中心有限公司

出 版 人／冀祥德
责任编辑／张　媛
责任印制／王京美

出　　版／社会科学文献出版社·皮书分社（010）59367127
　　　　　地址：北京市北三环中路甲 29 号院华龙大厦　邮编：100029
　　　　　网址：www.ssap.com.cn
发　　行／社会科学文献出版社（010）59367028
印　　装／天津千鹤文化传播有限公司

规　　格／开　本：787mm×1092mm　1/16
　　　　　印　张：24.5　字　数：370 千字
版　　次／2024 年 10 月第 1 版　2024 年 10 月第 1 次印刷
书　　号／ISBN 978-7-5228-3886-1
定　　价／158.00 元

读者服务电话：4008918866

▲ 版权所有 翻印必究

《中国汽车品牌发展报告（2024）》
编 委 会

顾　　问　付炳锋　王　侠　王　昆　张国华

主　　任　安铁成

执 行 主 任　陆　梅

副 主 任　吴志新

主　　编　尤嘉勋　朱向雷

副 主 编　傅连学　陈海峰　杨　靖

参与审稿人　柳　燕　肖书霞　黄永和　李向荣　吴松泉

主要编撰者简介

尤嘉勋　中汽信息科技（天津）有限公司党委书记、总经理，高级工程师，长期从事汽车产业、市场、产品研究及行业咨询。曾主持或参与省部级课题、中汽中心课题 20 余项；获得中汽中心科技成果奖 10 余项；发表学术论文 40 余篇，发明专利 4 项。

朱向雷　中国汽车技术研究中心有限公司首席专家，技术委员会秘书长，战略规划与科技创新部总经理，中央研究院院长。兼任中国汽车工程学会知识产权分会主任委员、天津市汽车工程学会副理事长兼秘书长等职务。长期从事汽车产业、市场、产品、品牌研究等。曾主持或参加国家和省部级课题、中汽中心课题近 40 项；获得省部级科技成果一等奖 2 项、二等奖 7 项；发表学术论文 30 余篇，获得专利和软件著作权 20 余项并已转化应用。

傅连学　科技部火炬计划中心评审专家、中国汽车技术研究中心有限公司技术委员会委员、中汽信息科技（天津）有限公司战略科技委员会主任，教授级高级工程师。兼任中国汽车工程学会知识产权分会秘书长。长期从事战略规划与科技创新工作，曾主持国家部委科研与规划类课题 29 项；指导与主持中汽中心、中汽信科自主研发项目 200 余项；获得中国汽车工业科学技术进步奖 1 项、中汽中心科技成果奖 4 项、发明专利 2 项。

陈海峰　中汽信息科技（天津）有限公司副总工程师。长期从事汽车产业研究工作，在汽车流通与后市场政策及行业咨询方面深耕多年。主持或参加国家和省部级课题、中汽中心课题超过 50 项，发表学术论文 20 余篇。

杨　靖　中国汽车技术研究中心有限公司首席专家，中汽信息科技（天津）有限公司品牌咨询部部长。担任汽车人因与工效学专业委员会秘书长，湖南大学硕士生校外导师。长期从事市场调研、消费者研究、品牌研究等工作。曾主持或参加国家和省部级课题、中汽中心课题 20 余项，发表学术论文 20 篇，其中 SCI/EI 论文 14 篇，授权专利和软件著作权 7 项，作为主要起草人制定汽车品牌力评估团体标准 1 项。

序

2023 年是三年新冠疫情防控转段后经济恢复发展的一年，我国国内生产总值比上年增长 5.2%，增速比 2022 年加快 2.2 个百分点，整体呈现回稳向好态势。汽车产业作为国民经济的重要支柱产业，2023 年也交出一份亮眼答卷。其中，我国汽车产销量均突破 3000 万辆，年产销量双双创历史新高；新能源汽车产业迈入提质加速新阶段，产销量均突破 900 万辆；中国品牌也继续向上发展，市场占有率升至 56%，既展现了我国汽车工业的强大动能和发展韧劲，也是我国汽车产业结构加快调整优化升级的现实写照。

习近平总书记强调："推动我国汽车制造业高质量发展，必须加强关键核心技术和关键零部件的自主研发，实现技术自立自强，做强做大民族品牌。"中国坚定不移发展新能源汽车，核心技术研发不断取得突破，引领全球汽车行业进入电动化、智能化新赛道。汽车出口实现跨越式发展，新能源汽车成为增长的新动能。同时我们也应该清醒地意识到，对于中国汽车品牌而言，机遇与挑战并存。目前，中国汽车市场的竞争格局已趋于成熟，而产品同质化现象日益严重，导致消费者的品牌忠诚度降低，而对价格和服务的敏感度增加，加剧新能源汽车市场分化，新旧势力进退迭起，汽车市场正朝着头部化、规模化方向发展。

中国汽车技术研究中心有限公司（以下简称"中汽中心"）作为在国内外汽车行业具有广泛影响力的综合性科技企业集团，始终坚守推动中国汽车工业科技进步的初心和"独立、公正、第三方"的行业定位，坚定不移履行"引领汽车行业进步，支撑汽车强国建设"的使命，构建起政府智力

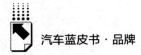
支撑、行业技术服务、汽车消费引领的发展新格局。自 2021 年 4 月启动"民族汽车品牌向上计划"以来，中汽中心联合行业机构和民族汽车企业，不断探索品牌向上新路径，助推中国民族汽车品牌高质量发展，为民族品牌参与国际竞争保驾护航。

今年是汽车品牌蓝皮书出版的第三年，本书致力于探索 2023 年汽车市场的变化与趋势，深入剖析中国汽车品牌的发展现状，聚焦汽车品牌发展热点，为读者呈现一个全面而深入的汽车产业画卷。全书分为总报告、专家视点篇、行业热点篇、国际化篇和专题篇五大板块，内容涵盖趋势分析、品牌国际化、政策法规、标准现状、用户洞察、品牌力测量结果、品牌营销等热点话题，通过对汽车市场的精准分析和深入解读，希望能够带领读者走进这个充满活力和挑战的领域，感受汽车行业的脉搏和变迁。

本书不仅是对汽车产业的一次全面解读，更是对未来的一次探索和展望，希望本书的出版，能够凝聚更多共识，形成更多合力，也希望本书所呈现的内容能够为您带来启发和收获，成为您探索汽车产业和汽车品牌发展的有益伙伴，与您共同见证中国汽车产业高质量发展的新征程。

2024 年 4 月于天津

摘　要

　　《中国汽车品牌发展报告》是关于中国汽车品牌发展的年度研究报告，2022 年首次出版，本书为第三部。本书在多位相关行业资深专家、学者顾问的指导下，由中国汽车技术研究中心有限公司的多位研究人员，以及行业内相关领域的专家学者共同撰写完成。

　　2023 年中国汽车市场稳中向好，全年汽车销量达到 3009.4 万辆，创历史新高，同比增长 12.0%。其中，我国新能源汽车产销量达到 949.5 万辆，同比增长 37.9%，市场占有率达到 31.6%。随着我国经济持续回升向好，促进消费政策持续发力，有望进一步激发汽车市场活力。目前，汽车市场正进一步从燃油车向新能源汽车转型。经过多年积累的技术基础和产业链供应链体系，我国新能源汽车产业发展态势良好，初步在全球层面形成综合竞争优势，出口规模进一步扩大，逐渐拓展了欧美新能源市场。随着中国民族汽车品牌崛起，我国汽车出口迎来了新的品牌机遇。

　　2023 年，我国自主品牌汽车国内市场销量首次超过海外品牌，立足本地市场、寻求海外突破成为中国汽车品牌出海的底层逻辑。中国汽车品牌国际化发展现状显示，作为全球最大的汽车生产销售国家，无论是新车还是二手车，我国的出口发展潜力都十分可观，已触达欧美市场。相应地，车企出海带动了二手车的出口，其中重卡、客车等市场迅猛发展。二手车出口依靠新车出口积累的品牌效应和售后体系，广大车企通力合作是开拓中国二手车海外市场的必然选择。对于我国民族汽车品牌出海，尤其要关注出口国家的行业标准和相关法规，从而降低自身的经营管理风险。随着各国相继提出碳达峰、碳中和的"双碳"目标，我国汽车品牌迎来了新的发展机遇，新能源汽车的国际化征程也将迈向更为广阔的舞台。

当前，中国汽车品牌仍需聚焦母子品牌关系、推进品牌高端化战略、以用户为中心驱动产业发展、坚持推动品牌高质量发展、加强汽车企业 ESG 体系建设、加速智能网联汽车技术研发、积极拥抱高购商时代等，着力提升民族汽车品牌的品牌力。通过品牌关系谱布局品牌战略，合理分配子品牌资源，实现产品品牌和企业品牌相互赋能、协同发展。着力布局高端化品牌战略，实现营销力、产品力、服务力的多元同步提升。用户体验直接影响用户对品牌的形象认知，体验经济时代，车企要以用户为中心，不断优化服务，提升产品质量，维护用户忠诚度。政府正在通过一系列政策措施，加大对中国汽车产业的支持力度，以推动技术创新与品牌建设为核心，促进产业转型升级，汽车企业应加大研发投入，推动汽车品牌高质量发展。当前，中国汽车产业 ESG 建设整体处于起步阶段，但已有企业在 ESG 实践中取得显著成效，成为行业先锋，中国汽车企业需加强 ESG 体系建设，提升信息披露质量，促进产业可持续发展。此外，智能网联汽车已经进入技术快速演进、产业加速布局的新阶段，产业生态不断完善，法律法规逐步规范，未来智能网联汽车发展的主要趋势将聚焦智能驾驶等级的持续升级。能够率先突破智能驾驶等级的技术瓶颈者，将掌握市场的话语权并增强自身的竞争力。随着消费者心智成熟度和甄别能力的不断提升，汽车市场消费逐渐进入高购商时代，如何更好地满足消费者需求，塑造独特的品牌形象，成为车企将要面对的重要议题。

未来，中国车市的整合趋势将持续换挡提速，创新脚步也将越发加快。在智能电动汽车浪潮的席卷下，技术不断向下渗透，品牌高端化、智能化势在必行。中国汽车品牌应强化品牌意识，坚持以用户体验为中心，提高自主研发能力，努力实现品牌向上。

关键词： 汽车品牌　汽车产业　汽车品牌建设

目　录 ⤵

Ⅰ　总报告

Ⅱ　专家视点篇

Ⅲ　行业热点篇

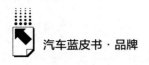

Ⅳ 国际化篇

Ⅴ 专题篇

皮书数据库阅读使用指南

总 报 告

B.1

2023年中国汽车品牌发展形势分析

中汽信息科技（天津）有限公司*

摘 要： 2023年是全面贯彻落实党的二十大精神的开局之年，是三年新冠疫情防控转段后经济恢复发展的一年，面对传统燃油车购置税优惠和新能源汽车补贴政策退出及复杂的国际形势等影响因素，中国汽车市场向好态势超出预期，产销量创历史新高。2023年是中国汽车"创造奇迹"的一年，汽车总销量（包含乘用车和商用车）超3000万辆，显示出汽车产业的强大潜力和市场发展空间。在电动化、智能化和网联化浪潮席卷全球汽车产业的时代，新能源汽车的发展突飞猛进，以中国创新势力为代表的高端智能电动车品牌销量快速提升，中国汽车品牌在未来全球智能电动化主导技术角逐中，显现出势不可当的态势。由国务院国有资产监管委员会社会责任局支持并指导，中国汽车技术研究中心有限公司发起的重点课题"民族汽车品牌向上计划"在2023年取得了重大成果，2023年末中央经济工作会议明确要求，2024年要坚持稳中求进、以进促稳、先立后破，着力扩大国内需求。要激发有潜能的消费，

---

* 中汽信息科技（天津）有限公司（以下简称中汽信科）隶属于中国汽车技术研究中心有限公司。编写组组长：杨靖，中国汽车技术研究中心有限公司首席专家，中汽信科品牌咨询部部长，长期从事品牌研究、市场调研、消费者研究等工作；编写组成员：胡慧莹、邢宸伊、赵翼舒、张雪。

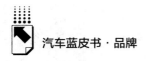

提振新能源汽车、电子产品等大宗消费。推动新能源汽车与燃油车协同发展需要中国汽车企业和汽车行业同人共同奋进,以打造品牌高端化战略布局、品牌出海战略布局、技术品牌和质量品牌为目标,共同推进中国汽车向上发展。

关键词: 中国汽车 汽车品牌 品牌建设

一 中国汽车行业品牌竞争格局分析

(一)中国汽车市场整体趋势

1.中国汽车市场总体稳步增长

2023年是全面贯彻落实党的二十大精神的开局之年,也是三年新冠疫情防控转段后我国经济恢复发展的一年。面对国际环境的不确定性,以及中高端芯片短缺、动力电池原材料价格居高不下等多重挑战,在党中央和国务院的坚强领导下,得益于各级政府主管部门的精准指导,汽车行业展现出强大的发展韧性和创新能力。全行业企业紧密团结,共同努力,取得了令人瞩目的业绩。多项关键指标创下历史新高,为工业经济增长提供了有力支持,成为经济发展中的重要引擎。2023年,汽车产销分别完成3016.1万辆和3009.4万辆,同比分别增长11.6%和12.0%。与上年相比,产量增速提升8.2个百分点,销量增速提升9.9个百分点(见图1)。

2.中国乘用车市场发展趋势

2015年以来,中国乘用车市场保持了持续增长的态势,年销量始终超过2000万辆。尽管在2020年经历了一段转型调整期,但乘用车销量仍然稳步增长。到了2023年,随着市场竞争的加剧和居民购车需求的进一步释放,乘用车市场呈现逐渐好转的态势,有效地推动了汽车行业的增长。

2023年,乘用车产销分别完成2612.4万辆和2606.3万辆,同比分别增长9.6%和10.6%,乘用车市场已经迈入了新的增长阶段,为整个汽车行业

图1　2018~2023年中国汽车销量及增长率

注：历史年度数据为当年发布数据。

资料来源：中国汽车工业协会。

的发展注入了强劲动力。新能源汽车销量仍持续爆发式增长，保持了良好的增长态势。2023年，受内外供需等多方面影响，新能源汽车产销分别完成958.7万辆和949.5万辆，同比分别增长35.8%和37.9%，市场占有率达到31.6%，标志着我国新能源汽车行业逐步进入快速发展时期，走向新的发展阶段。燃油车销量仍然呈下降趋势，2023年传统燃油车销量1404.3万辆，2022年传统燃油车销量1513.7万辆，同比下降7.2%（见图2）。

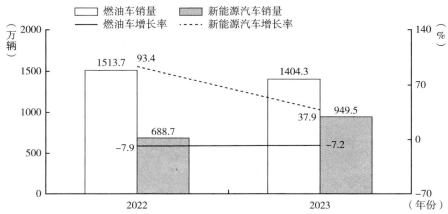

图2　2022~2023年中国乘用车市场燃油车和新能源汽车销量对比

资料来源：中国汽车工业协会。

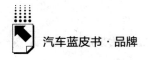

3. 技术发展趋势

在"双碳"战略下，中国已发展成为全球最大的纯电汽车消费市场，纯电汽车技术，特别是电池技术、三电系统有了突破性进展。宁德时代已成为世界顶尖电动汽车电池制造商之一，除了磷酸铁锂和三元锂电池外，还推出了 CTP 无模组电池、钠离子电池等创新产品，引领行业发展。2023 年，宁德时代发布了凝聚态电池技术，单体能量密度高达 500Wh/kg，具备高能量密度和高安全性，市场潜力巨大。

比亚迪的刀片电池通过结构创新，提升了体积利用率，让磷酸铁锂电池也能达到与三元锂电池媲美的续航水平。刀片电池在"针刺试验"中表现优异，是比亚迪实现新能源汽车销量突破的关键因素之一。

随着电池能量密度不断提升，纯电车型续航里程已普遍达到 600 公里或 700 公里。动力电池创新技术也在提升充电速度，新势力汽车品牌的快充技术突破尤为显著。以理想为例，其最新的 5C 电池 800V 高压快充技术，充电功率提升至 500kW，充电 9 分 30 秒即可实现 400 公里续航，充电 22 分钟即可达到 600 公里续航。

此外，AI 大模型的兴起为汽车行业带来新的智能化革命。AI 大模型已从大语言模型转向多模态模型，推动了完全自动驾驶应用的落地，提升了人机交互体验，成为汽车智能化发展的重要推动力量。

4. 中国乘用车用户发展趋势

2023 年，中国乘用车用户发展表现出几大群体的增长趋势：年轻群体、高端市场群体、下沉市场群体、燃油车置换用户群体。潜在用户对新能源汽车的关注度与购买意愿有所提升。

（1）年轻群体

随着新势力消费群体规模的扩大，其高消费能力与开放的消费观念，让汽车逐渐成为年轻群体提高生活品质的必需品，年轻人逐渐成为购买汽车的新主力人群。随着消费主体人群与结构的改变，越来越多的车企主动融入年轻消费者。2023 年汽车之家调研数据显示，意向购车用户中，35 岁以下年轻消费者占比已超四成，比 2022 年增长 4.7%。其中，26~30 岁年轻消费者同比增幅最为显著，为 8.3%。而 36~40 岁意向用户占比下降较为明显，同比下滑 3.9%。[①]

如今，年轻一代多数是互联网的活跃用户，他们热衷参与户外活动、涉足潮流文化等新潮事物，对于未知的事物充满好奇并且愿意不断尝试。在消费倾向上，年轻人主导市场，他们更易接受新事物，对智能网联技术表现出浓厚兴趣，对智能驾驶等新功能抱有积极态度。他们对汽车设计、未来感以及电子化有更高的期待，更符合新一代审美标准。同时，年轻人更注重社会责任感，认同新能源汽车的环保理念，并且更愿意为此支付额外的费用。这一代年轻人对新能源汽车的接受度和忠诚度不断攀升，为汽车产业带来了新的发展机遇。

（2）高端市场群体

在经济恢复发展的大背景下，消费者对于购车的要求逐渐由价格导向向品质和性价比导向过渡。相较于过去，更多的消费者愿意在购车预算上进行灵活调整，以获取更高品质的汽车产品。

2023 年的市场调研显示，购车预算在 20 万~50 万元的用户占比明显上升，这一区间的汽车价格相对较高，但更多的消费者愿意为更好的驾驶体验和全面的配置投入更多的资金。高线城市的用户主要集中在 20 万~30 万元预算区间，而一线和新一线城市超过 30 万元预算的用户比例达到 30%以上。

相比之下，购车预算在 10 万元以下的用户占比下降明显。这可能反映了用户对于车辆品质和配置的需求日益提升，对于传统廉价车型的需求减少。

（3）下沉市场群体

2023 年 2 月，《中共中央 国务院关于 2023 年全面推进乡村振兴重点工作的意见》中首次提出鼓励有条件的地区推动新能源汽车下乡，标志着新能源汽车下乡政策正式纳入国家战略。5 月，国家发展和改革委员会、国家能源局发布《关于加快推进充电基础设施建设 更好支持新能源汽车下乡和乡村振兴的实施意见》。8 月，商务部等 9 部门办公厅（室）联合发布《县

———————
① 汽车之家调研数据（2017~2023）。

域商业三年行动计划（2023—2025 年）》，并得到地方政府的积极响应和支持。中国汽车工业协会受相关部门委托，积极组织实施新能源汽车下乡系列活动，助推新能源汽车在乡村市场的普及。根据全国乘用车市场信息联席会的预计，到 2030 年，我国农村居民汽车保有量有望达到 160 辆/千人，总保有量将超过 7000 万辆。这一系列政策和举措推动乡村振兴战略向纵深发展，为乡村消费的全面升级注入了新动力。乡村市场已成为汽车消费的"蓝海"和增长点。新能源汽车下乡政策不仅是乡村振兴战略的重要组成部分，也是推动乡村经济发展和提升农村居民生活水平的关键举措。随着政策的不断完善和落实，相信新能源汽车将在乡村地区展现出更广阔的发展前景，为乡村振兴注入新的动力和活力。

（4）燃油车置换用户群体

电动车带来的家庭第二辆车的增购需求持续释放，加之乘用车普及率仅有 195 辆/千人的首购需求仍较强，共同推动乘用车内需消费的持续增长。2023 年国内零售中：新能源汽车 775 万辆，净增 207 万辆，增长 36%；燃油车 1395 万辆，净减 92 万辆，下降 6%。燃油车中只有豪华车零售微增，自主品牌汽车与合资品牌汽车零售全面下滑。新能源汽车中自主品牌汽车、主流合资品牌汽车与豪华车总体零售均全面增长。近年来，越来越多的用户将已购燃油车置换为新能源汽车。至 2023 年，潜在购车意向用户考虑购买新能源汽车的比例已达 85%，相比 2021 年增长 14.5 个百分点。其中，曾经购入新能源汽车的用户几乎全部选择再次购买，相比 2021 年提升 10.9 个百分点。首次购买新能源汽车的意向用户对新能源产品的信心也越来越足。除此以外，消费者对新能源汽车的购买偏好较强。表示肯定会选择新能源汽车的意向用户占比由 2021 年的 18.7%，增长至 2023 年的 48.3%。①

中国乘用车市场在不同用户群体间呈现多样化的增长动态，为汽车产业提供了广阔的发展空间。各汽车企业需要根据不同用户群体的需求特点，精

---

① 汽车之家调研数据（2017~2023）。

准定位市场，推出符合消费者期待的产品和服务，以实现市场份额的增长和品牌价值的提升。

（二）中国汽车品牌竞争格局分析

1.行业集中度发展趋势

行业集中度是指某行业的相关市场内前 N 家最大企业所占市场份额的总和，是市场势力的重要量化指标。由于汽车行业具有高行业准入门槛、高技术壁垒、高资金壁垒等特点，我国汽车行业的市场集中度较高。

2023 年，我国汽车行业集中度小幅下降，汽车销量排名前十位的企业集团销量合计为 2571.5 万辆，同比增长 9.9%，占汽车销售总量的 85.4%，市场占有率低于上年同期 0.8 个百分点。汽车销量排名前三位的企业分别为上汽、一汽和比亚迪，占汽车销售总量的 37.6%；前五名汽车企业销量占汽车销售总量的 54.4%。排名前十企业中，与 2022 年同期相比，比亚迪增速最高。近年来，我国汽车行业集中度保持在 85%以上，随着造车新势力的出现，我国汽车行业集中度有所下降，总体呈现先增后降的趋势，2023 年有所下降，重点企业集团总体表现稳定（见图 3）。

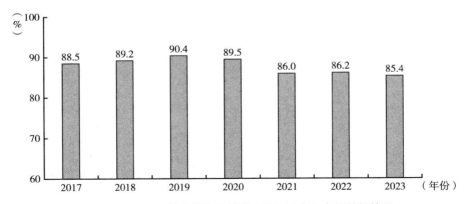

图 3 2017~2023 年中国汽车销量 TOP 10 企业市场份额情况

资料来源：中国汽车工业协会。

党的二十大报告明确指出，要积极稳妥推进碳达峰碳中和，深入推动能源革命，加快规划建设新型能源体系。① 随着"双碳"目标的提出，得益于技术进步与政策扶持，我国新能源汽车行业发展迅猛。2023年，我国新能源汽车行业集中度总体较高，新能源汽车销量排名前十位的企业集团销量合计为824.1万辆，同比增长47.7%，占新能源汽车销售总量的86.8%，市场占有率高于上年同期5.8个百分点。继2022年击败特斯拉之后，比亚迪在2023年进一步扩大了领先优势。凭借56%的年销量增速，成为TOP 20品牌榜中销量增长最快的公司，也使其对特斯拉的领先优势扩大到100万辆。

2. 中国民族汽车品牌与合资品牌竞争加剧

新中国成立以来，汽车行业逐步发展，发展初期缺乏技术与品牌影响力，合资品牌便应运而生，即由国外车企提供技术、品牌等，国内车企提供劳动力，由于核心技术掌握在外方手中，我国汽车品牌缺乏核心竞争力，民族汽车品牌竞争力相对较弱，外资品牌占据优势地位。近年来，由于新能源汽车技术的兴起与发展，民族汽车品牌与合资品牌竞争加剧，得益于新能源汽车技术的发展与突破、政策支持等，我国汽车品牌逆势增长、弯道超车。与之相反的是，合资品牌新能源汽车进程缓慢，销量并不理想，加之定价相较于豪华品牌和中国品牌不具优势，市场空间不断萎缩，合资品牌市场份额大幅下降。

2023年，自主品牌优势凸显，中国民族汽车品牌市场份额达到52%，超越合资品牌。其中，比亚迪增势明显，以301.3万辆销量一骑绝尘，同比增长33.25%，排在国内第一、世界第九的位置，成为中国汽车工业70多年来，首个进入世界销量前十的中国品牌；一汽大众、奇瑞汽车分别位列第二、第三（见图4）。当下，我国汽车市场格局正在发生变化。近年来，合资品牌颓势明显，部分合资品牌销量增长乏力，一汽大众汽车销量与上年接

---

① 《高举中国特色社会主义伟大旗帜　为全面建设社会主义现代化国家而团结奋斗——习近平同志代表第十九届中央委员会向大会作的报告摘登》，《人民日报》2022年10月17日。

近；众多合资品牌汽车销量呈下滑趋势，其中一汽丰田同比下降5.6%，上汽大众下降14.7%，日产下降20.9%。与此对应，民族汽车品牌销量大幅提升，比亚迪汽车销量增加149.4%，奇瑞汽车增长19.8%，长安汽车增长14.2%，吉利汽车增长1.8%。[1]

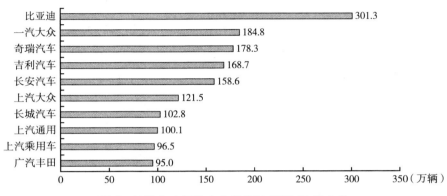

图4　2023年中国汽车市场销量TOP 10的企业

3. 燃油车品牌和新能源汽车品牌竞争加剧

2009年，财政部等发布《关于开展节能与新能源汽车示范推广试点工作的通知》，明确了对试点城市公共服务领域购置新能源汽车给予补助，在政策支持下，各车企积极加入新能源汽车的研发工作中。经过技术探索与突破，加之新能源汽车购置补贴、免征新能源汽车购置税等新能源汽车扶持政策，我国新能源汽车市场飞速发展，连续9年位居全球第一。燃油车品牌与新能源汽车品牌竞争加剧。

中国汽车工业协会公布的数据显示，2023年乘用车国内销量为2192.3万辆，同比增长4.2%，其中，燃油车销量为1404.3万辆，同比减少109.4万辆。2023年新能源汽车销量达949.5万辆，同比净增37.9%，市场占有率提升至31.6%。燃油车品牌和新能源汽车品牌竞争加剧。新能源汽车成为驱动车市正增长的中坚力量，我国汽车市场正向

---

① 资料来源：乘用车市场信息联席会。

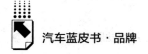

电动化、智能化变革。与传统燃油车品牌相比，新能源汽车品牌具有更多竞争优势。

从价格方面来说，随着技术的进步和市场的竞争，越来越多的新能源汽车品牌推出了价格更具竞争力的产品；一些政府补贴和优惠政策也使得购买新能源汽车更加经济实惠。如今，新能源汽车产品更具价格优势，合资品牌主销的 10 万~20 万元市场受到中国品牌的大幅冲击，新能源汽车品牌可以凭借自身的产品力赢得用户的青睐，实现进一步发展。除此之外，得益于我国新能源汽车技术的发展与自主研发，我国汽车品牌价格向上明显，新一代造车新势力更是在原本 30 万元以上、40 万元以上的市场有所突破，如蔚来、岚图等。电池、互联网等电气化、智能化技术的突破与应用，为助力我国新能源汽车品牌向上发展奠定了重要基础，与传统燃油车品牌相比，我国新能源汽车在价格方面的竞争优势逐渐增强。

从技术进步来说，新能源相关技术发展势头正猛。我国大规模量产动力电池单体能量密度达到 300Wh/kg，纯电动乘用车平均续驶里程超过 460 公里，乘用车中 L2 级及以上自动驾驶功能的车辆占比超过 40%。以比亚迪品牌为例，比亚迪 20 年来一直致力于技术创新，陆续推出了刀片电池、DM-i 超级混动、e 平台 3.0、CTB、易四方、云辇等领先技术，打造了自己的"技术鱼池"，推动了全球新能源汽车产业的进步。

从用户来说，存量竞争时代，用户是根本，新能源汽车品牌通常能够为用户提供更好的驾驶体验和用户体验。电动汽车的驾驶性能更加平顺，噪声更低，加速响应更快，给用户带来更舒适的驾驶感受。此外，许多新能源汽车品牌还提供了智能互联功能，如远程控制、车载娱乐和智能驾驶辅助等，满足了年轻用户对于科技和智能化的需求。

当下，我国汽车市场行业集中度较高，由于造车新势力与新能源汽车品牌的发展，2020 年我国汽车行业集中度有所下降。得益于新能源汽车相关技术的发展，我国汽车行业在新能源赛道中飞速发展，民族汽车品牌市场份额逐年增高，与合资品牌竞争的能力不断提高。

（三）中国民族汽车品牌竞争趋势分析

1. 中国民族汽车品牌高端化竞争趋势

促进建立强大有韧性的国民经济循环体系、加快构建新发展格局，离不开品牌的高质量发展。在政策引导下，中国民族汽车品牌积极推进技术升级和转型，向新能源和智能汽车领域转型。这些品牌利用自身的产业优势和完整产业链，加速推进新能源汽车的研发和生产，致力于提供更加环保、智能化的汽车产品。通过品牌塑造和定位，努力打造具有自主知识产权和品牌效应的龙头企业。其注重提升品牌形象和认知度，通过高端化定位和产品差异化，逐步打破了传统认知中中国汽车品牌的价格天花板。

近年来，在政策、市场和文化等多方面的影响下，中国民族汽车品牌不断拓展市场，积极参与高端化竞争。一些代表性品牌如红旗、理想、蔚来、岚图等，已经成功进军 30 万元以上的高端市场，并在该市场上取得了一定的市场份额。如果从品牌成交均价来看，2023 年，理想汽车的成交均价最低为 35.6 万元，蔚来汽车的成交均价为 36.8 万元，腾势汽车的成交均价最高为 40.2 万元。比亚迪仰望 U8 更是直接冲击豪华品牌销售榜，取得了两个月交付 1957 辆的好成绩，打破了自主品牌的价格天花板。在仰望的激励下，蔚来汽车的 ET9、长城 D 级轿车、江淮与华为合作的百万级产品，也将会在未来 1~2 年陆续揭开面纱。可以说，仰望汽车已经成功带动了中国自主品牌不断高端化的趋势。

2. 中国民族汽车品牌国际化竞争趋势

2018 年以来，我国车市经历了三连跌，叠加疫情、芯片紧缺等多重不利因素，近两年我国车市仍然能够保持正增长，这背后离不开我国汽车出口的强力支撑。2023 年，我国汽车出口再创新高，成为拉动汽车产销量增长的重要力量。汽车出口 491 万辆，同比增长 57.9%，出口对汽车总销量增长的贡献率达到 55.7%。传统燃料汽车出口 370.7 万辆，同比增长 52.4%；新能源汽车出口 120.3 万辆，同比增长 77.6%。整车出口前十企业中，从增速来看，比亚迪出口量为 25.2 万辆，同比增长 3.3 倍；奇瑞汽车出口量为

92.5万辆，同比增长1倍；长城汽车出口量为31.6万辆，同比增长82.5%。这标志着我国品牌"出海"已进入高速成长期，在迈向汽车强国的征程中，展现了我国大国制造与智能制造的能力。[1]

中国汽车出口暴增成为世界第一。出口增长的原因是全球有6000多万辆的国际市场需求，而中国自主品牌燃油车品质提升、智能化领先带来竞争力提升，叠加引领电动车的国际潮流带来海外市场新蓝海；又由于出口单价高、利润好，自主品牌依托出口获得巨大的利润并分担了内销的成本压力，因此出口量攀升世界第一。随着独联体国家需求逐步放缓，未来增长仍需依靠新能源汽车的增量。中国出口增长既有海外通货膨胀、供应链困局、地缘政治、制造业转型等机会，也有入世多年积淀的经验交流吸收，更关键的是自主品牌的自强和创新。中国汽车产业链韧性强，尤其是2021年开始的世界汽车缺芯背景下，中国车企在工信部等部门指导下实现产业链的紧密合作，确保生产稳定，增强国际竞争力，实现出口和内需的良好供给保障。这体现在中国对俄罗斯、欧洲、东南亚出口暴增的效果中，这些地区都是传统的国际车企出口主销区域，我国取得了一定突破。

3. 中国民族汽车品牌用户圈层的竞争趋势

主流汽车网站购车意向数据显示，我国民族汽车品牌接受度不断提升。2023年，我国自主品牌累计销量1124.0万辆，同比增长17%。2020年以来，我国自主品牌汽车市场份额连年上升，从35.7%上升到51.8%（见图5）。由此可见，我国民族汽车品牌竞争力已有很大提升。[2]

随着购车人群的年轻化，新一代消费者购车偏好也发生变化，购车行为更加理性，比起品牌，更加注重产品本身的质量、功能等。

4. 中国民族汽车品牌在新能源领域的竞争趋势

2023年，我国乘用车累计零售2169.9万辆，同比增长5.6%。新能源乘用车累计生产892.0万辆，同比增长33.7%；累计批发886.4万辆，同比

---

① 资料来源：中国汽车工业协会。
② 资料来源：乘用车市场信息联席会。

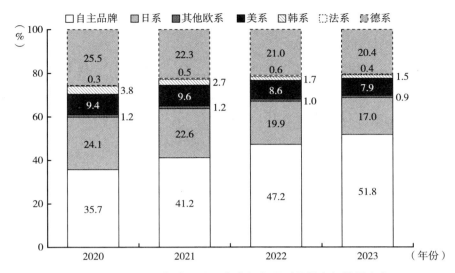

图5 2020~2023年我国乘用车市场各国别品牌市场份额变化

增长36.3%；累计零售773.6万辆，同比增长36.2%；累计出口104.8万辆，同比增长72.0%。① 其中，中国汽车品牌表现亮眼，2023年中国新能源乘用车厂商批发销量中比亚迪、特斯拉中国和吉利汽车位居前三，在中国新能源乘用车总销量中的占比为50%，TOP 10厂商新能源汽车销量占比达78%。在全球企业TOP 20销量排名中，中国品牌车企继续稳占12席，强势超越跨国品牌。② 中国汽车品牌的竞争力和品牌效应逐步显现。2023年，中国市场中比亚迪新能源乘用车以同比增长62%至301.3万辆的交付量排名第一，占据中国新能源乘用车总销量34%的份额，其中绝大部分仍得益于王朝、海洋系列销量贡献。③ 由此可见，我国民族汽车品牌具有较高竞争力。

5. 中国民族汽车品牌技术创新方面的竞争趋势

2023年，我国新能源汽车发展势头良好，产销量居全球首位，电池技术的自主与基础设施的完善推动了我国新能源汽车产业的发展。为推动民族

---

① 资料来源：乘用车市场信息联席会。

② 资料来源：CleanTechnica。

③ 资料来源：CINNO Research。

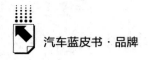

汽车品牌的可持续发展与强盛，掌握核心技术是关键。

（1）专利数量大幅增加

民族汽车品牌的可持续发展离不开自主知识产权等核心技术，据统计，2023 年中国汽车专利公开量为 32.73 万件，同比下降 9.65%；激烈的市场竞争加快了企业高质量创新步伐，企业围绕核心技术的专利布局，促进了高价值专利的不断产出，2023 年中国汽车发明专利授权量为 10.78 万件，同比增长 14.02%，汽车企业关键技术创新能力进一步增强。2023 年中国汽车发明专利授权量按自主整车集团统计，东风公司发明专利授权量同比增长 15.88%，连续两年位列第一。传统整车集团中，长安、广汽以及江铃、宇通、重汽等发明专利授权量同比增长超过 50%，专利质量持续提升；赛力斯集团以 88.00% 的同比增长率首次入围 TOP 20，造车新势力中蔚来的发明专利授权量增长明显。

与此同时，我国提出"二氧化碳排放力争于 2030 年前达到峰值，努力争取 2060 年前实现碳中和"目标后，发展新能源汽车成为我国实现"双碳"目标的重要路径。新能源汽车产业发展迅速，与之配套的相关技术也蓬勃发展。智能化、网联化成为新能源汽车发展新趋势，2023 年中国新能源汽车专利公开量按创新主体统计 TOP 20 中，中国企业占据 16 席，专利布局优势明显；供应商宁德时代、亿纬动力、亿纬锂能等专利公开量增幅明显，整车企业中长安、深蓝、车和家等增速较快。[①]

（2）电池技术创新

2023 年，中国新能源汽车技术创新与专利布局集中在纯电动汽车核心三电技术，占比高达 74.81%，动力电池领域专利占比为 48.98%，与 2022 年 49.23% 相比变化不大，新能源汽车相关技术创新仍集中在动力电池领域。

从 2023 年全球十大电动汽车电池生产商市场份额对比来看，宁德时代基本独占了 2023 年全球电动汽车电池市场的 34%，比亚迪市场份额从 2022

---

① 资料来源：中国汽车工业协会。

年的 14%跃升至 2023 年的 16%，这一增长也归功于比亚迪与第三方达成的供应交易。从全球主要动力电池企业竞争格局来看，宁德时代以超过 300GWh 的出货量排名第一，全球市场份额达到 35.7%，比亚迪以 14.2%的全球市场份额排名第二，排名第三的为韩国企业 LGES，其动力电池全球市场份额达到 12.1%。[①] 我国动力电池领域技术优势明显，2023 年中国动力电池在全球依然保持领先优势，动力电池系统专利公开量（包括发明、实用新型及外观设计）按创新主体统计 TOP 20 中，中国企业占据 18 席，技术优势明显。通过对我国民族汽车品牌在技术方面的创新成果分析可以看到，我国自主汽车企业越来越重视知识产权，部分车企专利数量实现大幅增长，但同时汽车企业也应积极由专利数量增长向专利质量提升转变，实现汽车行业高质量发展。

二 "民族汽车品牌向上计划"研究体系回顾

（一）研究背景

"把民族汽车品牌搞上去"，是时代赋予的使命。

2020 年 7 月 23 日，习近平总书记在参观一汽时明确提出"一定要把关键核心技术掌握在自己手里，我们要立这个志向，把民族汽车品牌搞上去"。中国汽车技术研究中心有限公司（以下简称"中汽中心"）高度重视习近平总书记"把民族汽车品牌搞上去"的指示，按照"独立、公正、第三方"的行业定位，联合全行业优势资源，设立"民族汽车品牌向上计划"重大专项，践行"引领汽车行业进步，支撑汽车强国建设"的企业使命。

"民族汽车品牌向上计划"由中汽中心牵头，红旗、长安等 22 家汽车品牌共研共创，来自中国传媒大学、南开大学、中国广告协会、中国信息协会市场研究业分会、欧洲商学院等科研机构的教授、专家共献良计，集结行

---

① 资料来源：EVTank。

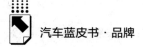

业力量，确保了"民族汽车品牌向上计划"的高质量开展，切实推动习近平总书记重要讲话精神与项目研究和实践的深度融合。

现阶段，民族汽车品牌经过多年发展积累，在技术应用、产品品质、体系能力等多方面具备与外资、合资品牌竞争的综合实力，但因品牌力优势不明显难以与合资品牌形成有效竞争。因此，品牌向上成为当前民族汽车品牌实现突围的核心诉求。

（二）研究体系

以民族汽车品牌向上指标为核心，研究各类指标对品牌提升的影响机制，测量品牌提升效果，搭建行业交流平台，形成测量、机制相辅相成的研究框架，紧密围绕品牌向上指标体系，建立品牌研究闭环，助力汽车品牌向上。

项目研究分为3个阶段、6个模块和15个子任务（见图6），聚焦民族汽车品牌发展核心问题展开研究，以汽车行业品牌发展状况摸底为核心，以汽车品牌向上机制及方法为重要课题，建立了汽车行业品牌力体系、品牌向上模型及方法论等，搭建行业交流平台，为企业品牌建设和品牌力提升提供可视化监测工具和个性化咨询服务，助力民族汽车品牌实现品牌向上。

（三）模型建立

"民族汽车品牌向上计划"建立了一套针对汽车行业的品牌力测量方法：构建包含八大指标的综合模型计算品牌力指数，揭示民族汽车品牌总体水平，提升品牌核心价值，同时开创汽车品牌力（C-ABC）测量模型。采用主、客观结合的方法，解读民族汽车品牌发展的优劣势，多角度、更全面地反映汽车品牌力表现，提高企业和消费者对于品牌力的重视，促进我国汽车行业品牌的发展。

品牌力是企业品牌发展的重要部分，评估品牌力的方式具有定性量化综合、模糊性、多维性等特征，同时考虑到汽车本身的独有特征，本研究将测量品牌力的指标分为两个维度，包括用户心智和市场表现，其中每个维度涉

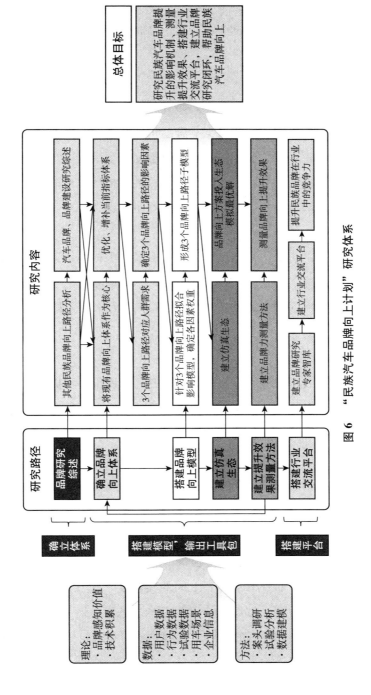

图 6 "民族汽车品牌向上计划"研究体系

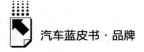

及若干个指标。用户心智涉及品牌意识、品牌联想、品牌态度、品牌共鸣；市场表现涉及品牌忠诚、保值率、市占率、品牌溢价。以下是对各项指标的具体释义。

1. 品牌意识

品牌意识指消费者快速识别与熟悉品牌的能力，与品牌在消费者记忆中的认知强度有一定程度的关系。根据品牌意识的元素及消费者对元素的记忆程度，我们将品牌意识分为品牌知名度、熟悉度两个维度。知名度指品牌名字及标识符号被消费者识别和再认的程度；熟悉度指品牌被消费者了解的深度和广度，包括品牌的标识、产品、生产厂商、所属企业及其文化等。

2. 品牌联想

消费者对品牌的记忆信息自动在大脑中形成一个相关信息网络，有助于形成一个独特的品牌形象。品牌联想"代表了一个品牌名称的内在价值，是消费者购买决策和品牌忠诚的基础"。品牌联想具体可从联想特征和联想内容两个方面来分析。

3. 品牌态度

品牌态度指消费者对品牌稳定的好与坏的认知评价、积极或消极的感受及行动倾向。积极的态度能够预测消费者的品牌关注和购买行为，是品牌用户心智表现的重要评价因子。品牌态度指消费者对品牌的产品功能、利益、形象、价值等方面的整体评价、感受偏好和行动倾向，既包含理性的认知判断，也包含感性的情感偏好以及综合考虑后的行为倾向。

4. 品牌共鸣

品牌共鸣指消费者感到与品牌一致的程度，包括消费者功能、情感需求与品牌所提供的产品功能、情感等价值的匹配性、消费者个性与品牌个性的相似度等方面，反映了品牌与消费者之间的契合度、关系的强度和积极性。培养品牌共鸣大致分为四个方面：使消费者产生态度依附、购买行为忠诚、积极参与品牌互动、品牌社区归属感。品牌共鸣的实践与研究领域分布在顾客关系、广告以及品牌体验上。

5. 品牌忠诚

品牌忠诚指消费者在购买决策过程中对于某品牌具有持续稳定的明显偏好，反映出消费者对于该品牌的坚持与信任。就消费者角度而言，基于用户对特定品牌的使用经验和认知信息形成的品牌忠诚，一定程度上可以反映出该品牌车型给车主带来的体验，进而有效降低消费者在购车时的时间成本和购买风险。就企业角度而言，存量用户日益成为新车市场增长驱动力，较高的品牌忠诚表示其在品牌营销成本、获客成本及用户增长方面更具优势。因此，品牌忠诚是品牌力的重要表征因素。

6. 保值率（残值率）

保值率是消费者在购买新车的重要参考标准之一，也是评价汽车品牌在市场中的价值的可靠量化指标，而且保值率为二手汽车市场定价、汽车制造商的生产计划与规模等提供了重要的参考指标。保值率受汽车性能、维修手续便捷程度、价格等因素影响，具体含义是指车辆在使用一段时间后的易手价格与最初购入价格的比值。在汽车市场中，绝大多数消费者倾向于购买保值率高的车型，在此基础上，顾客会首先考虑购入车型的品牌形象与车型质量，以及售后服务等因素。

7. 市占率

市占率是指品牌的销量在市场的同类产品总销量中的占比。市场占有率越高，说明企业的竞争水平越高，其销售量越大。了解品牌产品的市占率有助于企业了解整体市场环境与自身经营状况，进而制定适合的营销策略与发展规划，它是企业战略规划部署的一个重要测量指标。

8. 品牌溢价

品牌溢价也称为品牌的附加值，是指消费者愿意为品牌支付超过同类产品、同等配置的品牌的金额。品牌溢价实质上就是高于产品成本的那部分价值，相较于无品牌的产品，顾客更倾向于选购特定品牌，为其多支付一部分价格。品牌溢价与品牌形象和品牌价值息息相关，好的品牌形象可以使消费者产生正向反馈与共鸣，进而使得消费者产生品牌忠诚并复购品牌产品。品牌溢价在提高企业盈利、形成品牌特色内涵、良好发展方面具有重要意义。

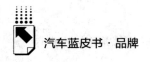

三 2023年中国民族汽车品牌表现分析

（一）用户心智表现

对用户心智包括品牌意识、品牌联想、品牌态度和品牌共鸣进行分析，发现以比亚迪为代表的中国民族汽车品牌在4个指标上的表现较上年均有提高，品牌知名度大幅提高，比亚迪、理想、长安、吉利等民族汽车品牌在用户心智表现各方面都有所提升。

合资汽车品牌在我国的发展历程长、市场占有率高、"名牌"效应由来已久，在消费者心智渗透方面有很强的先发优势和累积效应。特别是宝马、奔驰等豪华汽车的品牌影响力更不容小觑，对中国消费者的吸引力十分强势。

但是，中国民族汽车品牌在用户心智培养方面具备得天独厚的本土优势，特别是近十年，在中国电动化、智能化、网联化的政策支持下，在产业技术上，民族汽车品牌有望实现"弯道超车"；在产品功能和形象设计上，民族汽车品牌不断突破，能够满足消费者的基本功能需求、审美需求等，甚至开始引领消费者的购车、用车习惯，促进中国汽车市场逆势上涨。一些民族汽车品牌的成功经验提供了很好的启示，品牌的用户心智建设需要找准目标消费者，洞悉消费者需求，构建清晰、独特、打动目标消费者的产品和品牌形象，从而引导消费者产生积极的认知和购买意愿，使品牌形成强大的竞争力。

中国民族汽车品牌在用户心智塑造方面具备得天独厚的便利条件。中国车企更懂中国消费者，可以更便利和深入地洞察消费者需求，预测国内市场趋势，合理布局品牌战略。

（二）保值率表现

中国汽车流通协会发布的汽车三年保值率数据显示，中国民族汽车品牌的保值率相较其他国别汽车品牌明显较低。在 2023 年度数据中,德系品牌保时捷以卓越的 83.74% 的三年保值率居首位,成为唯一一家三年保值率超过 80% 的品牌。奔驰、宝马、奥迪分列第二至第四,三年保值率分别为69.16%、64.58% 和 61.43%。在日系品牌中,雷克萨斯、丰田和本田分居前三,其中雷克萨斯和丰田的三年保值率均超过 70%,分别为 75.96%和 70.09%。

近年来,中国民族汽车品牌通过不懈努力在汽车产品质量和服务提升方面取得显著进展,使得其与合资汽车品牌在保值率上的差距逐渐缩小。在自主品牌中,2023 年度有 4 个品牌的三年保值率超过 60%。其中,广汽传祺以 64.28% 脱颖而出,2023 年 1 月以来一直保持月度保值率排名第一。五菱、领克和长安的三年保值率分别为 62.21%、60.56% 和 60.12%。值得注意的是,理想汽车也成功跻身榜单,其三年保值率达到 58.61%,与其在市场销量方面强劲的表现密切相关。数据表明,理想汽车 2023 年全年累计交付 376030 辆,同比增长 182.21%。

尽管一些民族汽车品牌保值率相对较高,如五菱、长安等,但主要通过提供较低的品牌交易价格而取胜。民族汽车品牌的保值率较低主要在于产品"小毛病多"、故障率高和维修成本较高等问题。因此,要提高保值率,民族汽车品牌需要加强品控,降低产品故障率,并提供更便捷、可靠的维修或置换服务,以增强消费者对中国民族汽车品牌的信心。

(三)市占率表现

市占率是一个品牌在市场中的表现指标,也是品牌实力和消费者认可度的重要体现。高市占率可以增强消费者对品牌的信心,促使消费者更倾向于购买该品牌的产品,并愿意为其支付溢价。

研究显示,中国民族汽车品牌的市占率一直在稳步提升。在低线城市和20 世纪 70 年代以前出生的消费者中,汽车品牌的市占率是评价品牌力的首要因素之一。然而,由于中国民族汽车品牌起步较晚,其市占率长期低于合资汽车品牌。随着中国汽车市场进入存量时代,销量下降,品牌之间的竞争

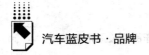

变得更加激烈。

近年来，中国民族汽车品牌在市场份额上实现显著提升。这主要得益于主流车企在电动化转型方面的加速，以及中国品牌在出口市场的表现。此外，中国民族汽车品牌在不断摸索经验的过程中，建立了完善的产业链，自主品牌市场份额也不断增长。

中汽协数据显示，2023年中国品牌乘用车销量达到1459.6万辆，同比增长24.1%，市场份额达到56%，较上年提升6.1个百分点。仅12月，销量就增长了25.9%，市场份额达到58%。中国民族汽车品牌在市场占有率方面取得了显著的进步。

（四）品牌忠诚表现

品牌忠诚是消费者在购买决策中持续稳定地偏爱某一品牌的表现，反映了消费者对该品牌的坚定信任和忠诚度。研究显示，在成熟、竞争激烈的市场环境中，维持老用户的成本远高于获得新用户，增加顾客留存率可显著提升行业平均利润。因此，品牌忠诚对于中国汽车市场中民族汽车品牌的成功至关重要。

然而，当前中国民族汽车品牌的品牌忠诚程度略低于合资汽车品牌。这主要源于消费者在购买耐用品如汽车时更注重产品质量、使用体验和相关服务，而目前民族汽车品牌在产品质量、稳定性等方面仍与德系、日系品牌存在一定差距，消费者普遍反映存在质量问题，影响了品牌忠诚度。

另外，首次购车用户和替换购车用户的关注点也存在明显差异。首次购车用户更注重基本功能、性价比和品牌知名度，而替换购车用户更看重产品品质、舒适性、品牌形象和身份认同等方面。随着消费者消费观念的更新，他们更倾向于选择品质更优、品牌形象更好的产品。然而，民族汽车品牌在品质感、品牌形象等方面仍落后于合资汽车品牌，导致消费者在替换购车时的品牌忠诚度较低。

中国民族汽车品牌需要在产品质量、品牌形象等方面加大投入，提升消费者的品牌忠诚度，从而在竞争激烈的市场中获得更大的竞争优势。

（五）品牌溢价表现

消费者对于汽车品牌的溢价支付能力反映了品牌超越产品本身的价值。然而，中国民族汽车品牌在品牌溢价方面存在明显的不足，这主要源于其早期市场定位。由于过去强调低价策略，民族汽车品牌被视为低端、廉价、平庸的代名词，消费者对其品牌的认知较弱，不愿意为其支付额外的溢价。

为了改变这种印象，中国民族汽车品牌需要进行长期的品牌形象重塑。近年来，一些民族汽车品牌积极推进品牌向上转型，通过打造高端品牌形象来提升溢价支付能力。例如，吉利通过收购沃尔沃，推出极氪、领克等高端品牌，展现了强大的品牌实力和国际化形象；比亚迪凭借在新能源领域的技术领先地位，逐渐重塑了品牌形象，甚至影响了其燃油车系的溢价表现；新势力品牌如理想、蔚来等则坚持高端定位，通过智能化配置、可靠的服务等方式塑造了高端品牌形象。

重塑品牌形象是一个艰难而缓慢的过程，需要品牌不断创新、注入新的活力，并通过有效的营销和宣传手段将新形象渗透至消费者心智。然而，一旦成功重塑品牌形象，所带来的价值将是巨大的，这值得中国民族汽车品牌为之不懈努力。

四　中国汽车品牌品牌力提升建议

（一）推进品牌高端化布局

随着我国经济恢复发展，人们生活水平提高，消费者对汽车的需求已不局限于代步工具，而是更加关注品质和个性化。因此，企业通过自主汽车品牌高端化战略布局可以在市场上获得更好的产品定位和竞争优势，从而提高品牌价值和市场竞争力。从宏观市场的角度看，通过持续布局产业链，提升产业链、供应链的韧性和安全水平，保证产业体系自主可控、安全可靠，带动汽车行业的技术进步和创新发展，进而提高整个行业的质量水平和品牌形

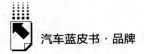

象，推动行业的可持续发展。

车企可以通过以下几种方式开展高端化战略布局。第一，加强自主技术研发。加大在汽车技术领域的研发投入，积极探索新能源、智能网联、自动驾驶等领域的创新技术。通过技术创新提升产品竞争力，打造高端智能化的汽车产品，提高自主知识产权比例。第二，提升产品品质，丰富产品类别。优化产品品质和稳定性，确保汽车质量达到国际标准甚至超越合资品牌水平。通过提高零部件质量、加强品控流程、严格质量管理等措施，提升汽车的可靠性和耐用性，提高品牌竞争力。第三，明确品牌定位，向高端市场靠拢，塑造高端、时尚、品质优良的品牌形象。通过产品定价、市场定位、营销策略等手段，吸引高端消费群体的关注和认可，提升高端产品的市场占有率和销量，提高品牌知名度。第四，加强品牌建设，强调品牌形象和文化建设，通过各种渠道宣传和推广企业文化，打造良好品牌形象，提高消费者和投资者的认可度。第五，积极拓展国际市场，提升品牌在全球范围内的知名度和影响力。通过参与国际展会、开展国际营销活动、建立海外销售渠道等方式，提升海外市场品牌知名度和市场份额。

（二）拓展国际市场战略布局

品牌出海战略是中国汽车品牌实现国际化、提高品牌知名度、挖掘海外市场潜力和扩大品牌影响力的重要举措。在当前全球化的经济环境下，品牌影响力不仅反映在国内市场的表现方面，也体现在国际市场的走向方面。目前，中国汽车品牌已经开始品牌出海的探索。中国汽车品牌在海外市场的表现已经逐步得到认可，特别是在部分发展中国家，中国汽车品牌已经扭转了传统标签，逐渐成为消费者信赖的选择。例如，在非洲、东南亚等市场，中国品牌汽车实现了不俗的销售业绩，并得到海外消费者的广泛好评。通过逐步提高产品质量和塑造品牌形象，中国汽车品牌逐渐赢得国际市场的关注和认可。

但是，中国汽车品牌出海也面临诸多问题和挑战，如海外消费者对于中国品牌的认知度和好评度相对较低，质量控制问题、销售网络差异、品牌建设和文化差异等。解决这些问题需要中国汽车品牌加强品牌建设、提高产品品质和服务水平、开拓销售渠道并与当地企业建立合作关系、灵活应对文化差异。具体可从以下几点完善品牌出海战略。

第一，市场调研和定位。对目标海外市场进行充分的市场调研，了解当地消费者的需求、偏好、竞争格局等情况。根据调研结果，确定品牌在海外的市场定位和目标消费群体。根据当地市场需求量身定做产品，提高产品的市场适应性。

第二，增强品牌差异化竞争力。中国汽车企业在海外市场上需要树立与其他品牌不同的品牌形象，通过品牌差异化竞争来提高自身的市场占有率，确定品牌的独特产品定位，明确产品的特色和优势，包括但不限于技术创新、设计风格、性能表现、燃油效率等方面的差异化，以满足消费者不同的需求和偏好。

第三，建立完善的全球供应链体系，在品牌出海的过程中，企业需要面对各种难以预料的风险和挑战，如供应商质量问题、价格波动等。因此，为了确保海外业务的稳定性和可持续性，企业需要建立完善的全球供应链体系，定期对供应商开展质量评估和审核，确保供应商符合品质标准和法规要求，采取价格稳定化策略，包括长期合同、价格锁定机制等方式，降低原材料价格波动对企业的影响等。

第四，加强跨国合作。品牌出海是一个长期的过程，需要不断创新、调整和优化。中国汽车企业应该与当地政府沟通交流，获取更加优惠的出口政策；与国内外企业或研究机构合作，共同开发新技术、共享研发成果和市场资源。通过合作，实现技术创新、市场拓展和品牌提升，实现共赢。

第五，国际化人力资源建设。在品牌出海的过程中，国际化人力资源是非常重要的支撑。因此，中国汽车企业需要加大力度培养和招聘具有国际视野的人才，使企业具备灵活应对海外市场变化的能力。

第六，加强数字化转型。数字化时代带来了新的商业机会和技术手段。中国汽车企业需要加强数字化转型，利用信息技术和物联网技术，建立供应链信息化管理系统，实现供应链全程可视化和实时监控；通过数字化技术提

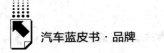

升产品品质和加强设计创新，提高市场适应性和竞争力；同时，数字化营销和销售模式也是中国汽车品牌出海必须面对和应对的问题。

未来，随着中国汽车品牌技术的不断升级和国际市场的进一步开拓，相信中国汽车品牌出海的前景会变得更加广阔和光明。

（三）塑造科技领先和卓越品质品牌

中国汽车市场是全球最大的汽车市场之一，自 2001 年中国加入 WTO后，汽车工业走向全面开放，几乎世界所有知名汽车集团均在中国设立合资汽车生产企业，但合资企业中几乎都由外资主导。长期以来，外资汽车品牌和由外资主导的合资汽车品牌在中国区域市场优势突出，而国产汽车品牌在国内国际市场势弱，表现为自主创新能力不足、规模经济效应不显著、产业竞争力弱等特征。

随着中国新能源汽车发展，以比亚迪、理想、蔚来、小鹏等为代表的新能源汽车品牌凭借产品设计、技术研发和商业模式创新，给消费者带来全新体验。中国新能源汽车产业也驶入快车道，民族汽车品牌紧抓电动化、智能化、网联化时代机遇，加大研发投入，加速推进核心技术攻关，积极布局新能源产品。如传统车企比亚迪在十多年的新能源布局之下厚积薄发，凭借刀片电池、DM-i 超级混动系统等领先技术成为新能源阵营的领军者；长安、吉利等品牌洞悉消费趋势，加速转型，积极探索价格向上、形象向上，如长安推出的 CS75 和 UNI 系列，吉利推出的领克品牌，产品设计潮流时尚、年轻化，抓住了消费者的需求，品牌实现销量、价格齐向上；蔚小理等新势力品牌乘着电动化东风应运而生，始终聚焦智能化、高端化品牌战略布局，聚焦细分人群并以用户为中心精细化运营，培养了自己的忠诚用户并逐渐破圈，产销量奋起直上，与传统燃油车形成贴身竞争态势。

随着汽车市场的竞争越来越激烈，消费者对汽车产品的品质要求也越来越高。打造质量品牌有助于回应消费者日益增长的安全意识和要求，提高客户满意度和品牌忠诚度，也有助于提高企业的品牌价值和竞争力。同时，保障产品质量也可以降低因维修或召回等而带来的经济损失和负面影响，促进企业的可持续发展。

民族汽车企业可从以下几方面打造技术品牌和质量品牌。

第一，加大科技研发投入。中国汽车企业需要针对新能源汽车、智能化、网联化等领域加强技术研发，提高技术壁垒。通过技术的不断创新和升级提升中国汽车的品牌形象，引领汽车行业的发展方向。

第二，加强质量管控，提高产品质量和制造工艺水平。中国汽车企业要注重产品的质量管控，加强质量工程和测试，落实全员质量控制。同时，通过质量管理认证，如 ISO9001 等，提升中国汽车企业的品牌知名度和公信力。

第三，建立完善的售后服务体系。完善的售后服务体系是中国汽车企业提升技术和质量品牌形象的重要手段之一。企业需要注重消费者的使用体验和服务体验，提升服务水平和服务质量，提高消费者满意度，提高顾客黏性，以增强品牌形象和产品竞争力。

第四，强化品牌营销和品牌宣传。中国汽车企业需要加强品牌营销和品牌宣传，在市场推广中提高品牌知名度和美誉度。企业可以在国内外主流媒体平台、大型展会等相关渠道上展示品牌形象，提高企业的品牌识别度和影响力，吸引更多消费者关注和认可中国汽车品牌。通过上述路径，中国汽车企业可以提升技术品牌和质量品牌，进一步增强中国汽车的国际竞争力，冲击成为引领全球的汽车品牌。

专家视点篇 ▷▷

B.2
专家评述中国汽车品牌发展

刘平均

中国品牌建设促进会理事长，国际标准化组织品牌评价技术委员会（ISO/TC289）顾问组主席，国家标准委原主任

强化品牌意识，推动我国汽车品牌走向世界

拥有国际品牌的数量和质量，体现了一个国家的经济实力和科技水平。随着经济全球化深入发展，世界进入品牌经济时代，全球市场各个领域的竞争已经越来越体现为品牌竞争。品牌是企业乃至国家竞争力的综合体现，代表着供给结构和需求结构的升级方向。2014年5月10日，习近平总书记在河南考察时，做出了"推动中国制造向中国创造转变、中国速度向中国质量转变、中国产品向中国品牌转变"的重要指示。质量是基础，创新是灵魂，品牌是目标。对于汽车产业来说，随着智能化、电动化、网联化、共享化的发展，汽车产品被赋予了新的属性，自主品牌汽车迎来了更多的成长空间，国际化步伐也在加快。中国汽车品牌"走出去"需要以品牌建设为着

力点，既要强化品牌意识，还要建立相应的品牌价值评价机制和国际化传播体系。

一、强化品牌意识，提升中国汽车品牌竞争力

2017 年，国务院批准每年 5 月 10 日为中国品牌日。"中国品牌日的提案"也列入了"全国政协成立 70 年来 100 件有影响力重要提案"，受到政协第十三届全国委员会的表彰。3·15 国际消费者权益日为保护广大消费者权益提供了保障，而 5·10 中国品牌日的设立则为提升全社会、全民的品牌意识，培育和宣传品牌正能量奠定了坚实的基础。通过中国品牌日，大力宣传中国优秀汽车品牌的正能量，可以让好品牌引导市场消费，进一步拓展国内外市场。

2021 年，习近平总书记在福建视察时，做出了"强化品牌意识"的重要指示，为我国构建以国内为主体的发展格局、推动中国品牌走向世界指明了方向。本土汽车企业应将新发展理念融入品牌建设中，坚持走高质量发展路线，形成更强的品牌塑造力，从而逐步提升中国汽车品牌在全球市场的竞争力。

二、建立"科学、公正、公开、公认"的品牌价值评价机制，树立中国汽车品牌正能量

我国的品牌评价始终坚持以"品牌要在市场竞争中产生、品牌最终要被消费者认可"为宗旨，经过多年努力，目前我国已颁布了 41 项品牌评价的国家标准，按照国家标准开展了 11 次中国品牌价值评价结果公益发布。以"科学、公正、公开、公认"为准则，评价机制得到了社会各界的充分肯定。

基本建立了中国特色的品牌评价国家标准体系和品牌价值评价机制，并为全球建立国际品牌评价理论体系、标准体系、评价发布体系做出了重要贡献。

三、建立国际化传播体系，构建中国汽车品牌的国际形象

在全球汽车产业电动化的浪潮中，中国新能源汽车勇立潮头，目前已成为全球最大的新能源汽车市场。与此同时，中国新能源汽车品牌及其产品正

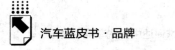

加速走出国门，积极探索全球化新航路，对全球汽车产业绿色低碳转型起到积极推动作用。

在新能源汽车全球化进程中，不仅要提升产品的研发能力和制造水平，还要打造中国品牌，树立中国汽车品牌的国际形象。中国品牌发展需要加强国际合作，世界品牌发展也需要中国力量。因此，中国品牌走上世界，需要协调国际、国内资源形成合力。对此，可以从三个方面开展工作，以建立中国汽车品牌的国际话语权，助力我国汽车品牌的国际化传播。

一是共同推动成立国际电动汽车品牌中心，研究制定电动汽车的品牌评价国际标准，按照国际标准发布世界电动汽车的品牌榜、五大金奖和电动汽车的品牌发展指数。

二是为应对未来可能出现的技术壁垒和贸易壁垒，建立电动汽车的碳足迹标准体系，建设电动汽车缺陷召回国际实验室。

三是按照国际准则建立发明专利池企业标准体系，确保我国电动汽车在国际贸易中的优势地位。

汽车产业发展需要以品牌建设为引领，在强化品牌意识的基础上，建立具有中国特色的品牌机制和评价机制，构建国际化的品牌传播网络，助推中国汽车品牌逐步占领全球价值链中高端。通过形成中国汽车品牌建设的资源合力，为全球品牌建设贡献力量，也为中国企业走向世界搭建良好平台。

张国华

中国广告协会（CAA）会长，国际广告协会（IAA）副主席，曾任国家工商总局广告司司长，锡林郭勒盟盟长

用好的创意和传播塑造民族品牌

改革开放 40 多年来，整个中国经济社会发展取得了巨大的进步，中国目前已经成为世界最大的、产业链最健全的生产制造大国和出口加工基地，经济总量早已成为世界第二。但是，作为世界第二大经济体，我们在国际市场上，尽管中国制造很多，但中国的民族品牌不多，中国市场上随处可见国外的知名品牌，我们与之相比不尽如人意。

在世界 500 强（大）企业中，中国已有 150～160 家入选，位居榜首，总量超过美国。然而，在世界品牌实验室评选的前 100 名品牌中，中国仅有十几个品牌名列其中。品牌建设对于高质量发展至关重要，它不仅基于生产制造能力的提升，还需要产品设计、质量、功能和售后服务的保障，这是品牌建设的基础。但只有生产制造环节的保障还不够，品牌的传播营销同样至关重要，讲好品牌故事、做好营销方案、提炼好广告用语、选好投放渠道、制造营销事件等，特别是融入产品销售地的文化、市场显得更为重要，可以自豪地讲，中国现在生产的很多产品，在样式、功能、质量、售后服务方面，与世界上许多品牌商品相比并不逊色。正因为如此，中国是世界上最大的品牌代工厂，中国需要塑造自己的民族品牌，因为品牌使消费者更有黏性，更有附加值，更有话语权，更有溢价能力和好的收益，是高质量发展的重要象征。

2023 年，通过对欧洲的市场考察发现，中国产品在欧洲市场的广告和品牌相对较少，欧洲人对中国商品的印象更多地停留在中低端水平。对这一现象的分析主要涉及以下几个方面。

一是中国品牌在国际传播中声音相对较弱，欧洲消费市场对中国品牌了解有限，甚至存在一些偏见。海外消费者普遍对中国产品仍持有中低端质量和功能设计的刻板印象，这反映出中国在品牌广告传播方面仍有很大的改进

空间。二是出海企业的品牌营销和传播方式存在问题，主要原因是对海外市场规律和消费文化的理解不够准确。三是中国品牌在国际传播中存在话术和语境的问题，语言是文化的载体，品牌传播需要结合当地人文环境，创造更具吸引力和易接受性的品牌传播内容。创意的巧妙运用也是成功传播的重要因素。四是中国品牌在国际传播中需要找准传播渠道，深入了解国际市场的底层逻辑，并构建有效的传播矩阵，特别是在海外市场需要更加注重消费者隐私和大数据安全。

当前，中国正面临"品牌出海"的时机，除了遵循品牌规律外，还需要坚持科学营销、创意设计、有效传播，了解当地文化背景和市场习惯，发扬工匠精神。真正的民族品牌拥有高品质的产品和服务，对于中国品牌在国际市场的广告营销和品牌塑造来说，应该在遵循品牌规律的基础上，注重科学的营销、创意的设计、有效的传播，同时了解所在国的文化背景和市场习惯，发扬工匠精神，才能逐渐树立起品牌形象。

近年来，借助技术进步，中国的电动汽车、光伏产品、风力发电机、家用电器、手机、无人机等产品在国际上已彰显品牌效应，产品附加值也随之提高，成为出口的新增长点，为品牌国际化建设提供了经验。寻找它们成功的共同点，有以下四个方面。

首先，必须保障产品质量。产品与服务的高质量是品牌发展的基石，务必避免急于扩大市场而忽视产品基础的行为。

其次，要避免"价格战"。合理、科学的价格制定是保证质量的重要基础。不应通过价格大战的恶性竞争来获取市场份额，而应基于技术进步和科学管理等方面，以确保品牌的质量稳固立足。

再次，品牌建设需要注重学习营销技能。过去"酒香不怕巷子深"的说法已经不再适用于当前物质丰富的时期。随着市场上同类商品的增加，企业如果不进行市场引导和宣传，优秀的产品很可能会黯然失色。因此，充分认识品牌宣传的重要性至关重要。

最后，品牌国际化要深谙当地文化、语境、渠道和习惯。仅凭国内原有的品牌话术去开拓国际市场可能会事倍功半，甚至适得其反。为确保成功，必须深入研究目标市场的文化特点,灵活运用适应当地的宣传策略。

许多品牌,尤其是中小品牌,其产品质量受到认可,但在市场竞争激烈的环境中,"出海"后很容易在众多产品中被埋没。由于中小企业缺乏足够的实力和经费开展更多的宣传和营销,这确实是一个困扰。

为解决这些问题,可以考虑以下几点。一是运用行业、国家和地方的力量,通过企业出资、国家出资、地方补贴等手段,设立行业认证和国家认证机制,统一宣传认证产品的品牌。二是解决宣传技术问题,思考使用何种创意、文案、语境,以何种方式更容易在目标市场被接受。三是灵活运用渠道,了解国外市场的方式和习惯,以确保宣传效果更佳。四是深入研究品牌,尤其在"出海"品牌建设方面,借鉴"双品牌"的思路,品牌的名称用当地语言应该朗朗上口,避免中文生硬的翻译过去在当地发音都很困难,否则很难传播。

中国在民族品牌建设和国际市场广告传播方面虽然取得了一些进展,但仍面临多项挑战。通过加强品牌认证、提升宣传技术水平和深入研究目标市场,可以进一步推动中国品牌提升国际市场份额。

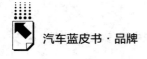

柳燕

中国汽车工业协会副秘书长，汽车纵横杂志社社长，汽车行业资深品牌营销专家

中国汽车品牌集体出海，应以高水平竞合促高质量发展

品牌是企业核心竞争力的重要组成部分，强大的品牌不仅是企业的资产，也由于其具有的经济价值、民生价值和社会价值，而直接代表国家形象，在国际竞技场中担当国家大使的角色。一个行业的品牌集群，更是国家综合竞争力的体现，代表着国家的软实力。

中国正在从汽车大国迈向汽车强国的进程中，在技术迭代、产品创新等"硬核实力"之外，品牌建设对于汽车强国战略具有极为关键性的意义。拥有世界级汽车品牌，是汽车强国的重要支撑。

中国汽车企业的品牌建设近年来取得了长足的进步，直接表现在品牌价值持续提升，在全球汽车品牌百强榜上的品牌数量和价值持续增长；高端化取得了极大的突破，打破了传统燃油车时代品牌向上的天花板，近年来百万级中国品牌不断推出，彰显了国货自信；汽车出海提速，出口规模连创新高，出口车型结构不断优化，出口地区中发达市场占比提升；中国乘用车市场份额提升，已经突破50%；等等，品牌向上成就卓著。

中国汽车企业很好地抓住了转型升级带来的电动化、智能化历史机遇，实现了换道超车，中国汽车企业充分利用在智能网联电动汽车领域构建起来的领先优势，大举拓展海外市场，集体出海扬帆正劲。这期间，机遇和风险相伴，在品牌发展方面也遇到全新课题。

东南亚是中国汽车企业重要的目标出口地区，以泰国为例略做展开。泰国素有"亚洲底特律"之称，在东南亚汽车制造业中占据重要地位，不仅是该地区最大的汽车生产国，在全球汽车产业链中也占有显著地位。从20世纪60年代起，泰国政府通过系列产业政策，吸引了众多跨国车企在泰国布局，逐步成为东南亚重要的汽车制造中心，已跻身世界十大汽车生产国行列，预计2024年产量可达到200万辆。

日系车企最早布局泰国，丰田、本田、五十铃、日产等先后进入泰国投资建厂，不断提升产能，半个多世纪的时间建立起强大的配套产业链，使得燃油车时代，日系汽车成为泰国乃至东南亚市场绝对的主导。

进入电动化时代，泰国政府希望通过促进汽车电动化转型，成为地区和全球电动汽车生产中心。为此，泰国政府出台"3030愿景"，即到2030年，电动汽车占其汽车总产量的30%，最终在2035年实现100%电动化目标。在电动化转型方面具备引领优势的中国汽车企业，很好地抓住了这一契机，全面开拓泰国市场。中国电动汽车在泰国的市场份额呈上升态势，日系燃油车仍然占主导优势，但份额下滑，与中系电动车形成此消彼长的格局。

最早进入泰国的中国车企是上汽集团，2012年上汽集团与泰国正大集团合资在泰国生产和销售名爵品牌汽车。2020年，长城汽车收购美国通用汽车的一家泰国工厂并投资改建，2021年投产。近两年来，随着中国新能源车企加速出海，中国车企在泰国掀起新一轮投资热潮。2023年以来，比亚迪、奇瑞、广汽埃安、长安、哪吒等纷纷宣布在泰国投资建厂计划，其中多家工厂已经投产。伴随中国电动车整车在泰国的市场开拓，中国汽车产业链企业特别是智能网联和三电相关的科技企业也加快了在泰国的布局。

中国电动汽车在泰国市场存在感日益增强，市场地位持续提升。笔者于2024年3月去了泰国，相比于十年前的汽车市场，对比感受相当直接。进入曼谷，可以看到无论是机场的大屏，还是路边的户外大牌，中国汽车品牌比亚迪、埃安、坦克等的广告占据着醒目的位置。高端大型商场内，中国汽车品牌的商超展位人气高涨；繁华市区内车水马龙的街道上，中国品牌电动车随处可见。

根据泰国工业联合会的数据，2023年，泰国乘用车销量约为40.7万辆，其中纯电动车的销量超过7.6万辆，较上年大幅增长。泰国市场销量前五的电动汽车除了特斯拉之外均为中国品牌。其中，比亚迪以超过3万辆的销量位列第一。此外，根据泰国陆路交通厅的数据，2023年新上牌纯电动车中，中国品牌超过了80%。

在2023年11～12月举办的泰国国际车展上，6家中国整车参展企业表现抢眼，比亚迪位居车展销售榜第三，广汽埃安、上汽名爵、长安、长城也进入榜单前十名。在中国新能源车企的带动下，展会电动车订单数量首次超越燃油车，成为泰国市场电动化转型的一个标志性节点。2024年3~4月举办的曼谷车展是近年来中国车企参展数量最多的国际车展，达到了8家。其带来的新车，如比亚迪的全新右舵宋Max EV、BYD SEALION、BYD SEAL，上汽MG的全品类矩阵，广汽埃安的昊铂全系车，极氪X右舵版，长安汽车的阿维塔、深蓝、启源、Lumin全阵容，以及长城山海炮HEV、小鹏G6、哪吒V-Ⅱ纯电动车型等，成为闪耀本届车展的亮点。据当地媒体报道，车展结束后出炉的本届车展销量排行榜上，中国品牌继续占据前十品牌中的五席，其中比亚迪已跃升至第二位。

中国汽车品牌在泰国市场的强势崛起，不仅提升了中国汽车产业的国际形象，也为中泰两国的经贸合作注入了新的活力。中国新能源车企当前在泰国的市场表现和投资布局，更为其全球化战略目标实现打下了基础。

中国汽车品牌在泰国的迅速发展，打破了日系车数十年对泰国车市的垄断格局，也面临激烈的市场竞争。日系车企为牢固把控其在传统燃油车领域的主导权，集体展开了与中国新能源汽车品牌的市场竞争，已开始出现价格战、过度营销和产品同质化等现象。这些策略或许在短期内带来市场份额的提升，但会对企业的盈利能力和品牌长期发展造成负面影响。此外，这种不良竞争行为还可能给泰国汽车市场的整体发展带来损害，也损害中国汽车品牌整体的形象和口碑。

所以，我们在为中国车企全球化提速点赞的同时，也要清醒地看到，中国车企在泰国、东南亚及全球海外市场的开拓仍任重道远。据悉，曼谷车展前后，中国电动车打响了价格战，收获了成果丰硕的热度和订单，也令中系车自身陷入"开战即血拼"的困局。

总体而言，中国汽车出海面临的挑战很大，包括地缘政治、碳壁垒、税收、技术法规差异、认证门槛、跨文化融合等诸多方面。而就品牌发展而言，有两个主要挑战，提出建议如下。

一是就单一品牌来说，"走出去"之后更需要"走进去"。这需要从政治经济、社会环境、文化风俗、消费习惯、媒体生态等各方面全面融入当地，以国际化与本土化相结合的经营管理和营销，站稳市场并赢得长期信任。

改革开放之初，大量外资品牌进入中国市场时，面临着"水土不服"的挑战，强大的德系三巨头 BBA 也是如此。奥迪久经探索才找到了国际化与本土化结合之路，打造了"在中国，为中国"的本土团队。"出海"的中国车企，面临的竞争远比当初激烈，留给中国车企走弯路的时间并不多了。

二是就中国汽车品牌整体来说，倡导良性竞争，有序合作，协同发展，实现高水平竞合，确保可持续发展。要共同提升中系车整体品牌形象，共同做大中系电动车市场；要在品牌建设、产品品质、用户服务等方面下功夫。

20 世纪 90 年代，中国摩托车曾风靡东南亚，鼎盛时期一度占领 90% 的市场份额，日系车市场份额不到 1%。其中，质量不过硬和价格战内耗是主要因素。这段出海教训，中国汽车企业当深刻铭记，不可重蹈覆辙。

在中国汽车全球化之路上，期望中国品牌能够以高水平竞合，促高质量发展，共进共赢，一起走得更远。

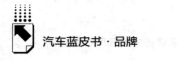

张丽玥

搜狐汽车总编辑，从事多年汽车行业内容原创、运营及大型活动组织工作

产业变革下汽车全产业链的应对与协作

一、汽车产业的变革与竞争

2023 年可能是汽车行业竞争前所未有激烈的一年。汽车行业整体利润近几年呈现下降趋势。同时，激烈的竞争态势在 2017 年——也就是汽车行业总销量达到顶峰之前，就已经来临了。2015 年，汽车行业整体利润率为8.7%，此后持续下降，2019 年达到了一个相对低点，疫情期间继续下降，2023 年下降到 4.9%。

汽车行业相对其他行业来说是朝阳行业。在激烈的市场变革中，整个市场格局也发生了翻天覆地的变化。新能源汽车市场占有率从 2020 年开始进入快速上升期，2023 年达到 31.6%，新能源乘用车 L2 级及以上的辅助驾驶功能装车率也达到 55.3%。

从燃油化到电动化，"禁燃"规划下的各大汽车集团，在转型中兼顾业绩与产品布局。新势力企业的盈利曙光已现，无异于扬起了迫使传统车企加快电动化进程的"马鞭"。

从数据化到数字化，车企开始思考如何提升企业管理效率，从海量数据中理解用户，以数据支撑企业完成数字化转型，从而提升企业管理效率，加速商业化转型。

从数字化到智能化，智能电动汽车已经成为全球最有前景和最热门的赛道，围绕电动化和智能化，形成新的产业格局和市场格局。

二、汽车全产业链发展现状

针对产业领域热门赛道，如动力电池、智能驾驶、智能座舱、车载传感器、车载芯片、汽车轮胎等领域，基于五大数据维度，包括市值/估值、营收、合作客户数量、创新业务情况及研发投入等，推出"中国创新公司 100之汽车产业链企业排行榜"。

从行业参与者的维度来看，五大数据维度，反映了企业在各个细分赛道的竞争力，是判断这家企业未来发展势头和能力的依据。

排名靠前的企业基本来自电池和智能化赛道——在整个榜单中有 30 家企业来自动力电池赛道，有 17 家企业来自智能化赛道，占据了半壁江山。7家企业进入世界供应链 100 强的行列，也说明中国汽车供应链企业在全球的竞争力不断增强。

动力电池 TOP 30 的企业，包括电池包、上游材料企业和下游动力电池回收企业等。虽然 2023 年整个电池赛道的利润增速下降，但也高于行业整体水平，能够达到 6% 的增速状态。

智能化领域分了四个细分赛道，分别是智驾、智舱、传感器和芯片。相关企业正在努力实现长期可持续盈利。轮胎赛道入围的有 10 家中国企业，产业变革之下，传统轮胎企业针对新能源领域，从战略到组织架构，再到最终的产品都在不断推陈出新。

从用户维度看，用户需求在不断延展：从原来单一层面的需求，拓展到五个层面的需求。用户对于汽车最基本的需求是一台代步工具，同时可以高效地利用时间去奔赴更多的生活场景，并在智能方面有所配置。随着行业不断发展，用户对于产品的期望不断提高，不仅是代步工具，更需要一台安全且无里程焦虑的汽车。用户同样希望得到一个高性能、高品质以及可控的智能机器，所以从"能用的车"到"好用的车"，整个行业还有很大的上升空间。

整个汽车行业在利润结构上也发生了较大变化。传统环节的利润增量或价值增量越来越低，后端以及前端的延展，比如设计、研发、后市场服务、创新模式等更能给行业带来效率的提升。

从整车到供应链，合作方式也产生巨大的变化。之前的合作方式是链条式、层级式的合作，现在更倾向于一个圆桌式的生态合作。OEM 的界限逐渐模糊，同时很多核心供应商在产品早期开发时就已是重要参与者。

汽车行业是不断变化的，但是汽车全产业链合作共赢，共同生存和成长的趋势将是不变的。

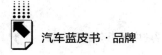

麦青 Mandy

前宝洁品牌专家，HBG 品牌增长研究院院长

汽车品牌系统化工程建设助力品牌成长

一、品牌是什么

品牌构建的过程远超过一个简单的商标或标识的范畴，其不仅是产品的外在标识，更是触达用户心智的重要载体。它并非由企业单方面定义，而是由用户来定义的。

品牌＝用户+心智。用户的认知、体验、感受和评价，构成了品牌的真正内涵。一个成功的品牌，必须能够真正触达用户心智，成为他们心中的独特存在。品牌建设的过程，就是不断在用户心智中塑造独特品牌印象的过程。这种印象，包括品牌的形象、文化、价值观等多个方面，需要通过一系列的营销活动、销售渠道、产品创新等手段来实现。

在竞争激烈的中国汽车行业中，品牌成长已成为企业持续发展的关键。而品牌成长的首要前提，就是构建广泛的用户基础。这里的用户基础并非简单地指用户数量，更重要的是用户渗透率——顾客购买的比例。品牌管理者需要深刻认识到，做品牌实质上就是做生意，品牌成长必须紧密关注生意维度，包括用户规模、市场份额、增长率和利润等关键指标。用户规模直接决定了品牌的市场影响力和发展潜力，因此，扩大用户规模、提升用户渗透率成为品牌成长的首要任务。

在拥有广泛的用户基础后，汽车品牌需要进一步在用户心智中留下深刻的品牌印象。品牌管理者需要抓住心智渗透率这一关键指标，通过塑造独特的品牌形象、传递品牌价值观和理念、提供优质的产品和服务等方式，在用户心智中建立独特的品牌印象。

总的来说，汽车品牌成长需要同时关注生意维度和用户心智维度。品牌管理者必须深刻理解"以用户为中心"原则，致力于扩大用户规模、提升用户渗透率，只有这样，才能实现品牌与消费者之间的共赢，推动品牌持续成长。

二、汽车品牌系统化工程

在中国汽车市场中，品牌成长需要一系列系统性工程的支持。这不仅仅包括品牌营销和广告，更是从用户洞察、品牌资产建设、产品创新、营销渗透、渠道管理到客户服务的全方位、多层次的系统性工程。每个板块都需要通力配合，共同在用户心智中种下品牌的种子。

在这个过程中，汽车企业员工都是品牌建设的参与者。只有让每一个团队成员从系统性的角度去理解品牌，才能在具体工作中将品牌思维融入每一个核心板块，确保品牌的一致性和连贯性。这种全员参与的品牌建设模式，可以确保品牌在用户心中形成深刻的印记，并持续推动品牌成长。同时，企业还需要建立完善的品牌管理体系和流程，确保品牌建设的持续性和稳定性。

对创始人而言，要基于品牌思维，关注系统性效率，而非局部板块。汽车品牌作为一个复杂的系统，其成长依赖于整体的策略规划和执行效率。只有当系统性大方向正确，确保策略框架与市场趋势相吻合时，品牌才有望实现基本的系统性增长。在系统性效率得到保障的基础上，品牌才有资源和条件逐步优化局部效率。这意味着在品牌整体发展稳定、系统效率提升的前提下，品牌可以进一步针对某一产品线、营销策略或客户服务进行深度优化，以获取更精细化的市场竞争力。然而，如果品牌在系统性效率尚未稳固、增长模型尚未跑通的情况下，就过早地将大量资源和精力投入局部效率的精进上，那么很可能会陷入本末倒置的境地。这种情况下，品牌可能会因为过于关注细节而忽略了整体策略的重要性，导致整体发展受阻。

三、汽车品牌要以用户为中心

在竞争激烈的中国汽车市场中，品牌必须深入了解用户需求，满足用户期望。一方面，品牌形象是用户基于自身经验和认知对品牌形成的整体印象。这种印象不仅包括品牌的功能性价值，还包括品牌的情感价值和文化价值。另一方面，品牌的建设过程必须尊重用户的心智模式，从用户的角度出发进行品牌策划和营销。只有用户自始至终地接受品牌，品牌才能在用户心中留下深刻的印象。

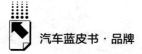

在中国汽车行业中，实现品牌成长需要企业从系统性的角度进行品牌建设和管理，通过深入了解用户需求，紧密关注生意渗透率和心智渗透率，以用户为中心进行品牌策划和营销，才能真正触达用户心智，助力品牌的持续成长。

杨靖

中国汽车技术研究中心有限公司首席专家，中汽信息科技（天津）有限公司品牌咨询部部长

体验经济时代，车企的竞争优势越发依赖以用户为中心的服务理念和创新能力，通过深入了解用户需求、生活方式及购车旅程，提供量身定制的产品和服务

在过去 20 年左右的时间里，我国汽车市场已经从高速增长阶段过渡到稳定增长阶段。聚焦汽车出口市场，我国用 10 年时间实现第一个 100 万辆，而第二个 100 万辆只用了 3 年。如今，我国汽车出口正处于快速增长期。首先，出口汽车的类型更加广泛，呈现高端化趋势，单价明显上升。以奇瑞为例，过去奇瑞主要出口微型和迷你型汽车，从 2022 年开始业务重心转向 SUV 出口，出口汽车单价大幅上涨。其次，出口市场范围越来越广。2007 年，我国汽车的主要出口国是各金砖国家，但到 2023 年，我国汽车出口的版图已经扩大到欧洲和美洲的成熟市场。

在国家宏观政策和产业战略的指导下，中国汽车制造商在整个汽车生命周期中引入了以用户为中心的思维。基于用户体验的研究和开发显著提高了汽车产品的用户认可度。

2012 年起，20~30 岁的年轻用户逐渐成为购买汽车的主力军，这是汽车行业未来的第一个趋势——年轻化。与此同时，年轻消费者表现出"悦己"的消费行为，在购买过程中更愿意为兴趣买单。

汽车行业的第二个趋势是高端化。来自我国一线城市的中产阶级用户比例显著增长，高端化可能是汽车行业的未来趋势。中国车企应抓住这一趋势，完成企业的转型升级。

第三个趋势是全球化。从智能手机和家电市场的发展趋势来看，一旦国内市场趋于稳定，下一步动作就是向全球市场扩张。汽车市场也会出现类似的趋势。

体验经济时代，越来越多的汽车厂商开始认识到产品和服务要以用户为

中心，而以用户为中心的差异化战略也让中国汽车制造商在世界市场建立起自己的品牌名片。如何充分发挥以用户为中心的体验研究潜能，助力汽车企业走向全球舞台，已成为车企当前面临的重要课题。

纵观消费社会，当前中国正从第二阶段向第三阶段迈进，消费需求正从"量"向"质"转变。用户对汽车产品质量的感知主要通过体验获得。对于车企来说，要打破传统的汽车产品定义方式，在产品设计、市场营销和服务中注重用户体验，这也是在市场中脱颖而出的关键。体验研究框架将体验研究分为三个阶段——体验前、体验中和体验后，这一研究框架为产品定义提供了理论支撑。

用户体验与用户旅程中的场景息息相关。通过三个层次的场景研究维度，了解用户需求、明确车辆任务和定义产品功能。用户需求从"量"到"质"的转变，不仅仅是产品体验，更需要全触点的端到端的服务体验。发现用户体验需求是基础，开发用户体验解决方案才能有效地将消费者的想法转化为工程师的语言。

除了基础的产品和服务之外，系统也是给用户提供完整的品牌体验的重要因素。汽车不仅仅是一种交通工具，更多的是承载一种移动生活空间。除了汽车产品本身，系统也是值得各厂商注意的部分。经过一系列高度逻辑性和连贯性的思考、分析和规划，用户体验方案将以集成显示屏和控制面板的形式输出，最终实现用户的人车交互。在产品系统和服务的基础上，面向未来的生态体验，整个生态的系统打造是企业制胜的关键点，而这一生态又会反哺企业产品和服务的提升，实现良性循环。

应对未来的趋势，其实仍然脱离不开人，脱离不开对于人大脑底层规律的研究。如何做好用户体验，实际上面临着加减法的选择。根据不同的场景做出选择，跟踪"峰终"时刻，从趋势洞察到经验分析，从需求识别到解决方案的执行，增强以用户为中心的体验，将有效推动汽车行业的卓越发展。

行业热点篇

B.3
2024年中国汽车品牌海外发展
趋势和展望

吴志新[*]

摘　要： 本报告系统研究了中国汽车品牌在国际市场的重要特点，从规模趋势、新能源汽车出口、民族品牌向上等方面分析了市场国际化的新特点和新趋势。在战略层面，中国汽车品牌将国际化战略上升为公司核心战略，加速品牌出海布局。在国际化资源布局方面，通过研发国际化、供应链国际化、营销国际化等方面利用全球资源，深入推动全球布局。最后针对汽车品牌国际化趋势做了展望，并提出切实可行的建议，尤其在风险控制方面应加大研究和投入力度，避免产生重大损失。

关键词： 汽车品牌　品牌出海　新能源汽车

---

[*] 吴志新，中国汽车技术研究中心有限公司党委委员、副总经理，俄罗斯工程院外籍院士，中国汽车工程学会常务理事，中国智能交通协会副理事长。

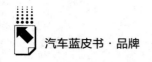

一 市场国际化

（一）中国汽车出口规模增势明显

中国汽车出口市场近年来呈现显著且引人注目的增长态势，这种增长不仅体现在出口规模的扩张，更体现在出口结构、出口地区、出口均价等多个维度的提升。

1. 出口规模

近年来，我国汽车出口规模连续获得里程碑式突破，2021年首次突破200万辆大关；2022年突破300万辆，超越德国，跃居全球第二出口大国；2023年更是跨越两个百万级台阶，呈现爆发式增长，出口规模达522.1万辆[①]，同比增长57.4%，超过日本跃居全球汽车第一出口大国。我国经过海外市场多年深耕，在海外已经形成了一定的产品和技术优势，尤其是我国电动化、智能化技术相继突破，我国汽车品牌在新能源汽车领域的先发优势已经非常明显。碳达峰、碳中和、禁售燃油车等国际环境为新能源汽车提供了发展契机。随着我国民族汽车品牌营销属地化、生产本土化、产品属地化的进一步深化，预计2024年我国汽车出口规模仍将延续高增长势头，2024年出口量将突破600万辆。

2. 出口结构

新能源汽车正在成为汽车出口的核心驱动力，中国新能源汽车的技术和质量在国际市场上赢得良好的口碑，这将对中国汽车产业的长远发展产生深远影响。中国新能源汽车近年来发展迅猛，品牌影响力正在由国内辐射至海外。新能源乘用车出口呈现快速增长特点，2021年同比增长163.39%、2022年同比增长89.83%，新能源乘用车实现大幅增长，2023年新能源乘用车增幅有所放缓，但仍实现50.00%的增幅，达到168.00万辆（见图1）。另外，从占

---

① 由于资料来源不同，出口数据有较大差异，本报告数据主要来源于海关总署和中国汽车工业信息网。

比情况来看，新能源汽车占比在 40% 左右，传统燃油车占比约 60%，传统燃油车仍是出口主力，但是新能源成为汽车出口核心驱动力的趋势已不可逆转。

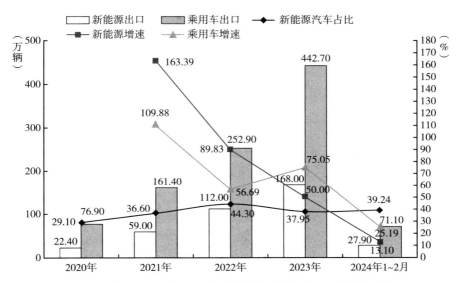

图 1　2020 年至 2024 年 2 月我国新能源乘用车出口规模及占比情况

资料来源：海关总署、中国汽车工业信息网。

3. 出口地区

我国汽车出口目的地正在由低势能国家向高势能国家转变。2020 年之前，我国汽车主要出口伊朗、孟加拉国、沙特阿拉伯、智利、埃及等中东、南美、非洲等欠发达国家和地区。进入 2023 年，俄罗斯、比利时、英国、西班牙等欧洲经济发达地区逐渐成为我国整车出口的主要目的地。对非洲、中东的出口则逐渐回落。

4. 出口均价

中国汽车出口均价不断抬升，中国汽车产品在海外市场的消费档次逐渐提高。2014 年出口车型以均价 8.56 万元的低端车型为主，2023 年我国汽车出口单价超过 10.00 万元，达到 13.73 万元（见图 2），出口车型正在向中高端车型过渡。未来，随着中国汽车产业的进一步发展和国际市场的不断开拓，中国汽车出口均价有望继续保持上升态势。

图 2　2014~2023 年我国汽车出口均价变化情况

资料来源：海关总署、中国汽车工业信息网。

（二）新能源汽车出口高端化趋势明显

新能源汽车出口在我国新能源汽车企业迅速崛起的驱动下，呈现强劲增长态势。尤其是 2021 年、2022 年由于新能源汽车出口基数较小实现成倍增长，2023 年新能源汽车出口增速有所回落，但仍实现了 50% 的增速。从出口地区、出口价格来看，新能源汽车产品出口正在向高端化发展。

1. 出口地区

我国新能源汽车已经成功进入西欧国家，对比利时出口规模最大，2023年出口近 20 万辆，成绩斐然。其次是对泰国出口 15.7 万辆，占整体出口比重达 9.3%；对英国出口规模位居第三，出口规模为 13.7 万辆（见图 3）。另外，我国对西班牙、澳大利亚、荷兰等发达国家的出口也具备一定规模。

2. 出口均价

从各个细分市场的出口均价来看，乘用车受传统燃油车出口价格较低的影响，出口均价最低。新能源汽车出口均价高于乘用车出口均价，其中，插混出口均价则高于新能源汽车出口均价，且价格最高，单车出口均价在 3 万美元上下浮动（见图 4）。插混车型有望替代传统燃油车出口，逆转传统燃油车低端的品牌形象，实现产品高端化发展。

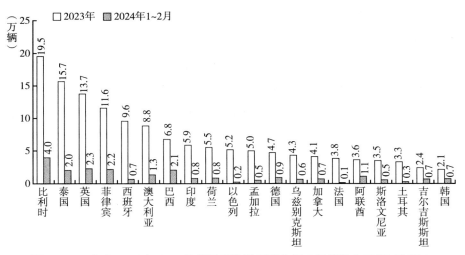

图3　2023年和2024年1~2月我国新能源乘用车出口规模排名TOP 20国家

资料来源：海关总署、中国汽车工业信息网。

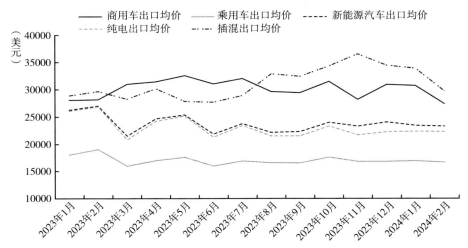

图4　2023年1月至2024年2月我国汽车各细分市场出口均价

资料来源：海关总署。

（三）民族汽车品牌出口集体向上发展

中国民族汽车品牌不仅在国内市场集中向上发展，而且在汽车出口领域品牌向上趋势已十分明显。我国大部分主流车企已经开始发力海外市场，并取得了不错的成绩，涌现出上汽、奇瑞等龙头企业，带动中国汽车企业更好地拓展海外市场。2023 年上汽集团出口规模已经超过 100 万辆，奇瑞也超过 92 万辆，成为出口第一梯队。出口规模逐渐向头部企业集中，标志着具备国际影响力的中国民族汽车品牌正在形成。出口地区从战略层面越发清晰，逐渐锁定东盟、欧洲市场，摆脱了无意识的出海局面，中国民族汽车品牌出海的战略方向越发清晰。出口业务在中国民族品牌汽车业务中的重要性有所提升。

1. 出口品牌向头部企业集中

过去，中国民族汽车品牌出口以低端产品为主，出口数量多分散在众多品牌之中，难以形成合力。近年来，越来越多的中国民族汽车品牌凭借中高端产品打入发达国家市场，并获得了良好的口碑和销量。经过海外市场深耕多年，中国民族汽车品牌中的强势品牌正在脱颖而出，具备与海外大型汽车品牌正面竞争的能力。纵观 2020～2023 年中国民族汽车品牌出海规模，以上汽、奇瑞、长城、吉利、长安、比亚迪为代表的出海第一梯队阵营正在形成（见表1）。

表1　2020～2023 年我国汽车出口排名 TOP 10 整车企业集团

单位：辆，%

序号	2020 年		2021 年		2022 年		2023 年	
1	上汽集团	323176	上汽集团	594874	上汽集团	906123	上汽集团	1098811
2	奇瑞汽车	113762	奇瑞汽车	268046	奇瑞汽车	451658	奇瑞汽车	924875
3	吉利汽车	72691	特斯拉(上海)	152335	特斯拉(上海)	271095	特斯拉(上海)	344078
4	长城汽车	70110	长城汽车	140479	吉利汽车	198259	长城汽车	316018
5	中国长安	65035	中国长安	126551	中国长安	186158	吉利汽车	275866
6	北汽集团	50373	吉利汽车	116231	长城汽车	173180	长安汽车	262758
7	沃尔沃	41342	北汽集团	76506	东风集团	115631	比亚迪	252339
8	江淮汽车	35790	江淮汽车	73602	江淮汽车	114181	北汽集团	183634
9	东风集团	34416	东风集团	72518	北汽集团	106159	东风集团	169813
10	中国重汽	30972	中国重汽	53834	中国重汽	79872	江淮汽车	168151
TOP 10 合计	837667		1674976		2602316		3996343	
总出口合计	994493		1993286		3106561		4852773	
TOP 10 出口占总出口比重	84.2		84.0		83.8		82.4	

资料来源：中国汽车工业协会。

2. 战略出口方向越发清晰

中国民族汽车品牌战略出口方向越发清晰，已经成功摆脱了以往无意识出海的状态。在过去，一些品牌可能在海外市场拓展时缺乏明确的战略规划和目标定位，导致市场拓展效果不佳。随着中国汽车产业的不断发展和国际化进程的加速，越来越多的中国民族汽车品牌开始意识到战略出口的重要性，并积极调整和优化出口策略，明晰出口方向。

瞄准泰国位于东盟核心位置的战略地位，集中深耕泰国市场，辐射东南亚地区。上汽集团最早于2012年与泰国正大集团合资建设生产工厂，并于2023年开建动力电池工厂。长城汽车已经在泰国成功建设海外第一家新能源汽车工厂；2023年3月比亚迪泰国乘用车生产基地奠基，2024年7月投产；2023年11月长安泰国罗勇生产基地正式动工，将建设涂装、总装、发动机组装、电池组装生产车间等，长安第一家海外工厂选址于泰国；2023年11月哪吒在泰国建设的首家海外工厂正式投产下线。

依托新能源汽车技术抢登欧洲市场。蔚来汽车的出海业务一开始就采取高举高打策略，最先进入欧洲市场，配合产品出海，主打营销与服务，自建直营店、自建充换电站等。2022年7月，蔚来汽车在柏林建立了创新中心，致力于智能储藏、自动驾驶以及新能源技术的研发；同年12月，在柏林设立蔚来用户中心，还在法兰克福、杜塞尔多夫等设立更多用户中心，采取直营模式，直接面向消费者；截至2023年，蔚来汽车还在欧洲建设换电站25座、充电站10座、充电桩33万台。比亚迪也依托新能源汽车领域的核心技术进入欧洲市场。

中国民族汽车品牌集中登陆欧洲市场的同时，欧盟发布新电池法等正在加严新能源汽车进入门槛，积极应对欧盟的限制措施，将是摆在中国民族汽车品牌面前的重要任务。另外，在欧洲保有规模尚小的情况下，前期需要巨额资本投入，对中国民族汽车品牌而言也是一大考验。

3. 出口业务重要性提升

在过去，中国民族汽车品牌在国际市场上的形象往往被刻板地定义为低端、廉价。这种标签的形成，既受到当时中国汽车工业起步晚、技术水平相对较低的影响，也与国际市场上消费者对中国品牌的固有印象有关。不过，随着中国汽车产业的快速发展和技术的持续进步，越来越多的民族汽车品牌开始在国际舞台上崭露头角。这些品牌通过不断提升自身的技术水平、优化产品设计、严格把控产品质量，逐渐摆脱了低端、廉价的形象，展现出强大的竞争力。

上汽、奇瑞、长城、吉利、长安、比亚迪六大集团逐渐成长为中国民族品牌出口的主要力量。纵观这六大集团的出口规模在其产量中的占比情况，均出现不同程度的上涨趋势。其中，奇瑞汽车出口量在产量中的占比最高，2023年超过五成（见图5），国际化业务在整个集团业务中的重要战略地位可见一斑。

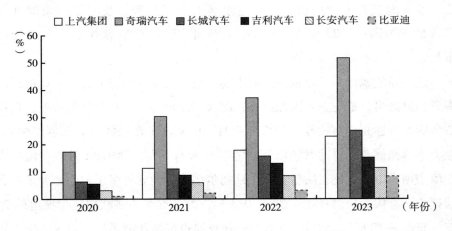

图5　2020~2023年中国汽车企业出口占比趋势

资料来源：中国汽车工业协会。

（四）民族汽车品牌属地化发展趋势

中国民族汽车品牌出海进入全新发展阶段，将从"中国制造、海外销售"的贸易出口向"海外制造、海外销售、属地化运营"过渡。汽车产品的属地化运营包括研发、制造、营销、售后等各个环节的属地化发展。

1. 研发属地化

所谓研发属地化并不是将全部研发职能搬迁至国外，而是将部分本地适应性研发、车辆性能测试技术的研发职能迁移至海外。针对全球汽车市场的共性技术、前瞻性技术研发则由总部负责。例如，奇瑞汽车针对南美、中东、沙特等不同地区的独有汽车使用环境，分别进行适应性研发。针对南美公路条件不好，山路多、山坡多，用户对动力要求高的特点，对车辆动力进行提升，提高了车辆加速性能和爬坡性能（见表2）。

表2 奇瑞汽车海外适应性研发案例

地区	环境特点	适应性研发
南美	公路条件不好,山路多、山坡多,用户对动力要求高	进行动力提升,提高加速性能与爬坡性能
中东	沙漠环境,空气中飘浮的沙粒易致车辆部件磨损	对车辆内部进行密封性处理
沙特	夏季干燥炎热	提升空调性能

资料来源：作者依公开数据综合整理。

另外，需要利用当地用户数据及生态资源的软件研发、用车场景挖掘可由目标国的研发团队负责。

2. 制造属地化

制造属地化不仅包括海外产能建设，还需要对外输出制造方式。海外产能建设路径大致分为三类。第一，海外组装生产。委托当地制造商对进口汽车零部件进行代工生产。组装生产灵活、高效，有助于企业降低成本、提高生产效率，快速响应市场需求，是目前中国民族汽车品牌主要出海方式。第二，合资建厂。与当地合作伙伴联合建厂。上汽与正大集团在泰国的合资工厂是典型的中国民族汽车品牌海外合资建设生产工厂的成功实践。借助当地合作伙伴的力量，可以迅速进入当地市场。这一模式非常考验企业全球化经营管理能力。第三，独资建厂。可以拥有很大主动权，但需要大量筹建工作，建设周期长、速度慢、缺乏灵活性。典型案例为长城汽车的俄罗斯图拉工厂，涵盖冲压、焊接、涂装、总装四大生产工艺（见表3）。

表3　国内主要主机厂海外工厂布局情况

地区	国家	上汽集团	奇瑞汽车	长城汽车	比亚迪	吉利	长安	东风	广汽
西欧	比利时					●（沃尔沃）			
	瑞典					●（沃尔沃）			
	英国					●（吉利伦敦出租车） ◆（路特斯）			
北美	美国				●	●（沃尔沃）			
东南亚	泰国	◆		●	○		○		○
	印度尼西亚	●	▲					◆	
	马来西亚		▲	△		●（沃尔沃） ●（宝腾）			▲
南亚	印度	●			●◆	●（沃尔沃）			
	巴基斯坦	▲				▲（宝腾）	◆		
中亚	乌兹别克斯坦		▲	▲	◆				
中东欧	俄罗斯			●				▲	
	匈牙利				●○				
	斯洛伐克					○（沃尔沃）			
	白俄罗斯					◆			
南美	巴西		◆	●	●				
	厄瓜多尔			▲					
	乌拉圭							▲	
非洲	埃及		▲	△	▲	▲	△		
	埃塞俄比亚					▲			

注：●指独资建厂，○指计划建厂，◆指合资建厂，▲指委托生产，△指计划委托生产。
资料来源：根据企业公开资料综合整理。

另外，制造本地化还需要向海外输出创新性的生产方式。例如，福特开创T型车流水线生产方式，推动汽车从奢侈品走向大众消费品；丰田精益生产方式成功替代美系粗放式生产方式，完成全球布局。中国民族汽车品牌可以在智能化、电动化领域探索创新生产方法。

3.营销属地化

营销属地化主要指营销策略的属地化运营，进行数字化营销。结合当地文化，选择与汽车行业、汽车目标用户、营销诉求相匹配的当地社交媒体，与消费者进行直接互动，将品牌理念、品牌价值直接触达用户群体，进行精准营销。

4. 售后属地化

售后服务属地化运营是指基于新能源汽车在海外重新构建售后服务体系，配套建设充电基础设施。海外新能源汽车发展程度参差不齐，充电基础设施建设更是明显滞后于新能源汽车的普及，且充电基础设施分布极不均衡。中国民族汽车品牌在产品出海之际还需考虑充电基础设施的配套情况。选择大功率充电、换电等补能措施，可为客户提供更好的用车体验，提升品牌知名度。

二 战略国际化

（一）中国一汽乘商并举推进国际化

中国一汽已将海外业务明确纳入"十四五"发展规划之中，并确立为与红旗、解放、一汽奔腾、合资合作、生态业务并列的六大核心业务之一。显著提升了海外业务在集团战略层面的地位，凸显了公司对于全面推进国际化战略的坚定决心，并坚持乘用车与商用车并行发展的战略，以实现更为广泛的国际化的市场竞争与布局。

中国一汽紧跟国家"一带一路"倡议，积极筹划国际产能合作与全球研发布局。截至 2023 年，中国一汽海外业务已覆盖欧洲、非洲、东南亚、中东、拉美等区域的 89 个国家和地区，拥有海外经销商 150 余家。设有东欧、南非、坦桑等 4 家海外子公司，共有员工 478 人，建有南非、坦桑尼亚等 21 个 KD 生产基地。

中国一汽积极调整发展模式，逐渐构建起东、南、西、北四大海外市场布局，形成全方位、多层次的国际市场网络。在"东线"上，持续深耕智利、秘鲁等拉美市场，不断扩大市场份额；在"南线"上，中国一汽依托

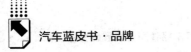

海上丝绸之路，深入拓展印度尼西亚、越南、巴基斯坦等东盟、南亚市场，同时在南非建立生产基地，辐射覆盖整个南部非洲市场；在"西线"和"北线"上，针对中东和欧洲市场，分别加以纵深推进，不断完善市场布局，实现了国际化战略的全面拓展。

（二）东风汽车由进出口公司统一海外业务

东风汽车旗下子公司和品牌众多，且各品牌相对独立。东风汽车的整车出口业务主要由其子公司中国东风汽车工业进出口有限公司推进。该公司建立于1985年3月，总部设立在武汉，在上海、武汉、深圳、俄罗斯等地设有全资和控股子公司。其主要统筹出口的品牌是岚图、东风风神、东风商用车等，东风小康品牌海外业务并未放在进出口公司。海外销量最好的车型是东风柳汽的风行T5，另外东风旗下合资企业东风本田为消化国内产能，也扩大了海外出口业务。

智利是东风汽车最大的海外市场，其次为印度尼西亚、哥伦比亚等国家，销售量波动较大。同时，东风汽车在俄罗斯、印度尼西亚、马来西亚等多国建有合作的KD工厂。

（三）中国长安践行"海纳百川"战略

中国长安汽车于2023年4月发布了国际化战略——"海纳百川"海外战略。该战略的核心在于"五大布局"和"四个一"发展目标，旨在全方位加速长安汽车在国际市场的产品布局、产能建设、品牌建设、营销服务、市场布局、组织人才布局，以适应海外市场快速发展的需求。"海纳百川"海外战略还提出了一系列2030年目标，海外市场投资规模将突破100亿美元，海外市场年销量将达到120万辆，海外业务从业人员超过1万人，打造世界一流汽车品牌。具体战略布局如下。

产品布局：到2030年，计划推出不少于60款全球产品，全球同步研发与区域差异化开发相结合。

产能建设：在海外建设超过50万辆产能，在泰国建设的首个海外生产基地已经奠基，首期年产能 10 万辆，二期年产能 20 万辆，并计划适时在欧洲、美洲等地布局制造基地。

品牌建设：短期内主要发展长安品牌，长期加强深蓝、阿维塔、商用车凯程的海外建设。品牌宣传方面，则加大海外市场广宣资源投入，与当地合作伙伴联合参与全球大型品牌活动，例如 2023 年 10 月与墨西哥经销商、媒体、供应链伙伴举办发布会，发布墨西哥经营战略。

营销服务：长安汽车致力于 2030 年前在海外构建超过 20 个本地化营销组织，以更贴近当地市场需求，强化品牌影响力。同时，海外网点将力争突破 3000 家，以形成更为完善的销售服务网络，为海外消费者提供更为便捷、高效的购车与售后服务体验。

市场布局：加快布局欧洲、美洲、中东及非洲、亚太、独联体五大区域市场。计划 2024 年进入东盟、欧盟市场，2~3 年内完成欧盟主要市场布局。

组织人才布局：2023 年成立东南亚事业部，计划成立欧洲区域总部，未来适时在美洲、非洲等地区建立区域总部。

（四）上汽集团迈入全价值链出海阶段

上汽集团深耕海外市场多年，逐渐步入全价值链出海阶段。研发/设计、制造、营销、售后服务正在实现属地化运营，可以有效实现产品质量可控、制造能力可控、运营服务可控、成本可控，在汽车运营流程中的每个环节缩小与海外品牌的差距。

研发属地化：在硅谷、伦敦、特拉维夫设有创新中心，从事服务全球车型的前瞻技术研发及制造设计。同时，根据当地市场需求进行适配性研发，例如欧洲市场采用简洁内饰，中东市场强化空调制冷，印度市场提高车型离地间隙等。

制造属地化：在泰国、印度尼西亚、印度建有 3 家整车工厂，在巴基斯坦建有 KD 工厂，推行本土化生产。

营销属地化：在欧洲，发挥 MG 和 MAXUS 源于欧洲的品牌基因，与当地 IP 合作，通过体育营销、网红合作、社会公益等方式进行品牌宣传。

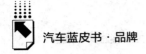

售后服务属地化：在泰国建有充电桩，为 MG 新能源汽车用户提供充电服务；在印度尼西亚建有金融公司，覆盖当地五菱和名爵的汽车消费贷业务；为控制出口车辆运输成本，掌握运输主动权，自建运输滚装船，目前已经开通东南亚、墨西哥、南美、欧洲等 7 条自营国际航线。

（五）吉利汽车资本先行整合全球资源

吉利汽车是典型的资本先行、整合全球资源的国际化出海模式。以收购沃尔沃为契机，通过海外收购实现海外扩张。通过强大的管理能力及资源整合能力，将收购资源与自身资源进行融合实现双赢。目前，在电动化领域吉利已经开始反哺沃尔沃，进行技术输出。

吉利汽车在产品出口方面，战略性地聚焦东南亚和欧洲市场。其中，几何与吉利品牌将主要发力东南亚市场，凭借其卓越的品质与适应性，力求在这一区域获得显著的市场份额。而领克与极氪品牌则瞄准欧洲市场，凭借前卫的设计和高科技配置，努力在欧洲市场树立高端形象。

在研发领域，吉利汽车依托与沃尔沃的深度合作，在瑞典、德国等欧洲核心汽车技术区域建立了研发中心。这些研发中心不仅聚集了全球顶尖的汽车研发人才，更与沃尔沃共享先进的研发技术与资源，共同推动吉利汽车在产品创新、技术升级和品质提升等方面的持续进步。这一战略布局旨在使吉利汽车在全球市场中保持领先地位，为消费者提供更加卓越的汽车产品和服务。

（六）比亚迪高举高打率先进入高势能国家

比亚迪将海外新能源汽车市场定位为新蓝海市场，作为新能源汽车行业先行者和领导者将全力开拓新蓝海市场，稳步推进品牌力提升及出海战略布局。2023 年，其新能源乘用车已进入日本、德国、澳大利亚、巴西、阿联酋等 59 个国家和地区。

比亚迪的出海路径采取先主攻 B 端公共交通，再考虑发力 C 端乘用车的策略。最早采用纯电动商用车切入海外新能源汽车市场，打开荷兰、英国、美国、日本、德国等汽车强国市场，之后随着海外口碑及消费基础的积累，发力乘用车领域。具体发展阶段如下。

早期阶段：1998年，比亚迪在荷兰成立了第一家海外分公司，推动早期的电池、电子业务出海，开启全球化业务。之后，陆续成立美国分公司、韩国办事处、日本分公司和印度工厂。

市场开拓阶段：2012年拿到荷兰电动大巴订单，并于2013年成功交付，正式开启比亚迪电动大巴出海历程。2013年在加州兰卡斯特市建立的纯电动大巴工厂也是目前北美地区最大的纯电动大巴工厂。

开启乘用车出海阶段：2021年，比亚迪正式宣布"乘用车出海"计划，标志着国际化战略迈出坚实一步。针对乘用车出海，比亚迪精准地选择了欧洲、拉美和东南亚等具有战略意义的海外市场，作为其国际化的主战场。

开启海外建厂阶段：比亚迪已经进入海外建厂新阶段。2023年3月泰国成功奠基，7月宣布在巴西设立大型生产基地综合体，2024年1月乌兹别克斯坦共和国生产工厂已开始投产。除此以外，比亚迪还在匈牙利设有乘用车生产基地，并计划在土耳其建设一家年产能为15万辆汽车的生产基地，比亚迪的海外建厂步伐加快。

（七）长城汽车践行长期投资战略

长城汽车国际化业务践行长期投资战略，推动高质量发展，海外业务发展过程中不断聚焦品牌，重塑品牌形象，提升品牌价值。长城汽车于2022年发布全球品牌战略和"ONE GWM"全球品牌行动纲领，旗下五大品牌将在GWM母品牌下出海布局，并推行差异化布局，构建本土化生态。

"ONE GWM"全球品牌行动纲领，全面整合长城汽车的海外品牌优势资源，以品牌、产品组合、渠道、提升效能、政策机制保障等维度为行动要点，促使长城汽车品牌全球传播更加广泛，聚焦全球资源，增加全球触点，使得全球形象更加统一。在"ONE GWM"全球品牌行动纲领下，长城汽车全球业务实现高质量发展，迈入"生态出海"新阶段。在海外进行研发、生产、营销、市场、售后等全方位布局。

研发布局：坚持"精准投入"，建立全球化研发基地。注重研发效能，

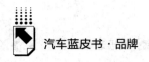

已经在欧洲、东盟、南美建立研发中心。

生产布局：长城汽车在全球范围内拥有多家整车及 KD 工厂，在泰国、巴西、俄罗斯建立了 3 家全工艺整车生产基地，在厄瓜多尔、巴基斯坦等地建有多家 KD 工厂。

营销服务：销售网络覆盖全球，已达 1000 家，累计销售 140 万辆汽车，在德国慕尼黑开设子公司并设立欧洲总部，拥有欧亚地区区域营销中心、澳大利亚区域营销中心、南非区域营销中心、沙特区域营销中心、智利区域营销中心等。

市场布局："生态出海"扎实推进，出口国家涵盖 170 余个，全面覆盖欧亚地区、泰国、巴西、澳大利亚、沙特阿拉伯、南非、智利、厄瓜多尔以及欧洲区域内多个国家和地区。

售后服务：已在澳大利亚、南非、中东等重点市场建立海外配件中心库，满足售后市场需求，提升客户满意度。

（八）奇瑞汽车由产品出口向海外建厂转变

奇瑞汽车将打造"国际知名品牌"定位为长期战略发展目标。在"内稳外强"的发展理念下，奇瑞汽车始终致力于国内、国际两大市场的开拓，并坚定不移地实施"走出去"战略。作为我国最早将整车、CKD 散件、发动机、整车制造技术和装备出口至国外的汽车企业，奇瑞汽车海外业务已经发展至 3.0 阶段。深耕海外市场 20 年，优先主攻低势能市场，积攒足够的实力再陆续向发达国家挺进，由产品出口转为当地建厂。目前，奇瑞汽车在研发、生产、营销等方面实现了属地化运营。

研发布局：奇瑞汽车已经构建了包括北美、欧洲、上海等六大研发中心在内的全球研发体系，在德国、美国、巴西建立了海外研发中心。

生产布局：奇瑞汽车已在海外建有 16 个生产基地，海外总年产能达到 20 万辆，累计出口超过 335 万辆。

营销运营：奇瑞汽车建设海外销售点、服务网络 1500 余个，推行产品属地化服务。推行因地制宜、精准施策的营销策略，例如在俄罗斯推行多品牌战略，奇瑞、星途 Exeed、欧萌达 Omoda、捷途 Jetour 共同发力不同价位段的市场；在巴西加强本土化品牌宣传，与当地最大的汽车制造与销售商卡奥（CAOA）合资成立奇瑞卡奥公司，强调奇瑞品牌的本土化属性。

三　资源布局国际化

（一）全球布局研发中心，助力中国汽车品牌向上

越来越多的中国汽车企业开始整合全球优质研发资源，为我所用，提升竞争优势。在全球各地设立区域研发总部或者研发中心，充分利用当地优秀的人才及研发资源优势，迅速提升细分领域的技术积累。以长安汽车为例，在中国、美国、德国、英国、日本、意大利构建起"六国十地"全球研发布局，拥有来自全球 30 个国家共计 1.8 万余人的工程技术团队。在美国底特律设有智能驾驶研发中心，可充分利用美国先进的芯片、软件及自动驾驶技术优势；在意大利都灵设有造型设计中心，利用全球最前瞻的工业设计人才，满足长安汽车的造型设计需求；在德国慕尼黑可利用德国动力系统及整车集成的深厚底蕴赋能长安汽车。

我国也出台政策，鼓励汽车企业整合全球资源，在海外设立研发中心，融入全球创新体系。2024 年初，商务部等 9 单位发布《关于支持新能源汽车贸易合作健康发展的意见》，政策指出，鼓励新能源汽车及其供应链企业高效利用全球创新资源，依法依规在海外设立研发中心，积极与国外研究机构、产业集群等建立战略合作关系，融入全球新能源汽车创新网络，提升我国新能源汽车设计、研发及工程技术等方面的创新能力。

1. 全球引智，擦亮品牌技术底色

"科技是第一生产力、人才是第一资源、创新是第一动力"，国际化人才对于汽车品牌国际化发挥着极为关键的作用，国际化人才和智力引进，也是中国汽车企业构建核心竞争力的有力抓手。汽车企业海外业务快速发展，不同国家在汽车市场、用户需求、汽车消费文化、政策法规等方面与我国有

较大差异，仅仅依靠企业从国内外派人员存在较大局限性，这就急需更加专业化的国际化人才来支撑。当前，我国汽车企业国际化人才需求短缺问题凸显，很多汽车企业在拓展海外市场时都面临核心人才不足问题，人才本地化、全球引智是解决当前国际化人才需求困境的关键一招。中国一汽制定"双百"顶尖人才计划，每年面向全球顶尖高校择优选拔100名优秀人才，服务中国一汽高质量发展。奇瑞汽车是我国汽车出口的头部企业，乘用车出口多年居国内第一，奇瑞高度重视国际化人才选用和培养，坚持属地化发展战略，引进当地优秀人才，通过优秀人才赋能，使奇瑞汽车由单纯的外贸出口转向品牌"走出去"，奇瑞在许多国家已经成为知名品牌。

2. 融入全球供应链体系，进一步提升产品竞争力

汽车企业在国际化过程中，积极融入当地产业链供应链体系，一方面可提高生产效率，降低成本，另一方面也可以更好地推动属地化发展，提升产品竞争力。我国政策也提出因地制宜加强与海外相关企业合作，引导新能源汽车及其供应链企业发挥自身优势，在相关国家进行技术合作，构建各方共建共享的产业链供应链体系。鼓励行业组织加强对海外市场的研究，根据市场规模、贸易潜力、消费结构、产业互补、国别风险等因素，指导新能源汽车及其供应链企业优化国际合作。

汽车产业链供应链协同出海，有利于构筑系统优势。目前，我国汽车企业大规模开启属地化发展模式，纷纷建设海外生产基地，为确保产品质量并形成快速的整车生产能力，解决本地零部件供应能力不足的问题，可采取供应链与整车协同出海的模式。供应链协同出海需要注意知识产权保护，尤其是智能化、电动化、网联化技术保护。我国汽车企业依靠先发优势构筑了智能新能源汽车的产业竞争力，达到国际领先水平，汽车主机厂包括供应链企业在开展海外业务过程中应尽可能维护自身专利和知识产权，尤其是智能网联和新能源相关技术。

3. 植根当地文化，建立全球化营销体系

汽车企业国际化过程中，营销发挥着关键作用，营销先行，通过营销提升产品和品牌认知度，可有效促进产品销售。海外营销与国内相比存在很大

不同，文化、宗教、习俗、消费习惯以及渠道均有差异，如何植根当地文化，迎合属地消费者需求特征，开展有针对性的营销是汽车出口企业面临的重要课题。随着海外销量的不断增长以及用户人数的持续增多，中国一汽着重打造多元化海外品牌传播矩阵，并通过开展形式多样的品牌活动等提升品牌的知名度，持续扩大在海外市场的品牌影响力。中国一汽在 Facebook、Twitter、YouTube、TikTok 等多个新媒体平台开设官方社媒账号，加强用户互动。据统计，截至 2023 年 8 月，中国一汽海外社媒矩阵粉丝规模达 144 万。同时，中国一汽深入挖掘目标国当地文化特点及消费者诉求，策划有针对性的营销活动，在挪威开展 "Explore Zero·0 探之旅" 活动，邀请用户和红旗一起开启 "0 探" 之旅，将红旗 E-HS9 的产品优势、品牌调性与环境保护理念相结合，在 Instagram 和 Youtube 发布系列视频，活动增粉 2.1 万+。中国一汽在内容创作和用户互动方面齐发力，深度触达并联动消费者，全面提升中国一汽旗下品牌在国际市场的影响力。

4. 打造全球化品牌，助力由产品"走出去"升级为品牌"走出去""走上去"

在国际化初期，我国汽车企业依靠产品性价比，通过外贸等多种方式推动产品"走出去"，经过多年的努力，2023 年我国成为汽车出口第一大国，这期间主要是产品"走出去"。为了更好地推动汽车国际化战略，由产品"走出去"升级到品牌"走出去"、品牌"走上去"成为下一阶段的重要目标，我国部分企业做了许多有意义的尝试。2022 年末，长城汽车正式公布"ONE GWM"全球品牌行动纲领，打造以 GWM 母品牌统领品类的聚合渠道，合力实现品牌向上。此阶段，长城汽车在海外的本土化运营将更加注重"质"的提升，深化"生态出海"内涵，打造品牌优势。经过对国内头部车企的研究发现，极少数车企开始打造海外专属品牌，如 O&J——奇瑞旗下全新高端品牌的独立之旅。O&J 作为 OMODA 与 Jaecoo 的合并体，积极布局国际市场，提升品牌在全球范围内的知名度和影响力。整合两大品牌的核心资源和优势，形成更强大的品牌合力，明确 O&J 新品牌规划，定位高端市场，针对追求品质、注重体验的消费群体，与奇瑞集团其他品牌形成区隔。通过深入洞察消费者需求，O&J 在未来将推出一系列符合高端市场趋势的新产

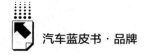

品，持续提升品牌形象，推动品牌高端化建设。

说到品牌，现阶段中国品牌在全球范围内的用户画像呈现差异性，在非洲，中国品牌的关键词是"便宜/实用/物美价廉"；在欧洲，中国品牌的关键词是"智能化和电动化"，中国车企的一大优势是很早进入电动汽车领域，在电池技术创新、汽车软件研发方面占有优势；在东南亚国家，中国品牌的关键词是"性价比"，价格和产品服务成为东南亚用户第一购买因素。国内汽车企业开拓海外市场，要针对不同地区采取因地制宜、精准施策的策略，借助中国品牌的强大 IP，通过产品力、宣传、营销等手段赋能品牌，从而更容易取得消费者共情，进而获得市场成功。

四　中国汽车品牌国际化展望及建议

（一）中国汽车品牌出海趋势展望

1. 出口量将继续保持高速增长

近年来，我国汽车出口规模连续获得里程碑式突破，2021 年首次突破 200 万辆大关；2022 年突破 300 万辆，超越德国，跃居全球第二出口大国；2023 年跨越两个百万级台阶，超过日本，首次跃居全球第一大汽车出口国。我国多年深耕海外市场，在海外市场已经形成了一定的产品和技术优势，加之营销属地化、生产本土化、产品属地化的进一步深化，预计 2024 年我国汽车出口规模仍将延续高增长势头，2024 年出口量将突破 600 万辆（见图 6）。

在出口主要驱动力方面，在我国汽车出口进程中，传统燃油车做出了巨大贡献。随着我国发动机、变速箱核心动力总成技术跻身世界先进行列，整车设计和制造品质加速提升、智能网联技术加速创新，品牌高端化发展等推动我国民族汽车品牌在全球市场的竞争力逐渐凸显。但是随着各国相继提出"双碳"目标，新能源汽车作为"双碳"目标在汽车领域的重要实现载体，预计未来将是各国重点发展对象，新能源汽车增量空间巨大。加之我国民族

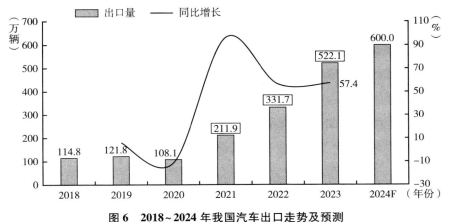

图6　2018~2024年我国汽车出口走势及预测

资料来源：海关总署。

汽车品牌在智能化、电动化领域已经具备一定的技术积累，在海外拥有一定的认可度，预计未来新能源汽车出口的增幅将会更大一点，将形成传统燃油车和新能源汽车齐头并进的发展局面。

在出口目标国方面，2023年我国汽车出口地区主要为俄罗斯、墨西哥、比利时、泰国、菲律宾等国家。2024年预计中国汽车的出口地区仍以欧洲、独联体国家、拉美市场、东盟国家为主。对欧洲、拉美的出口增幅将扩大；对独联体国家的出口受2023年对俄罗斯出口大幅增长的影响，增幅将放缓；对东盟地区的出口受我国民族车企纷纷在泰国建厂的影响，增幅将维持现有水平，但是长期来看预计东盟地区将成为我国第二大出口地区。

2. 全产业链生态出海将成为重要趋势

在海外出口、投资建厂之后，头部汽车企业开启了更高级的国际化战略，我国汽车出海进入全新发展阶段，将从"中国制造、海外销售"的贸易出口向"海外制造、海外销售、属地运营"的全价值链出海过渡。全价值链出海有利于高效配置全球资源，实现利润最大化，是未来的重要发展趋势，全价值链出海可以将研发、采购、生产制造、供应链、营销、服务、售后等资源和要素进行全球范围的高效整合，是汽车企业海外战略的高级阶段。目前，中国汽车企业正借助电动化、智能化的先发优势，大力拓展海外市场，采取全价值链出海，一定要注意核心技术和知识产权保护，筑牢中国品牌当前的核心竞争力和护城河。其实，欧美日韩企业在开发中国市场时也同样特别注重知识产权保护，只有构筑了一定的发展壁垒，才有可能长期将这种竞争优势保持下去，才能建立可持续的海外发展战略。

（二）中国汽车品牌出海建议

1.模式及路径

经过总结，国内汽车企业的出海战略和路径有三种模式，分别是轻资产模式、重资产模式以及"生态+资本化"模式。如长城汽车，目前已在俄罗斯、泰国、巴西建设三大整车工厂，其中俄罗斯工厂打造了四大生产工艺，重型资产出海属性强烈。奇瑞的出海战略优先主攻低势能市场，积攒足够的实力再陆续向发达国家挺进，由产品出口转为当地建厂，出口国家主要集中于俄罗斯、墨西哥、土耳其等发展中国家，营销则主要采用与当地合作的轻资产模式。蔚来出海高举高打，最先从欧洲切入全球，配合产品出海，主打营销与服务，自建直营店、自建充换电站等，在欧洲保有规模尚小的情况下，前期需要巨额资本投入，蔚来走出了一条不同于奇瑞和长城的道路，"生态+资本化"模式凸显。将汽车出口企业分为三大类，分别进行企业画像，根据不同企业的特点，可选择不同的国际化业务模式，本着两大原则，一是利益最大化，二是降低国际化业务风险。对于初步开拓海外市场的车企，建议采取轻资产模式，也就是采取整车出口和散件出口两种方式。对于具有丰富海外经验的企业，投资建厂建议选择合资/非控股方式，以降低风险。对于头部企业则可以采取轻资产、重资产相结合的模式，采取全产业链出海、投资并购等方式。

2.从五方面做好深入研究

建议企业发展海外业务从知自身、准定位、忌移植、强智囊、深洞察五方面深入研究。知自身是要明确或者重新审视品牌使命和核心价值观，这涉及品牌所传递的感知、追求的目标、为客户提供的价值以及品牌对于社会的影响力等，应该明确自己的特色和核心竞争力。准定位就是结合对自身优劣势的识别，找准目标区域内的目标市场，并锁定目标人群。布局了对的产品，找到了对的人，并且不断沿着精准的方向优化和深挖，才会找到持续的内生动力。我们可以借鉴国内经验，延展国内成功的产品，甚至输出国内优秀的人才，但是建议企业一定避免文化的直接平移。建议车企出海前建立内部人才储备和初期的输出及培养机制，也应该用好外脑智囊团协助我们对接人才、资源，优化能力，提升效率，少走弯路。除了前面提到的对自身的审视和对市场的机会洞察外，也应强调对人文、政商环境、全球大趋势的洞察，并且同步考虑时间和空间洞察。

3. 风险控制

当前，国际形势加速变化，逆全球化、地缘政治冲突频发，海外汽车出口面临前所未有的风险和挑战。从政治风险、经济波动到文化差异、法律法规的制约，每一个环节都可能成为潜在的障碍，企业如果不深入研究，很容易在海外业务经营过程中产生重大损失。已经有国内车企在海外因合作伙伴的信用风险，损失利润达几亿元，给企业经营造成重大不利影响。近期的新电池法、反补贴调查事件等警醒中国车企，出海风险才刚刚开始，科学分析海外市场发展环境，及时识别风险点，不断适应和应对全球市场的新变化、新挑战，并做出快速预警及应对，成为民族汽车品牌出海的必修课，也是保证自主品牌出海之路行稳致远的关键要素。

（1）政策法规风险

汽车企业在拓展海外市场时，因信息不对称等原因，对政策法规研究不深入，会使企业面临较大风险，并对企业经营产生重大不利影响。以泰国投资促进委员会（BOI）发布的 EV3.5 政策为例，针对电动汽车购置，其对消费税、进口关税等都有较大支持力度，但国内汽车企业应特别关注其中的限制条款，规避政策风险。EV3.5 政策的限制条款规定，2024 年和 2025 年，如果是通过 CBU 进口的方式享受 EV3.5 政策，那么该企业需要在 2026 年以内按 1：2 的比例在泰国生产电动汽车作为补偿，2027 年需要按照 1：3 的比例在泰国生产电动汽车作为补偿。对于中国新能源汽车企业，如果申请获得泰国 EV3.5 政策支持，即便 2024~2025 年可以不在泰国设立工厂生产电动汽车，2026 年也要开启泰国本土化生产，且要满足 1：2 的生产补偿要

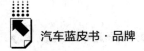

求。获得 EV3.5 政策支持的企业，必须开启属地化发展。另外，针对电动皮卡的特殊保护，只有泰国本地生产的皮卡才可以享受 EV3.5 政策。

很多国家政策法规体系并不稳定，随意性很强，政策法规的变动也会给汽车出海带来巨大风险。以土耳其为例，2023 年 3 月，土耳其政府网站公布了一条关于进口新能源汽车提高关税的政策，政策中提到，将对来自中国的新能源汽车加征 40% 的关税。但是对待其他国家进口的新能源汽车，土耳其只对其征收 10% 的关税。关税政策的突然变动将大幅提升车辆成本，产品竞争力也将显著下降，对汽车出口企业经营产生重大影响。

（2）金融和汇率风险

近年来，国际金融市场风云变幻，因汇率波动，外贸出口企业面临巨大风险。以 1000 万美元为例，A、B 两个不同时点结汇，因汇率波动造成的损失可达 $1000 \times (7.2422 - 6.7130) = 529.2$ 万元，影响外贸出口企业利润 7.05 个百分点，而汽车企业毛利率也就 15% 左右。

在汽车出口过程中，更应警惕目标国的金融系统是否稳定，尤其是一些中小经济体，金融系统非常脆弱，会产生支付风险。以某国为例，2022 年美元加息导致资金流出，该国外汇储备大幅减少，仅能维持最基本的民生消费品的国际支付和结算，对于汽车来讲没有足够的外汇支付，此时，汽车企业应提前跟踪和预判，及时采取举措，避免产生回款风险。

（3）信用风险

当前国际经济形势风云变幻，逆全球化蔓延，使国外的进口商和银行的信用普遍下降，汽车出口贸易中将会产生更多的信用风险，努力防范这些风险已成当务之急。出海企业在拓展海外市场时，一般会与当地企业合作，在合作伙伴选择过程中，尽职调查非常关键，可避免以后的合作出现信用风险。我国汽车企业在外贸出口过程中也曾经发生过信用风险，给企业造成较大经济损失。为了规避信用风险，除了汽车企业加强风险意识，强化流程管控之外，还应发挥出口信用保险的托底作用。我国将持续优化出口信贷政策、扩大出口信用保险覆盖面等，以降低汽车企业出口风险，提高我国新兴产业在全球市场的竞争力。

（4）市场竞争风险

我国汽车企业依靠性价比以及新能源汽车领域的先发优势，在国际市场具有一定竞争力，2023 年我国汽车出口超越日本，位居世界第一。汽车企业应该清醒认识到，在进入目标国市场时会面临充分的市场竞争，一方面面临跨国汽车企业的产品竞争，另一方面还会面临国内同类汽车企业的竞争。市场竞争存在较大的不确定性，因产品力、价格、营销等问题，会使企业产品销售出现较大波动，打乱市场节奏，有些还会引发惨烈的价格战，令企业苦不堪言。为规避市场竞争风险，汽车出口企业应做好如下工作：一是做好产品定位，产品定位是成功的基础，决定了企业的目标客户以及市场空间；二是持续做好市场和品牌监测，当今汽车市场正经历新的产业变革，市场和用户需求瞬息万变，只有持续做好终端市场研究，及时调整产品策略，才能确保企业在市场竞争中取得优势；三是做好营销工作，对于海外市场营销同样关键，尤其要研究海外用户与中国用户的差异点，在营销过程中要做到有的放矢，比如有些国家互联网并没有中国这么方便，那么在营销过程中就要更多考虑传统的线下渠道。

参考文献

刘刚、张晓兰：《我国汽车产业国际化路径探讨——基于制造业转型升级战略背景》，《商业经济研究》2020 年第 2 期。

左世全、赵世佳、祝月艳：《国外新能源汽车产业政策动向及对我国的启示》，《经济纵横》2020 年第 1 期。

李方生、赵世佳、胡友波：《我国新能源汽车产业国际化发展的关键问题与对策建议》，《科学管理研究》2021 年第 5 期。

刘夏、孙友刚、周泽鑫等：《基于知识流动分析的汽车企业海外创新策略研究——以宝马全球研发中心为例》，《科技管理研究》2023 年第 12 期。

王波、陈浩：《欧亚经济联盟汽车法规及认证制度研究》，《中国检验检测》2023 年第 4 期。

郑小梅：《我国新能源汽车出口的"危""机"与对策》，《中国外资》2021 年第 10 期。

B.4
中国汽车品牌高端化发展趋势及建议

朱向雷 丁倩*

摘 要： 随着新能源汽车技术的迅猛进步，消费者购车理念的日臻成熟，以及中国汽车品牌在技术革新与品质保证方面的显著进步，民族汽车品牌正向高端化市场转型，以在激烈的竞争环境中占据有利地位。这一高端化转型不仅体现于外观设计的创新和配置水平的提升，更体现在科技含量与智能化应用的深度融合，以及产品质量、性能、差异化与个性化等多维度的全面进阶。本报告旨在系统梳理中国汽车品牌高端化发展的背景脉络、演进历程及其核心要素，并结合当前高端化发展的实际状况与高端用户群体的演变趋势，深入剖析高端化进程中所遭遇的种种挑战。在此基础上，本报告提出，鼓励本土汽车企业从产品定义、设计研发到生产制造、品牌营销等各个环节进行全方位的创新与提升，以推动民族汽车品牌的高端化发展进程。

关键词： 汽车品牌 汽车企业 新能源汽车 汽车品牌高端化

一 引言

在"新四化"趋势的推动下，新能源汽车行业经历了迅速的发展，并随着消费者消费观念的转变和消费能力的提升，中国汽车工业迎来了快速发展的新时期。此外，随着中国汽车品牌在技术水平和产品品质上的不断突

---

* 朱向雷，中国汽车技术研究中心有限公司首席专家，技术委员会秘书长，战略规划与科技创新部总经理，长期从事汽车产业研究、市场研究、产品研究和品牌研究等工作；丁倩，中汽信息科技（天津）有限公司品牌咨询部产业研究室主任，高级工程师，主要研究领域为汽车产业发展现状及趋势。

破，车企间竞争日趋激烈，高端化已成为中国汽车品牌发展的必然趋势，并在市场竞争中占据重要地位。

党的二十大报告提出"推动制造业高端化、智能化、绿色化发展"。汽车品牌高端化作为制造业发展的重要目标之一，是提升我国汽车产业核心竞争力的内在需求，更是我国迈向制造强国、抢占未来经济和科技发展制高点的重要战略选择。

随着中国经济的不断增长，人民生活水平显著提升，进而推动了消费需求的多元化和显著升级。现代消费者对汽车的需求已不再局限于其作为交通工具，而是对品质和个性化提出了更高的要求。在这样的市场背景下，对于中国汽车品牌而言，高端化不仅是一个市场策略，更是企业持续壮大、提升国际竞争力的关键路径。中国汽车品牌需要把握新的市场机遇，不断提升科技创新能力，优化产品品质，提高服务质量，塑造高端、优质的品牌形象，以提升用户忠诚度和品牌黏性，从而在新一轮的市场竞争中实现高效、可持续的发展。

中国汽车企业作为实现汽车强国战略目标的核心驱动力，需要在高质量发展阶段积极展现出品牌向上的成果。在此过程中，高端化战略布局的重要地位日益凸显。该战略的实施，不仅助力企业在激烈的市场角逐中占据更有利的地位，获得竞争优势，进而强化品牌的价值与市场竞争力，而且从宏观视角来看，能够有效推动整个产业链的升级与发展。通过促进技术的不断革新与创新能力的持续提升，高端化战略布局将显著提升整个行业的产品质量水准和品牌声誉，为行业的长期稳健发展注入新的活力。此外，高端车型的研制与销售不仅有助于塑造与提升中国汽车品牌的国际形象，还能进一步推动企业品牌价值的增长，从而实现品牌与市场双赢的良性循环。

二　汽车品牌高端化现状

（一）发展历程

近年来，中国民族汽车品牌一直积极探索品牌高端化的发展路径。2009

年至今，这一进程可划分为三个阶段。第一阶段（2009~2014年），多数车企采取购买外国技术和品牌的策略，以此为基础打造中高端产品定位，例如北汽收购萨博。这一阶段可称为"拿来主义"阶段，但由于缺乏核心技术，产品更新迭代能力受限，品牌难以在消费者视野中持续活跃。第二阶段（2015~2017年）为"产品跳跃"阶段，各大车企开始积极探索并致力于研发具有自主知识产权的先进技术，力图通过技术创新来增强产品核心竞争力。同时，这些企业也致力于提升产品的品质与性能，以吸引更多消费者的关注并满足其日益增长的需求。例如，长城汽车经过四年的努力，成功打造了WEY品牌，跻身合资品牌竞争圈，标志着民族汽车品牌开始与合资品牌在汽车市场中展开激烈竞争，展现出强大的发展潜力和市场竞争力。第三阶段（2018年至今），随着"新四化"趋势的加速发展，互联网企业纷纷涉足汽车制造领域，新创汽车品牌层出不穷，市场竞争格局日益多元化。在这一背景下，众多主流汽车厂商纷纷采取战略举措，推出高端子品牌，力求在激烈的市场竞争中脱颖而出。这些汽车厂商通过技术创新、服务升级等多种手段，不断优化品牌形象，重塑品牌在消费者心中的地位，以获取高端市场的认可与青睐。这一阶段可称为"创造的新兴阶段"，体现了民族汽车品牌在技术和服务方面的持续创新和突破。

（二）发展现状

1. 汽车品牌高端化的要素构成

中国汽车品牌的高端化进程是一个多维度、深层次的战略转型过程。这一过程不仅要求品牌在外观设计和配置水平上实现明显提升，更应聚焦科技含量的提高与智能化应用的深入拓展。通过不断对产品质量和性能进行精细化调整和优化，精准匹配日益多样化的消费者需求。同时，需重视品牌营销和渠道建设的战略地位。通过精心策划营销活动，构建多元化的销售渠道，旨在塑造独特的品牌形象，进一步扩大品牌的市场影响力。

汽车品牌的高端化主要包含以下三个维度。首先，产品与技术的高端化至关重要，车企需具备与全球领先品牌相抗衡的产品和制造技术，展现出独特的品质和设计魅力。这不仅能够彰显品牌的科技水平和研发实力，更是品牌核心竞争力的体现。其次，营销生态的高端化同样不容忽视。通过构建合作共赢的生态系统，品牌文化将深入公众生活的各个领域，有助于精准把握市场脉搏，有效推广产品，并提升品牌知名度和市场份额。在这一过程中，高端市场成为提升盈利能力的关键战场，也是车企实现跨越式发展的必由之路。最后，用户体验的高端化是品牌高端化的核心。通过与用户建立深厚的情感联结，深入挖掘用户的需求、兴趣和特点，提供个性化的定制内容，才能有效提升用户黏性，为用户带来卓越的生活品质和出行体验。

2. 汽车品牌高端化市场竞争情况

高端汽车市场长期被传统豪华品牌如宝马、奔驰等主导，这些品牌凭借其深厚的历史积淀、卓越的产品品质以及高端技术的不断创新，吸引了大量忠实客户。然而，近年来，中国汽车品牌也在高端化领域积极发力，纷纷推出各自的高端品牌，力求在这一市场中占据一席之地。这些中国汽车品牌通过不断创新和突破，逐渐展现出强大的竞争力和市场潜力。比如传统车企中，比亚迪的腾势、一汽的红旗、东风的岚图、上汽的飞凡和智己、北汽的极狐、长安的阿维塔、广汽的埃安、吉利的极氪和领克、长城的 WEY 和沙龙等；新势力车企包括高合、蔚来、理想、小鹏、AITO 等。

依托新能源市场的崛起，各大品牌纷纷推出高端电动车型，通过早期的电动化布局和对本土消费者需求的精准把握，重塑同级市场的竞争格局。2023 年以来，自主品牌在高端新能源汽车领域取得了显著进展，众多车型如雨后春笋般崭露头角，售价普遍跃升至 30 万元以上，甚至不乏定价逾百万元的旗舰之作。4 月，比亚迪仰望品牌推出其首款百万级新能源越野SUV——U8，同时推出百万级纯电超跑 U9，展示了该品牌在新能源汽车领域的强大实力。5 月，广汽传祺智电新能源 E9 正式登陆市场，价格区间精准定位为 32.98 万~38.98 万元，旨在满足智能豪华 MPV 市场的精准需求。此外，岚图汽车亦不甘示弱，推出售价为 32.29 万~43.29 万元的中式豪华电动轿车岚图追光，以其独特的文化内涵和豪华配置吸引了众多消费者的目光。而在 2023 年广州车展上，极氪品牌更是全球首次公开亮相了其首款纯

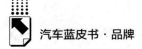

电豪华轿车极氪 007，新车预售价从 22.99 万元起。极氪 007 以其别具一格的设计理念和出类拔萃的性能表现，成功吸引了众多关注，彰显了极氪品牌在新能源汽车领域的创新实力和市场潜力。

总体而言，当前高端汽车市场的竞争格局日趋多元化和激烈化。一方面，国际豪华品牌如宝马、奔驰、奥迪依然保持市场的主导地位，其品牌知名度、产品质量以及技术水平等方面均展现出显著优势。然而，另一方面，中国本土汽车品牌如红旗、埃安、长城哈弗和 WEY 等正在迅速崛起，而蔚来、小鹏汽车等新兴科技公司也在逐步扩大市场份额。这些本土品牌通过加大技术研发和创新投入，不断提升产品品质和品牌形象，从而在高端市场中逐渐占据一席之地。这种竞争格局的演变表明，高端汽车市场正逐渐从单一主导向多元化转变，为消费者提供了更多样化的选择。

此外，汽车品牌的高端化过程在产品层面呈现显著的差异性（见表1）。传统豪华品牌，如宝马、奔驰等，一直将产品的品质和细节作为核心竞争力，致力于为消费者提供卓越的驾驶体验。它们持续推出新型号，并不断升级技术配置，以满足现代消费者对高品质生活的追求。相比之下，我国的自主汽车企业在稳固自身传统优势市场的同时，也积极拓展产品线，以满足不同消费群体和市场的多样化需求。这些企业不仅致力于丰富产品种类，还通过进军新能源细分市场，如纯电超跑和高端纯电 MPV 市场，来挑战高端市场地位。例如，MG Cyberster、仰望 U9、昊铂 SSR 等车型在纯电超跑领域崭露头角，而理想 MEGA、小鹏 X9、上汽大通大家 9 等则在高端纯电 MPV 市场中展开激烈竞争。尽管这些细分市场相对小众，但它们吸引了大量的市场关注和消费者认可。这种产品差异化的策略不仅体现了自主汽车企业在技术创新和市场洞察方面的能力，也为整个高端汽车市场带来新的活力和竞争态势。

表1　中国汽车高端品牌及各产品线车型

制造商	品牌	轿车车型	超跑车型	MPV 车型	SUV 车型
一汽汽车	红旗	红旗 H9	—	红旗 QM6	红旗 HS7
小鹏汽车	小鹏	小鹏 P5/P7	—	小鹏 X9	小鹏 G6/G9

续表

制造商	品牌	轿车车型	超跑车型	MPV 车型	SUV 车型
蔚来汽车	蔚来	蔚来 ET5/ET7	蔚来 EP9	—	蔚来 ES6/ES8
上汽集团	名爵	MG7	MG Cyberster	—	MG ZS
	大通	—	—	大通大家 9	大通 MAXUS
	智己	智己 L7	—	—	智己 LS7
赛力斯	AITO	—	—	—	问界 M5/M7/M9
奇瑞汽车	星途	星途星纪元 ES	—	—	星途瑶光/追风/凌云/揽月
理想汽车	理想	—	—	理想 MEGA	理想 L7/L8/L9/ONE
吉利汽车	极氪	极氪 007	极氪 001FR	极氪 009	极氪 X
	领克	领克 03	—	—	领克 01/02
	银河	银河 E8	—	—	银河 L7
广汽集团	昊铂	—	昊铂 SSR	—	—
	传祺	—	—	传祺新能源 E9	传祺 M8
东风汽车	岚图	岚图追光	—	—	岚图梦想家/FREE
比亚迪汽车	仰望	—	仰望 U9	—	仰望 U8
	腾势	—	—	腾势 D9	—
	方程豹	—	—	—	豹 5/豹 3
长城汽车	WEY	—	—	—	VV6/VV7
	坦克	—	—	—	坦克 300
长安汽车	阿维塔	阿维塔 11/12	—	—	—

资料来源：作者依公开资料整理。

　　随着新能源技术的不断突破与消费者需求的日益多元化，超跑等高端产品正成为推动新能源高端汽车消费市场活跃的重要力量，同时加剧了行业内部的竞争与洗牌。2024 年，新能源汽车行业将经历更为深入的结构调整，这一调整旨在推动行业朝着更加高端化和专业化的方向发展。据安信证券研究中心发布的研究报告①，新能源汽车在高端化方面仍有显著的成长潜力，特别是在价格高于 40 万元的高端汽车市场中。统计数据显示，2023 年 1～

---

① 安信证券研究中心：《2024 年整车策略：行业格局向好，智能化 & 全球化加速变革》，2023 年 12 月。

10 月，新能源汽车的渗透率仅为 17.5%，远低于 40 万元以下市场的新能源汽车渗透率，显示出高端市场中新能源汽车的巨大提升空间。报告预测，随着多款高端车型的陆续上市，2024 年高端新能源汽车的销量及市场份额有望持续增长。预计售价在 20 万~30 万元、30 万~40 万元和 40 万元及以上的新能源汽车销售占比将分别达到 28.4%、11.4%、6.0%（见图1）。这一趋势预示着新能源汽车行业结构将进一步向高端化迈进。此外，新能源汽车的市场增长不仅局限于私家车领域，还将逐渐渗透到商用车市场、公共交通等更广泛的领域，为整个新能源汽车行业的可持续发展注入新的活力。

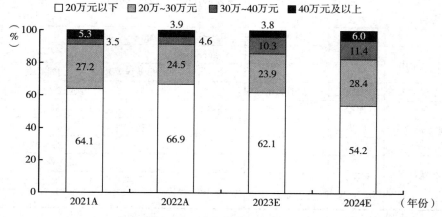

图 1　2021~2024 年我国新能源车销量占比预测（按价格段预测）

资料来源：乘联会、安信证券研究中心预测。

在塑造品牌形象方面，传统豪华品牌凭借其悠久的历史底蕴、经典的设计元素和卓越的产品品质，构建了别具一格的品牌形象。这些品牌深谙品牌传承与文化内涵的重要性，并持续努力提升品牌价值，从而在市场中占据独特地位。与此同时，新兴的高端品牌则通过创新的设计理念、前沿的技术应用以及环保理念的融合，塑造前卫且时尚的品牌形象。这些品牌特别注重与消费者建立情感联系，通过打造引人共鸣的品牌故事，进一步拉近与消费者的距离。以比亚迪推出的首款新车仰望 U8 为例，该车以"极境之上"的全新豪华内饰设计理念为引领，将对称融合、自然律动和智能科技三大核心要素完美融合，为用户打造极度舒适的舱内空间。仰望 U8 不仅提供超越极致的豪华驾乘体验，更通过其独特的设计理念和前瞻性技术，展现了新兴高端品牌对于品牌形象塑造的深刻理解和不懈追求。这一实践为整个汽车行业提供了宝贵的启示，即品牌形象的塑造应与时俱进，既要传承经典，又要不断创新，以满足消费者日益多样化的需求。

在营销策略方面，传统豪华品牌注重线下渠道的拓展与维护，以豪华展厅和专业销售人员为载体，为消费者提供高端、专业的购车体验。同时，通过赞助高端活动、开展品牌合作等多元化手段，进一步巩固和提升品牌影响力。相比之下，新兴高端品牌则更加注重线上渠道的拓展与营销创新。其灵活运用社交媒体、短视频等新媒体平台，与消费者紧密互动，塑造年轻、时尚的品牌形象。以蔚来为例，其充分利用微博、微信、抖音、小红书等社交媒体平台，与消费者实时分享品牌故事、产品信息和购车攻略。此外，蔚来还制作高质量短视频内容，生动展示产品的独特魅力和驾驶体验，从而吸引更多年轻消费者的关注。除了线上渠道，蔚来同样重视线下体验。蔚来中心的"牛屋"设计，作为一个典型案例，充分展现了其在品牌价值延伸与用户空间打造方面的卓越成就。每一家蔚来中心均巧妙融合了展厅、休闲、办公及城市文化服务等多重功能，旨在为用户构建一个充满人文关怀与温度的空间。这种线上线下的整合营销策略，既体现了新兴高端品牌对消费者需求的深刻理解，也展示了其在营销创新方面的前瞻性思维。

（三）发展趋势

1.中国乘用车整体发展趋势

近年来，中国汽车行业正经历着前所未有的变革，对于民族汽车品牌而言，当前的发展环境既充满挑战又蕴含机遇。一方面，中国乘用车市场在经历了长期的快速增长后，正由增量市场转向存量市场，消费者结构也由首购用户逐渐转变为增换购用户。在初期阶段，民族汽车品牌主要聚焦 15 万元以下价格区间，精准对接首购用户的购车预算，实现了市场定位与用户需求的高度匹配。然而，随着汽车市场容量的缩减以及首购人群数量的减少，民族汽车品牌的用户来源正面临前所未有的挑战，用户基础受到严重压缩，亟待寻求新的用户增长点和市场策略。同时，面对市场变化，许多合资汽车品牌采取了降价策略，进一步挤压了民族汽车品牌的市场份额。因此，对于民族汽车品牌而言，若不积极向中高端市场探索并占据一席之地，恐将面临更为被动的局面。从这一角度看，合资汽车品牌的降价策略虽属无奈之举，但对于民族汽车品牌而言，向上探索则成为其求生存、谋发展的必由之路。另一方面，我们也应当看到，当前中国汽车行业正处于一个重大的战略机遇期。在技术层面，主流的民族汽车品牌已经取得了显著进展，成功突破了发动机、底盘、变速箱等核心技术瓶颈。同时，在国家"双碳"政策的积极推动下，新能源汽车市场近年来展现出强劲的增长势头。汽车电动化趋势的加速推进，不仅吸引了众多互联网与科技行业的领军企业涉足汽车制造领域，还极大地推动了汽车行业向智能化方向的转型升级。在这一时代背景下，民族汽车品牌在人车交互技术及智能化操作系统等领域展现出显著的竞争优势。特别是电动化和智能化方面的技术成果，为民族汽车品牌重塑形象、进军中高端市场提供了有力支撑。因此，从技术发展的视角来看，民族汽车品牌已经具备了向中高端市场进军的实力，其高端化进程不仅是市场发展的必然趋势，更是民族汽车产业转型升级的重要方向。

随着互联网技术深入社会各个领域，年轻消费者对品牌的认知发生了显著变化。因此，本土汽车企业必须跟上时代的步伐，生产更高层次、更智能、更清洁的汽车。开拓中高端市场，并通过创新手段实现增值，已成为自主品牌发展的明显趋势。随着互联网技术的不断发展，汽车的互联网属性日益凸显，因此，参与全球竞争，在产业链不断升级过程中打造高质量、高品质的品牌形象，对于自主品牌至关重要。此外，由于在新能源汽车市场已积累的技术优势和良好声誉，自主品牌在推进高端化进程中也拥有了更多的机会。

总体来看，中国乘用车市场正处于一个机遇与挑战并存的转型期。民族汽车品牌在技术创新、新能源应用以及智能化发展方面取得显著突破，已经展现出向中高端市场进军的强劲实力。高端汽车市场正日益凸显品牌高端化、技术创新化、个性化定制以及国际化拓展的重要性。中国汽车品牌的品牌形象和知名度将不断提升，吸引越来越多高端消费者的关注；中国汽车品牌对技术研发和创新的投入越来越大，逐渐掌握核心技术，推出众多具有市场竞争力的产品；中国汽车品牌将更加注重个性化和定制化服务，满足消费者日益多元化的需求，不断提升品牌的吸引力；同时，品牌形象将受到更多的重视，通过讲述独特的品牌故事、展现新颖的设计理念以及提供优质的服务体验，中国汽车品牌不断提升其品牌认知度和美誉度。另外，随着中国汽车品牌实力的日益增强和国际化战略的深入推进，未来必将有更多中国汽车品牌进入国际市场，与国际品牌展开激烈的竞争。这一过程不仅将推动中国汽车品牌的进一步成长与壮大，也将为全球汽车市场注入新的活力与机遇。

2. 高端用户发展趋势

随着近年来中国新能源汽车品牌的迅猛崛起，中国消费者对高端汽车品牌的认知与态度正在发生深刻变革。高端用户群体逐渐熟识并接纳了众多国内汽车品牌，形成了对这些品牌独特的形象认知，并持有积极的情感态度。在消费体验中，无论是功能需求的满足还是情感需求的共鸣，高端用户都获得了极佳的体验感受。从品牌共鸣与身份认同的角度看，高端用户尤为注重品牌的内在价值与自身身份的契合度。他们往往对品牌有着独到的理解，认为这些国内高端品牌所传递的价值感，不逊于传统豪华品牌。同时，这些品牌在品控、科技创新以及外观设计等方面展现出的显著优势，能够完美匹配高端用户的身份象征需求，使他们感受到一种独特的"高级感"。此外，高端用户在体验、感受以及氛围方面也有着独特的需求。他们倾向于在高级简约的门店环境中购物，欣赏时尚高端的品牌风格，感受品牌所传递的生活气息。这种深刻的体验感不仅增强了用户对品牌的印象，更激发了他们强烈的归属感。最后，高端品牌门店的地理位置以及提供的功能服务也对高端用户的消费心智产生重要影响。门店的选址通常考虑到目标用户群体的活动范围与消费习惯，而提供的功能服务则致力于满足用户多元化的需求，进一步提升用户的满意度与忠诚度。

从消费群体来看，高端化主要面向的是新生代消费群体，包括一些商务精英、中产家庭以及年轻精英等。这些消费者通常具备较高的经济收入和稳定的职业背景，因此他们对汽车产品的品质、舒适性和安全性有更为严格的要求，并愿意为高品质的汽车产品和服务支付溢价。同时，他们秉持着个性化与多元化的消费理念，对汽车的外观、内饰和性能等方面有更为精细化的需求，更倾向于选择能够体现自身个性和满足个人需求的定制化产品与服务。因此，高端汽车品牌应当构建丰富的品牌矩阵，以满足不同消费者的多元化需求。在此过程中，应摒弃传统的量化生产体系，走差异化的发展道路，重塑品牌价值。唯有品牌核心价值得到持续传播，消费者才会认可产品的溢价。

近年来，随着年轻消费群体经济实力的增强和消费观念的开放，汽车已成为他们提升生活品质的重要选择。这一群体作为互联网的深度用户，对新鲜事物充满好奇并乐于尝试，因此，他们愿意为高端汽车支付更高的溢价，追求更高的质量和品质。此外，年轻消费者对于技术、设计和电子领域的兴趣日益浓厚，汽车的智能化程度、科技配置和创新性能等方面成为他们关注的重点。对于创新性更强、个性程度更高的汽车产品，他们通常表现出更高的接受度。同时，由于强烈的时代责任感和环保理念的影响，年轻群体对新能源汽车的忠诚度也在不断提升。这些因素共同推动了汽车市场的高端化趋势，为汽车品牌提供了新的发展机遇。

从城市级别分布的角度来看，高端汽车品牌的目标受众主要聚焦一、二线城市。在这些城市中，已婚并育有子女的用户群体在高端汽车消费中占据显著比例，他们通常更加注重汽车的家用和实用性。同时，女性经济力量的崛起对汽车市场产生了深远影响，女性用户占比在汽车行业正稳步上升。尤其在一、二线城市中，高收入、高学历的女性用户对高端汽车的需求日益旺盛，她们的购买动机主要围绕休闲娱乐、家用及通勤等方面。这些女性消费者对于汽车的配置、设计及使用体验表现出更高的关注度，高端汽车品牌的品质与形象对她们具有较大的吸引力。此外，随着中国汽车品牌不断进军国际市场，高端汽车市场的用户群体也日趋国际化。为了更好地满足全球消费者的需求，中国汽车品牌亟须提升自身的国际品牌形象和知名度，以此吸引更多国际用户的青睐。

综上所述，中国汽车品牌的高端用户群体呈现年轻化、多元化、智能化及国际化的鲜明趋势。为了适应这些趋势，中国汽车品牌需要积极提升自身的技术水平和产品研发实力，以满足日益多变的市场需求。同时，还需要注重品牌形象的打造和国际化战略的深入实施，以在全球范围内增强影响力。

3. 未来高端市场发展趋势

未来中国汽车品牌高端市场的发展趋势，可概括为以下几个方面：第一，消费者需求呈现持续增长态势。随着消费者对高端汽车关注度的提升，需求将持续攀升。同时，消费水平的提升和消费群体的扩大将进一步推动高端汽车市场份额的增长。消费者对汽车品质和品牌认知度的要求日益提高，个性化、定制化需求日益凸显，期望汽车能够充分展示自己的个人特色。此外，科技的进步也促进了消费者对汽车智能化、电动化需求的提升，智能驾驶、新能源技术等因素在购车决策中占据重要地位。第二，品种日益丰富。随着汽车行业的不断成熟，厂商将不断推出高端汽车的新高阶产品，以吸引更多的消费者购买，高端汽车的供应量和品种的丰富度将日渐提高。同时，厂商将不断加大宣传投入，促进销售，高端汽车将形成销量的叠加效应，形成良好的优势体系。随着智能驾驶、车联网等技术的不断发展与成熟，未来高端汽车市场将涌现更多具备新功能的产品，满足消费者多样化的需求。第三，政府支持和鼓励。近年来，政府出台了一系列政策，大力支持新能源汽车及车辆轻量化发展，为高端汽车市场提供了有力支持。政策环境的优化将进一步拉动高端汽车市场的发展。此外，政府还将鼓励和支持汽车企业在技术创新方面的投入和发展，提供研发资金、税收减免等政策支持。同时，为促进中国汽车品牌的国际化发展，政府将制定更加积极的出口政策，包括提供出口退税、简化出口手续等，助力中国汽车品牌开拓海外市场。第四，定价合理占据更多的市场份额。在定价方面，中国汽车品牌通过充分考虑市场接受度、消费者购买力以及市场调研和数据分析结果，制定合理的定价，确保产品定价与市场需求和消费者预期相符。通过合理的定价策略，形成完整的价格体系，强势占据汽车品牌市场份额，满足消费者的多元化需求，实现价值的最大化。

借助新能源和智能化技术，自主车企在高端细分赛道，不断推出新产品的同时，正积极开拓海外高端市场。目前，国产中高端新能源车型已成功进军挪威、英国、德国、日本、中东等新能源汽车市场，成为展现中国新能源汽车智能制造业实力的重要名片。随着产品优势日益显著，国际竞争力持续增强，自主品牌在海外市场逐步建立更多稳固的根据地。同时，为更好地适应不同国家和地区的市场需求与消费习惯，中国汽车品牌将更加注重产品的本地化设计与改进，确保产品精准满足当地消费者的需求。此外，通过积极参与国际车展、赞助国际赛事等多元化活动，中国汽车品牌将努力塑造独特的国际品牌形象，进一步提升品牌知名度和美誉度。通过与国外供应链开展深度合作，中国车企能有效加强国际化战略布局，扩大市场份额。这不仅有助于提升中国车企的竞争力，更有助于推动整个汽车产业的国际化进程。

三 高端化面临严峻的挑战

（一）技术积累方面

技术创新实力，作为中国汽车品牌高端化发展的核心驱动力，对于消费者选择车辆时的决策以及溢价支付意愿具有不容忽视的影响。随着汽车市场的日臻成熟和消费者需求的升级，技术创新已经不仅是一个口号，而是实实在在地影响着品牌的市场表现和消费者的购买行为。然而，当前中国汽车品牌仍面临技术短板、人才短缺以及研发投入见效周期长等多重挑战。

首先，关键技术领域的短板问题依旧突出。在传统汽车领域，中国品牌在发动机、底盘等核心零部件技术上仍显不足，对外资和合资品牌的依赖较为明显。在智能汽车领域，中国品牌在电子元件、传感器和芯片等关键核心零部件的自主研发上滞后，与美、日、欧等发达国家和地区在智能驾驶技术等方面存在显著差距。这种技术水平的不足，可能成为中国汽车品牌高端化道路上的绊脚石，难以充分满足消费者对高端汽车产品的期待。

其次，自主创新形象尚未深入人心。历史上，中国汽车品牌曾以跟随国外成熟设计为主，导致消费者形成了中国品牌技术相对落后的固有印象。同时，中国汽车品牌往往价格较低，导致消费者对于国内汽车品牌的印象大多是低端、廉价，这种观念在一定程度上影响了消费者对国产品牌高端产品的接受度。尽管近年来中国汽车品牌加大自主研发力度并取得一定成果，但改变消费者长期形成的观念仍需时日。

再次，技术创新需要高素质的研发人才作为支撑，但当前国内汽车行业的人才培养和引进机制尚不完善，导致一些关键领域的人才供给不足，难以满足品牌高端化发展的需求。同时，随着汽车行业的电动化、智能化趋势加速，软件研发成为新的竞争焦点。然而，中国汽车品牌在吸引和留住核心技术人才方面面临激烈竞争，这不仅影响当前的技术研发进度，也制约了未来技术创新的潜力。

最后，研发投入的见效周期长，也是制约中国汽车品牌技术创新的重要因素。技术创新往往需要大量的研发投入，并且见效周期相对较长。这意味着，即使品牌加大了研发力度，也可能需要相当长的时间才能看到明显的成效，这无疑增加了品牌高端化发展的难度。尽管多家企业已加大研发投入并制定中长期发展战略，但汽车产品从研发到上市周期长，技术更新迅速，且成果率不可预测，从而增加了技术研发的风险和不确定性。同时，研发投入不足也限制了部分国内品牌的技术积累和创新能力的提升。

（二）产品战略方面

在民族汽车品牌的高端化进程中，许多车企面临着对高端化概念理解不清、品牌战略模糊的问题。以领克和 WEY 等部分高端品牌为例，其过去几年的发展历程显示出一个共性挑战：为迅速占领市场，企业不得不加速产品线扩张和经销商网络布局。然而，随着新车型数量的不断增加，并未实现销量的相应增长，反而因产品规划不当而导致内部竞争和资源消耗加剧。市场定位的模糊使得产品难以与竞争对手形成有效区分，进而难以吸引消费者关注。

此外，产品同质化现象日益严重，整体质量亟待提升。以奇瑞星途 TX

为例，其核心部件与自家瑞虎8、捷途X90高度相似，缺乏价格优势，加之品牌影响力不足和4S店网络覆盖有限，其销量下滑趋势明显。当前，中国市场汽车供应充足，但缺乏具有竞争力的民族品牌精品车型。单纯依赖价格优势已无法适应市场发展趋势，只有更加精品化、高端化的车型才能满足日益升级的消费需求。

长期以来，中国汽车企业一直将"高性价比"和"高配置"作为市场竞争的利器，通过在同价位中提供更为丰富的配置来吸引消费者的目光。这种策略在一定程度上确实取得了成功，使得中国汽车品牌在市场上占有一席之地。然而，这种策略背后所隐藏的问题也逐渐暴露出来。为了追求高性价比和高配置，一些汽车企业在提升整车可靠性方面的投入相对不足。这导致部分车型在质量上存在一定的问题，例如零部件易损、故障频发等。随着时间的推移，这种"高性价比"往往伴随着低质量和低可靠性，给消费者带来了诸多不便。低质量和低可靠性不仅影响了消费者的使用体验，还带来了更高的使用成本。车辆状况的恶化速度加快，导致维修和更换零部件的频率增加，进一步推高了未来的维护成本。对于消费者而言，这无疑是一笔不小的开支。同时，车辆的可靠性低也导致车辆保值率降低。消费者在购买车辆时，往往期望在日后转售时能够获得一定的回报。然而，由于车辆质量不可靠，保值率低下，消费者在转售二手车时往往面临巨大损失。这不仅影响了消费者的购车决策，也对中国汽车品牌的声誉造成了负面影响。

（三）产业链布局方面

中国汽车品牌在过去的几十年实现了长足发展，但也面临着诸多挑战。这些挑战不仅来自市场竞争的日益激烈，更来自产业链各环节所存在的内、外部问题。在产业链层面，上下游企业在经营目标上与中国汽车品牌之间存在显著的差异，这种差异对中国汽车品牌的独立发展构成了一定制约。此外，现有供应链的不稳定性亦成为限制中国汽车品牌高端化进程的关键因素。这种不稳定性不仅影响了汽车品牌的生产效率和成本控制，还对其市场竞争力和品牌形象造成了负面影响。

在产业链上游，供应商与车企之间的合作至关重要。然而，当前中国汽车品牌在与上游供应链企业的合作中，经常遭遇经营目标不一致的问题。供应商往往更关注自身的利润和市场份额，而可能不太关注汽车品牌的整体战略和长远发展。这种差异导致在产品研发、成本控制、质量保障等方面难以形成有效的协同，从而影响了中国汽车品牌的独立发展。

与此同时，产业链下游销售端也存在不小的挑战。随着市场的变化和消费者需求的升级，销售端需要不断调整策略，以更好地满足消费者的需求。然而，中国汽车品牌在与下游销售端的合作中，往往难以形成统一的战略和目标。这导致在市场推广、品牌建设、渠道拓展等方面难以形成合力，从而影响了品牌的知名度和影响力。

更为严重的是，现有供应链的不稳定性也给中国汽车品牌的发展带来了很大的风险。由于全球化和市场化的推进，供应链变得越来越复杂和脆弱。一旦出现供应中断或价格波动等问题，就会对中国汽车品牌的正常运营造成严重影响。这种不稳定性不仅增加了品牌的运营成本，还限制了其独立发展和高端化进程。

总的来说，中国汽车品牌在产业链各环节所面临的挑战是复杂而严峻的。为了克服这些挑战，汽车品牌需要加强与上下游企业的沟通与合作，形成统一的战略和目标；同时，还需要加强供应链的稳定性管理，提高应对风险的能力。只有这样，才能在激烈的市场竞争中立于不败之地，实现品牌的独立发展和高端化进程。另外，"只有民族的，才是世界的"。要想在全球市场上立足，中国汽车品牌必须展现出自己的民族特色和文化底蕴。这不仅仅是外观设计和品牌形象的体现，更是技术创新和产品质量的体现。因此，应汇聚全国之力，集结全产业链的智慧与力量，全力推进"民族汽车品牌向上计划"的实施。

（四）品牌与运营方面

随着国内汽车市场的成熟和饱和，市场增长模式已从过去的增量扩张转变为存量竞争。在这一转变过程中，市场竞争越发激烈，消费者对汽车品牌和产品的要求也越来越高。在这样的背景下，"用户至上"的理念成为企业生存和发展的关键。然而，由于运营体制不完善、营销手段不先进，中国汽车品牌在品牌建设与运营方面表现欠佳，导致用户黏性不强、市场份额和销量不足。

首先，品牌建设缺乏核心竞争力，知名度不足成为制约中国汽车品牌发展的重要因素。一些中国汽车品牌在品牌理念和形象塑造方面尚显稚嫩，未能充分发掘和展现品牌特色，缺乏与企业文化的深度融合，导致消费者对品牌形象的认知模糊，难以形成品牌忠诚度。与此同时，随着汽车市场竞争的日益加剧，众多品牌为应对市场挑战，纷纷针对不同的细分市场推出子品牌和多品类产品。然而，这种多品牌发展的策略在带来一定市场份额增长的同时，也导致差异化竞争优势逐渐减弱。此外，相较于国际知名汽车品牌，中国汽车品牌在知名度方面相对不足，这对其在高端市场的竞争力构成了一定限制。由于品牌认知度与美誉度的欠缺，中国汽车品牌在高端化进程中可能遭遇消费者接受度较低的挑战，进而对产品销量及市场占有率产生负面影响。

其次，服务流程、用户体验以及售后服务等方面都存在明显的短板。这些问题导致用户在使用过程中感受到不便和不满，进而影响了用户对品牌的忠诚度。特别重要的是，优质的售后服务是提升用户忠诚度和黏性的关键，但部分中国汽车品牌过于注重销售而忽视售后服务，这无疑阻碍了品牌的长期发展，更难以支撑高端化战略的实现。

再次，营销手段单一也是制约中国汽车品牌发展的一个重要因素。在数字化、智能化的今天，传统的营销方式已经难以满足消费者的需求。然而，一些中国汽车品牌仍然停留在过去的营销思维中，缺乏创新和突破。这不仅使品牌在市场上缺乏竞争力，也导致用户黏性不强、市场份额和销量难以提升。

最后，国际化运营能力有限是中国汽车品牌面临的新挑战。随着中国汽车品牌逐步走向国际市场，如何在全球范围内构建稳定的销售网络、提供优质的售后服务等成为亟待解决的问题。

综上所述，中国汽车品牌在高端化进程中面临着技术积累、产品战略、产业链合作以及品牌与运营等多方面的挑战。为了克服这些挑战，中国汽车品牌需要不断提升自身实力，加强与国际品牌的合作与交流，以提升在全球汽车市场中的竞争力。

四　中国汽车品牌高端化发展举措

（一）产品定义与战略

中国汽车品牌在产品的定义与战略规划中，应积极追求高端化进程。首先，通过明确产品的高端市场定位，进行细致的细分市场研究，精准确定各类高端消费者的需求。为此，可通过成立专业的市场研究团队，持续追踪高端市场中消费者的需求变化、购车偏好以及竞争格局的演变，并定期发布深入的市场研究报告，为产品战略的微调与优化提供坚实的数据支撑。

其次，在差异化战略的制定上，中国汽车品牌应深刻认识到消费结构的升级趋势。为了更好地满足市场对精品、高端车型的需求，制定长远战略规划，将技术创新置于核心地位，持续优化产品结构，打造个性化、差异化的产品系列。这不仅推动了产品的升级换代，更在产品配置上提供了丰富的个性化选项，精准对接不同消费者的个性化需求，从而凸显品牌特色，提升市场竞争力。

与此同时，中国汽车品牌应注重与市场的实时互动，定期开展市场调研，敏锐捕捉消费者需求的变化和市场趋势的演进。这种持续的市场洞察为产品策略的及时调整提供依据，确保产品与市场保持高度同步。此外，通过推出具有卓越产品力的精品车型，中国汽车品牌不仅享有市场口碑，还逐步建立阶梯形产品价格体系，有效将更多的潜在用户转化为实际用户，增强自主品牌的用户黏性。

（二）设计创新与研发

设计创新与研发是汽车品牌高端化进程中的核心驱动力。中国汽车品牌应致力于设计创新，深度融合传统元素与现代设计哲学，塑造独具一格的外观与内饰，以此展现品牌的独特魅力。在产品设计层面，需紧密围绕品牌文化内核，同时敏锐捕捉消费者审美趋势的变迁，形成富有辨识度的设计语言，进而提升产品的市场认知度。车企应深入剖析目标用户群体的特性与需求。以中型 SUV 市场为例，目标用户群体往往更为成熟，故而在产品外观上宜展现出稳重而不失格调的设计风格；同时，针对这部分消费者对智能化和科技化的高接受度，功能设计上亦应体现出相应的前瞻性和智能化水平。鉴于消费者需求的多样化，品牌需扩展产品组合，以精准覆盖不同细分市场，从而提升市场份额。

在研发层面，自主研发技术及核心技术的掌握是塑造高端汽车品牌形象的关键所在。因此，应加大研发投入，特别是在新能源、智能驾驶、车联网等前沿领域，确保技术上的领先地位。同时，积极引进先进的研发设备与技术，不断提升自主研发能力，增加自主知识产权的比重。此外，加强与国际知名汽车设计公司和研发机构的战略合作亦至关重要。通过吸引国际人才，借鉴先进经验和技术，组建全球化的研发团队，共同推动产品品质和性能的持续提升。通过这一系列举措，中国汽车品牌将在激烈的市场竞争中脱颖而出，实现品牌的高端化转型。

（三）多方合作构建高效稳定的产业链

产业链合作不仅是汽车品牌实现高端化的坚实基石，更是驱动汽车产业稳步前行、健康发展不可或缺之力。通过深化产业链合作，汽车品牌获得更为卓越、高效的零部件供应，从而确保产品质量与性能持续优化。此外，产业链合作对于促进技术创新、实现资源共享亦具有显著作用，有助于汽车品牌在激烈的市场角逐中保持领先态势。同时，这种合作模式还有效降低了生产成本，提高了生产效率，为汽车品牌的高端化道路铺设了坚实的基石。

中国汽车品牌应积极拓展与供应商的合作范围，通过建立严谨的供应商评价体系，确保原材料和零部件的品质达到行业顶尖水平。通过与全球领先的供应商建立长期稳定的战略合作关系，实现供应链的高效运作与稳定供应。此外，加强产业链整合亦至关重要，通过并购、战略合作等手段，优化资源配置，提升整体运营效率。推动产业链数字化转型，提升信息化、智能化水平，实现精细化管理，进一步提高产业链的整体竞争力。

同时，中国汽车品牌还应积极寻求与跨国公司的战略合作，引进国际先进的技术与管理经验，吸收先进理念，提高效率，不断为自身发展注入活力。通过不断深化与全球产业链的合作，中国汽车品牌将更好地应对市场挑战，实现品牌的高端化转型，进而在全球汽车市场中占据一席之地。

（四）品牌建设与营销

品牌建设与营销是实现汽车品牌高端化的关键战略手段。在当前汽车市场存量竞争日趋激烈的背景下，为迈向高端化，中国汽车品牌必须强化品牌与营销的双重建设。品牌定位不必局限于与豪华品牌如宝马、奔驰、奥迪直接对标，而应采取渐进式策略，逐步向高端市场渗透，以规避一蹴而就的风险。

在营销模式与服务理念上，应摒弃陈旧观念，积极吸纳新兴势力的创新元素，为新品牌注入活力与差异化特色。通过强化品牌建设，凸显品牌形象与文化内涵，利用品牌形象网站、社交媒体等多渠道进行广泛宣传，并积极参与高端车展、品鉴会等活动，以塑造卓越的品牌形象，吸引高端用户群体，提升消费者与投资者的认同度。

在营销层面，应创新战略思维，优化渠道布局，实施多元化的营销策略。结合线上线下渠道整合、精准营销、体验式营销等手段，抢占市场流量，凸显品牌核心价值，扩大品牌影响力。同时，加强与国际知名汽车品牌的交流合作，提升品牌在国际舞台的竞争力。

展望未来，在数字营销的时代背景下，车企应积极响应并顺应这一发展趋势，致力于构建线上线下融合的全链路营销体系。具体而言，应以数据为核心驱动力，深入分析用户行为，洞察市场需求，实现线上线下场景的精准对接与高效转化。当前，线上线下联动的整合营销模式成为主流，通过精心策划系列主题活动，车企将线上引流与线下体验有机结合，成功打造了一系列具有影响力的营销事件。在此过程中，充分利用社交平台与主流媒体进行广泛传播，有效提升了品牌的持续曝光度。在整合营销的策略框架下，汽车制造商、经销商、广告代理机构以及媒体平台等多方力量紧密协作，通过充分发挥线上线下资源的互补优势，共同实现营销效能的最大化。

（五）用户运营与服务

用户运营与服务是汽车品牌高端化不可或缺的重要支撑。中国汽车品牌应积极致力于提升用户体验和服务质量，通过制定个性化购车方案、提供细致入微的售后服务以及便捷高效的维修保养服务等方式，不断提高用户的满意度和忠诚度。同时，通过用户数据，深入洞察用户需求和行为特征，以提供更加精准的产品和服务。此外，通过构建线上线下互动平台，加强与用户的沟通与交流，进一步提升品牌形象和用户黏性。因此，基于用户体验的核心地位，民族汽车品牌应致力于构建以用户为中心的运营与服务体系。这一体系应全面覆盖售前、售中及售后各环节，确保为用户提供全方位的优质服务。

具体而言，在售前阶段，品牌应充分利用大数据等先进技术，精准识别并锁定潜在用户群体，投放符合其兴趣的内容，并通过对用户行为的深入分析，评估投放内容的满意度及反馈情况，从而有针对性地优化内容策略，提升品牌传播效果。在售中阶段，品牌需全面关注产品了解、试乘试驾、洽谈成交、新车交付等关键环节。为此，品牌应致力于改善经销店的环境设施，提升服务人员的专业素养和服务态度，确保用户在试车和洽谈过程中获得顺畅和满意的体验。同时，在新车交付期间，品牌应保持与用户的紧密沟通，及时反馈交付进度，积极满足用户的各项需求，以进一步巩固品牌形象，提升用户忠诚度。售后阶段作为品牌与用户关系深化的关键阶段，涉及车主活动、应急救援、日常关怀和意见反馈等环节。品牌应迅速响应用户需求，特别是在应急救援环节，需确保高效解决问题并给予用户情感关怀。在当前互联网高度发达的时代背景下，品牌应充分利用线上线下多种渠道，与用户建立更为紧密的联系，进而促进情感共鸣的达成。具体而言，汽车品牌可考虑推出集系统升级、美容维护等多功能于一体的一站式体验馆，旨在提升服务品质与消费者体验，进而增强品牌影响力。此举不仅能够提升消费者的满意度，还能有效增强品牌的溢价能力。

综上所述，中国汽车品牌的高端化发展需从产品定义、设计研发、合作生产到营销等各环节进行全面提升。这些举措共同推动了中国汽车品牌向高端化迈进，增强了品牌竞争力和市场影响力。未来，随着技术的不断进步和市场的不断变化，中国汽车品牌将继续探索创新，实现更高层次的发展。

参考文献

方超、石英婧：《中国车企高端化突围　自主品牌掀起"冲高"浪潮》，《中国经营报》2023 年 11 月 25 日。

姚美娇：《自主品牌新能源汽车高端化转型提速》，《中国能源报》2023 年 6 月 5 日。

沈毅斌：《新能源车迈向高端化、专业化》，《IT 时报》2024 年 2 月 9 日。

李志勇：《中国高端汽车大规模涌现》，《经济参考报》2022 年 11 月 25 日。

李永钧：《中国汽车品牌高端化如何破局前行?》，《汽车与配件》2019 年第 20 期。

安信证券研究中心：《2024 年整车策略：行业格局向好，智能化 & 全球化加速变革》，2023 年 12 月。

B.5
汽车行业母子品牌关系建设研究

尤嘉勋　李新波*

摘　要：　随着市场需求的日益多元化和汽车行业品牌战略的持续拓展，母子品牌关系管理已成为汽车品牌战略中至关重要的环节。越来越多的汽车企业开始采取母子品牌的战略。汽车母子品牌的研究是一个相对复杂的课题。汽车母子品牌之间存在复杂的关系，且随着汽车市场的不断发展和消费者需求的不断升级，汽车母子品牌需要不断地调整战略，以适应市场的变化。只有通过深入的研究和分析，才能更好地理解汽车母子品牌之间的关系和市场环境，从而为企业制定更加科学合理的战略提供有力的支持。本报告通过深入探讨母子品牌的内涵与概念，分析母子品牌形成方式、母子品牌关系呈现形态、母子品牌关系建设模式，梳理汽车行业母子品牌建设现状。同时，结合市场实际操作，总结母子品牌关系建设过程中的经验与教训。最后，顺应汽车行业发展的整体趋势，展望母子品牌关系建设新趋势。

关键词：　汽车行业　母子品牌　呈现类型　建设模式

随着汽车市场的不断演进和消费者需求的日益多元化，为了在激烈的市场竞争中赢得消费者的广泛认可与信赖，汽车制造商不仅在产品升级、市场推广等方面持续努力，更在品牌建设上寻求创新与突破。母子品牌建设作为一种品牌管理策略，旨在通过母品牌的强大基础，推出具有独特性和竞争力

---

* 尤嘉勋，中汽信息科技（天津）有限公司党委书记、总经理，高级工程师，长期从事汽车产业研究、市场研究、产品研究及行业咨询等工作；李新波，中汽信息科技（天津）有限公司品牌咨询部产业研究室研究员，高级工程师，主要研究领域为汽车产业国际化政策及宏观趋势。

的子品牌，以满足不同消费者的需求。

从汽车行业的演进趋势来看，多数行业领军企业均采取母子品牌战略布局。以福特汽车公司为例，该公司在确立母品牌福特的基础上，收购了林肯品牌，创立了水星品牌，从而丰富其品牌矩阵。同样，丰田汽车公司也在运营管理母品牌丰田的同时，成功拓展了雷克萨斯、大发、日野等多个子品牌，形成了强大的品牌组合。这些领先企业的多品牌策略，不仅满足了不同消费者群体的需求，增强了企业在市场竞争中的整体实力，同时也降低了企业运营风险，某一品牌失败并不会导致整个集团品牌的全面瓦解。

从消费者的需求角度出发，不同消费者群体对于购车的需求呈现显著差异，尤其体现在购车预算方面。为了有效应对这一需求多样性，企业纷纷采取多品牌经营策略，包括创立新的品牌、收购或并购现有的品牌，以更好地满足各个细分市场的消费者需求。大众汽车集团便是其中的一个典型案例。该集团不仅拥有针对大众市场的母品牌——大众，还通过成功的品牌拓展，拥有兰博基尼、奥迪、保时捷等高端豪华车品牌。这种多元化的品牌布局策略，使得大众汽车集团能够在多个细分市场领域占据一定的市场份额，从而实现了更广泛的市场覆盖。

一　母子品牌概念内涵

凯文·莱恩·凯勒在《战略品牌管理》中提到"如果公司利用已建立的品牌推出新产品，这种做法叫品牌延伸。如果新品牌与现有品牌结合使用，那么这一品牌延伸也叫作子品牌，实施品牌延伸的现有品牌称为母品牌"[①]。后有学者提出，将原有品牌称为母品牌，而将新进入市场的品牌定义为子品牌。根据现有品牌架构的实际情况，国内学者赵加积经过深入研究，总结出母子品牌主要包含两种类型。"一种是把企业品牌作为母品牌，

---

① 〔美〕凯文·莱恩·凯勒：《战略品牌管理》（第3版），卢泰宏、吴水龙译，中国人民大学出版社，2009，第440~441页。

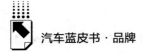

而把多种产品品牌列为子品牌。另一种是把主导品牌作为母品牌，同时开发许多子品牌。"①

母品牌凌驾于所有产品之上，为所有产品共有，子品牌隶属于母品牌。通常情况下母品牌是企业品牌/集团品牌或者主导品牌，在一些企业，母品牌往往并不指向某个特定的产品或是品类，而是指向企业主营的行业或是代表着某种价值（如投资集团），母品牌相较于子品牌具有更强的包容性与延展性。以通用汽车为例，其母品牌"通用GM"并非专指某一汽车品牌，而是作为别克、雪佛兰、凯迪拉克等子品牌的母品牌，共同构成了一个强大的汽车集团。

总的来说，母品牌和子品牌之间的关系是品牌管理中不可或缺的一部分。母品牌以其强大的包容性和延展性，为企业的长远发展奠定坚实的基础。而子品牌则以其独特的市场定位和创新优势，为品牌家族的整体发展注入活力。通过合理的品牌架构和管理策略，企业可以打造强大的品牌家族，提升品牌整体价值和市场影响力。

二　汽车行业母子品牌关系建设现状

关于当前汽车母子品牌关系建设的状况，本报告将从三个方面进行深入探讨：母子品牌的形成方式、母子品牌关系的呈现形态以及母子品牌关系的建设模式。母子品牌的形成方式，深受汽车厂商战略发展的牵引。同时，结合母品牌和子品牌的品牌价值，对母子品牌关系的呈现形态进行细致梳理。最后，根据汽车厂商在母子品牌关系建设中的实际情况，总结并提炼汽车行业常见的母子品牌关系建设模式。

（一）汽车母子品牌形成方式

汽车母子品牌的形成方式是一个涉及多方面因素的复杂过程，可以通过

---

① 赵加积：《中国装备制造品牌加快塑造步伐系列谈之一　把装备制造业塑造成"母品牌"》，《装备制造》2014年第11期。

多种途径来实现。在当今竞争激烈的汽车市场中，企业为了提升品牌影响力和市场份额，常常会选择形成母子品牌的方式来扩大产品线、提高技术水平和品牌形象。常见的形成方式主要有三种：自主研发、联合研发以及并购收购。

1. 自主研发

在构建汽车母子品牌的过程中，自主研发扮演了至关重要的角色。这种方式要求企业具备雄厚的研发实力和突出的创新能力，并通过大量投入人力资源、物力资源和财政资源，进行独立的技术研究和产品开发。自主研发的优势在于，企业能够全面掌控核心技术，并持有自主知识产权，从而更有效地维护企业的核心竞争力。此外，自主研发还能提升品牌的科技含量和形象，吸引更多消费者的关注和认可，为企业的长远发展奠定坚实基础。

2. 联合研发

联合研发也是汽车母子品牌形成的另一种常见方式。联合研发通常发生在两家或多家企业之间，通过共同投入研发资源，共享技术成果，以期达到互利共赢的目的。这种方式不仅有助于降低研发成本，降低单个企业的经济压力，还能分散技术风险，在追求技术创新的同时，保持稳健的发展态势；通过共享彼此的技术成果和研发经验，企业可以更快地推动产品的研发进程，同时企业可以借助对方的品牌资源和市场渠道，扩大自身品牌的影响力。这种合作方式使得企业能够在更广泛的范围内推广自己的品牌，提升市场地位。

3. 并购收购

并购收购也是实现汽车母子品牌的有效途径之一。通过并购收购，企业可以迅速获得其他企业的技术、品牌、市场等资源，实现规模扩张和优势互补。这种方式可以缩短产品研发周期，提高市场占有率，但同时要求企业具备强大的资金实力和管理能力。例如，吉利汽车近年来通过并购沃尔沃汽车、路特斯汽车等知名品牌，成功实现了品牌升级和产品升级。

综上所述，汽车母子品牌的形成方式多种多样，企业可以根据自身情况和市场需求选择适合自己的方式。无论是自主研发、联合研发还是并购收购，都需要企业具备强大的研发实力、管理能力和市场洞察力，才能在激烈的市场竞争中立于不败之地。同时，企业还需要注重品牌形象的塑造和维护，不断提升产品的品质和服务水平，赢得消费者的信任和忠诚。在未来的汽车市场中，随着科技的不断进步和消费者需求的不断变化，汽车母子品牌的形成方式也将不断创新和发展。

（二）汽车母子品牌关系呈现形态

母子品牌关系展现出丰富多变且错综复杂的特性。英国知名品牌评估机构 Brand Finance，运用特许费率法来评估汽车品牌在其排名表中的价值。可将其理解为许可人在开放市场通过品牌授权可获得的净经济利益。这一品牌价值排名在业界具有广泛的影响力。本报告旨在通过品牌价值这一关键指标，深入探讨母子品牌关系的不同类型。

在企业运营的实践中，母子品牌关系历经市场竞争的锤炼，结合品牌价值排名，形成了四种主要形态：母强子弱、母子共荣、母弱子强以及母子俱弱。对于汽车企业而言，这四种母子品牌关系并非固定不变，也并非唯一存在。随着市场环境的变化和企业战略的演进，汽车企业的母子品牌关系可能会发生转变。因此，汽车企业的母子品牌关系是一个动态发展的过程。

1. 母强子弱型

在汽车行业的品牌策略中，母强子弱型关系是一种常见的母子品牌关系状态，尤其在子品牌的发展初期，这种现象表现得尤为明显。母品牌通常已经在市场上建立了较高的知名度和信誉，积累了丰富的品牌资产，并拥有稳定的客户基础和广泛的销售渠道。相比之下，子品牌作为初创品牌，其知名度、市场影响力以及销售预期往往远远不及母品牌。

母强子弱型关系的形成，往往与母品牌的强大实力密不可分。母品牌在市场上长期以来的稳定表现、优质的产品和服务、良好的口碑等，都为子品牌的发展奠定了坚实的基础。子品牌可以借助母品牌的资源和优势，快速进入市场并获得消费者的认可。随着市场竞争的加剧和消费者需求的不断变化，这种母子品牌关系也将不断调整和优化，以适应市场发展的需求。

2. 母强子强型（母子共荣）

在汽车行业中，母强子强的母子品牌关系被视为一种理想的模式。这种关系不仅有助于提升品牌形象和市场份额，更能为汽车厂家带来长期稳定的商业利益。以大众汽车集团为例，母品牌大众与子品牌保时捷、奥迪之间的母子品牌关系正是这种模式的典范。

根据 Brand Finance 发布的《2024 年汽车行业报告》，母品牌大众以337.91 亿美元品牌价值位居全球汽车品牌价值排行榜第六，其子品牌保时捷、奥迪分别以 431.17 亿美元、144.23 亿美元的品牌价值位居汽车品牌价值排行榜第四和第十。[①] 这一数据充分证明了大众汽车集团母子品牌在各自细分市场的卓越表现。大众作为母品牌，在原有市场中保持了强劲的竞争力。同时，保时捷和奥迪等子品牌的存在，满足了特定细分市场或消费者的需求，有效扩大了产品线，使双方能够覆盖更广泛的消费者群体。这种母子品牌关系不仅提升了大众汽车集团的整体市场份额，还增强了其在汽车行业中的影响力。

3. 母弱子强型

母弱子强的母子品牌关系有两种表现形态。第一种情形是，随着市场竞争的加剧以及品牌形象的逐渐老化，一些曾经风光无限的母品牌逐渐陷入衰退的境地。这些品牌可能由于品牌形象的老化、产品创新的滞后或是市场定位的失误等，失去了往日的辉煌。然而，正是在这样的背景下，一些子品牌通过持续的创新与发展，逐渐崭露头角，表现出强劲的增长势头。这些子品牌往往具备更加敏锐的市场洞察力和创新能力，能够迅速捕捉消费者的需求变化，并推出符合市场趋势的新产品。它们不仅在技术上领先，更在品牌传播、营销策略等方面展现出高超的智慧和实力。通过不断的努力，这些子品牌逐渐赢得了消费者的认可，并在市场上占据重要的

---

① 《2024 全球汽车品牌价值 100 强榜单发布，中国哪些企业上榜?》，中国国际贸易促进委员会浙江省委员会网站，2024 年 3 月 11 日。

地位。这种母弱子强型品牌关系，对于母品牌而言，无疑是一次重生的机会。通过子品牌的崛起，母品牌可以实现品牌的更新换代与转型升级，重新焕发生机和活力。同时，子品牌的发展也为母品牌带来了新的发展机遇和更广阔的市场空间。

另一种情形是虽然母品牌的品牌价值相对较低，但其综合实力依然不容小觑。为了扩大母品牌的影响力并推动产业的持续发展，母品牌选择收购或者并购一个品牌价值相对强势的子品牌。这种策略不仅能够提高母品牌的市场地位，还能为子品牌提供更大的发展空间和更丰富的资源支持。通过收购强势子品牌，母品牌可以迅速获得先进的技术、人才和市场资源，提升自身的综合实力。同时，子品牌也能借助母品牌的资源和平台，实现更快速的发展。这种品牌关系有助于实现资源的优化配置和品牌的协同发展，推动整个产业向更高层次、更广领域迈进。

4.母子俱弱型

母子俱弱型母子品牌关系，即母品牌和子品牌都尚未建立起强大的品牌形象和市场地位。这种母子品牌关系多见于一些中小汽车厂商或处于发展初期的汽车品牌。此时，公司常常面临重重困难，包括资金短缺、技术瓶颈以及市场份额的争夺。由于品牌知名度和市场推广能力的欠缺，它们往往难以在竞争激烈的市场中脱颖而出，难以吸引足够的消费者关注。

但这并不意味着它们没有发展的机会。相反，这种关系为中小汽车厂商提供了更大的发展空间和可能性。它们可以通过加强品牌建设和市场推广，逐渐提升母品牌和子品牌的知名度和影响力，实现品牌价值的最大化。它们可以通过巧妙运用有限的资源，采取精准的市场定位策略，成功吸引特定消费者群体的关注。它们专注于某一细分市场，逐渐拥有一定的市场份额。引入先进技术，加强自主研发能力，逐渐提升自己的技术水平。同时，它们还通过与其他厂商合作，共享技术资源，实现互利共赢。

此四种母子品牌关系为相对性分类，各企业并不局限于单一的母子品牌关系类型。母子品牌关系亦非静态，而是随着汽车品牌的不断进步与发展而发生变化。相同的母子品牌可能由一种类型转变为另一种类型，比如随着企业发展和母子品牌建设策略的不同选择，母子俱弱型母子品牌关系可能发展成母强子弱型母子品牌关系，也可能发展成母强子强型母子品牌关系。

（三）汽车母子品牌关系建设模式

母子品牌关系呈现的四种类型：母强子弱、母子共荣、母弱子强以及母子俱弱，多是在企业运营的过程中，经过市场竞争的洗礼而形成的。而母子品牌关系建设则是汽车厂商综合考虑市场环境、品牌定位、消费者需求等因素，制定适合自身的品牌建设策略。以此提升品牌的市场竞争力，进而推动企业长期发展目标的实现。根据对当前市场上主流汽车品牌厂商与其子品牌关系的深入分析，可以总结出三种典型的母子品牌建设策略。第一种策略是"隐藏母姓，独立发展"，这种策略下子品牌独立运作，保持相对独立性，同时不强调母品牌的影响力。第二种策略是"以母为荣，紧密发展"，这种策略下子品牌以母品牌为荣，积极利用母品牌的品牌效应和资源优势，提升自身品牌形象。第三种策略是"母凭子贵，借力发展"，这种策略一般多见于母品牌并购品牌实力较强的子品牌，母品牌可借助子品牌的优势资源或者经验发展。

1.隐藏母姓，独立发展

"隐藏母姓，独立发展"的母子品牌建设策略在汽车界屡见不鲜。母品牌与子品牌各自拥有独特的品牌形象与市场定位，彼此保持独立。子品牌并未明显展现母品牌的特质，因此普通消费者很难从子品牌中看到母品牌的影子，消费者难以将两者联系起来。

"隐藏母姓，独立发展"的母子品牌关系建设模式主要有两类，第一类是母品牌收购子品牌。收购之前两者分布于不同的细分市场，且有各自的优势资源。母品牌，通常是一个在市场上已有一定知名度和影响力的品牌，其市场份额和品牌影响力都处于较高水平。而子品牌则往往是在某个特定细分市场拥有一定竞争力的品牌。在实施母子品牌建设策略时，隐藏母姓的做法尤为重要。这是因为如果母品牌过于强势，很容易让子品牌失去自身的特色和独立性，从而影响其在细分市场的竞争力。以大众汽车为例，该品牌通过收购多个在高端市场拥有优势资源的子品牌，成功地实现了品牌价值的最大化。在收购后，母品牌并没有过度干预子品牌的运营和发展，而是给予其足够的独立空间，让其保持自身特色。这样的策略不仅让母品牌的市场份额得到进一步扩大，也让子品牌在细分市场的竞争力得到提升。

第二类是母品牌研发出子品牌。当母品牌意图进军新的细分市场时，可能会面临的一个挑战是其产品特质和品牌形象在消费者心中已经根深蒂固，难以轻易改变。为了应对这一挑战，一种常见的策略是研发并推出新的子品牌，使其与原有品牌形成明显的区隔，并重新塑造子品牌的形象，以吸引目标细分市场的关注。以丰田为例，该公司曾试图进军高端市场。然而，丰田及其旗下品牌如花冠、皇冠、佳美等，在消费者心中长期形成的"低档、省油、廉价车"形象，成为其进军高端市场的障碍。要转变公众的这种固有观念，无疑是一项艰巨的任务。为了攻克这一难题，丰田公司不仅投入了大量的资金和人力资源开展高端汽车的研发工作，还在子品牌命名上深思熟虑。其为全新高端品牌命名为"雷克萨斯"（Lexus），该名称的发音与英文中代表"豪华"概念的"Luxury"一词相近，旨在为消费者塑造一种高端轿车的独特印象。此外，丰田公司还对其商标进行了重新设计，摒弃了原有的丰田标志，以进一步凸显雷克萨斯作为独立高端品牌的独特地位。通过这一系列策略的实施，丰田成功地吸引了目标细分市场的广泛关注，并在高端汽车市场占据了重要的市场份额。

2. 以母为荣，紧密发展

汽车界亦存在"以母为荣，紧密发展"的母子品牌建设策略。这种策略的实施，往往能够强化品牌的影响力，提高市场竞争力，同时也有助于母品牌与子品牌之间的协同发展。当提及某个子品牌时，很多时候我们会立刻联想到它的母品牌，例如 MINI 与宝马、Smart 与奔驰等。这些子品牌不仅在市场上取得了显著的成绩，也为母品牌带来了极高的声誉和知名度。

"以母为荣，紧密发展"母子品牌建设策略的核心在于通过母品牌的强大影响力和资源支持，推动子品牌的发展。母品牌拥有成熟的研发体系、销售网络和服务体系，这些优势可以被子品牌充分利用，从而加快子品牌的成长速度。同时，子品牌也可以在细分市场发挥独特的优势，吸引更多的消费者，进一步巩固母品牌的市场地位。在实施此类母子品牌建设策略时，母品牌需要注重与子品牌的协同和互补。母品牌应当为子品牌提供必要的支持和帮助，包括技术、资金、人才等方面的投入。同时，子品牌也需要在保持独立性的基础上，与母品牌保持高度的一致性，确保品牌形象和市场定位的准确传达。母品牌和子品牌可以实现共同发展，共同创造更加辉煌的未来。

3. 母凭子贵，借力发展

在汽车行业，为了迅速进入新市场并提升自身品牌影响力，收购具有广泛影响力的汽车品牌成为一种有效的策略。这不仅能提高自身的市场地位，还能通过借鉴对方的先进经验来提升产品竞争力。这种"母凭子贵，借力发展"的母子品牌关系建设，民营车企吉利汽车堪称典范，其通过收购具有品牌影响力的汽车企业，成功实现了借力发展，提升了自身的综合实力和市场竞争力。

吉利成功收购沃尔沃后，不仅获得了沃尔沃这一国际知名品牌的所有权，更通过巧妙借用沃尔沃的品牌形象，显著提升了吉利母品牌在消费者心中的地位。随着时间的推移，将产生越来越大的正面效应，有望推动吉利品牌实现全面升级和国际化。沃尔沃作为全球知名的汽车品牌，拥有悠久的历史和深厚的品牌底蕴。其卓越的品质、创新的技术和高端的形象，在全球范围内赢得了广泛的认可和尊重。吉利在完成对沃尔沃的收购后，不仅获得了沃尔沃的技术资源和市场份额，更可以借助沃尔沃的品牌影响力，提升吉利自身的母品牌形象和市场竞争力。从而帮助吉利逐步实现在全球范围内的产业布局和市场扩张。

吉利还通过引入沃尔沃的成熟技术和人才资源，推动吉利汽车产品的迅速发展。沃尔沃在汽车制造领域拥有丰富的经验和先进的技术积累，吉利通过共享沃尔沃的研发成果和技术资源，不仅提升了自身产品的技术水平和品质标准，还加速了吉利汽车产品的升级换代。其中，吉利与沃尔沃共同创建了吉利汽车欧洲研发中心。这一创新性的合作模式，不仅汇聚了吉利和沃尔沃的研发力量和资源，还促进了双方在技术研发、产品创新和市场拓展等方

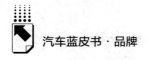

面的深入合作。通过共同研发和创新，吉利和沃尔沃共同打造出高端自主品牌领克，进一步丰富了吉利品牌的产品线，提升了市场竞争力。

三 汽车行业母子品牌关系建设过程中的经验与教训

在汽车行业，母子品牌关系建设是一个复杂而富有挑战性的过程，其中既积累了宝贵的经验，也汲取了深刻的教训。这些经验和教训对于行业内其他品牌而言，具有重要的参考价值，可以为其提供有益的启示和指导。

（一）避免子品牌过多，以防企业负担过重

汽车子品牌过多，企业负担过重，这是一个不容忽视的问题。随着汽车市场的竞争日益激烈，有些汽车企业为了扩大市场份额，纷纷推出了众多的子品牌。然而，这种做法或许在短期内带来一定的销量增长，但从长期来看会给企业带来巨大的负担。

首先，汽车子品牌过多会导致企业面临资金压力。每个子品牌的推广、研发、生产等都需要大量的资金投入。当企业同时运营多个子品牌时，资金压力会成倍增加，甚至可能导致企业资金链紧张。其次，汽车子品牌过多也会增加企业的管理难度。每个子品牌都有自己独特的市场定位、产品特点等，需要企业进行精细化管理。然而，随着子品牌数量的增加，管理难度也会相应增大，可能导致企业无法有效掌控各个子品牌的发展状况。最后，汽车子品牌过多还可能影响企业的品牌形象。当企业推出过多的子品牌时，消费者可能会对其品牌形象产生混乱和模糊的印象，从而影响企业的市场竞争力。

因此，汽车企业在推出子品牌时应该审慎考虑，避免盲目扩张。企业应该对自身的实力和市场环境进行充分评估，合理规划子品牌数量和定位，确保企业能够承担起相应的负担，并实现可持续发展。同时，企业也应该注重提高管理效率，优化资源配置，确保各个子品牌协同发展，为企业创造更大的价值。

（二）切忌母子品牌强制捆绑，重视独立运营

在母子品牌市场定位存在显著差异，且母品牌形象已经深入人心的背景下，强行将两者进行捆绑往往会导致消费者混淆品牌形象，从而对品牌形象产生不利影响。特别是当母品牌在消费者心中形成了中低端形象，而试图推出高端子品牌时，若采取紧密联合的运营策略，受首因效应的影响，母品牌的形象很可能会左右消费者对高端子品牌的认知。因此，在处理母子品牌关系时，需要审慎考虑市场定位的差异以及品牌形象的塑造，以确保品牌价值的最大化。此种情况下，实施独立运营的策略，允许每个品牌保持其独特的定位和特色，将更有利于满足消费者的多元化需求。

为了实现独立运营的目标，品牌管理者需要为母子品牌分别制定独立的品牌策略。这一策略不仅涵盖品牌定位、形象塑造，还包括传播策略等多个方面。只有当每个品牌都具备鲜明的定位和特色，并能够在独立运营和管理的框架下发展时，才能更好地满足消费者的需求，形成品牌自身的优势和竞争力。此外，品牌管理者还需定期评估品牌的运营效果，根据实际情况及时调整品牌策略，以确保品牌持续稳健发展。

（三）注意子品牌本土化，避免"水土不服"

汽车行业竞争日益激烈，国内市场竞争尤甚，众多企业为寻求新的增长点，纷纷选择拓展海外市场。在这一过程中，为满足新市场的需求，许多企业研发了子品牌。然而，每个地区、每个国家都有其独特的文化背景、消费习惯和审美观念。因此，若企业直接将产品或服务复制到新市场，不进行本土化的调整，往往会遭遇失败。

本土化并非意味着完全摒弃母品牌的特色。相反，企业应当在保持母品牌核心价值的基础上，结合当地市场的特点，进行有针对性的创新。这样既能满足当地消费者的需求，又能保持母品牌的独特性，实现双赢。跨国企业在拓展新市场时，必须高度重视子品牌可能面临的"水土不服"和本土化失败的风险。

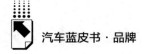

在企业本土化进程中，除了对产品或服务进行必要的适应性调整外，还需在营销策略、品牌形象等方面进行相应的变革。这要求企业具备卓越的跨文化沟通能力，以及对当地市场的敏锐洞察能力。一方面，通过深入的市场研究、强大的跨文化沟通能力以及有针对性的创新策略，企业能够更好地适应本土市场需求，提升品牌竞争力。另一方面，与本土企业合作研发子品牌，也是企业有效降低子品牌"水土不服"风险的重要手段。这种合作模式可以充分利用本土企业的市场经验和资源，共同打造更符合当地消费者需求的子品牌，从而实现更好的市场表现。

四　汽车行业母子品牌关系建设发展趋势

汽车行业母子品牌关系建设的发展动向深受行业发展趋势的牵引。结合当前行业发展的脉络，可以观察到，随着节能环保理念日益深入人心，新能源汽车市场逐步崛起为汽车产业发展的新潮流。在这一背景下，传统燃油车制造商正积极研发针对新能源市场的子品牌，以适应市场的变革。同时，汽车的智能化发展对智能化科技提出了更高的要求。面对这一挑战，传统车企与科技公司的紧密合作成为研发智能化子品牌的关键。这种合作模式将为母子品牌的发展注入新的动力，推动双方在技术和市场上取得更大的突破。随着国内汽车市场的不断成熟以及全球化的深入发展，自主品牌出海已成为不可逆转的趋势。因此，母子品牌的国际化建设显得尤为紧迫。提升母子品牌的国际形象将成为未来母子品牌关系建设的重要方向，为企业在全球市场中赢得更广泛的认可和影响力。

（一）汽车行业发展趋势

近年来，随着科技的不断进步和环保意识的日益增强，汽车行业正面临前所未有的变革。新能源、智能化以及汽车出海，这三大趋势已经成为业界瞩目的焦点。

1. 节能环保已成热潮，新能源汽车市场风起云涌

鉴于传统能源的日渐枯竭以及环境污染问题的严重性，全球范围内已达成共识，即减少碳排放、实现可持续发展是当务之急。各国政府逐步加大环保法规的执行力度，以推动清洁能源和绿色出行方式的广泛应用。节能环保已成为全球范围内不可逆转的发展趋势。在这一大背景下，新能源汽车，作为一种低排放、高效能的交通方式，逐步成为环保出行的理想选择。

随着消费者对环保问题的认识不断提高，以及政府对新能源汽车研发和推广的大力支持，电池技术的持续突破和充电设施的日臻完善，新能源汽车的续航里程不断提高，充电时间也不断缩短。同时，技术创新和进步使得新能源汽车在性能、价格以及使用方便性等方面，相较于传统燃油车，展现出更强的市场竞争力。因此，新能源汽车产业正在迅速崛起，成为各大汽车厂商竞相布局的新兴领域。

2. 汽车智能化成为热点，无人驾驶备受关注

随着人工智能、物联网等技术的快速发展，汽车智能化已成为行业发展的必然趋势。自动泊车、辅助驾驶等智能功能的应用，不仅大幅提升了驾驶的便捷性，同时也为道路交通的安全提供了坚实保障。在这一领域，无人驾驶技术尤其受到广泛关注，无人驾驶技术被视为未来汽车产业革新的重要方向。尽管有人对其实现难度以及伦理问题提出质疑，但这并不能抹杀其对于人类出行方式深刻变革方面的重要作用。尽管无人驾驶面临诸多挑战，例如需攻克众多技术难题，以及构建健全的法律法规体系，但无人驾驶技术的发展前景依然十分广阔。

目前，已有众多企业积极布局无人驾驶领域。例如，Alphabet 成立了Waymo 无人驾驶项目，特斯拉持续推动其无人驾驶技术的研发工作。百度无人驾驶团队亦在北京、上海、深圳、杭州等多个城市开展自动驾驶的测试和试运营。事实上，无人驾驶技术的出现将显著提高驾驶的安全性和舒适性，并有助于缓解城市交通拥堵，降低交通事故的发生率。这些优势不仅证明了无人驾驶技术的潜力和价值，也为其未来发展提供了广阔的空间和机会。随着技术的不断突破和市场的逐步拓展，未来无人驾驶汽车将成为人们

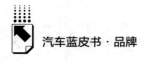

出行的重要选择之一，为人们的生活带来更加便捷和智能的出行体验。

3. 从"引进来"到"走出去"，自主汽车品牌走向全球

汽车的起源可追溯至欧洲，其后在北美得到迅猛发展，并在日本实现技术与创新的进一步提升。相较之下，我国汽车产业的发展历程起步较晚。"为了迅速提高我国汽车产业的制造能力和技术水平，国内汽车企业选择了与国外汽车企业展开合作，积极引进并消化国外先进技术。"① 借助这种方式，我国汽车产业逐步增强了自主研发和生产能力，品牌的影响力也稳步提升。根据 2024 年 Brand Finance 发布的百强汽车品牌榜单，我国已有 22 个品牌跻身其中。随着全球化的深入发展，自主汽车品牌逐步从引进技术向自主创新转变，踏上了进军全球市场的征程。

随着国内汽车市场的逐渐饱和，越来越多的汽车企业开始将目光投向海外市场，寻求新的增长点。中国汽车工业协会发布的数据显示，汽车出口呈现强劲的增长势头。2 月，汽车出口量达到 37.7 万辆，同比增长 14.7%。2024 年 1~2 月，汽车出口总量为 82.2 万辆，同比增长 30.5%。② 随着全球经济的复苏和汽车市场的不断扩大，汽车出海的趋势将更加明显。中国汽车企业需要抓住机遇，不断提升自身的技术水平和品牌实力，积极参与国际竞争，从引进技术到自主创新，从引进国外汽车品牌到打造自主品牌进而推向全球化。自主品牌正在一步步走向国际化，为推动全球汽车产业的繁荣与发展做出贡献。

（二）汽车行业母子品牌关系建设发展趋势

新能源汽车市场的迅速崛起，为子品牌的发展开辟了新的领域。同时，汽车的智能化趋势对智能化科技提出了更高的需求，这为传统车企与科技公司的紧密合作提供了契机。另外，自主品牌积极拓展海外市场，使得母子品牌的国际化建设变得越发重要和紧迫。

---

① 《中国汽车发展史》，《驾驶园》2016 年第 9 期。
② 徐佩玉：《2 月汽车出口延续良好表现》，《人民日报海外版》2024 年 3 月 15 日，第 2 版。

1. 子品牌纷纷布局新能源市场

鉴于全球范围内对环境保护和可持续发展的日益重视，新能源市场逐步成为各大品牌竞相争夺的战略要地。在这一宏观背景下，以电动车为核心业务的企业持续深化在新能源市场的布局。与此同时，以传统燃油车为主导的车企亦不甘示弱，纷纷推出子品牌，积极投身于新能源市场的开发与推广之中。

子品牌在企业整体战略布局中扮演着举足轻重的角色，其灵活性和创新性往往更为突出。在新能源市场这一全新领域，子品牌能够快速适应市场需求，开发符合消费者期待的绿色产品和服务。通过子品牌的运作，企业不仅能够拓展新的市场领域，还能进一步提升品牌影响力和市场竞争力。子品牌纷纷布局新能源市场，既是企业响应全球环保趋势的重要举措，也是其拓展市场、提升竞争力的重要战略。随着新能源技术的持续进步和市场条件的逐步成熟，新能源的应用不再局限于电力领域，太阳能、风能、核能等亦有望进入市场实际应用。因此，我们有充分的理由相信，新能源市场的布局将成为各大子品牌的重要发展方向。

2. 跨界联合将成为母子品牌发展新动力

随着智能化技术的日益进步，其在自动驾驶、智能网联、智能制造等多个汽车相关领域逐渐发挥核心作用，不断促进汽车产品的革新与优化。在此背景下，对于汽车企业而言，不仅需要加强智能化技术的研发和应用，以提升自身技术实力与创新水平，还可以与科技公司展开深度合作，共同研发子品牌。近年来，此种合作模式已逐渐成为趋势，诸多汽车企业与科技公司携手，共同推动汽车产业的智能化进程。例如，华为与赛力斯之间的紧密合作，其中华为作为科技巨头主导软件开发，而赛力斯则主导硬件制造。此类跨行业合作将为汽车行业的未来发展注入更多创新活力。

科技公司跨界涉足汽车产业，此举能够为汽车行业提供智能化技术的支撑，进一步推动智能化技术的研发和应用，进而提升汽车产品的技术水平和创新能力，打造更具创新性和科技感的子品牌产品。同时，科技公司的品牌影响力和市场地位，也能为子品牌塑造更具科技感的形象。此外，科技公司

还能通过与汽车企业合作，充分利用其市场资源和品牌影响力，有效拓展自身的业务领域，实现双方的共同发展和利益最大化。未来，随着智能化技术的不断发展和市场竞争的加剧，这种合作模式将成为汽车行业母子品牌建设的重要趋势之一。

3. 母子品牌国际化将加速推进

随着全球化的不断推进和国内汽车市场的竞争加剧，汽车品牌进军海外市场已成为一种大势所趋。这一趋势不仅为汽车企业带来了更广阔的发展空间，更成为提升品牌影响力、塑造国际形象的重要契机。在这样的背景下，打造国际化母子品牌已成为一项迫切的任务。

汽车品牌的国际化并非易事，涉及品牌文化、市场定位、产品策略等多个方面的考量。在这个过程中，国外品牌本土化的经验教训为我国汽车产业提供了宝贵的参考。通过深入了解并尊重当地市场的汽车偏好和文化习俗，我国汽车产业可以更好地把握市场需求，为消费者提供符合其需求的子品牌产品和品牌宣传策略。

未来，随着全球化进程的持续加深和技术创新的不断涌现，子品牌出海将成为一种日益普遍的现象，并成为企业间竞争的新焦点。母子品牌国际化将成为大势所趋，为企业的长远发展注入新的活力。

参考文献

马振文、杨全：《基于品牌核心价值的品牌延伸策略研究》，《商业经济研究》2015年第 32 期。

邓敏：《企业多元品牌战略中母子品牌关系模型研究》，《商业经济研究》2015 年第 20 期。

赵菁：《收放自如的集团子母品牌关系建设》，《中国远洋航务》2013 年第 6 期。

周君君：《对价值定位与母子品牌发展的思考》，《商用汽车》2007 年第 9 期。

普华永道：《2030 年中国汽车行业趋势展望》，《汽车与配件》2024 年第 1 期。

盖斯特咨询公司：《立足 2024 年，把脉汽车产业十大趋势》，《汽车与配件》2024 年 Z1 期。

杨贵永、张越垚、朱云尧等：《全球自动驾驶汽车应用现状与趋势》，《汽车维护与修理》2024 年第 1 期。

许英博、李景涛、高飞翔等：《智能电动浪潮下的汽车产业格局重塑》，《汽车安全与节能学报》2023 年第 14 期。

杨武、宋晓晴：《中、美、日、韩新能源汽车产业竞争优势测度与比较研究——以锂电池汽车为例》，《中国科技论坛》2024 年第 2 期。

仲兰芬、徐海红、王文忠等：《无人驾驶停车共乘缓解瓶颈拥堵研究》，《内蒙古大学学报》（自然科学版）2023 年第 4 期。

隋婷婷：《无人驾驶的"有人"困境》，《自然辩证法通讯》2023 年第 5 期。

张良：《新时期中国新能源汽车出口现状与发展展望》，《价格月刊》2022 年第 7 期。

林超：《如何看中国汽车出口新局面？》，《汽车纵横》2024 年第 3 期。

清风：《破纪录！中国成为全球最大汽车出口国》，《智能网联汽车》2024 年第 1 期。

张颖：《2023 年中国汽车市场的回顾与展望》，《汽车与配件》2024 年第 4 期。

R. Zhang，W. Zhong，N. Wang，R. Sheng，Y. Wang and Y. Zhou，"The Innovation Effect of Intelligent Connected Vehicle Policies in China," *IEEE Access*，Vol. 10，（2022）。

J. Schlueter，J. Weyer，"Car Sharing as a Means to Raise Acceptance of Electric Vehicles：An Empirical Study on Regime Change in Automobility," *Transp. Res.*，Vol. 60，（2019）。

C. E. Thomas，"Fuel Cell and Battery Electric Vehicles Compared Although not Having a Direct Effect on the Intention to Buy a BEV," *International Journal of Hydrogen Energy*，Vol. 34，（2009）。

B.6
2024年汽车品牌力测量结果
及中国汽车品牌力优劣势分析

顾洪建　邢宸伊*

摘　要：　品牌作为产业发展和企业竞争力的关键标志，其社会评价对消费者购买决策具有重要影响。为提升品牌管理和价值传递效果，中汽中心建立汽车品牌力评价指标体系，旨在全面监测并推动汽车品牌的发展。本报告聚焦汽车品牌力的内涵、品牌力评价指标体系的构建，以及2024年第一季度行业监测结果的深入剖析，展开中国汽车品牌的优劣势分析。研究发现，中国汽车品牌在品牌力提升方面展现出强劲的发展势头，与合资品牌的差距不断缩小，部分品牌已经取得了显著优势，但总体来说仍有较大的发展空间。最后，从品牌价值、用户认知、市场份额、文化历史以及产品技术等方面提出建议。

关键词：　品牌力　中国汽车品牌　汽车品牌力

一　汽车品牌力介绍

品牌力，作为企业在市场中塑造品牌文化并引导消费者形成独特认知的能力，不仅赋予品牌竞争优势，更推动其实现卓越市场表现。其本质在于影响力，来源于企业精心塑造的品牌文化，并通过市场的积极反馈得到体现。这种影响

---

* 顾洪建，中汽信息科技（天津）有限公司党委委员、副总经理，专注汽车用户研究十余年，主导搭建了中国汽车行业客户满意度调查评价体系、CCRT评价体系以及覆盖产品全生命周期的消费者专项调研体系架构；邢宸伊，中汽信息科技（天津）有限公司品牌咨询部研究员，从事汽车品牌研究。

力使品牌能够在市场中脱颖而出，获得独特的竞争优势，进而实现更高的财务价值。因此，品牌价值的形成与提升，关键在于品牌力的塑造与强化。

有鉴于此，中汽中心针对汽车行业整车企业，以用户心智及品牌产品市场表现为核心评价维度，采用用户主观评价问卷调研与市场客观产品数据监测相结合的方法，系统地收集并分析相关数据。进而，通过运用前沿的模型算法进行数据拟合处理，构建出具有实际应用价值的品牌力指数，以监测和推动汽车行业的发展。本报告聚焦2024年第一季度的监测情况，深入剖析品牌力的变化，为汽车品牌发展提供借鉴。

二　汽车品牌力评价指标体系的构建

（一）测量品牌力的维度和指标

品牌力作为企业品牌建设与发展中的核心要素，其评估方式呈现定性量化综合、模糊性、多维性等鲜明特征。鉴于汽车行业独具的特性，本研究对品牌力的测量指标进行了深入剖析，并划分为用户心智与市场表现两大维度（见图1）。在用户心智维度，课题组进一步细化了品牌意识、品牌联想、品牌态度以及品牌共鸣等关键指标，以全面捕捉消费者对品牌内在价值的认知与情感联系。而在市场表现维度，课题组则聚焦品牌忠诚、品牌保值率、品牌市占率以及品牌溢价等量化指标，以客观反映品牌在市场上的实际表现与竞争力。通过这一多维度的测量体系，旨在更准确地揭示品牌力的内涵与构成，为企业制定品牌战略提供有力支持。

（二）指标的测量方式

为获取精确的基础数据，本研究精心设计消费者调查量表，其中各指标均配设不同数量的题项，具体题项参见表1。在评估品牌知名度时，本研究采用选择题形式，要求受访者从众多品牌中辨识并选出自己所熟悉的品牌，选中者得1分，未选中者计0分。对于其他二级指标的测量，则运用打分题形

111

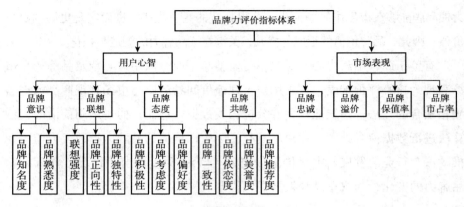

图1 品牌力评价指标体系

式，消费者需基于对品牌的认知与评价，对题项描述的符合程度进行1~5分的打分。具体来说，1分表示"很不符合"，2分表示"有点不符合"，3分表示"一般"，4分表示"有点符合"，而5分则表示"很符合"。最终，通过计算各题项的均值得出二级指标的得分，从而确保数据的准确性和科学性。

表1 消费者调研问卷题项

一级指标	二级指标	测量方式
品牌意识	品牌知名度	说到国内市场上的汽车品牌，你首先会想到哪个品牌（单选）
		说到国内市场上的汽车品牌，你还知道哪些品牌（多选）
	品牌熟悉度	我熟悉这个品牌的标识或符号（打分）
		我熟悉这个品牌的理念或口号（打分）
		我熟悉这个品牌的主机厂或公司（打分）
品牌联想	联想强度	这个品牌的一些特征会快速出现在我的大脑里（打分）
		有时看到某些词或者场景，我会联想到这个品牌（打分）
	品牌正向性	这个品牌是可靠的（打分）
		这个品牌是广受欢迎的（打分）
		这个品牌是行业领先的（打分）
		这个品牌是引领潮流的（打分）
		这个品牌是智能的（打分）
	品牌独特性	这个品牌是特别的（打分）
		与其他汽车品牌相比，这个品牌是明显不同的（打分）

续表

一级指标	二级指标	测量方式
品牌态度	品牌积极性	我认为这个品牌是一流的品牌(打分)
		我认为这个品牌值得信赖(打分)
		我认为该品牌有稳定的高品质(打分)
		我认为这个品牌能满足我的需求(打分)
		我认为该品牌能提供给我很高的价值(打分)
		我对这个品牌的印象很好(打分)
		我认为这个品牌值得拥有(打分)
		我认为这个品牌物有所值(打分)
	品牌考虑度	我会考虑购买这个品牌的产品或服务(打分)
		和其他品牌相比,我会更愿意选择这个品牌(打分)
	品牌偏好度	我喜欢这个品牌(打分)
		即使有其他品牌和这个品牌表现得一样好,我也更愿意选择这个品牌(打分)
品牌共鸣	品牌一致性	我认同这个品牌的理念(打分)
		我认同使用这个品牌的人(打分)
		这个品牌的使用者有很多人和我很像(打分)
		如果将这个品牌想象成人,我们可能会成为很好的朋友(打分)
		这个品牌就像为我量身定做的(打分)
		这个品牌很符合我的个性(打分)
	品牌依恋度	我会频繁地浏览这个品牌的网站、微博、微信等账号动态(打分)
		如果这个品牌消失了,我会觉得不知道该关注或买什么车了(打分)
		这个品牌对我来说不仅仅是一个产品或者符号(打分)
	品牌美誉度	我会向别人夸奖这个品牌(打分)
		我愿意在家人朋友面前,或者在网上对这个品牌的产品或活动等进行积极评价(打分)
	品牌推荐度	我愿意向其他人推荐这个品牌(打分)
		如果在网上看到关于购车咨询的提问,我会解答并推荐这个品牌(打分)
品牌忠诚	—	这个品牌的产品或服务是我的第一选择(打分)
		我打算持续购买该品牌的产品或服务(打分)

为了获得精确的品牌溢价数据，本研究采用系统的消费者调研方法。在调研过程中，针对现有汽车用户群体，课题组展示了一款本品牌的产品，并

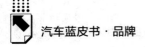

要求他们基于自身车辆的购买价格，盲猜该款产品的预估购置价格。而对于潜在用户，课题组亦展示了相同的产品，并要求他们结合个人的购车预算，盲猜该产品的预估购置价格。

取盲猜的本品牌产品价格与基准价格的平均差值比例作为该品牌产品的溢价率。品牌溢价得分按照公式（1）计算：

$$P = \frac{1}{m} \times \sum\nolimits_{i=1}^{m} \frac{P_{i,bl} - P_{i,st}}{P_{i,st}} \tag{1}$$

式中：P，某品牌的品牌溢价得分；$P_{i,bl}$，用户盲猜价格；$P_{i,st}$，汽车用户实际购车价格或潜在用户购车预算；m，原始数据集样本数量。

品牌市占率的资料来源于中汽信科汽车产品销量数据库。

在计算品牌保值率时，本研究主要依赖二手车交易行业数据库的相关数据。首先，经过精确筛选，确保选取的二手车交易车型均为三年车龄，以此保证数据的时效性和准确性。随后，深入追踪这些二手车交易价格与同款新车厂商指导价的比值，该比值能够直观反映车型在三年时间内的价值保持情况。以此比值为依据，计算得出各车型三年的保值率。最后，结合品牌各车型的销量数据，运用加权平均等方法，综合计算出品牌的三年保值率。某品牌的三年保值率按公式（2）计算：

$$M = \frac{\sum_{i=1}^{n} \left(SV_i \times \frac{RV_i}{GP_i} \right)}{\sum_{i=1}^{n} SV_i} \times 100\% \tag{2}$$

式中：M，某品牌的三年保值率；RV_i，某品牌下车型 i 三年车龄二手车交易价格；GP_i，某品牌下车型 i 新车厂商指导价；SV_i，某品牌下车型 i 过去一年的销量；n，某品牌所有车型数量。

三 汽车品牌力测量结果

此次调研将五大类汽车品牌纳入考量范围，确保调研结果的广泛性和代表性。五大类品牌分别是豪华品牌、传统合资品牌、传统自主品牌、新势力品牌以及传统车企新品牌，涉及 40 个品牌，涵盖了市场上绝大部分知名汽车厂商。调研范围方面，覆盖全国七大区域，包括华北、华东、华南、华中、西南、西北和东北，以确保地域的多样性。同时，调研包括一至四线城市，共计 50 个城市，确保数据的全面性和准确性。样本选择方面，共计采集 4000 个样本，其中潜在用户 1544 人，已购车用户 2456 人，已购车用户占比达到 61.4%，有助于全面了解消费者对汽车品牌的认知和态度。

调研用户情况如表 2 所示，现有用户品牌及潜在用户品牌情况如表 3、表 4 所示。

表 2　调研用户情况

单位：人，%

变量	分类	人数	占比
用户类型	已购车用户	2456	61.4
	潜在用户	1544	38.6
年龄	"70 后"	156	3.9
	"80 后"	1252	31.3
	"90 后"	1350	33.8
	"95 后"	810	20.3
	"00 后"	432	10.8
家庭年收入	10 万元以下	390	9.8
	10 万~15 万元	512	12.8
	15 万~20 万元	772	19.3
	20 万~25 万元	788	19.7
	25 万~30 万元	612	15.3
	30 万~50 万元	926	23.2
城市级别	一线	864	21.6
	新一线	1663	41.6
	二线	1008	25.2
	三线	419	10.5
	四线	46	1.2

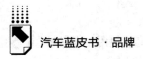

表3　现有用户品牌情况

单位：人

品牌类型	品牌名称	调研人数
豪华品牌	红旗	60
	宝马	60
	奥迪	60
	奔驰	60
	雷克萨斯	64
	凯迪拉克	64
	沃尔沃	60
传统合资品牌	一汽大众	60
	上汽大众	60
	一汽丰田	60
	广汽丰田	60
	东风本田	60
	广汽本田	60
	日产	64
	别克	60
	福特	64
	雪佛兰	60
传统自主品牌	比亚迪	60
	长安	60
	吉利	60
	奇瑞	64
	哈弗	60
	传祺	64
	荣威	64
新势力品牌	理想	64
	蔚来	64
	小鹏	64
	零跑	60
	哪吒	64
	特斯拉	60

续表

品牌类型	品牌名称	调研人数
传统车企新品牌	埃安	64
	领克	64
	坦克	60
	深蓝	60
	腾势	60
	极氪	64
	智己	60
	阿维塔	60
	智界	60
	AITO	60

表4　潜在用户品牌情况

单位：人

品牌类型	品牌名称	调研人数
豪华品牌	奥迪	40
	宝马	40
	奔驰	40
	红旗	40
	凯迪拉克	36
	雷克萨斯	36
	沃尔沃	40
传统合资品牌	别克	40
	东风本田	40
	福特	36
	广汽本田	40
	广汽丰田	40
	日产	36
	上汽大众	40
	雪佛兰	40
	一汽大众	40
	一汽丰田	40

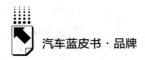

续表

品牌类型	品牌名称	调研人数
传统自主品牌	比亚迪	40
	传祺	36
	哈弗	40
	吉利	40
	奇瑞	36
	荣威	36
	长安	40
新势力品牌	理想	36
	零跑	40
	哪吒	36
	特斯拉	40
	蔚来	36
	小鹏	36
传统车企新品牌	AITO	40
	阿维塔	40
	埃安	36
	极氪	36
	领克	36
	深蓝	40
	坦克	40
	腾势	40
	智己	40
	智界	40

按照车辆类型分析车主年收入情况（见表5），MPV，即多用途乘用车，因其宽敞空间和多功能性，主要受到年收入30万~40万元消费者的青睐，他们更侧重于实用性与舒适性。同时，年收入20万~30万元的消费者也对其表现出一定的接受度。SUV，即运动型多用途车，凭借硬朗外观与卓越越野性能，成为年收入20万~30万元消费者的首选，这部分人群更偏好驾驶乐趣与户外探险体验。相较于其他收入区间，该层级消费者数量显著，凸显SUV在中等收入群体中的高人气。轿车作为传统车型，市场地位稳固。其

中，年收入 20 万~30 万元的消费者是轿车的主要购买群体，他们尤为注重舒适性与经济性。同时，年收入 20 万元以下的消费者亦占据一定比例，表明轿车在低收入阶层中仍具市场潜力。尽管年收入 30 万~40 万元的消费者数量较少，但轿车在不同收入阶层中的分布仍显广泛。

表 5　按照车辆类型划分车主年收入情况

单位：人

车辆类型	20 万元以下	20 万~30 万元	30 万~40 万元	40 万元及以上
MPV	34	54	72	12
SUV	364	570	288	142
轿车	290	350	180	84
跑车	4	8	2	2

总的来说，从车辆类型的购买情况出发，可以看到不同年收入层级的消费者在选车时呈现一定的规律。同时，不同车辆类型在消费者中的接受度与其功能和特点紧密相关，年收入是影响消费者购车决策的重要因素之一。因此，制造商和经销商应根据不同车辆类型在市场上的表现和消费者的购车需求，制定针对性的市场策略和产品策略。例如，针对年收入较低的消费者，可以推出更多经济实惠且实用的车型；针对年收入较高的消费者，则可以推出更多高端、豪华且具备先进功能的车型。同时，通过精准的市场定位和有效的营销策略，制造商和经销商可以更好地满足消费者的需求，进而提升市场竞争力。

四　2024年第一季度中国汽车品牌力表现及分析

当前，汽车市场的竞争越发激烈，各品牌的品牌力表现成为衡量其市场影响力的重要指标。根据对现有用户车辆品牌得分情况的汇总（见表 6），可以清晰地看到不同品牌在品牌知名度、品牌熟悉度、品牌偏好度、品牌考虑度、品牌美誉度以及品牌推荐度六个方面的表现。

表6　现有用户车辆品牌得分情况

单位：%

品牌名称	品牌知名度	品牌熟悉度	品牌偏好度	品牌考虑度	品牌美誉度	品牌推荐度
比亚迪	91.0	81.5	33.3	27.6	23.8	14.2
长安	62.9	52.4	8.5	6.0	5.3	3.3
吉利	61.0	50.9	9.4	6.3	5.0	2.3
奇瑞	48.2	40.6	5.5	3.5	2.5	1.4
哈弗	48.0	40.1	7.8	5.7	4.5	2.3
传祺	42.8	33.6	6.2	4.3	3.9	1.5
红旗	61.7	51.4	15.7	9.3	7.6	4.4
荣威	34.4	25.3	3.5	1.7	1.1	0.4
埃安	45.6	23.4	6.4	4.1	3.5	1.5
领克	41.1	30.7	5.0	2.9	2.1	0.9
坦克	25.8	18.8	4.3	2.4	2.0	0.8
深蓝	28.6	17.8	2.8	2.0	1.9	0.8
腾势	23.6	11.3	1.5	1.2	1.0	0.8
极氪	28.0	22.0	4.9	2.7	2.1	0.8
智己	14.6	10.9	1.9	1.1	1.0	0.2
阿维塔	14.4	11.7	1.6	1.3	1.1	0.4
理想	66.8	51.8	14.0	9.9	8.6	5.0
蔚来	61.2	50.8	14.4	11.2	9.7	3.1
小鹏	65.9	53.6	13.0	9.0	6.5	2.9
零跑	28.0	20.9	3.2	1.6	1.4	0.5
哪吒	27.0	19.3	4.9	2.0	1.4	0.7
智界	13.8	12.1	2.1	1.6	0.9	0.2
AITO	28.7	12.6	2.1	1.7	1.5	0.8
一汽大众	78.4	70.0	21.8	13.4	11.7	6.1
上汽大众	71.1	63.1	17.5	10.8	9.0	5.8
宝马	92.8	81.5	36.1	21.4	17.6	9.4
奥迪	88.2	76.0	32.0	17.7	15.5	8.8
奔驰	94.7	75.7	27.7	15.1	11.8	6.3
一汽丰田	69.7	59.1	12.4	8.3	6.4	3.0
广汽丰田	70.7	60.2	14.2	8.0	6.8	3.4
东风本田	65.7	55.8	12.2	7.5	5.9	3.1
广汽本田	68.0	59.9	14.5	6.0	5.3	3.1
日产	49.8	42.3	8.1	4.1	2.8	1.4

续表

品牌名称	品牌知名度	品牌熟悉度	品牌偏好度	品牌考虑度	品牌美誉度	品牌推荐度
雷克萨斯	50.4	42.2	11.4	7.2	4.9	2.4
别克	59.4	47.8	8.0	3.6	2.8	1.1
凯迪拉克	57.7	46.6	13.6	7.5	5.9	3.6
福特	51.5	43.2	7.1	2.8	2.3	0.6
雪佛兰	49.3	40.6	5.5	2.1	1.5	0.5
特斯拉	84.5	71.8	26.8	15.7	13.6	7.7
沃尔沃	60.0	49.9	16.4	8.2	6.3	3.0

（一）品牌知名度

品牌知名度作为衡量品牌实力和市场地位的关键指标，不仅反映了消费者对品牌的认知程度和信任度，还直接影响了品牌在市场中的竞争力和表现。

首先，从新能源汽车品牌的角度来看，比亚迪以其卓越的技术实力和市场表现，成功跻身于高知名度品牌行列。其品牌知名度高达91.0%，与国际知名高端品牌如宝马和奔驰相媲美。这一成就凸显了比亚迪在新能源汽车领域的领导地位，以及其在技术研发、产品创新和市场推广等方面的出色表现。同时，理想、小鹏和蔚来等新势力品牌也展现出强劲的品牌知名度提升势头，分别排名第11、第12、第16位，它们凭借创新的思维模式和前瞻的技术布局，成功吸引了大量消费者的关注和认可。

与此同时，传统自主品牌如吉利、长安等也在品牌知名度的提升上取得了显著成效。这些品牌通过持续的技术创新、品质提升和市场拓展，逐渐提升了品牌影响力和市场地位。吉利、长安等品牌不仅在传统燃油车市场有着深厚的积累，也在新能源汽车领域积极布局，从而实现了品牌知名度的稳步提升。然而，我们也注意到，一些品牌如奇瑞、哈弗、传祺等，在品牌知名度的表现上相对较弱。这些品牌可能面临着品牌形象模糊、市场推广不足等问题，导致品牌知名度未能得到显著提升。一些传统车企新品牌如腾势、智己、阿维塔等仍有较大的提升空间。

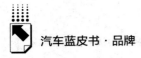

此外，传统合资品牌如一汽大众、上汽大众、广汽丰田、一汽丰田等，在品牌知名度上仍然保持着较高水平，在排名前十的品牌中占据五席。这些品牌凭借丰富的产品线和成熟的技术实力，在市场上有着广泛的消费者基础。然而，随着新能源汽车市场的快速发展和自主品牌的崛起，这些品牌也面临着新的挑战和机遇。它们仍然需要不断创新和升级产品，以适应市场变化和消费者需求的变化。

综上所述，各品牌在品牌知名度方面呈现多样化的特点，既有表现出色的新能源汽车品牌，也有正在努力提升知名度的传统自主品牌和合资品牌。各品牌需根据自身特点和市场定位，制定有效的品牌策略，不断提升品牌影响力，以应对激烈的市场竞争和满足消费者需求。

（二）品牌熟悉度

在品牌熟悉度方面，比亚迪与宝马并列第一，这一成就的背后是比亚迪在新能源汽车领域的持续深耕和市场策略的精准执行。比亚迪不仅在技术研发上持续创新，推出了一系列符合市场需求的电动汽车产品，而且在市场传播上也表现出色，通过各种渠道和活动提高了品牌的可见度和认知度。例如，比亚迪在国内外的车展、技术研讨会以及合作伙伴关系建设方面加大投入，极大地增强了品牌的影响力。

奥迪和奔驰，作为历史悠久的汽车品牌，其品牌熟悉度的表现得益于长期以来的品牌积累和市场教育。这些品牌通过不断的技术创新、优质的客户服务和精准的市场定位，成功塑造了高端、专业和可靠的品牌形象。特别是在高端市场，这些品牌已经成为消费者心目中的首选，其产品不仅代表了一种生活方式，也是身份和地位的象征。

对于吉利、长安等传统自主品牌，以及蔚来、小鹏等新势力品牌来说，虽然起步较晚，但它们通过不断的创新和灵活的市场策略，逐渐在市场中占据了一席之地，在40个品牌中其品牌熟悉度排在前18名。这些品牌通过推出具有竞争力的产品、提供优质的服务以及建立独特的品牌形象，成功吸引了一批忠实的消费者。例如，吉利通过收购沃尔沃等国际品牌，提升了自身的技术水平和品牌影响力；而蔚来则通过其独特的用户社区和电池换电服务，创造了全新的用户体验。

然而，对于那些品牌熟悉度较低的传统车企新品牌，如哪吒、AITO、智己等，与其他品牌车辆差距较大，要想提升其市场表现，首先需要明确品牌定位，找到与消费者沟通的最佳方式。这可能涉及对目标市场的深入研究，了解消费者的需求和偏好，从而提供更加贴合市场的产品和服务。其次，这些品牌需要加大市场推广力度，通过有效的广告宣传、公关活动、社交媒体互动等方式，提高品牌的知名度和话题性。同时，注重产品和服务的质量，确保消费者的正面口碑成为品牌的有力支持。最后，通过持续的技术创新和产品迭代，建立起品牌的专业形象，从而在消费者心中形成独的品牌印象。

（三）品牌偏好度

在品牌偏好度方面，可以观察到比亚迪、宝马和奥迪这三个品牌因其卓越的产品品质、前沿的技术创新以及深厚的品牌积累，成功在消费者心中占据了领先地位，稳稳占据消费者偏好的第一梯队。根据市场调研数据，这三个品牌在消费者购车意愿调查中均获得了得分超过30%的积极评价，显示出其在汽车市场中的强大竞争力。这些品牌在国内市场构建了广泛的消费者基础，并在国际市场上获得了高度的认可，成为许多消费者选购汽车时的首选。这一现象不仅体现了这些品牌在满足消费者需求方面的成功，也反映了它们在全球市场竞争中的强大实力。

在紧随其后的第二梯队（得分处于20%~30%），奔驰、特斯拉和一汽大众等品牌，以其独特的市场定位和品牌优势，同样在消费者心中占据重要位置。奔驰，作为历史悠久的豪华汽车制造商，以其精湛的工艺和奢华的品牌形象，赢得了消费者的青睐。特斯拉则凭借其在电动汽车领域的创新技术和领先的设计理念，成为新能源汽车市场的标杆。一汽大众则依托其稳定的产品质量和广泛的销售网络，在国内市场中确立了领先地位。

第三梯队（得分处于10%~20%）则汇聚了红旗、雷克萨斯、沃尔沃、

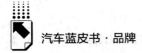

广汽丰田、广汽本田、理想、小鹏、蔚来等众多品牌。这些品牌各有特色，红旗以其深厚的品牌历史和文化底蕴吸引着众多消费者；雷克萨斯则以其出色的品质和服务赢得了消费者的信赖；沃尔沃在安全性方面的卓越表现也备受赞誉；广汽丰田和广汽本田则以其稳定可靠的产品性能和良好的燃油经济性赢得了广泛的市场认可；而理想、小鹏和蔚来等新能源汽车品牌则以其创新的技术和理念，在市场中崭露头角。

至于第四梯队（得分处于0%~10%），包含那些在品牌影响力、产品质量或市场定位等方面尚需提升的品牌，尽管这些品牌目前未能进入前三梯队，但随着市场竞争的加剧和消费者需求的演变，它们仍有机会通过持续的创新和改进，提高自身的市场竞争力。

总体而言，汽车品牌偏好度的层次划分揭示了当前汽车市场的竞争态势，并预示着未来的市场走向。随着技术革新的推进和消费者期望的提升，汽车品牌必须不断进行自我革新和实力提升，以便在竞争激烈的市场中保持领先地位。这种动态的市场环境要求品牌不仅关注当前的消费者偏好，还要预见未来的趋势，从而制定适应市场变化的长期战略。

（四）品牌考虑度

通过对40个汽车品牌的深入分析，可以清晰地观察到，在品牌考虑度方面，民族汽车品牌展现出强劲的发展势头，逐渐获得了消费者的广泛认可，与合资品牌的差距正不断缩小，这一趋势无疑彰显了民族汽车品牌的崛起与成长。

值得注意的是，在排名前十的品牌中，民族汽车品牌占据了四个席位。其中，比亚迪在品牌考虑度方面表现尤为突出，以显著的优势领先于其他品牌，得分高达27.6%。这一得分不仅体现了消费者对比亚迪品牌的信赖与喜爱，也反映了比亚迪在新能源汽车领域的地位和实力。

除此之外，部分民族汽车品牌的进步也显得尤为明显。例如，理想、小鹏、红旗等的品牌考虑度得分均达到9%及以上，这一成绩甚至超过一汽丰田、广汽丰田、东风本田等传统合资品牌，以及沃尔沃、凯迪拉克、雷克萨斯等豪华品牌。这一成绩，不仅体现了这些民族汽车品牌在产品创新、服务质量等方面的提升，也显示了消费者对民族汽车品牌的日益关注与认可。

然而，我们也必须看到，民族汽车品牌整体发展空间仍然较大。尽管部分品牌已经取得了显著成绩，但仍有不少传统自主品牌、新势力品牌以及传统车企新品牌在品牌考虑度方面处于较低水平，未能进入前20名榜单。这既反映出这些品牌在品牌塑造、市场推广等方面还存在短板，也预示着它们在未来的发展中具有巨大的潜力和提升空间。

综上所述，民族汽车品牌在品牌考虑度方面展现出强劲的发展势头，与合资品牌的差距不断缩小，部分品牌甚至已经取得了显著优势。然而，民族汽车品牌整体发展空间仍然较大，需要继续加强品牌塑造和市场推广，提升品牌竞争力。

（五）品牌美誉度

首先，从整体趋势来看，不同汽车品牌的美誉度呈现较大的差异。其中，比亚迪以23.8%的品牌美誉度高居榜首，宝马、奥迪等豪华品牌紧随其后，特斯拉作为新兴的电动汽车品牌也表现出强劲的市场竞争力。相比之下，部分传统合资品牌和新势力品牌的美誉度相对较低，需要在品牌建设、产品质量和服务等方面进一步提升。

其次，从品牌美誉度的分布来看，各品牌之间存在明显的层次结构。第一梯队以比亚迪、宝马、奥迪为代表，这些品牌在市场中长期积累的良好口碑和品牌形象为其赢得了较高的美誉度。第二梯队包括特斯拉、奔驰、一汽大众等，这些品牌在各自的细分市场中也具有较高的知名度和认可度。而第三梯队则涵盖了众多美誉度较低的品牌，这些品牌需要在市场定位、产品策略等方面进行调整，以提升品牌影响力和竞争力。

进一步分析可以发现，品牌美誉度与品牌的市场定位、产品线、技术创新能力以及营销策略等因素密切相关。例如，比亚迪凭借在新能源汽车领域的领先地位和丰富的产品线，成功吸引了大量消费者的关注；而宝马、奥迪等豪华品牌则通过不断提升产品品质和服务水平，巩固了其在高

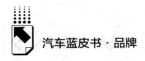

端市场的地位。同时，特斯拉的创新能力和品牌影响力也为其赢得了较高的美誉度。

此外，值得注意的是，一些新势力品牌如蔚来、理想等虽然美誉度尚未达到第一梯队水平，但其在新能源汽车市场的快速发展和创新能力已经引起了业界的广泛关注。这些品牌在未来的市场竞争中仍具有较大的潜力。

总的来说，品牌美誉度的提升并非一蹴而就的过程，而是品牌长期积累、不断创新和努力的结果。在未来，随着市场竞争的加剧和消费者需求的变化，各品牌需要继续加强品牌建设、提升产品质量和服务水平、加强与消费者的互动和沟通等，以进一步提升品牌美誉度。同时，政府和社会各界也应给予汽车产业更多的支持和关注，共同推动中国汽车产业的持续健康发展。

（六）品牌推荐度

首先，从消费者认知与品牌忠诚度的角度来看，品牌推荐度直接反映了消费者对品牌的认知和忠诚度。比亚迪，作为得分超过10%的唯一品牌，以显著的推荐度优势领跑市场，这得益于其长期以来在新能源汽车领域的持续努力，成功塑造了环保、创新、高品质的品牌形象。消费者对于比亚迪的产品性能、技术创新以及售后服务等方面给予了高度评价，从而形成了较高的品牌忠诚度，进而推动了品牌推荐度的提升。与此同时，宝马、奥迪、特斯拉等外资品牌紧随其后，得分分别为9.4%、8.8%、7.7%，印证了国际品牌在国内市场强大的品牌号召力，它们凭借悠久的历史、卓越的品质和口碑积累，依然保持着稳定的消费者基础。特斯拉作为新兴电动汽车品牌的代表，其独特的品牌理念、创新的产品设计以及领先的技术实力，在消费者中赢得了良好的口碑。特斯拉的品牌推荐度提升迅速，也显示出消费者对新能源汽车的接受度和认可度不断提高。

其次，从市场竞争格局的角度来看，各品牌之间的品牌推荐度差异也反映了市场竞争的激烈程度。一些传统合资品牌和新势力品牌在推荐度上相对较低，这可能与它们在市场定位、产品创新、服务质量等方面存在的不足有关。在激烈的市场竞争中，这些品牌需要更加努力地提升产品竞争力、加强品牌建设、优化服务体验，以赢得消费者的青睐和推荐。

最后，从行业发展趋势的角度来看，新能源汽车市场的快速崛起和消费者对环保、智能出行的需求增长，为汽车品牌提供了新的发展机遇。那些能够紧跟时代潮流、积极布局新能源汽车领域的品牌，有望在未来的市场竞争中占据更有利的位置。同时，随着智能化、网联化等技术的不断发展，汽车品牌也需要不断创新和升级，以满足消费者日益多样化的需求。此外，政府政策对汽车市场的影响也不容忽视。政府对新能源汽车的扶持政策、环保法规的加强以及基础设施建设的完善等，都为新能源汽车行业的发展提供了有力支持。因此，那些能够充分利用政策优势、积极响应政府号召的品牌，有望在市场中获得更大的发展空间。

总的来说，各汽车品牌的推荐度受到消费者认知、市场竞争、行业趋势以及政府政策等多方面因素的影响。为了提升品牌推荐度，汽车品牌需要深入了解消费者需求、加强产品创新和服务升级、积极应对市场竞争和行业变革，并充分利用政府政策优势，以实现可持续发展，稳固或扩大市场份额。

五　中国汽车品牌的品牌力提升建议

汽车产业作为国民经济的重要支柱，不仅是推动经济增长的重要引擎，更是社会经济的重要"稳定器"。经过数十年的不懈努力，中国汽车产业在技术、市场等方面取得了显著的进步。尤其是中国汽车品牌，通过持续的技术创新和市场拓展，不仅在产品质量和技术水平上与合资品牌相媲美，甚至在某些领域实现了领先。

从车辆性能和可靠性来看，中国品牌汽车已经能够满足国内消费者的多样化需求。无论是在动力性能、操控性，还是在燃油经济性、安全性能等方面，中国汽车品牌都展现出不俗的实力。与此同时，在智能化、电动化等前沿技术的应用上，中国汽车品牌也积极跟进，不断推出创新产品，为消费者提供了更多选择。这些成就的取得，不仅提升了中国汽车品牌的国内影响力，更让中国汽车在国际市场上获得了越来越多的关注和认可。

　　然而，我们也必须清醒地认识到，与国际知名汽车品牌相比，中国汽车品牌在软实力方面还存在一定的差距。这主要表现在品牌价值的塑造、消费者心智的占领以及品牌故事的讲述等方面。一些中国汽车品牌仍然被市场定位为"价格低廉、品质一般"的形象，这在一定程度上限制了它们在高端市场的拓展能力。此外，中国品牌在溢价能力和盈利能力上也面临挑战，这影响了品牌的长期可持续发展，也制约了其在研发和创新上的投入。

　　在当前全球经济形势复杂多变的背景下，中国汽车品牌要想在激烈的竞争环境中站稳脚跟，就必须采取多方面的策略来提升品牌力。

（一）强化品牌价值与营销传播

　　首先，品牌的核心价值是品牌建设的基石。中国汽车品牌需要明确自己的核心价值，确定清晰的品牌个性，例如科技创新、高品质、绿色环保等，并将这些价值贯穿于产品制造与销售的各个环节。通过持续强化这一核心价值，品牌在用户心中形成独特的印记以及鲜明的品牌个性，从而增强用户黏性。其次，营销传播是品牌价值得以展现的重要手段。中国汽车品牌需要制定系统的营销传播策略，精准定位目标客户。利用大数据、AI 等技术，精准把握目标消费群体的需求，制定针对性的策略。在各类平台上进行精准广告投放，结合内容营销、KOL 合作等形式，提高品牌曝光度和影响力。利用多元化的传播渠道，如社交媒体、线下活动等，形成合力，将品牌的核心价值和优势传递给目标用户，全面提升用户的购车体验和品牌忠诚度。同时，要注重内容的创意和形式的多样性，通过制作高质量、有趣、有启发性的内容，吸引消费者的注意力，引发共鸣，并促使他们与品牌进行互动。此外，品牌故事是提升品牌价值的有力武器，一个好的品牌故事能够赋予品牌生命力和情感价值。通过精心打造富有感染力的品牌故事，将品牌历史、企业文化、设计理念等元素融入其中，引发消费者的情感共鸣，增强品牌认同感。

（二）提升用户认知与评价

　　用户对于品牌的认知和评价影响着汽车品牌的软实力以及市场竞争力，

中国汽车品牌需要在用户引导、反馈、沟通、体验等多环节下功夫，做到以用户为中心，持续优化各个环节，建立良好的用户口碑和品牌形象。

首先，中国汽车品牌要加强用户教育与引导。公开透明地传达产品信息，包括性能参数、安全评级、能耗表现等，让用户在购买决策过程中获取充足、准确的信息，减少误解和疑虑。通过线上线下的培训、研讨会等活动，向用户普及行业知识、产品优势及使用方法，提升用户对品牌的认知度和理解度。其次，要重视用户反馈和评价。中国汽车品牌应高度重视用户的每一条反馈与建议，将其作为改进产品和服务的宝贵资源。通过积极收集并分析用户的反馈与评价信息，品牌可以精准定位存在的问题与不足，进而制定针对性的改进措施。同时，对于用户的投诉与建议，品牌应给予及时且专业的回应与处理，展现品牌的责任担当与专业素养，从而进一步提升用户对品牌的满意度与忠诚度。最后，要加强与用户的互动和沟通。与用户建立紧密且持续的互动与沟通机制，是提升品牌认知度和评价的关键所在。开设品牌体验店，提供试驾体验、品牌文化展示等服务，让用户亲身体验汽车的魅力，加深用户对品牌的理解与喜爱。鼓励并奖励用户分享自己的购车、用车体验，通过真实生动的用户案例，建立起积极正面的品牌口碑，吸引更多潜在用户的关注与认可。此外，还可以组织用户聚会、新车发布会等活动，拉近品牌与用户之间的距离，提升用户对品牌的归属感和忠诚度。

（三）扩大市场份额与提升地位

在激烈的市场竞争中，中国汽车品牌需制定并实施精准有效的市场竞争策略，包括差异化竞争、价格优化及渠道拓展，以巩固竞争力并扩大市场份额。同时，品牌应密切关注行业动态与竞争对手变化，灵活调整策略以保持竞争优势。与国际知名品牌的合作与交流是提升品牌地位与影响力的关键。中国汽车品牌应积极寻求合作机会，通过技术合作、联合研发及市场资源共享，引进先进技术，增强市场竞争力。参与国际汽车展览、赛事等活动，则有助于展示品牌实力，提升国际影响力。另外，针对国际市场，中国汽车品牌要积极开拓海外销售渠道，推进全球化布局，充分利用"一带一路"等国际合作平台，加强与海外市场的深度融合，让中国汽车走出国门，进入更多消费者的视野。同时，关注并适应不同地区的市场需求和法规要求，提供符合当地消费者喜好的产品和服务，这是提升中国汽车品牌在国际市场竞争能力的关键举措。

此外，中国汽车品牌还应积极参与行业标准和规范的制定，通过提出建设性意见，推动行业标准提升。执行高标准的产品和服务规范，不仅能提升品牌形象，更能促进行业健康发展，为品牌长期发展奠定坚实基础。

（四）挖掘品牌历史与文化内涵

品牌的历史与文化内涵，作为品牌的无形资产，具有难以估量的价值。品牌的发展脉络、关键事件以及背后的故事都是构成品牌历史的重要元素，通过系统整理这些资料，可以形成完整的品牌历史画卷，让消费者更全面地了解品牌的成长轨迹。同时，挖掘品牌创始人的故事也是揭示品牌文化内涵的关键一环，创始人的经历、理念和精神往往成为品牌故事的重要组成部分，为品牌赋予独特的个性与魅力。此外，创意呈现品牌故事与文化也是至关重要的。品牌文化的融入不仅仅是一种理念，而应切实体现在产品和服务中。中国汽车品牌需将品牌文化的精髓巧妙融入产品设计、制造及服务流程中，通过别出心裁的产品设计和优质贴心的服务体验，充分展现品牌的独特魅力和核心价值。同时，设计具有品牌特色的文化衍生品，如文化衫、纪念品等，让消费者在日常生活中不断回味品牌的文化内涵。此外，品牌历史的传承与创新同样是品牌发展不可或缺的一环。中国汽车品牌应高度重视品牌历史的保护和创新工作，通过建设实体或虚拟品牌博物馆、举办品牌纪念活动等举措，让品牌的优秀传统和文化精神得以传承和弘扬。这不仅有助于丰富品牌的文化底蕴和历史内涵，更能提升品牌的知名度和影响力，为品牌的可持续发展注入新的活力。

（五）加强产品技术研发与创新

技术研发和创新无疑是中国汽车品牌发展的核心引擎。尤其是在新能源汽车、智能驾驶、车联网等未来汽车行业发展的关键方向上，要加大对核心技术的研发投入，培育具有自主知识产权的核心技术，提高产品的附加值。

为了在这一领域取得更大的突破，中国汽车品牌可通过积极引进国内外先进技术，并结合自主研发，不断提升产品的技术含量，让每一款产品都有自身的独特之处。同时，中国汽车品牌应始终将质量控制放在首要位置，积极参与制定国家和国际相关技术标准，引导和推动行业技术规范，从原材料采购到生产制造，再到质量检测，每一个环节都严格把关，确保产品达到最高的稳定性和可靠性标准。通过采用先进的生产工艺和精密的检测设备，不断提升产品的整体品质，让每一个用户都感受到品牌对质量的执着追求。此外，为了进一步推动技术创新，中国汽车品牌还应搭建完善的创新生态系统，包括与国内外科研机构、高校、产业链上下游企业的深度合作，共建共享研发资源，推动产学研用一体化进程。通过与这些机构的紧密合作，共同开展技术研发，实现技术成果的快速转化和应用。同时，积极推行内部创新激励机制，鼓励员工敢于创新、敢于试错，营造宽松活跃的氛围，使企业始终保持旺盛的生命力和持久的竞争力。这不仅有助于提升品牌的技术实力，更能为汽车产业的创新发展注入新的活力。

参考文献

李智锋、潘嘉伦：《基于顾客感知价值对提升汽车品牌价值的研究》，《长春理工大学学报》2011 年第 11 期。

张旭光：《如何提升汽车品牌核心价值》，《企业导报》2010 年第 9 期。

刘明、赵凯：《智能网联技术对汽车品牌力的影响研究》，《智能汽车》2023 年第 2 期。

黄永和：《我国汽车品牌发展政策》，《中华商标》2001 年第 3 期。

Aaker D., *Aaker on Branding*：20 *Principles that Drive Success*. Morgan James Publishing, 2014.

Keller, K. L., & Swaminathan, V., *Strategic Brand Management*：*Building*, *Measuring*, *and Managing Brand Equity* (5th Edition). Pearson, 2020.

WARC, The State of the Automotive Industry 2023, 2023.

B.7

基于用户体验的汽车品牌力
提升影响要素分析

胡慧莹　成梅林*

摘　要： 面对新能源汽车市场的竞争格局和复杂多元的消费者需求，车企需要重塑新能源汽车销售流程，提升消费者体验，以提高消费者对品牌的认可度、亲密度与忠诚度，这将成为各车企发力的关键锚点。品牌、产品与价格优势需要通过体验作为桥梁传递给消费者，同时良好的体验也可以提升消费者购买意愿。基于中汽中心提出的五大汽车品牌力影响因素，即产品、服务、文化、营销和创新，结合用户调查和专家分析以及2024年用户体验报告，本报告对汽车技术改进提出建议，为企业品牌力提升提供优化方向。在增加功能多样性的同时，确保行车安全一直是最重要的前提。汽车设计需要注重硬件和软件的整合，以提升用户体验。同时，完善后端体系支撑，提升用户购车体验。根据用户需求和场景差异，提供更加个性化的服务。将软件付费作为关键推动点，以实现更灵活的服务模式，提升用户满意度和品牌价值。

关键词： 汽车品牌　品牌力提升　用户体验

一　汽车品牌力提升的影响机制回顾

根据中汽中心2023年的研究成果，对于行业品牌建设目标的探索，已

---

* 胡慧莹，中汽信息科技（天津）有限公司品牌咨询部主管，长期从事汽车品牌研究工作；成梅林，中汽信息科技（天津）有限公司品牌咨询部产业研究室研究员，助理工程师，主要研究领域为海外汽车产业和竞争格局。

经确定了品牌力提升的四个核心路径，即扩大市场份额、建立品牌形象、打造品牌信仰和提升品牌溢价。此外，根据 Keller 的品牌资产理论，品牌资产的形成与消费者对品牌的反应息息相关，而这种反应源自不同的品牌知识。品牌知识包括产品相关和非产品相关两个方面。产品相关知识指的是消费者在购买产品时直接接触到的核心产品和服务，主要满足消费者使用功能的需求。而非产品相关知识则更多地提供情感和精神层面的价值。随着智能科技的飞速发展，用户对汽车品牌的期望也在不断演变，对品牌建设提出了更多的创新要求。

综上所述，中汽中心 2023 年的研究成果总结了五大影响因素：产品、服务、文化、营销和创新。这些因素在汽车行业的品牌建设中起着至关重要的作用，是实现品牌力提升的关键路径之一（见图 1）。

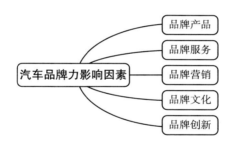

图 1　汽车品牌力影响因素框架

在前序研究的基础上，通过进一步对各类型汽车品牌的调查和研究，发现目前的汽车市场中无论是民族汽车品牌还是合资汽车品牌，均面临类似的市场需求、同样的汽车工业发展特点，以及具有一致性的品牌建设趋势。Keller 等学者提出的品牌建设理论中，品牌建设遵循的底层逻辑是一致的。在企业与用户调研中发现不同类型的汽车企业，其品牌建设的影响因素也是一致的。因此，产品、服务等五大影响因素，是汽车行业品牌建设中共同的影响因素，不仅影响民族汽车品牌力的提升，对合资等其他类型的汽车品牌也具有同样的影响机制。

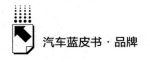

二 影响因素对汽车品牌力提升的作用

（一）产品因素

首先，产品质量始终是品牌发展的基石，也是塑造品牌形象的关键因素。对于大多数消费者而言，购买一辆汽车是一项重要的投资，他们希望选择一款质量优良、可靠耐用的车辆。汽车质量不仅直接关系用户的安全和舒适，更影响他们的使用体验和满意度，无论是在行驶过程中的稳定性、驾驶品质，还是在日常使用中的可靠性和耐久性方面，选择质量优良的产品都能够为用户提供更好的驾乘体验。相反，如果汽车质量不佳，容易出现故障或问题，不仅给用户带来不便和困扰，还可能存在安全隐患，严重影响用户的信任和忠诚度。汽车质量关系品牌的美誉度、知名度和经济收益；也是品牌社会责任的重要体现，产品质量差既是对资源、人力的浪费，也不利于品牌发展、社会发展。在当今竞争激烈的市场环境中，品牌要想立于不败之地，必须始终坚持质量第一的原则。

其次，汽车的外观设计也是消费者选择汽车时的重要考量因素之一。汽车外观是用户选择汽车时的第一印象，这会直接影响他们对汽车的喜好和态度。一辆外观设计时尚、动感、吸引人的汽车会更容易吸引用户的眼球，激发用户的购买欲望。汽车外观也是品牌形象的重要表现之一。汽车外观设计不仅仅是一种美学追求，更是品牌形象和品牌价值观的体现。不同的用户对于汽车外观的偏好可能有所不同，有些用户喜欢简约大气的外观设计，而有些用户则偏爱时尚动感的外观造型，尤其是对于年轻人而言，新奇且富有科技感的外观设计能够增强品牌的吸引力，并为消费者提供与品牌相关的情感联结。

再次，随着"双碳"政策的推进和人们环境保护意识的提升，消费者对汽车的环保需求也不断增加。相比于传统燃油车，新能源汽车具有更低的运营成本，如较低的燃油消耗、较低的维护费用等，经济实惠对用户而言是一大吸引点。同时，新能源汽车排放更少的有害气体，对用户健康和生活环境的影响更小，符合现代人对健康生活的追求。

最后，现代消费者越来越倾向于个性化定制的产品，汽车个性化设计是指根据用户的个性化需求和喜好，为其提供定制化的汽车设计和配置方案。这种设计理念不仅注重满足用户的功能性需求，更着重于表达用户的个性和生活方式，使每辆汽车成为独一无二的个性化代表。它赋予了用户更大的选择权和决策权。用户可以根据自身的喜好和需求，在车身颜色、车内装饰、座椅材质、配置选项等方面进行个性化定制，让汽车成为真正符合自己个性的独特之选。在这个过程中，提升了用户的参与感和满意度。通过参与汽车的设计过程，用户能够深入了解汽车的各个细节和特性，从而更加满意最终的产品。而且，拥有一款独一无二的个性化汽车也会增强用户的归属感和自豪感，使其对车辆有更强的情感联结。此外，个性化设计也推动了汽车市场的多样化发展。汽车制造商为了满足用户的个性化需求，不断推出新颖的设计概念和定制化服务，加速了汽车市场的差异化竞争，促使汽车品牌在市场中拥有更强的竞争力和吸引力。

（二）服务因素

服务是品牌建立关系和沟通的重要渠道。卓越的服务体验可以在消费者心中留下深刻的印象，从而影响其对品牌的态度和认知。

第一，售前服务包括销售咨询、试驾体验等环节。销售顾问的专业程度、服务态度以及对用户需求的理解和满足，直接影响用户对品牌的第一印象和信任度。用户在使用商品或服务过程中品牌通过提供流畅、直观的界面设计、简化购车操作流程，加上快速响应用户需求和比用户多想一步，从而增强消费者对品牌的好感，并建立良好的品牌印象，用户则更有可能选择该品牌的汽车产品。

第二，品牌及时、有效的售后服务，是维护品牌声誉和信任度的重要环节。通过解决消费者在使用过程中遇到的问题，包括维修、保养、配件供应以及客户支持，及时、有效地处理消费者的投诉和问题等，从而提高消费者

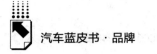

对品牌的满意度和好感度，提升品牌形象。

当前，新能源汽车的几大痛点：①里程焦虑；②充电慢；③汽车贬值快（主要原因是电池衰减），这三点是消费者购买新能源汽车的主要障碍。蔚来则基于此创造了其标志性的"换电服务"。通过完善换电体系，加强基础设施建设，减少用户的里程焦虑，正向促进销售，增长的收入有助于换电体系的持续性改进。换电网络和整车销售相互促进，形成正向的模型闭环。车电分离的销售模式大幅降低了消费者的购车成本，实现双赢的变相融资，是一种极具潜力的创新性销售模式。

第三，建立良好的客户关系是提升品牌忠诚度的关键。品牌可以通过与客户建立密切联系，了解他们的需求和反馈，提供个性化的服务和支持，增强消费者对品牌的信任和认可，也可以通过提供线上和线下的培训课程、讲座和活动，教育和培训消费者了解汽车的使用方法、维护保养知识以及安全驾驶技巧，增强消费者对品牌的认知和黏性。

（三）营销因素

品牌营销是指企业通过利用消费者对产品的需求，然后用产品的质量、文化以及独特性宣传来创造一个品牌在用户心中的价值认可，最终形成品牌效益的营销策略和过程。其通过市场营销，运用各种营销策略，使目标客户形成对企业品牌和产品、服务的认知—认识—认可的一个过程。品牌营销从高层次来看就是把企业的形象、知名度、良好的信誉等展示给消费者或者顾客，从而在顾客和消费者的心目中形成对企业产品或者服务的品牌印象。近年来，汽车营销开始从传统媒体向互联网迁移，但其营销的基本逻辑没有变化，都在使用流量漏斗模型。换句话说，通过大众媒体曝光获取泛人群关注，再进一步转化为兴趣、意向，最后成交，一层层进行流量筛选。

但这一模式正在失灵，原因包括两部分：第一，漏斗模型本身过于结果导向，知其然而不知其所以然。漏斗是典型流量思维，以提高流量的转化效率为目标，做切片式的统计，体现了自下而上的递归；这种思维模式下只能反映流量路径，而不是用户路径。第二，今天的消费者不是十年前只能被动接受信息的消费者，用户和品牌的关系不只是关注、兴趣、买车，媒介门槛降低，很多用户自己就成了信息的传播源点，想要打动他们，只有"直面用户""运营用户"才行。

一方面，清晰的品牌定位和有针对性的品牌传播是汽车品牌提升的基础。汽车正在超越传统的交通工具这一定义，逐渐成为体现个性、象征社会地位的商品，车企也需要打造积极向上的品牌形象，为消费者提供身份认同感。例如，宝马的定位是高端运动型汽车，因此其营销活动和设计都强调速度与激情。相比之下，奔驰则强调品质和卓越，其车型设计和营销活动都强调舒适感和豪华感。通过明确定位自己的目标市场和目标消费群体，并利用有效的传播渠道和手段，可以提升自身在消费者心目中的认知度和形象。

另一方面，有效的广告宣传、促销活动和市场推广也可以提升品牌的曝光度，并吸引更多的潜在消费者。汽车品牌可以通过多种渠道进行市场推广，如短视频、论坛、新闻、社交媒体等，以及参加展会和赛事等方式，提升品牌知名度和影响力。

随着数字化时代的到来，数字营销变得越来越重要。相较其他消费，汽车消费的全生命周期消费特点更加明显，围绕消费者需求，充分利用互联网及数字化能力，将消费者的需求更全面、更直接地引入研发、销售、售后整个闭环，与消费者共创产品、形成共赢，带动整个行业从"渠道为王"走向"消费者中心"，这是数字营销与传统营销的本质区别。汽车品牌可以利用搜索引擎优化（SEO）、搜索引擎营销（SEM）、社交媒体营销、内容营销等数字营销手段，与消费者进行更直接、更个性化的互动，增强品牌与消费者之间的连接和共鸣。

此外，口碑营销也是一种强有力的营销方式，特别是在汽车行业中。消费者对其他消费者的推荐和评价往往更具有说服力，正面口碑的持续发酵不仅对品牌知名度、美誉度有所提升，同时也会吸引更多的机会用户与品牌产生联系，还可以培育用户兴趣、达成购买行为，直至最后成为品牌忠实的拥趸。汽车品牌可以通过提供优质的产品和服务，积极回应消费者的反馈和建议，建立良好的口碑，从而吸引更多的潜在消费者。

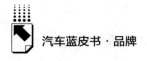

（四）文化因素

发达国家汽车品牌由于起步早、根基深，在全球大多数市场都处于优势竞争地位。中国品牌作为后起之秀，整体还处于劣势地位。一直以来，中国汽车品牌因品牌定位不高，很难实现定价与真实价值相匹配；因不能给用户带来持续的文化价值，难以获得用户的忠诚；因受外资品牌的牵制或品牌打造不成体系，很难有更多的资源进行价值传播。德国、美国、日本等汽车强国在传统燃油车时代统治了全球大多数市场。中国汽车工业经过一段时间的跟随式发展后，找到了新能源汽车的新赛道，得益于政策的大力扶持、全行业的技术创新，以及对于中国文化元素的运用，如今以红旗、岚图、蔚来、吉利、长城等为代表的中国汽车品牌已实现了新能源技术领先，未来也有机会实现品牌层面的全球领先。中国品牌要走到引领地位，势必要对外资品牌及其背后的规则发起挑战。敢于冲破外资品牌的范式，建立属于自己的品牌话语体系，是重中之重。比起技术、产品和服务，文化对品牌而言更具战略决定性意义。

文化主要包括企业的价值观，一些品牌强调创新、环保、社会责任等价值观，而另一些品牌可能强调豪华、运动、冒险等文化元素。品牌可以通过传播自己的价值观和文化特点，吸引消费者并产生共鸣，建立品牌认同感。

同时，品牌也可以通过讲述传承品牌的历史、传统和故事来提升品牌的认知度和吸引力。消费者对于那些拥有悠久历史、独特传统和感人故事的品牌往往更加信任和认可，愿意成为品牌的忠实支持者。

另外，品牌往往会与特定的文化符号和图腾联系在一起，这些符号和图腾可以成为品牌的标志性元素，帮助品牌塑造独特的形象和个性。例如，一些汽车品牌可能与特定的地域、文化背景或流行文化联系紧密，通过这些联系吸引目标消费者。

汽车品牌力的提升也与目标消费群体的文化背景密切相关。不同的文化背景和价值观可能会影响消费者对品牌的偏好和认知。社会文化趋势也在不断变化和发展，品牌需要了解并尊重目标消费者的文化差异。不断调整自己的品牌形象和营销策略以适应社会文化趋势的变化，以保持与消费者的联结和共鸣。

（五）创新因素

汽车行业在技术进步和突破方面永无止境，不断推出新颖、高性能、高品质的汽车产品是提升品牌力的关键。

首先，品牌可以通过技术、材料、设计理念等方面的创新来吸引消费者，满足他们不断变化的需求和偏好。例如碳纤维材料的使用，不仅能达到减轻车重、提高性能、降低油耗、增强安全的目的，也展现了汽车的科技感和未来感。

其次，汽车行业一直是技术创新的前沿领域。就自动驾驶技术来说，目前，支持 L3 级自动驾驶的车端软硬件技术与功能日臻成熟，大算力智驾芯片、高性能传感器、智能底盘渗透率持续上升。在国内，宝马、奔驰、智己等陆续获得了北京市、上海市 L3 级有条件自动驾驶道路测试牌照。小鹏、理想、蔚来、问界、阿维塔和长城等整车企业也具备了 L3 级自动驾驶整车量产能力。通过技术创新，带给消费者更好的驾驶体验，能提升消费者的购买意愿和忠诚度。

最后，除了产品创新，品牌还可以通过创新的服务模式来提升品牌力。例如，提供在线购车、预约维修、车辆共享等服务，满足消费者日益增长的个性化需求。此外，创新的营销策略和推广方式可以吸引消费者的注意力。品牌可以通过社交媒体营销、内容营销、虚拟现实技术等新颖手段，与消费者建立更紧密的联系，提升品牌认知度和吸引力。

三 基于用户层面的品牌力提升建议

当前，我国汽车行业进入存量市场阶段，竞争的关键从以产品为中心向以用户为中心转变，叠加数字化转型的驱动，汽车产业面临新的发展机遇和挑战，随着"新四化"和"软件定义汽车"浪潮的来临，中国汽车行业正经历一场冰与火的考验。一方面，政策大力支持新能源汽车发展，智能网联汽车技术突飞猛进，研发、生产进入智能制造数字化阶段，降本增效成为核心，汽车的使用场景和边界不断拓宽，由出行工具、身份地位象征向"第三空间"、智能终端转变。另一方面，市场步入存量时代，新势力、互联网企业入局，进一步加剧竞争，传统车企面临"逆水行舟，不进则退"的危机，与消费者之间的互动进入新零售阶段，用户体验成为品牌差异化竞争的关键，成为构建存量市场竞争优势的制胜之道。

过去，汽车行业处在拼规模、降成本、求稳定、增效率的拔高期，没有太多精力考虑用户运营，核心逻辑是先整合供应商和自身能力，对标竞品的参数配置，打造出好的产品，再向用户销售。发展到当下，用户早已成为变革的焦点，需要车企在思想、组织和行为上都有所转变。汽车行业属于低频交易，售前售后分离，造成品牌用户黏性低的情况，想要破局，就要促使用户将更多的场景与汽车品牌联系起来，随时可见，见之有收获，必然会得到很大的质变。所以，现在的汽车品牌强调"以用户为中心"，即将用户放在C位，做好用户运营。从1.0分销时代，到2.0线索时代，再到3.0用户时代，深入而有效的用户思维能精准切中市场需求，让人跳脱出车只是车的单一印象，感受到完整、精彩的用车全周期带来的享受。

2023年中国汽车技术研究中心有限公司组织行业开展CCRT管理规则（试行版）修订工作，新版CCRT管理规则聚焦用户体验主观评价，基于2023年对新能源汽车用户的调研，总结出用户感知发展趋势如下。

1. 消费者对安全性能要求提高

除制动防抱死系统（ABS）外，消费者还希望汽车配备更先进的主动安全系统，如碰撞预防系统、车道偏离预警系统和盲点监测系统等。随着汽车智能化程度的提高，消费者对智能驾驶辅助系统的需求也越来越强烈。全速自适应巡航、无钥匙进入/启动以及自动泊车入位等智能驾驶辅助功能，不仅提升了驾驶的便利性，还能有效降低交通事故的风险，因此备受消费者青睐。

另外，消费者对车辆被动安全系统的关注度也在增加。360°全景影像、倒车雷达等被动安全系统能够有效提高驾驶员对周围环境的感知能力，帮助驾驶员及时发现潜在危险，降低交通事故的发生率，提高行车安全性。分代际来看，用户越年轻，对全速自适应巡航、无钥匙进入/启动以及自动泊车入位的偏好度越高，年长用户则更加务实，对主动安全系统、360°全景影像的偏好度更高。

2.消费者对汽车智能化、便利性和环保性的需求日益增长

随着科技的发展，智能化成为现代汽车的一个重要特征。首先，消费者对智能汽车功能的期待不断增加。他们希望汽车能够配备先进的车载信息娱乐系统、智能导航、语音识别控制系统等功能，以提升驾驶和乘坐体验。特别是年轻一代消费者，对于互动性强、体验优秀的智能化配置更加感兴趣，包括车机智能芯片、车联网、OTA 在线升级等。智能化的汽车不仅能够提供更加便捷的服务，还能提高驾驶的安全性和舒适性，满足消费者对高科技产品日益增长的需求。

其次，消费者对汽车便利性的追求也越来越强烈。现代生活节奏快，人们对时间的利用效率要求越来越高，他们希望汽车能够提供更加便利的出行方式。除了智能化技术的应用，消费者还希望汽车拥有更加舒适的车内空间设计、高级座椅材料以及智能化的车钥匙和语音控制系统等便利功能。这些功能不仅能够提升驾驶和乘坐的舒适性，还能够让消费者在车辆使用过程中更加轻松和便捷。

最后，消费者对汽车环保性的关注度也逐步增加。随着环境保护意识的不断提升，消费者越来越关注汽车的排放和能源消耗情况。他们更倾向于选择电动汽车和混合动力车型，以减少对环境的影响。此外，消费者也希望汽车制造商采用可持续发展的材料和生产工艺，降低汽车的碳排放和能源消耗，为环境保护贡献自己的一份力量。

3.消费者更加关注用户体验提升和个性化设计

随着数字化的发展和新技术的不断涌现，消费者对高科技产品的信任度和接受度逐渐提升，他们不仅关注汽车的基本功能和性能，更注重汽车带来的整体感受和舒适度。用户越来越期待直观、易用的交互界面，高品质的驾驶体验和车辆舒适性成为消费者选择汽车时的重要因素，消费者对售后服务

的期望越来越高，他们希望享受到优质的客户服务，解决问题时能够得到及时有效的反馈和支持，这已经成为品牌忠诚度的关键。

除此之外，随着年轻群体逐渐成为购买新能源汽车的重要人群，自信、个性的态度同样映射在他们的消费观上，也对越来越认同强调个性化的品牌价值，市场的多样化使消费者期待更多个性化和定制化的汽车产品和服务。例如，一些消费者希望选择自己喜欢的车身颜色、内饰材料和配置选项，以及个性化的车牌号码和标识。随着消费者对汽车产品的需求日益多样化和个性化，他们更加关注用户体验提升和个性化设计。这一趋势正在成为汽车行业发展的重要驱动力之一。

4. 场景化用户体验模式带动消费者软件付费的消费升级

在汽车行业，场景化用户体验模式已经成为引领消费者软件付费消费升级的重要趋势之一。随着汽车和用户生活场景的紧密连接，越来越多的汽车制造商开始重视用户体验，通过创新的场景化设计和智能化技术，为用户提供个性化、定制化的服务和体验。例如，在汽车展会上，越来越多的车型展示了各种创新的场景化智能功能，比如露营模式、迎宾模式等，吸引了消费者的眼球。这种场景化的设计不仅可以提升用户的使用体验，还可以为汽车品牌增强吸引力，拉动消费者的购车欲望。

在这种场景化的用户体验模式下，消费者对于软件付费的消费升级也日益凸显。随着汽车智能化程度的提升，许多汽车厂商开始将更多的软件功能作为附加服务向用户收费，比如高级的车载娱乐系统、智能导航系统、车联网服务等。消费者愿意为更好的用户体验和更多的个性化服务付费，从而实现消费升级，提升品牌忠诚度。随着软件技术的不断发展和普及，越来越多的汽车厂商开始将软件作为差异化竞争的重要手段。通过提供丰富多样的软件功能和个性化服务，吸引消费者的注意力，提升品牌的竞争力。例如，一些汽车厂商推出智能化的车载应用商店，让用户根据自己的需求和偏好，自由选择并购买所需的软件功能，从而实现了用户的个性化定制。

总的来说，场景化用户体验模式不仅提升了消费者的使用体验，还带动了软件付费的消费升级。汽车厂商需要不断创新，结合用户需求和市场趋势，推出更加智能化、个性化的汽车产品和服务，以满足消费者日益增长的需求，实现品牌的持续发展，进入"软件定义汽车"时代。

四　基于用户体验的汽车品牌发展建议

（一）提高安全性能

随着汽车技术的不断发展，汽车的功能和信息越来越丰富，但在追求功能多样性的同时，保证行车安全始终是最重要的前提。因此，提高汽车的安全性能成为行业和消费者的共同关注点。

一方面，车辆的安全性需要经过严格的质量控制和测试，以确保其在各种情况下都能稳定可靠地运行。制造商需要加强对车辆的质量管理和生产过程的监控，以及对零部件和系统的严格测试，确保其符合安全标准和性能要求。汽车制造商也需要不断提升车辆的安全技术，提供全方位的保护。这包括采用先进的安全系统和碰撞安全技术，以最大限度减少碰撞造成的伤害。车企应集成先进的安全技术，如碰撞预防系统、盲点监测和自适应巡航控制，持续对高级驾驶辅助系统（ADAS）进行投资，以提升汽车的安全性与用户的安全感和信任度。

另一方面，在进行智能座舱设计时，对与驾驶无关的、有巨大视觉分心隐患的功能进行筛查，在行车过程中限制使用，如在车辆行驶过程中，中控屏、仪表屏上不能出现需要驾驶员长时间注视的功能，包括但不限于观看视频和有动态画面的游戏等。

同时，车企应重视将这些先进技术集成到新车型中，汽车制造商可以通过宣传和培训活动向消费者传达行车安全的知识和技能，帮助他们正确使用车辆，在驾驶过程中注意安全。

（二）汽车设计要重视硬件和软件的融合，提升用户体验

在未来的中国汽车市场，提升用户体验将是关键。首先，要优化交互界

面，在汽车设计中，硬件和软件需要紧密结合，形成一个有机的整体。例如，车载娱乐系统可以与车辆的硬件设施（如触摸屏、控制按钮、声控系统等）结合，通过智能软件实现更加智能化的操作和控制。同时，智能驾驶辅助系统可以与车辆的传感器、摄像头等硬件设备配合，实现更加准确、高效的驾驶辅助功能。车企应投资高分辨率触摸屏、先进的语音识别系统和定制化的用户界面，以提高易用性和互动性，同时利用设计的灵活性和可变性。

其次，汽车企业需要不断创新，开发更加互联的车辆，提供更安全、环保、智能和舒适的汽车产品，满足消费者对智能座舱和智能驾驶的需求，提高舒适性和便利性。汽车设计需要注重用户体验，将用户需求和期望纳入考虑范围。通过用户界面的设计优化、人机交互的改进等方式，提升用户对汽车系统的易用性和舒适性。例如，采用直观、简洁的界面设计，优化交互方式，降低用户的操作复杂度，提高用户的使用便捷性。

最后，汽车设计还需要注重安全性和可靠性。在硬件和软件的融合过程中，需要严格测试和验证，确保系统的稳定性和安全性。同时，汽车设计需要考虑用户数据的隐私保护和信息安全，采取有效的措施防止数据泄露和恶意攻击。

（三）完善后端体系支撑，提升用户购车体验

卓越的客户体验需要完善的后端体系支撑，将后端支撑体系解构为五大模块，分别为数据系统、业务管理、组织人员、培训体系和硬件基建。

1. 数据系统

由于新能源汽车车主信息资料来源渠道多维化，且大数据分析驱动的数据中台得到普遍部署，数据分析与应用能力的构建是新能源汽车必不可少的数字基本功。无论是对客户数据的深度分析，还是通过"微互动"的形式提前与客户进行交互，均有助于车企更好地了解客户，并进一步深度挖掘客户对产品的需求，以支持销售顾问有的放矢地制定客户的个性化销售策略。

2. 业务管理

构建顺畅的业务触点体验，最直接的关键成功要素即业务管理体系的建

立。一套良好的业务运转机制，能够让客户得到个性化且衔接流畅的销售体验，强化客户对品牌专业度的好感，抓住销售机遇，提升销售效率。

3. 组织人员

新能源汽车销售业务针对组织和人员架构提出了明显区别于传统燃油车的需求。首先，由于部分品牌采取商超店、品牌店、交付中心等神经网络式的零售布局，车企需要着重关注在不同店端的人员管理与跨店端的人员组织衔接等问题，包括轮岗机制、绩效考核等。其次，新能源汽车的潜在用户对于品牌的多样化诉求更高，车企或其合作伙伴（经销商或代理商等）也越发倾向于聘用具有多元化复合背景的人才，以满足不同的客户需求，打造耳目一新的零售体验。

4. 培训体系

鉴于新能源汽车产品成交周期较长且产品与服务竞争激烈，新能源汽车产品销售对于销售人员的素质要求相较于过去也有不小的提升。通过"面与点"相结合的培训体系，以及总部对于知识体系的动态更新与支持，将能力体系有效渗透至零售层面，提升终端店面销售顾问的个体作战能力，以微观的销售转化实现品牌整体的销售效率提升。

5. 硬件基建

新能源汽车店端的整体视觉观感亦是品牌带给客户第一印象的关键要素。视觉的观感来自多个方面，包括整体建筑外装和室内设计、车辆的高光摆放与场景化布置、高科技展具的部署与应用、充电设施的室内实物展示等。通过基建的设计与硬件的应用，有机且生动地展现新能源汽车产品优势，最大限度打消客户对产品与技术的顾虑，提升对品牌的信任度，进而促成销售转化。

（四）基于用户与场景差异，提供更加个性化的服务

千人千面，不同用户在各个场景下、相同用户在不同场景下的汽车生活需求均存在差异，应针对差异在内容供给与功能点实现方面提供更加个性化的服务，在提高功能服务使用率的同时，极大地提升用户的满意度。

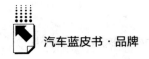

市区通勤场景：面对拥堵的交通，汽车可以通过智能导航系统提供实时交通状况，并根据驾驶者的偏好和历史行驶记录，推荐最佳的行驶路线。

长途出行场景：对于一位需要经常长途出行的用户，汽车可以提供舒适的座椅设计和多种调节功能，以减轻驾驶者的疲劳程度。智能语音助手可以提供实时路况信息、周边景点介绍和餐厅推荐等服务，让驾驶者在长途行驶中更加轻松愉快。车辆可以搭载生物传感器和健康监测设备，实时监测驾驶者的生理健康状况，例如心率、血压和疲劳程度。当检测到驾驶者疲劳过度或身体不适时，车辆可以发出警告并提供建议，以确保驾驶安全。

商务运营场景：用户需要在车上处理邮件、开会或商务谈判，汽车可以提供专属的商务座椅和工作区域，配备高速互联网和多媒体设备，以满足用户在车内进行商务活动的需求。同时，利用智能传感器和环境监测技术，车辆可以实时监测驾驶者和乘客的舒适度，并根据其身体感知和偏好自动调整座椅、温度、湿度和空气质量，以提供更加舒适的驾乘体验。

泊车驻车场景：对于需要泊车的用户，汽车可以配备智能泊车辅助系统，帮助用户快速找到合适的停车位并完成泊车动作。同时，车载应用程序可以提供实时停车场信息和停车费用预估，方便用户选择合适的停车场。

补能场景：对于电动车用户，汽车可以提供智能充电服务，根据用户的行程规划和电池状态推荐最佳充电策略与充电桩位置，以确保车辆的充电效率和续航里程。

一方面，利用大数据和人工智能技术，为用户提供更加个性化的车辆设置；另一方面，基于用户行为的数据分析，预测维护需求和优化车辆性能。

（五）将软件付费作为关键发力点

当前，用户体验满意度逐渐取代传统成本定价法，成为服务定价的标准。汽车行业要实现"卖软件挣钱"的突破，既需要线性提升用户需求洞察和软件能力，也要等待高级自动驾驶带来的分水岭式的阶跃。汽车行业开启"软件付费"时代需要主动拥抱变化，通过多方协作来打破合作甚至应用壁垒。与此同时，车企需要积极转变对产品的传统观念，比如机械性能最重要、产品配置只能做加法不能做减法……真正打造具有竞争力的软件应用，实现软件价值的突破。将软件付费作为关键发力点，意味着汽车制造商可以将软件服务作为增值功能，并通过此方式为用户提供更加个性化、智能化的服务。以下是实现软件付费的关键发力点。

定制化软件套餐：汽车制造商可以设计多样化的软件套餐，根据用户需求提供不同级别的软件功能。这些套餐可以包括车辆的娱乐系统、导航功能、车辆远程控制、智能驾驶辅助等软件服务，用户可以根据自己的需求和预算选择合适的套餐。

按需付费模式：软件制造商可以采用按需付费模式，让用户根据实际使用情况支付费用。例如，用户可以选择按月或按年订阅特定的软件功能，根据自己的需求随时订阅或取消服务，从而灵活控制费用支出。

软件升级和更新服务：通过提供定期的软件升级和更新服务，为用户提供最新的功能和体验。这些升级和更新服务可以作为付费功能，用户可以选择支付费用以获得更多的功能和性能优化。

个性化定制服务：为用户提供个性化定制的软件服务，根据用户的需求和偏好定制特定的功能和界面。这些定制化服务可以针对不同的用户群体，提供个性化的使用体验，从而提高用户的满意度和忠诚度。

安全和隐私保护：软件制造商需要确保软件付费模式的安全性和隐私保护，采取有效的措施保护用户的个人信息和支付安全。同时，制造商还需要及时修复软件漏洞和安全隐患，确保软件系统的稳定性和可靠性。

综上，当前中国汽车行业正处于转型期，汽车企业应根据消费者的需求和行为变化，不断优化产品和服务，提升用户体验，赢得用户的信任和支持。

参考文献

郑佳：《中国汽车企业国际竞争力评价与提升研究——以吉利汽车为例》，吉林大学硕士学位论文，2020。

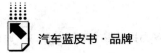

刘娇峰：《基于全球价值链的中国汽车产业竞争力提升模式研究》，浙江大学硕士学位论文，2018。

陈亮、赵凯：《汽车用户体验与品牌力的关系研究》，《智能汽车》2023年第2期。

徐杨：《中国自主品牌汽车国际竞争力SWOT分析》，《中国商贸》2011年第27期。

Lemon K. N., Verhoef P. C., "Understanding Customer Experience throughout the Customer Journey," *Journal of Marketing*, 2016, 80（6）.

Meffert H., Burmann C., Kirchgeorg M., et al., *Marketing: Grundlagen marktorientierter Unternehmensführung Konzepte-Instrumente-Praxisbeispiele*. Springer-Verlag, 2018.

国际化篇 ⟩

B.8
二手车品牌出口行业分析及洞察

陈海峰　王海洋　李健明*

摘　要：　2023 年是我国二手车出口蓬勃发展的一年。过去一年，我国二手车出口企业积极"走出去"，不断拓展销售渠道，加速海外市场开拓，取得了良好的成效，越来越多的海外消费者认识中国二手车、接受中国二手车、点赞中国二手车。本报告系统梳理分析了中国二手车出口整体情况、中国二手车出口政策发展历程，总结中国二手车出口行业的发展特点。分析日本、韩国等二手车出口业务成熟地区的出口市场发展情况、二手车出口业务特点以及典型二手车出口企业发展情况。通过对比研究就我国二手车出口行业发展与中国汽车品牌的出海提出建议。

关键词：　二手车出口　海外市场　出口运营

---

* 陈海峰，中汽信息科技（天津）有限公司副总工程师，高级工程师，商务部流通标准化制修订工作专家，CADCC 二手车出口专业委员会秘书长，长期从事汽车产业和汽车流通及后市场政策、行业研究工作；王海洋，中汽信息科技（天津）有限公司品牌咨询部后市场研究室主任，CADCC 二手车出口专业委员会副秘书长，长期从事汽车后市场相关研究；李健明，中汽信息科技（天津）有限公司品牌咨询部后市场研究室主管，工程师，主要从事二手车出口、汽车流通等行业研究。

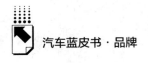

一 中国二手车出口情况

2023 年，我国汽车市场保持快速增长，全年新车产销分别实现 3016.1 万辆和 3009.4 万辆，连续 15 年蝉联全球第一，其中新能源汽车产销分别完成 958.7 万辆和 949.5 万辆，新能源汽车渗透率达到 31.6%，产销量连续 9 年位居全球第一。我国汽车企业国际化进程不断加速，中国汽车品牌国际形象与认可度不断提升。据中国海关统计，2023 年我国汽车出口 522.1 万辆，同比增长 57.4%，首次超越日本，跃居世界第一大汽车出口国。2023 年，我国二手车交易 1841.3 万辆，同比增长 14.9%，交易规模达到近 15 年之最。在新车出海与国内二手车大流通相互促进下，我国二手车出口快速发展，政策环境进一步优化，便利化水平不断提升，出口规模和目标市场再创新高，成为我国外贸增长新亮点。

（一）整体情况

二手车出口规模再创新高。经过四年多的探索与实践，我国二手车出口取得积极成效，出口规模不断扩大。2019～2023 年，我国累计出口二手车 36.7 万辆，累计出口金额 873855.7 万美元（见图 1）。其中，2022 年二手车出口 7.0 万辆，出口金额 160183.7 万美元，出口量与出口金额较 2021 年分别增长 366.7% 和 625.7%。2023 年二手车出口 27.5 万辆，出口金额 688030.3 万美元，出口量与出口金额较 2022 年分别增长 292.9% 和 329.5%，创历史新高。

中亚、东欧和中东是我国二手车出口主要目标市场。2023 年，我国二手车出口全球 160 多个国家和地区，特别是以中亚、东欧、中东为代表的共建"一带一路"国家，成为我国二手车出口的主要目标市场。2023 年，我国二手车出口前三的目标市场分别为吉尔吉斯斯坦、俄罗斯和乌兹别克斯坦，出口量分别为 70933 辆、45333 辆和 36318 辆，出口金额分别为 218518.5 万美元、118192.2 万美元和 77307.4 万美元，在出口总金额中的

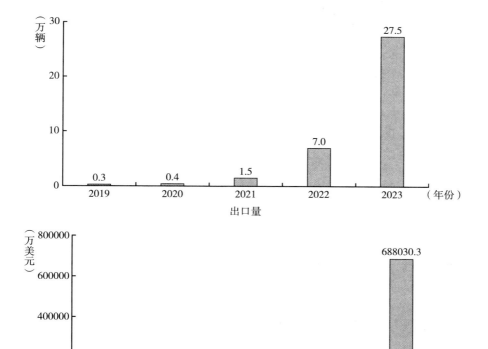

图1 2019~2023年我国二手车出口情况

资料来源：商务部。

占比分别为31.8%、17.2%和11.2%。阿联酋是我国二手车出口的第四大目标市场，出口量和出口金额分别为38841辆和73768.3万美元。整体来看，我国二手车出口金额前10位的目标市场累计出口量为246007辆，出口金额为633526.3万美元，出口量与出口金额占比分别达到89.6%和92.1%，目标市场集中度比较高（见表1）。

表1　2023年我国二手车出口金额前10位目标市场

序号	国家	出口量(辆)	占比(%)	出口金额(万美元)	占比(%)
1	吉尔吉斯斯坦	70933	25.8	218518.5	31.8
2	俄罗斯	45333	16.5	118192.2	17.2
3	乌兹别克斯坦	36318	13.2	77307.4	11.2
4	阿联酋	38841	14.1	73768.3	10.7
5	哈萨克斯坦	17474	6.4	57347.4	8.3
6	白俄罗斯	7672	2.8	29924.3	4.3
7	约旦	16597	6.0	25443.0	3.7
8	波兰	6963	2.5	16884.6	2.5
9	阿塞拜疆	2773	1.0	8508.2	1.2
10	乌克兰	3103	1.1	7632.1	1.1
合计		246007	89.6	633526.3	92.1
总计		274534	100.0	688030.3	100.0

资料来源：商务部。

新能源和传统燃油二手车出口齐头并进。2023年，我国新能源二手车与传统燃油二手车分别出口138064辆和136446辆，在整体出口量中的占比分别为50.3%和49.7%，两者出口数量基本接近；出口金额分别为41.7亿美元和27.1亿美元，在整体出口金额中的占比分别为60.6%和39.4%，新能源二手车出口均价高于传统燃油二手车。新能源二手车出口量与出口金额同比分别增长155.8%和205.1%，传统燃油二手车出口量与出口金额同比分别增长746.4%和1017.0%，传统燃油二手车出口增幅大大超过新能源二手车，成为2023年我国二手车出口规模大幅增长的重要因素（见表2）。

表2　2023年我国二手车分能源类型出口情况

能源类型	数量同比增长(%)	数量占比(%)	数量绝对值(辆)	金额同比增长(%)	金额占比(%)	金额绝对值(亿美元)
新能源	155.8	50.3	138064	205.1	60.6	41.7
燃油	746.4	49.7	136446	1017.0	39.4	27.1
总计	294.2	100.0	274534	329.5	100.0	68.8

资料来源：商务部。

（二）出口政策

二手车出口管理体系不断完善。四年来，国务院及各部门围绕二手车出口企业管理、许可证申领、质量安全及追溯、通关便利化、转让登记及注销等方面出台相关政策法规，构建了完善的管理体系，二手车出口便利化水平持续提升，二手车出口业务活力不断激发，促进了我国二手车出口的快速发展（见图2）。2024年2月，商务部、工业和信息化部、公安部、交通运输部、海关总署5部门发布《关于二手车出口有关事项的公告》《关于进一步做好二手车出口工作的通知》，制定了二手车出口有关要求和程序，明确在全国范围内开展二手车出口业务。

《商务部等5部门关于二手车出口有关事项的公告》对二手车出口业务相关要求做出了明确规定：一是明确二手车出口企业申报条件。整车生产企业符合条件可以直接申报，流通企业核心申报条件为有固定经营办公场所及二手车展示、销售场所，具有汽车销售或贸易经验以及雇用至少3名鉴定评估专业人员。二是明确企业申请开展二手车出口业务的申报程序及材料。企业需每年开展二手车出口申报工作。省级商务主管部门负责二手车出口企业申报材料审核，对申报材料符合本公告要求的，应在15个工作日内予以审核通过；对材料不符合要求的，一次性告知原因。企业申报材料与之前各地对二手车出口企业的要求基本一致。三是明确二手车出口许可证申领流程。要求已经办理出口清关的二手车不得退运、办理出口通关手续后2个月内申请车辆注销登记以及"一批一证"中申请数量应与实际报关数量一致并一次性完成清关等，出口企业开展业务时应做好统筹与规划，确保出口业务的顺利开展。同时，明确出口许可证申领按照"谁出口谁申领"原则，不可由其他企业或个人代为申请。四是明确二手车出口许可证申领所需材料。新增二手车出口检测机构无未整改违法违规行为、无严重失信行为的自我声明和加盖二手车出口企业公章的出口车辆符合出口目标市场准入标准的声明。五是强调了禁止出口二手车的情形。

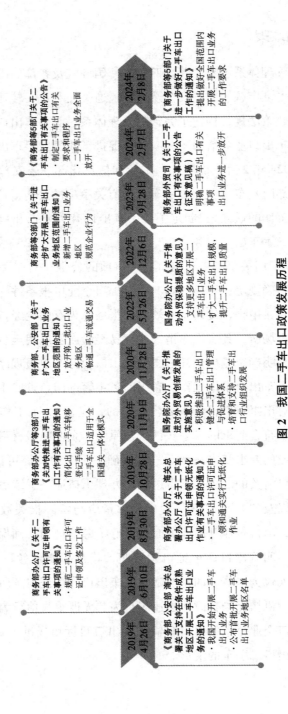

图2 我国二手车出口政策发展历程

《商务部等5部门关于进一步做好二手车出口工作的通知》进一步对二手车出口工作提出具体要求。一是切实加强组织实施。各地要建立专项工作机制，明确各方职责，确保相关工作规范有序进行，推动二手车出口业务健康持续发展。二是严格保障质量安全。出口车辆应符合《二手乘用车出口质量要求》（WM/T 8-2022）或《二手商用车辆及挂车出口质量要求》（WM/T 9-2022），并由第三方检测机构出具产品检测报告。出口目标国有准入标准的，出口企业应同时声明符合当地标准。二手车出口企业是质量追溯责任主体，应严格履行产品检测、如实明示车辆信息等义务。三是提升国际化经营能力。鼓励各地建设集展示交易、维修整备、检测认证、报关出口、仓储物流、金融服务等功能于一体的二手车出口基地。鼓励有条件的二手车出口企业设立机动车登记服务站。指导企业通过自建、资源共享或多渠道合作等方式，建设海外维修服务体系。鼓励有条件的企业在重点市场建立公共的展示交易中心及海外仓。鼓励创新二手车出口营销模式，积极探索建设二手车出口电商平台、拍卖平台等。四是强化监管和服务。各地要及时跟踪本地区出口情况，加强对二手车出口各环节的监督管理，做到全流程可追溯，有效防控各类风险。建立本地二手车出口信用评价体系，引导企业守法合规、诚信经营，加强行业自律，规范竞争行为，维护出口秩序。

国内二手车流通政策环境持续优化为二手车出口发展提供有力支撑。2020年以来，国务院及各部门密集出台促消费政策文件，对二手车行业做出明确且有力的部署，通过推行二手车异地交易、全面取消限迁、明确二手车商品属性、取消对二手车经销的不合理限制、延续二手车减税政策等一系列措施，便利二手车交易，加快构建二手车交易全国统一大市场，为二手车出口业务快速发展奠定基础（见图3）。

（三）发展特点

2023年，我国汽车产业国际化进程持续加速，越来越多的海外消费者认识中国汽车品牌、接受中国汽车产品，也带动了海外市场对中国二手车产品的需求。在我国汽车出海快速发展的带动下，我国二手车出口企业也加快

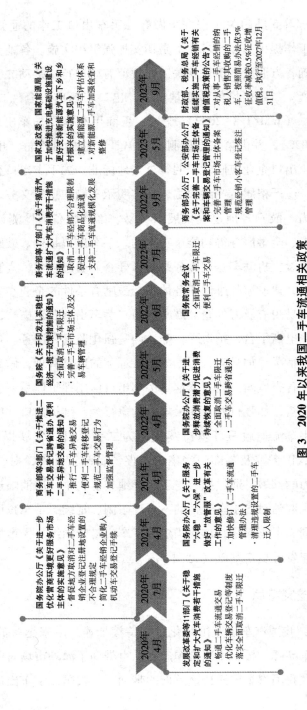

图 3 2020 年以来我国二手车流通相关政策

"走出去"的步伐，不断加强市场拓展，持续进行业务模式创新，展现了蓬勃发展的活力。现阶段，我国二手车出口主要呈现以下几个特点。

1. 我国二手车出口国际竞争力不断提升

2023年，我国新能源二手车与传统燃油二手车出口齐头并进。一方面，我国是全球新能源汽车第一大市场，产品种类丰富、智能化程度高、设计时尚、科技感强，新能源二手车在同样具备这些属性的前提下，价格优势更突出，得到了更多海外消费者的青睐。另一方面，我国国内汽车市场成熟度不断提升，新车市场价格持续下探，带动国内二手车价格下降，我国传统燃油二手车相较于欧美日韩等国家和地区二手车价格较高、海外竞争力相对较弱的问题得到一定程度的改善，出口市场进一步打开。未来，随着传统燃油二手车析出率不断提高，以及越来越多的新能源二手车进入置换周期，我国二手车出口的海外市场竞争力将不断提升，传统燃油二手车和新能源二手车都将成为我国二手车出口重要组成部分。

2. 二手车出口企业加速海外目标市场本地化布局

随着我国二手车出口业务的逐步放开与规模扩大，简单小批量、多客户的海外代理销售模式竞争激烈程度明显加剧。为建立持续稳定的海外市场渠道，扩大二手车出口规模，我国二手车出口企业积极加速海外布局，通过使用公共海外仓、租用展销中心展位、建立海外展厅、打造海外销售服务网点、自建售后服务中心等方式，从车辆出口向本地化销售及服务等方向转变，不断提升我国二手车出口的市场竞争力与售后服务能力。

案例1　滨海浩物加快海外销售服务网点布局

天津市滨海浩物物流有限公司隶属于天津市浩物机电汽车贸易有限公司，具有多年汽车进出口贸易、供应链服务、仓储物流及港口配套服务等业务经验。滨海浩物获得二手车出口业务资质后，积极利用自身业务资源优势进行业务开拓与布局，深耕俄罗斯、哈萨克斯坦等目标市场。为进一步提升企业在重点目标市场的综合服务能力，滨海浩物积极利用集团4S店经销集团优势，推动海外汽车销售服务网点建设，目前已完成俄罗斯莫斯科、哈萨克斯坦阿拉木图销售网络搭建。通过建立海外销售服务网点，滨海浩物一方面开展本地化的二手车、配件出口销售和维保服务；另一方面积极开展中国品牌车辆的新车海外授权经营，实现新车出口与二手车出口的协同本地化部署，满足当地汽车市场不同层级消费者的消费需求，同时实现了海外销售渠道与售后服务体系的高效利用。滨海浩物正持续加强海外战略，逐步推进外高加索地区及非洲尼日利亚、马里等地区服务网络的搭建，助力中国汽车出海。

3. 二手车出口综合服务平台开始涌现

随着二手车出口业务的放开，部分综合型服务企业结合自身经验与先发优势，积极探索商业模式创新，通过资源整合与能力补齐等手段，探索搭建二手车出口综合服务平台，围绕二手车出口车源供应、供需撮合、车务办理、维修检测、物流运输、金融保险等环节，为广大中小二手车出口企业提供全面的一站式服务，解决中小企业业务发展痛点。

案例 2　国赫通打造二手车出口综合服务平台

国赫通供应链有限公司成立于 2010 年，是首批"全国供应链创新与应用示范企业"，主营业务覆盖国内国际多式联运、国内仓与海外仓服务、新车与二手车外贸综合服务等，并在北京、上海、天津、广州、深圳、烟台、连云港、乌鲁木齐、霍尔果斯、喀什等地设立分支机构，在中东、中亚、俄罗斯、墨西哥等区域设立海外仓。国赫通获批开展二手车出口业务后，迅速整合自身资源与优势，推动二手车出口业务的开拓，取得了良好的成效。在此基础上，国赫通积极开展二手车出口外贸综合服务：一是基于企业国内外多点布局优势，积极拓展二手车出口服务能力，构建了涵盖接单、检测、整备、代采、分销、融资、报关、出口、售后等在内的二手车出口综合服务体系；二是积极参与《二手车出口整备服务规范》《乘用车集装箱装箱与拆箱作业规范》等标准的制定，不断提升标准化、规范化服务能力。目前，国赫通已为超 5000 辆二手车出口提供综合服务。

4. 二手车出口配套产业链越发完善

随着我国二手车出口业务的深入开展，二手车出口相关产业链上下游环节发展逐步专业化、精细化，不断围绕二手车出口业务进行服务内容与形式创新。如建立车源供需发布平台，建立专注服务二手车出口的车务服务站，出口二手车车机升级，提供二手车出口物流仓储解决方案，推出二手车出口定制化金融产品，二手车出口网络营销与建站服务等。

案例3　上海玉溽专注新能源二手车物流服务

上海玉溽物流科技有限公司成立于 2008 年，主营跨境新能源物流及供应链服务，为汽车行业提供全球端到端物流和供应链解决方案。主要服务包括全球海运、空运、中欧快运、中欧卡车运输服务，全球仓储端到端配送服务，全球交易支付和金融服务，以及依托国内外仓网的新能源仓配、再包装、装箱、拆箱、充放电和电池回收等服务。在新能源二手车出口物流运输方面，上海玉溽结合多年的危险品和新能源物流服务经验，为新能源二手车出口设计专业物流解决方案，包括新能源专用仓库、新能源充放电和电池回收特色服务、新能源整车运输定制集装箱、新能源动力电池危险品专属物流解决方案等。其中，新能源整车运输定制集装箱能够实现 4 辆轿车或 3 辆中大型 SUV 同装一箱的操作，有效降低车辆运输成本。同时，上海玉溽结合新能源物流运输需求，设计开发危险品线上服务平台"运抵达"，提供全程在线的实时物流追踪和仓储库存查询服务，能够为二手车出口企业提供有效的库存预测。

5. 二手车出口标准体系进一步完善

随着我国二手车出口规模的不断扩大与出口车辆品类的不断丰富，二手车出口行业对于车辆整备的业务需求不断增加。为进一步规范二手车出口秩序，形成统一、规范的二手车出口整备标准，在有关部门指导下，中汽信息科技（天津）有限公司牵头起草了《二手车出口整备服务规范》（T/CPQS A0020—2024）团体标准，并于 2024 年 1 月 10 日正式实施。《二手车出口

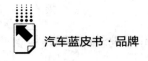

整备服务规范》发布实施后，得到行业企业的热烈响应，在相关二手车出口整备业务中积极参照实施，通过标准化操作与流程，提升出口二手车质量，打造中国二手车出口品牌。

案例4　蜗牛货车构建专业二手车出口整备团队

蜗牛货车网（山东）电子商务有限公司成立于2016年，是国家首批二手车出口企业。自开展二手车出口业务以来，蜗牛货车围绕二手商用车出口进行深耕，不断推动渠道拓展与模式创新，目前已经将我国二手商用车出口至全球56个国家和地区，成为我国二手商用车出口的典型企业。在二手车出口业务开展过程中，蜗牛货车结合海外需求与市场调研，逐步探索开展二手商用车整备和零部件再制造业务，建立了高标准的整备及零部件再制造车间并购置相关软硬件设施，组建了60余人的二手车出口整备团队，打造二手车出口整备与零部件再制造能力。《二手车出口整备服务规范》编制过程中，蜗牛货车结合自身整备业务开展经验参与标准编制，为二手车出口整备行业的规范化发展做出积极贡献。《二手车出口整备服务规范》团体标准正式实施后，蜗牛货车率先开展标准的应用落实，严格按照标准要求进行二手车出口整备业务的作业，有效助力二手车出口质量提升。

6. 各地大力支持二手车出口业务

二手车出口作为我国外贸发展的新业态，对外贸稳规模优结构以及国内汽车消费升级发挥了重要促进作用。在二手车出口业务开展过程中，各地不断优化监管流程，提升贸易便利化水平，通过举办二手车出口论坛、组织开展二手车出口培训、开展海外调研与资源对接、搭建行业交流平台、优化简化办事流程等方式，多措并举支持二手车出口业务发展。

案例5　天津举办中国（东疆）二手车出口行业发展论坛

天津作为我国首批开展二手车出口业务的地区，不断优化监管模式，引导产业集聚发展，取得了良好的成绩。特别是2022年以来，天津市二手车出口业务快速增长，为进出口贸易提供了新机制、新模式、新路径。2023年10月，在天津市商务局、天津市滨海新区人民政府、中国汽车技术研究中心有限公司等单位指导下，天津东疆综合保税区管理委员会、中汽信息科技（天津）有限公司联合主办"2023年中国（东疆）二手车出口行业发展论坛"。论坛围绕"聚焦·开拓·共赢"主题，聚焦二手车出口新机遇、新挑战，促进行业资源有机融合与市场开拓，搭建互利共赢、开放合作的交流平台，汇集政府部门、整车企业、二手车出口企业、科研院所、行业组织、权威媒体等700余位嘉宾，碰撞创新思维、凝聚发展共识、洞见行业趋势，共同探讨我国二手车出口行业高质量发展路径，在行业内形成巨大的影响力，为天津市二手车出口业务发展注入新动能、新活力。

二　日本二手车出口情况

（一）二手车出口市场

2023年，日本二手车出口规模大幅提升。2021年以来，日本二手车出口连续保持增长态势。2022年日本二手车出口123.8万辆，同比增长1.1%，出口量小幅上扬；2023年日本二手车出口154.3万辆，同比增长24.6%，出口量打破2008年134.7万辆历史记录，创历史新高。俄罗斯汽车市场供应的严重不足是推动日本二手车出口大幅增长的主要原因。同时，日本混合动力与纯电动车型出口始终保持高速增长态势，2021~2023年混合动力和纯电动车型出口分别达到20.0万辆、24.7万辆和37.9万辆，同比分别增长35.1%、23.5%和41.3%（见图4），2023年混合动力和纯电动车型在整体出口中的占比已经达到22.6%。

日本二手车出口平均FOB价格大幅提升。2022年日本二手车出口平均FOB价格为88.5万日元，2023年二手车出口平均FOB价格为84.9万日元，近两年的出口平均价格维持在85万日元水平（约合5700美元），平均价格

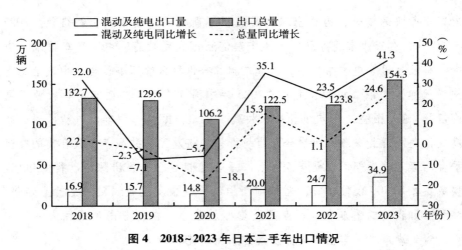

图 4　2018~2023 年日本二手车出口情况

资料来源：日本 E-Stat 政府统计网。

较 2018~2021 年的 50 万~60 万日元大幅提升（见图 5）。2021 年以来，汽车供应链危机导致的新车供应紧张和日元持续走低，使得日本二手车受到海外买家追捧，成为日本二手车出口平均价格上涨的重要原因。

图 5　2018~2023 年日本二手车出口平均 FOB 价格

资料来源：日本 E-Stat 政府统计网。

日本二手车出口以右舵国家为主、左舵国家为辅，由于俄罗斯（远东地区）、蒙古等左舵国家允许右舵二手车进口，也是其重要的目标市场。

2023 年日本二手车出口量前三的目标市场分别为俄罗斯、阿联酋和新西兰，出口量分别为 218323 辆、204503 辆和 114301 辆，同比分别增长 2.2%、35.7% 和 35.9%。其中，日本对俄罗斯和阿联酋两大市场的出口量占比分别为 14.1% 和 13.3%，远超其他出口目标国，是日本最主要的二手车出口目标市场（见表 3）。俄乌冲突以来，俄罗斯汽车市场供应严重不足是支撑日本对俄二手车出口保持在 20 万辆以上高位水平的主要原因。而阿联酋则是日本二手车出口至非洲地区的主要中转国，大量日本二手车通过阿联酋转口至非洲市场，非洲左舵国家二手车需求的提升是日本对阿联酋出口量大幅提升的主要原因。

表 3　2023 年日本二手车出口量前 10 名国家

单位：辆，%

排名	国家	占比	出口量	同比增长
1	俄罗斯	14.1	218323	2.2
2	阿联酋	13.3	204503	35.7
3	新西兰	7.4	114301	35.9
4	坦桑尼亚	5.3	81697	14.0
5	蒙古	5.2	79771	72.5
6	智利	4.3	65699	16.3
7	肯尼亚	4.0	61177	-0.3
8	南非	3.7	57036	57.6
9	泰国	3.6	55105	56.2
10	菲律宾	2.3	35282	-5.7

资料来源：日本 E-Stat 政府统计网。

（二）二手车出口特点

日本二手车出口可以分为直接出口和转口两种，两种出口模式协同共存。直接出口指日本二手车出口经销商将二手车直接出口至目标国的模式，主流交易方式包括现场拍卖、线上拍卖以及线上零售等。电商平台的兴起推动日本汽车制造商和出口商积极开拓线上二手车出口业务，相关企业建立完备的二手车信息管理系统和网络交易平台，可为用户提供在线检索、在线拍卖、在线选购、车辆检测等服务，相关平台还研究整理进口国市场和法规等信息，极大地促进了日本二手车出口交易。在拍卖环节，平台可以接受客户委托，为客户拍得高性价比二手车。在检测环节，平台可以对拟拍卖二手车的内饰、发动机、底盘、轮胎、方向盘、刹车、电子系统、车身、气囊等进行检查。此外，平台还与第三方公司合作为客户提供物流及其他相关服务。如 USS 公司在东京运营的拍卖系统每天销售量高达 1 万辆，每 4 秒钟销售 1 辆，这些二手车被销售到世界各地消费者手中。

转口指经过第三地（中转地）将二手车转运至目标国。目前，阿联酋、南非、智利是日本二手车出口的重要中转地，企业在日本采购二手车并运至中转地，再以中转地为跳板拓展非洲、中东、南美等市场。其中，迪拜是日本最具代表性的二手车中转地。20 世纪 80 年代迪拜开辟了一个人工岛，专门用作二手车自由中转，多数二手车中转至肯尼亚、中东等地。

（三）二手车出口典型企业案例——Be Forward

1. 平台简介

Be Forword 于 2004 年在东京创立，是日本最早提供二手车出口线上购物服务的公司之一。Be Forword 搭建了专注二手车出口业务的网站，月点击率达 6000 万，同时展示车源超过 35 万辆。目前，Be Forword 员工超过 200 人，每年出口二手车超过 15 万辆，销售额超过 5 亿美元。Be Forword 公司重点提升车源获取和服务能力，建立相对完善的二手车出口综合服务体系，已经发展成为日本最大的二手车出口企业。

2. 运营模式

Be Forword 公司主要依托其网站开展线上展销服务，主营二手车与汽车配件出口，同时围绕二手车与汽车配件出口，建立涵盖货运代理、金融支付、售后服务、本地服务以及内容资讯等的综合服务体系（见图 6）。Be Forword 平台出售的二手车主要分为自有车辆和由第三方挂牌出口的车辆，目前其网站在售的库存车源约 37 万辆，其中 Be Forword 自有车源约 6000

辆，由第三方挂牌出口的车辆约 36.3 万辆。对于第三方挂牌销售二手车，当海外客户产生订单需求时，客户向 Be Forward 平台付款，由平台从卖家处直接购买，若购买不成功，平台则为客户提供其他车源供客户选择。对于汽车配件在线销售业务，Be Forward 平台提供全新汽车配件和二手汽车配件销售服务，并建立了完善的汽车配件数据库，用户可通过直接输入具体的配件型号进行配件检索，或通过输入车辆的品牌、型号、VIN 码等信息按配件分类查找。

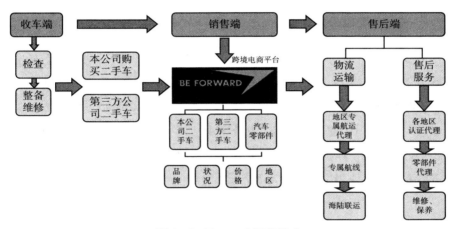

图 6　Be Forward 运营模式

作为日本最大的二手车出口在线销售平台，Be Forward 具有一些典型特点：一是创新二手车出口交易模式。通过 Be Forward 跨境电商网站进入全球电子商务业务市场，销售和出口二手车，将二手车出口业务从传统的 B2B 模式转变为 B2C 模式，直面各国消费者，消费者可通过网上浏览确认在售车型并下单。二是注重二手车出口质量。Be Forward 建立专业的二手车采购、检测、整备团队，对其采购的二手车均会进行维修整备，从车源端保证二手车出口质量。同时，Be Forward 对其出口的二手车提供保修服务，用户收到车 48 小时内发现车辆存在损坏、故障等现象时，由平台进行保修。三是建立较为完善的本地化服务体系，Be Forward 在全球近 40 个国家设立认证代理商，通过当地的认证代理商为海外消费者提供授权和售后服务。四是创新物流运输方式，Be Forword 在不同的国家和地区具有专属货运代理机构，并建立直达非洲的直航航线，确保二手车出口的时效性和安全性。同时，针对部分欠发达地区陆运不发达问题，Be Forword 依托其认证代理商体系实现海运与陆运的有效衔接，实现出口车辆直接运抵客户所在地。

三 韩国二手车出口情况

（一）二手车出口市场

2023 年，韩国二手车出口量创历年新高。2022 年，韩国二手车出口 40.5 万辆，同比下降 13.3%，海运运力不足、主要出口目标国经济下行以及美元汇率上升是 2022 年出口量下降的主要原因。2023 年，韩国二手车出口 63.9 万辆，同比增长 57.8%，创下韩国二手车出口历史最高纪录，实现较大突破（见图 7）。中东、中亚、俄罗斯等地区二手车需求的快速增长是韩国二手车出口取得突破的主要原因。

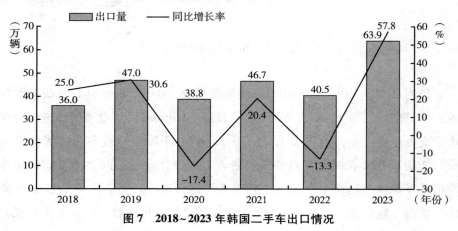

图 7 2018~2023 年韩国二手车出口情况

资料来源：韩国国际贸易协会。

韩国二手车出口价格持续攀升。2022 年，韩国二手车出口平均单价为 7300 美元，同比增长 72.8%。2023 年，韩国二手车出口平均单价为 7500 美元，同比增长 2.7%。2022 年和 2023 年的平均出口单价均在 7000 美元以上，较以往实现了大幅提升（见图 8）。出口二手车车龄的逐步降低是韩国二手车出口平均单价上涨的主要原因。

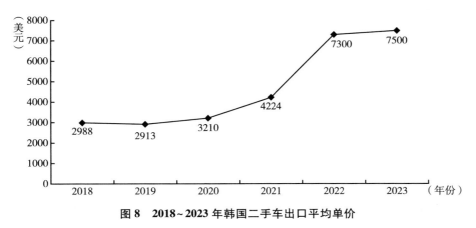

图 8　2018~2023 年韩国二手车出口平均单价

资料来源：韩国国际贸易协会。

2023 年，韩国二手车出口量前三的目标市场为利比亚、土耳其和埃及，出口量分别为 151464 辆、65614 辆和 59248 辆，占比分别达到 23.7%、10.3% 和 9.3%（见表 4）。在出口目标市场方面，不同价格车辆的出口目标国具有明显差异。其中，低价汽车主要出口至利比亚、土耳其、叙利亚、蒙古、危地马拉等国家，中价汽车出口则以埃及、阿尔巴尼亚、智利、多米尼加、格鲁吉亚等国家为主，高价汽车主要出口至俄罗斯、吉尔吉斯斯坦、约旦、阿联酋、沙特阿拉伯等国家。

表 4　2023 年韩国二手车出口量前 10 名国家

单位：辆，%

序号	国家	出口量	份额
1	利比亚	151464	23.7
2	土耳其	65614	10.3
3	埃及	59248	9.3
4	吉尔吉斯斯坦	51013	8.0

续表

序号	国家	出口量	份额
5	约旦	34389	5.4
6	俄罗斯	26955	4.2
7	塔吉克斯坦	21434	3.4
8	阿联酋	21313	3.3
9	阿塞拜疆	18236	2.9
10	蒙古	16504	2.6
	其他	172553	26.9
	合计	638723	100.0

资料来源：韩国国际贸易协会。

韩国新能源二手车出口以插电式混合动力（PHEV）为主。2022年，韩国新能源二手车出口4291辆，同比增长146.9%，新能源二手车出口量大幅提升。2023年，韩国新能源二手车出口5410辆，同比增长26.1%，增速明显放缓（见图9）。2022年7月，韩国对《清洁空气保护法案实施细则》进行了修订，对享受政府补贴的新能源汽车出口做出限制，若享受新能源补贴的车辆使用期限不足5年便以二手车的形式出口，则需根据实际使用年限退还政府对新能源汽车补贴的20%~70%，这成为韩国新能源二手车出口增速放缓的重要原因。2023年11月，该法规再次进行了修订，将5年的限制期限上调至8年，进一步加强了对新能源二手车出口的限制，预计韩国新能源二手车出口量可能继续降低。

（二）二手车出口特点

韩国二手车出口业务主要在仁川市开展，仁川市二手车出口量占韩国总体出口量的70%~80%。2022年，受运输船老旧以及俄乌冲突等影响，仁川市二手车出口量下降25%，但2023年二手车出口业务涨幅明显，仅上半年仁川市二手车出口量同比增长44%。仁川市二手车出口业务发展具有明显的区位优势。一方面，仁川市地处韩国首都圈，周围地区车辆保有量高，二手车车源丰富，车商收车便捷，成本相对较低。另一方面，仁川港具有丰富

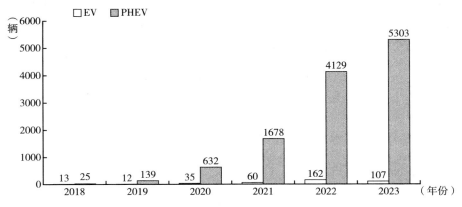

图9　2018~2023年韩国新能源二手车出口情况

资料来源：韩国国际贸易协会。

的海运航线资源，车商收车后能够以较低的运输成本将二手车陆运至仁川港，同时利用相关航线资源将二手车快速发往世界各地。在此背景下，二手车出口业务在仁川市松岛地区形成自发性的产业聚集，并达到较高的业务规模。

仁川港出口的二手车多采用集装箱形式运输。韩国出口的二手车车龄一般较高，车况相对一般，车辆运输要求相对较低。因此，为了进一步节约运输成本，在同一个集装箱内尽可能多地存放车辆，韩国二手车在出口整备维修时，通常将车辆的前后覆盖件拆卸，并将拆卸后的覆盖件放置在出口二手车车厢内部。在车辆装箱时，覆盖件的拆卸减小了车辆的长度，因此可以采用上下两层各3辆车的装箱方案。同时，在各车辆之间放置旧床垫进行缓震、防碰，实现一个40尺的集装箱能够运输6辆二手车。另外，在集装箱内放置的旧床垫同样可以在二手车出口目标国进行销售，有效实现资源的高效利用。

由于仁川市松岛地区的二手车出口产业聚集区是行业自发形成的，缺少必要的监督与管理，加之二手车出口业务需要开展大量的维修整备等工作，对周围环境产生较大的污染，使聚集区内呈现散乱差现象，导致周围居民多次向政府投诉该地区非法聚集以及环境污染。为推动二手车出口业务规范发展，同时助力港口业务的高质量发展，仁川港管理局主动承担仁川市二手车出口合法产业聚集区的建设工作，与仁川市政府共同推出仁川智能汽车谷建设计划，汽车谷分两期建设，各占地约 20 万平方米，一期投资 2000 亿韩元，预计 2025 年完成一期建设。

（三）二手车出口典型企业案例——Mpark

1. 企业简介

Mpark 设立于 2006 年，是韩国大型二手车市场运营及服务商，其二手车交易市场共分为 Mpark Tower、Mpark Hub 以及 Mpark Land 三种类型，共可容纳约 1 万辆二手车。其中，Mpark Tower（二手车容量约 4000 辆）与 Mpark Hub（二手车容量约 3700 辆）是直接面向 C 端的二手车交易市场，消费者可以直接前去选购二手车，而 Mpark Land（二手车容量约 2000 辆）是面向 B 端的批量销售场所，内设拍卖场。目前，Mpark 内每年的二手车交易量约 6 万辆，其中约 1.2 万辆是用于出口的二手车。

2. 运营模式

Mpark 主要开展二手车市场运营、场地租赁以及二手车交易相关服务业务（见图 10）。目前，Mpark 运营的二手车市场中共有 170 余家二手车经销企业入驻。在二手车市场服务方面，Mpark 设立二手车性能检查中心，为入场二手车提供车辆检测业务；设立车辆维修中心，为场内二手车提供喷漆、维修、整备及配件服务等业务；设立车辆拍摄区，为场内经销商拍摄车辆提供专业的场地与辅助设备。

Mpark 开展充分的软硬件设施建设与资源引入，为入场车商提供服务。一方面，通过使用智能进出场管理系统实现对场内车辆的登记与监控，并设置运营服务中心为入驻企业提供服务。另一方面，结合二手车消费线上化趋势，Mpark 构建了车辆信息分享系统与 Mpark Homepage 方便驻场车商快捷上传车辆信息与消费者在线选购。同时，Mpark 积极引入外部资源进行赋能，包括现代格洛纳斯汽车拍卖场（Hyundai Glovis Auto Auction）、Glovis

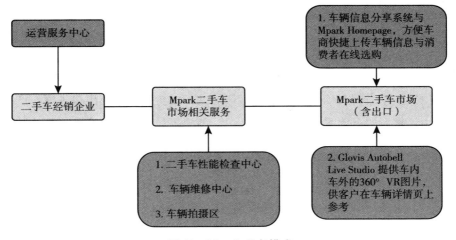

图 10 Mpark 业务模式

Autobell Live Studio、4 家金融公司、1 家汽车广告公司等。其中，Glovis Autobell Live Studio 服务具有较强的特色，该服务能够对车辆进行全方位的拍摄与诊断。通过专业的拍摄设备，该服务可以提供车辆内外 360°虚拟现实图片，并提供 112 项诊断服务，包括车辆外观、内饰、易损零件、灯具等方面的检查项目，客户可以更加直观地了解车辆的外观和内饰状态，查看详细的汽车诊断信息。

四 结语

我国二手车出口整体处于起步阶段。从我国二手车出口行业发展阶段分析，2019～2020 年是我国二手车出口的摸索期，面对新兴的二手车出口行业，企业主要进行商业模式探索、出口产品探寻以及海外市场开拓等，该阶段二手车出口规模处于较低水平，行业增长速度低。2021 年以来，二手车出口管理制度与政策环境不断完善，国家和地方层面大力支持和推动二手车出口业务的发展。同时，经过前期探索，部分企业凭借车源、海外渠道、资金等优势，初步探索形成了海外代理商、"出口+运营"、二手车转口等一些可行的商业模式，并对海外市场的产品需求有了一定的把握。另外，我国新车出口爆发式增长，中国汽车品牌的海外形象与接受度日益提升，海外消费者对我国二手车的需求也不断增加。在多重利好的叠加下，我国二手车出口规模快速增长，年均增长超过300%，我国二手车出口行业进入快速发展期。但整体来看，目前我国二手车出口尚处于起步阶段，在出口规模、产品竞争力、售后服务水平等方面，与日本、韩国等二手车出口业务成熟地区相比仍有较大差距，我国二手车出口行业还有很长的路要走。

二手车出口行业发展需多方面协调推进。一是积极进行合理引导，政府层面应加强对二手车出口行业主要管理政策以及地方配套出台的相关实施细则的解读，积极开展行业培训，让企业准确理解政策要求，了解行业发展特点和趋势，及时开展出口业务。持续加大对二手车出口的土地、财税、金融等支持力度，推动产业和企业集聚，打造一批二手车出口基地。二是提升业务长效性，二手车出口企业应注重产品质量与安全，注重诚信经营，注重售后服务，树立良好的品牌形象。积极探索多元化的二手车出口模式，把控经营节奏，增强自身盈利能力，提高抗风险能力。同时，加强上下游产业链协同，通过有效的分工合作，促进二手车出口产业链"走出去"，实现合作共赢。三是加强二手车出口行业自律，充分发挥行业组织在政府和企业之间的桥梁纽带作用，积极引导企业增强责任意识，遵守行业标准规范，维护公平竞争秩序。同时，加强海外政策法规与市场研究，积极开展海外市场风险监测与预警，指导企业开拓海外市场。

B.9

中国企业参与海外市场汽车标准化工作的现状及启示

郭　淼　卢伯昂　朱　毅*

摘　要： 当前，中国汽车品牌出海正处于加速阶段。2023 年我国成为全球第一大汽车出口国，汽车出口 1016 亿美元，新车出口量达 491 万辆，同比增长 57.9%，出口对汽车总销量增长的贡献率达到 55.7%，电动汽车、锂电池、光伏产品"新三样"出口增长近 30%，我国自主品牌汽车产品已出口至全球 200 多个国家和地区。当今国际汽车产业格局正发生新的重大变化，中国汽车产业加快"走出去"、实现国际化发展成为现实需要和必然选项。深度参与海外市场汽车标准化工作，有利于降低企业成本，进一步满足当地市场需求，提升产品竞争力。本报告从汽车标准国际化工作的角度，梳理分析我国和国际企业参与海外市场汽车标准化工作的现状，研究总结对我国汽车标准国际化工作的启示。

关键词： 汽车标准化　海外市场　标准国际化　汽车出口

一　引言

汽车产业高质量发展既要充分开发利用国内市场，还要统筹利用国际市

---
* 郭淼，中国汽车技术研究中心有限公司中国汽车标准化研究院，院长助理，主要研究领域为汽车标准国际化；卢伯昂，中国汽车技术研究中心有限公司中国汽车标准化研究院，助理工程师，主要研究领域为汽车标准国际化；朱毅，中国汽车技术研究中心有限公司中国汽车标准化研究院，高级工程师，主要研究领域为汽车标准国际化。

场，加快打造具有国际知名度的民族汽车品牌，构建国内国际双循环相互促进的新发展格局，尤其是要利用好国际市场"炼金石"作用，反哺促进我国汽车产业发展和技术进步。从市场来看，伴随中国汽车行业整合加速，拥有强大产品力的车企选择出海的方式，在欧洲、亚洲等地取得斐然成绩。

"走出去"和国际化正成为中国汽车产业高质量发展的重大机遇和现实需要。东南亚、中亚等共建"一带一路"国家和新兴市场经济快速发展、汽车需求不断增长，为汽车产业提供了巨大市场空间，有助于过剩产能转移释放。中国汽车企业可在更大范围内配置资源，吸收利用国际汽车产业优势资源，促进自身技术研发创新，将自身具有优势的先进技术推向其他市场。进入国际市场将使中国汽车企业有机会建立多元化供应链体系，在一定程度上弥补我国零部件技术水平不足对整车研发的制约。受经济增速放缓及技术变革影响，部分汽车及零部件企业正在业务重组调整，为中国企业海外投资并购提供了新机遇。在产能总体过剩、市场增速放缓、市场需求阶段性饱和的情况下，国内市场竞争越发激烈，企业整体利润率不断下降、生存压力持续增大，"走出去"、拓展海外市场成为中国汽车企业生存发展的必然选择。

汽车产品在制造和使用过程中直接涉及汽车的安全、环保和节能，各国政府针对汽车产品的设计和制造专门立法，授权相关主管部门，制定汽车技术法规（少数国家通过制定强制性标准），并对汽车产品进行认证。汽车企业在拓展和占领海外市场的过程中，当地市场的汽车产品准入制度和政策、汽车标准和技术法规体系及其发展演变始终是企业需要关注和应对的主要环节，需要倾注大量人力和物力。广泛、深度参与目标市场汽车标准工作，有利于降低企业在产品研发、认证等方面的成本。此外，也有利于企业了解行业发展趋势和动态，提前布局国际化业务。

"十四五"是我国由汽车大国迈向汽车强国的关键窗口期，高质量发展要求赋予汽车标准化工作新的内涵。当前，汽车成为多种先进技术的集中应用载体，产业生态深刻变革，全球竞争呈现新格局。汽车标准国际化工作将由单纯采用国际标准向采标、参与国际标准制定和标准化治理全方位转变。

国际上对加强汽车标准协调统一的需求日益强烈，对标准制定主导权的争夺也将越发激烈，需要趋前谋划、及早布局。

我国自主品牌汽车产品已出口至全球200多个国家和地区。2023年，中国汽车品牌出口地排名前五的国家分别是俄罗斯（90.9万辆）、墨西哥（41.5万辆）、比利时（21.7万辆）、澳大利亚（21.4万辆）、英国（21.4万辆）。俄罗斯市场和欧洲国家销量贡献巨大。欧盟作为世界上最为完善的汽车一体化市场，针对汽车产品从整车到部件、系统，建立了完善、统一的汽车市场准入管理制度及与之相配套的汽车技术法规体系，成为世界其他各国和各地区在建设统一的汽车产品管理体制时可供借鉴的范例；东南亚市场是中国汽车行业国际化战略中的关键环节，成为中国品牌海外设厂最密集的区域，为增强全球市场竞争力提供了重要平台。因此，深入研究欧盟、东盟及俄罗斯市场的汽车技术法规及其未来的发展具有十分重大的意义。

首先，本报告依据我国汽车出口和海外布局的发展现状、未来发展趋势和潜力，选取欧盟、东盟和俄罗斯作为主要出口目标市场进行分析，介绍当地汽车标准法规的最新发展情况和我国车企的参与情况；其次，研究外国汽车企业和行业组织开展全球标准化工作的概况和范例，为我国开展相关工作提供借鉴和参考；最后，基于我国在汽车标准国际化工作领域的实践探索，研判瓶颈难点，总结经验规律和对我国推进汽车标准国际化工作的相关启示。

二 海外市场汽车标准化工作基本情况

（一）欧盟市场——我国企业参与汽车标准化工作不足

1. 欧盟汽车市场概况与法规体系

欧盟市场中，德国汽车品牌如宝马、奔驰、奥迪等占据主导地位，法国、意大利和英国等汽车品牌也具有一定影响力。国际品牌如丰田、本田、大众等也在欧盟市场中积极布局，与本土品牌展开竞争。欧洲汽车制造协会发布最新数据显示，2023 年欧盟境内乘用车新车销量同比增长 13.9%。中国汽车竞争力显现，尤其是对欧洲的新能源汽车出口呈跨越式增长。2023年 10 月，欧盟委员会对原产于中国的新型电池电动汽车进口产品启动反补贴调查，可能会加速中国车企在东盟、欧洲当地建厂投资，在中国新能源汽车产业链优势不断强化的背景下，对中国新能源汽车出口产生的影响或较为有限。考虑到欧洲及东盟国家的电动车渗透率仍有上行空间，2024 年新能源汽车出口有望延续较高增速。

欧洲联盟作为当前国际上最大、发展最为完善的一体化市场，以《马斯特里赫特条约》为法律基础，对汽车产品（包括传统车辆和新能源车辆）建立了统一的管理制度和与之相配套的汽车技术法规体系，使之贯穿于车辆的整个使用和生命周期，覆盖车辆在用阶段的管理、定期检验、车辆 NCAP试验和评价、车辆使用的各种税费、车辆有毒有害物质和禁限用物质的管控，直至车辆的报废和回收利用。

欧盟实施以政府为主体的汽车产品型式批准制度（WVTA），并对生产厂家的生产一致性进行有效的控制和监督。经欧盟成员国内的技术服务机构（如德国的 TUV、荷兰的 TNO、法国的 UTAC、意大利的 CPA 等）测试，确认产品满足有关的 EEC/EC 指令要求和生产一致性要求后，则批准该型式的产品。由欧盟成员国政府交通部门向生产厂家颁发型式批准证书和标志（又称 e 标志），并通知其他欧盟成员国。

目前，欧盟以《汽车整车型式批准框架性技术法规》［（EU）2018/858］为龙头，辅以《欧盟汽车安全框架性技术法规》［（EU）2019/2144］，再配套各个单项零部件和系统技术法规，构成完善的汽车新车市场准入技术法规体系。其中的单项零部件和系统技术法规大部分采用联合国汽车技术法规，仅汽车排放、油耗等少数汽车安全技术法规仍为欧盟自身汽车技术法规。

欧盟汽车技术法规体系具备如下显著特点。

一是通过立法，在整个欧盟建立了统一的汽车产品市场准入管理制度，各国间互相承认对汽车产品的批准，使汽车产品在欧盟各国间自由流通，极大地减少了企业认证和贸易的成本。

二是针对汽车产品从整车到零部件、系统，建立了完善的市场准入管理制度，其形式为汽车产品的型式批准制度，确保政府对汽车产品的安全、环保和节能实施有效的控制。

三是欧盟的汽车产品型式批准制度和技术法规体系在很大程度上实现了和联合国的 ECE 汽车技术法规的对接和对等，目前已将大部分单项 EEC/EC 技术指令直接用联合国 ECE 法规替代（为了保护欧盟自身的市场，欧盟仍然保持少数项目使用欧盟汽车技术法规或指令）。

四是欧盟不仅针对新车产品的入市建立了统一的型式批准制度，而且贯穿于车辆的整个使用和生命周期，包括对车辆在用阶段的管理、定期检验，车辆 NCAP 试验和评价，车辆使用的各种税费，车辆有毒有害物质和禁限用物质的管控，直至车辆的报废和回收利用，建立了全欧盟统一的管理制度和相关法规体系。

五是在新能源车辆的发展上，欧盟同样采取统一的步调和措施，制定和出台鼓励新能源车辆和配套基础设施发展的政策法规。

2. 欧盟汽车法规管理体系与动态

欧盟汽车标准的工作体系由欧洲标准化委员会（CEN）和欧洲电工标准化委员会（CENELEC）共同制定和管理。在立法阶段，欧盟委员会根据欧盟法律的要求起草汽车相关标准法规草案，然后提交欧盟议会和欧盟理事会讨论和最终批准；在技术讨论环节，欧盟通常会邀请各国专家、行业协会、研究机构和汽车制造商等利益相关者参与技术讨论，提交技术意见、数据和建议，以确保标准法规的制定具有科学性、可行性和公平性。汽车制造商、供应商、研发机构等都可以通过行业协会或直接向欧盟委员会提交技术意见和建议，以影响标准法规的内容和方向。欧盟汽车技术法规的制定主要由欧盟委员会相关的总司具体负责，主要包括内部市场、工业、企事业和中小企业总司，以及环境总司、机动和运输总司、气候行动总司。欧盟议会和理事会负责对框架性技术法规的审议和投票表决。框架性技术法规的具体实施法规、授权法规可不经过议会和理事会的审议和表决，由欧盟委员会全权制定发布。

随着全球汽车产业和技术的快速迭代发展，欧盟的汽车技术法规同样呈现发展不断加快、技术水平快速提升的状态，尤其在汽车安全、环保和节能全领域。近年来，欧盟在汽车安全领域，重点针对智能网联汽车技术法规不断出台新法规，除了在联合国世界车辆法规协调论坛（UN/WP. 29）开展相关法规的制修订外，欧盟自身也制修订了自动驾驶系统（EU）2022/1426、驾驶员困倦和注意力分散报警系统（EU）2021/1341 等多项法规；在环保和节能领域，欧盟汽车技术法规的制修订同样快速迭代发展，欧Ⅶ阶段排放汽车技术法规即将正式发布，电池法规（EU）2023/1542、报废车辆指令（ELV）也在制定过程中。

2022 年，欧盟委员会发布《欧盟标准化战略》，首次将标准化提升到欧盟战略层面，试图通过标准化支持其战略自主权和基本政策目标，确保欧洲在全球关键技术标准方面处于领导地位。《欧盟标准化战略》是欧盟将技术标准地缘政治化的直接表现，其构建的"技术标准竞争＋技术标准输出＋欧洲价值观评判"的战略框架可能给我国产业技术"走出去"带来不利影响，进而制约我国技术、产业、投资等与国际市场联通。它强调发挥欧洲标准的力量，在国际上推广欧洲标准，并将欧洲标准及其价值观输送至国际标准组织，确保欧洲全球标准化领导地位不被动摇。但该战略"以欧洲为中心"的理念要求削弱域外国家在欧洲及国际标准中的影响力，带有浓重的地缘技术政治色彩，或给我国参与国际标准制定和全球产业技术竞争带来负面影响，亟须引起高度重视。

3. 我国参与欧盟汽车标准化工作情况

鉴于欧盟对汽车产品建立了完善、严格的市场准入管理体制和配套的技术法规体系，同时随着新的汽车整车型式批准框架性技术法规（EU）2018/858 的实施，其加大了汽车产品通过认证批准，进入市场后合规性的监管力度和法规不符性的处罚力度，因此对我国汽车出口企业提出了更加严格的要求，应完整地研究和消化各项汽车技术法规，并将相关的要求落实到汽车产品的设计和制造过程中，由于我国汽车产品基本都是按照国内现行的汽车产品市场准入管理（工信部公告、市场监督管理局的 3C、环保部的环保目录）

所涉及的汽车强检标准定型的，因此需要在此基础上按照欧盟的各个单项技术法规要求做相应的改进或调整，尤其是在一些风险点上应予以格外关注，确保所有下线汽车产品的合规性。

2019年，中国标准首次被欧盟汽车技术法规引用，标志着中国汽车标准"走出去"实现重大突破。欧盟投票通过了新的一般安全及保护车辆成员和弱势道路使用者的框架性法规草案，以替代、升级原有的一般安全法规（EC）661/2009，该新框架法规在氢能与燃料电池车辆（HFCV）要求方面，将中国国家标准《燃料电池电动汽车安全要求》（GB/T 24549-2009）列为联合国法规 UN R134 的 5 个等同替代标准法规之一。此项成果是对近年来中国汽车技术研究中心有限公司积极组织行业深入参与 WP. 29 国际法规协调和推进中欧相关标准化交流合作等大量工作的高度认可和肯定。

目前，我国企业中仅有华为等少数企业参与欧盟市场标准化工作。2019年，华为车载业务一次性通过了 Trusted Information Security Assessment Exchange（TISAX）认证，该认证是信息安全的评估和交换机制，可以实现汽车行业信息安全评估的相互认可，并提供通用的评估和交换机制，是欧洲汽车行业信息安全评估和数据交换安全标准的最高级别。该评估结果可以在欧盟内实现相互认可，也是为欧洲汽车行业提供服务的门槛。华为也是一次性通过 TISAX 安全认证的首家中国企业。大部分国内企业对于参与路径、工作模式还不了解。在欧盟有投资的企业可以借助投资企业、通过所在成员国国家标准化组织参与 CEN、CENELEC 的标准制定；在欧盟无投资的企业可参加 CEN、CENELEC 的 CWA 标准制定，借助欧洲的本地合作伙伴向 CEN、CENELEC 标准反馈意见，或申请成为 ETSI 的会员，参与标准化工作；或借助 ISO、IEC、ITU 平台，通过 SAC 向 CEN、CENELEC、ETSI 反映意见。

（二）俄罗斯市场——我国已初步建立汽车标准化对话合作机制

1. 俄罗斯汽车市场概况

俄罗斯是我国传统的汽车出口市场，也是欧亚地区汽车产业基础最好、

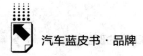

市场最大的国家。部分跨国汽车企业选择与俄罗斯当地汽车生产企业进行合资合作或者代工生产。大众、丰田、现代、福特等世界主要汽车生产企业均已在俄罗斯投资建厂。中国品牌汽车在俄罗斯的市场份额逐步提升，实现本地化发展，并辐射周边国家。

俄乌冲突以来，外资车企撤离俄罗斯凸显供应链短板，国际整车及零部件厂商大量退出，中国车企则迅速填补，市场份额占比约五成。2023年，中系车在俄市占率已达50%左右。由于俄罗斯本土车企供给仍相对缺乏，预计中国汽车对俄罗斯出口短期仍将维持高位，未来可能以本地设厂、授权生产、技术输出等多种方式出海俄罗斯市场。

2023年，中国对俄罗斯乘用车出口量达75.5万辆，全年共有北汽、海马、红旗和捷途等19个中国品牌正式进入俄罗斯市场；前11个月，俄销量前5名的车企为AvtoVAZ、奇瑞、长城、吉利、GAZ。长城汽车最早进入俄罗斯市场，是唯一拥有本土工厂的品牌；吉利集团市场份额稳步攀升。根据欧洲商业协会（AEB）发布的数据，长城汽车俄罗斯图拉工厂正式投产以来，哈弗多款车型均实现本土化生产。图拉工厂生产的汽车不仅服务于俄罗斯当地用户，还向白俄罗斯、阿塞拜疆、哈萨克斯坦等周边国家辐射。我国奇瑞汽车通过与阿维托托尔集团合作，在俄当地开展车辆KD组装业务。在俄正式销售的中国汽车品牌已达35个。此外，还有通过其他渠道在俄销售的阿维塔、比亚迪、高合和小鹏等20多个品牌。随着长城、奇瑞、吉利、一汽等厂商在该地区持续发力，中国品牌汽车口碑逐渐扭转并受好评。

2. 俄罗斯市场汽车标准法规概况

俄罗斯作为历史上汽车工业和市场较为发达的非欧盟欧洲国家，针对汽车产品建立了符合国际惯例的、完善的市场准入管理制度和汽车标准法规体系，该标准法规体系不仅在俄罗斯本国实施，同时也对其他独联体国家产生较大的影响。

2010年10月起，俄罗斯、白俄罗斯、哈萨克斯坦名为海关联盟（或称关税同盟）的统一市场（后亚美尼亚和吉尔吉斯斯坦加入），开始对汽车产品实施统一的认证批准制度，即海关联盟统一的CU-TR认证，其统一标志为 EAC，因此该认证也常被称为 EAC 认证。欧亚经济委员会第 877 号决议确定了整车认证项目依据 TP TC 018/2011 轮式车辆技术法规，规定了认证流程、相关的 ECE 法规、成员国法规标准等条目，其中囊括了俄白哈等成员国原有的国家标准，同时也引用或参考借鉴了联合国标准、全球技术法规标准、欧盟技术法规、ISO 标准等。

海关联盟统一汽车产品认证批准所依据的主体技术法规为 TP TC 018/2011，该法规借鉴参照了 2007/46/EC 的结构和内容。TP TC 018/2011 同样在专门的附件中列举了整车产品进入海关联盟市场应满足的整体要求和各个单项零部件和系统的技术法规要求，这些单项零部件和系统绝大部分都是直接采用联合国法规，只有少部分联合国法规体系中没有的项目。其中一些项目则是采用自身的法规要求（作为 018 法规的附件），或者采用相应的俄罗斯的 GOST-R 标准或与之等效的独联体统一的 GOST 标准，使得原本推荐性的 GOST-R 或 GOST 标准因法规的引用而成为强制性技术法规，包括基于俄罗斯的 GLONASS 卫星系统的车辆卫星定位和紧急呼叫系统、车内噪声、乘员舱内空气质量、前视野等领域。对于电动车辆，俄罗斯和海关联盟对充电接口制定实施相关的法令和配套的 GOST-R 以及 GOST 标准，主要参照 ISO 和 IEC 国际标准制定。

俄罗斯对汽车产品实施统一的认证批准制度，该认证批准列举了整车产品进入应满足的整体要求和技术法规要求，其中绝大部分都是直接采用联合国法规，其中一些项目则是采用自身的法规要求或者采用相应的俄罗斯标准或与之等效的独联体统一标准。

在标准的制修订上，俄罗斯同其他国家一样，针对国民经济各行各业成立相应的标准技术委员会，其中针对汽车的标准技术委员会为第 56 技术委员会（TC 056）道路运输，设在俄罗斯的国企 NAMI（俄罗斯联邦国家科学中心汽车研究院），该委员会对应我国的全国汽车标准化技术委员会（TC 114）。

3. 我国参与俄罗斯汽车标准化工作情况

目前，我国长城汽车参与了俄罗斯第 56 技术委员会（TC 056）道路运输的技术工作。该典型案例借助长城汽车已在俄罗斯建厂、销量不断攀升的优势和契机，由长城汽车作为正式成员参与俄罗斯第56技术委员会的工作，并推动该委员会与我国全国汽车标准化技术委员会建立工作联系和合作交流机制，向俄罗斯方面介绍我国在电动汽车标准化工作领域的优势和经验。在企业与国内技术委员会的共同推动下，2022年，俄罗斯发布法令，规定将我国的电动车辆充电接口标准作为充电基础设施的必备选项之一，其电动汽车转向中国GB/T充电标准。

（三）东盟市场——我国企业积极参与汽车标准化工作并取得一定进展

1.东盟汽车市场概况

东盟是亚洲第三大经济体和世界第六大经济体，是全球增长最快的经济体之一，已成为目前世界上仅次于欧盟和北美自由贸易区的第三大自由贸易区。东盟作为现今世界第六大汽车消费市场，全球主要原始设备制造商（OEM）基本均已在东盟投资设厂。东盟汽车产业以泰国、印度尼西亚（以下简称印尼）、马来西亚为主，三国汽车产量合计占东盟总产量的90%以上。

马来西亚是东盟最大的乘用车市场，也是东盟唯一拥有本土乘用车品牌的国家。当地品牌占主导地位，汽车制造业约占GDP的2%。目前，中国在马来西亚已经投资建厂的企业共11家。其中，吉利于2017年通过收购宝腾49.9%的股权进入马来西亚市场，国内其他汽车企业也都有在马来西亚布局，如长城、长安、上汽大通、金龙、北汽、江淮等，但其规模都比较小。

新加坡作为东盟主要经济体，汽车保有量在东盟国家中属于偏上水平，基本不生产汽车，几乎所有汽车产品均为海外进口，只有极少数车辆是进口全部零部件在本地组装，其在东盟的影响力也不容小觑。目前，中国厂商在新加坡布局的主要有吉利、比亚迪、上汽、北汽、东风汽车、宇通集团等，但整体销量不高。

泰国是东盟最大的汽车工业国和出口国，以日系企业为中心，拥有东盟最高水平的供应链，汽车制造业约占 GDP 的 12%。泰国拥有东盟最高水平的供应链以及东盟最大规模的汽车组装能力和零部件生产能力，能提供本地载货汽车装配所需 80% 的零部件和客车装配所需 60% 的零部件，汽车产业开放程度高且出口占比较高。全球主要 OEM 均已在泰国投资建厂并实现本地化发展。马自达、本田、丰田、日产、三菱等知名日系公司是在泰的主要汽车产业的投资商。中国上汽、长城汽车等也在泰国投资设厂。

印尼是东盟地区第一大汽车市场，也是东盟最重要的汽车市场之一，市场增长潜力大，日系品牌占据主导优势。目前，丰田、本田以及我国的上汽通用五菱和东风小康等均已在印尼投资设厂。日本汽车标准国际化中心（JASIC）也在印尼首都雅加达设立了亚洲办事处，负责标准沟通协调相关事宜。中国品牌在印尼已经投资建厂的有：上汽通用五菱、东风小康、现代、奇瑞。

2. 东盟汽车市场法规体系

东盟各国一直积极参照欧盟的模式，建立符合国际惯例的汽车技术法规体系，但东盟各国彼此之间发展不均衡，离真正成为一体化市场还有较大差距。目前，东盟还没有对汽车产品建立统一、系统的市场准入管理制度，各国仍处于"各自为政"的状态。因各国的发展水平存在差异，东盟各成员国在汽车市场准入方面规定不一。

越南、泰国、印度尼西亚、菲律宾等国主要通过发布技术规范、国家标准或部门通告形式对整车安全、汽车排放和汽车零部件等进行管理。越南汽车技术法规为交通运输部的通告，配套以越南国家技术法规和越南国家标准；泰国汽车技术法规为运输部发布的整车技术法规和泰国工业标准院发布的泰国工业标准（TIS），主要涉及汽车安全、零部件和排放项目；印尼汽车技术法规为运输部发布的整车安全技术法规、环保部发布的汽车排放技术法规，以及印尼国家标准院发布的印尼国家标准（SNI），主要涉及汽车零部件；菲律宾汽车技术法规为运输部发布的整车安全技术法规、环保部发布的汽车排放技术法规，以及菲律宾国家标准院发布的菲律宾国家标准（PN），主要涉及汽车零部件。总体而言，东盟各国汽车技术法规由相关主

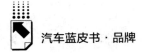

管部门制定发布，标准由标准化管理部门成立的技术委员会制定。

　　马来西亚发展最快，近几年不断采用联合国法规，已逐渐建立起符合国际惯例的、较为完善的汽车技术法规体系，其汽车技术法规结构与新加坡类似，目前在其汽车技术法规中大量采用联合国汽车技术法规，作为联合国 WP.29 成员国，按照联合国 UNECE 体系进行产品准入认证。对于满足《1958 年协定书》框架下的 ECE 法规，已获取 ECE 型式批准的带有"e"标志的零部件和系统，马来西亚予以承认，视同其符合马来西亚自身的技术法规和标准（MS 标准），可以进入马来西亚市场。厂商若想在马来西亚销售产品，需要在当地成立销售公司（或委托当地有法人资质的经销商），以当地法人的名义进行所有产品认证相关的环节。马来西亚在汽车产品准入管理上，采用与国际惯例相协调的车辆型式批准制度，具体负责部门为马来西亚运输部道路运输司。由道路运输司牵头，会同马来西亚其他与汽车产业相关的政府机关，成立了"马来西亚国家型式批准和认证委员会"（VTA 委员会），由 VTA 委员会专门负责汽车产品型式认证。

　　新加坡的汽车技术法规在道路交通、环境保护、能源节约中，专门针对汽车安全、污染物排放、节能制定相关的部分和章节，同时承认和接受欧美日法规、联合国法规和认证结果。新加坡车辆认证的主管部门由陆路交通管理局（LTA）和国家环境局（NEA）构成，分别制定安全和环保方面的准入制度。新加坡陆路交通管理局负责汽车认证相关工作及汽车安全相关法规制定。

　　泰国具有一套"两轨并行"的汽车产品准入制度，即联合国 UNECE 与泰国本地标准 TISI 并行的制度。泰国汽车整车认证由两个部门分别管理：泰国工业标准研究院（TISI）和泰国陆路交通部（DLT）。泰国工业标准研究院是泰国工业部的下属机构，既是泰国强制认证的主管机构，又是标准制定与管理机构、认证机构，负责制修订国家标准（包括排放标准），参与国际标准组织活动。长城、上汽、比亚迪已在泰国投资建厂。

　　目前，印尼的认证封闭性比较高，原因在于印尼并不承认某个国际通用的检测标准体系，而是有一套自己的法规，此外印尼也不承认境外实验室出具的检测报告。印尼标准局负责编制印尼国家标准（SNI），由各相关部门决定是否强制实施。

3. 我国参与东盟汽车标准化工作情况

自 2013 年习近平总书记提出建设更为紧密的中国—东盟命运共同体以来，中国与东盟经济融合持续加深，经贸合作日益加快。2023 年，中国与东盟双边贸易继续保持增长，规模达 6.41 万亿元，东盟连续 4 年保持中国第一大贸易伙伴地位，中国也连续多年为东盟第一大贸易伙伴。

目前，我国在东盟设厂的企业中，上汽通用五菱等少数企业参与了当地的标准和法规制定工作，并已取得一定进展。以中国汽车技术研究中心有限公司牵头成立的"中国—东盟汽车标准法规研究中心"为依托，充分利用官方对话交流机制，影响印尼政策选择，使其未按日本的意图仅发展不插电混合动力电动车，并积极向印尼方面推广我国的电动车辆充电接口标准。

三　外资跨国企业参与国际标准化工作情况

（一）积极布局和运营全球标准影响力

汽车产业发达的国家从政府到行业、企业都高度重视以 ISO、IEC、UN/WP. 29 为主的国际汽车标准和技术法规的制定工作，积极掌控主导权和话语权，使汽车技术法规和标准的制修订能充分反映和维护自身的利益。

1. 各典型国家参与国际标准化情况

美国汽车标准化工作分为两个层次，即国家标准（ANSI 标准）和行业标准（SAE 标准）。其中，国家标准由美国国家标准学会（ANSI）批准发布，行业标准由美国汽车工程师学会（SAE）制定发布。SAE 在汽车领域拥有世界上最大最全的标准体系，制定的标准不仅在美国被广泛采用，而且成为世界上许多国家的工业部门和政府机构编制标准的依据，被许多国际机动车辆技术团体广泛采用。在美国国家标准学会的支持和领导下，美国汽车工程师学会代表美国汽车工业积极参与 ISO 道路车辆技术委员会（TC22）的工作。

英国的标准化工作起步较早，英国标准协会（BSI）成立于1901年，原名为英国工程标准委员会，是世界上第一个国家标准化组织，在国际和地区标准化工作中代表英国。BSI有两个认证标志，即国际著名的风筝标志和安全认证标志。汽车标准的修订主要由BSI标准部工程标准委员会下的汽车技术委员会（代号AU）完成。BSI代表英国参与ISO/TC22的工作，并担任7个工作组的秘书处。

德国的汽车工业标准只有国家标准这一级，即德国工业标准（DIN标准），由德国标准化学会（DIN）下属的德国汽车标准化委员会（FAKRA）负责制定。FAKRA代表德国参加ISO/TC22的工作，并在其中起着非常重要的作用。在ISO/TC22所有23个分技术委员会中，FAKRA承担了6个分技术委员会以及24个工作组的秘书处工作。

法国汽车国家标准（AFNOR标准）由法国标准化协会（AFNOR）汽车标准化局（BNA）制定。BNA是法国标准化部门之一，已成为AFNOR授权的汽车、摩托车和自行车领域的专业标准化组织，代表法国政府参与ISO/TC22的工作，并在其中发挥着非常重要的作用。BNA不仅承担了整个ISO/TC22的秘书处工作，还承担了4个ISO/TC22分技术委员会和17个工作组的秘书处工作。

日本汽车工业协会（JASO）是美国SAE友好团体，是日本ISO/TC22的归口单位，负责日本汽车整体标准化的专门机构。除ISO/TC22外，JASO还参与了ISO/TC70（内燃机）和ISO/TC43/SC1（汽车噪声）的标准化工作。

2. 国际汽车标准化人才培养做法

国际上各个汽车跨国公司（尤其是欧美日韩等发达国家和地区的汽车跨国公司）历来高度重视汽车标准法规工作，对这一工作领域从来都是不吝投入，选择多年从事技术、检测等专业工作的高端、高水平人才，从事汽车标准法规工作，同时人力资源也形成良性的新老更替和传承，将以往的成果、经验很好地传承下去。例如，国际标准化教育合作组织（ICES）是非营利性的协作组织，其成员由学术界、产业界和标准化机构、政府机构的专家组成，旨在广泛地推动全球标准化继续教育，开展相关教材、教学理论和教学方法等的交流活动。目前，该组织年会参会人数超过百人，得到ISO、IEC、ITU和各国标准机构的普遍认可和广泛参与。

国际知名汽车跨国公司多年来在拓展占领全球市场的进程中，高度重视全球不同市场的技术法规、标准工作，积极推动各种渠道、网点的建设，及时、全面收集不同市场汽车标准法规的发展动态和信息。伴随汽车产品"走出去"，通过各种渠道和方式影响出口目的国汽车标准法规的制修订，推动不同国家和地区参考企业自身的汽车标准，或采用企业主导、参与的国际汽车标准和法规。通过上述工作的开展，国外车企汽车产品满足全球不同市场标准法规的合规性变得简便易行，将汽车产品出口和全球市场拓展成本降到最大限度，许多新的产品和车型在其研发、设计、制造过程中，考虑为便利全球不同市场的同步上市，而将全球不同市场的最新技术法规、标准和认证要求都融入产品之中。

（二）密切关注和参与中国汽车标准化工作

1. 外企参与我国汽车标准化途径

国外车企和相关的协会、机构高度重视我国汽车标准法规工作，纷纷在我国设立中国标准法规团队或驻华分支机构，密切跟踪、研究我国的汽车标准法规的制修订和发展，全面参与汽车标准重点领域的各标准工作组，从标准立项开始，全程参与标准讨论，并针对重点关注的标准议题，由行业机构组织形成企业意见与全国汽车标准化技术委员会秘书处进行专项讨论和沟通。

我国汽车标准制定过程按照《国家标准管理办法》等规定进行，标准在制定、征求意见、审查和报批各环节均是开放的，也积极与关心标准工作的内、外资企业交流沟通。全国汽车标准化技术委员会（以下简称汽标委）秉承"开门做标准"的工作原则，在标准立项、制定、征求意见和审查等各个环节向包括外资企业在内的所有行业相关方开放，保障了外资企业参与标准化工作的权益，为外资企业更好地参与汽车标准化工作提供保障。同时，汽标委积极联合主管部门和标准实施机构，探索提前明确标准实施方案

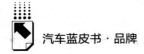

的工作路径，就实施情况向行业提前进行及时、准确的通报，能够为企业留出充裕的准备时间。如果外资企业申请旁听标准审查会，汽标委则会进行协调，支持企业参与，在会议过程中允许各方发言。所有成员均可提出针对标准技术内容的意见，工作组内针对意见进行全组范围的讨论，并将最终达成的一致意见作为标准修改的依据。

2. 外企与我国汽标委的交流合作情况

目前，共有 25 家外资企业加入了汽标委 14 个分技术委员会，成为委员单位或观察员单位，参与覆盖率占到全部分技术委员会的 46.7%，外资企业不仅享有同等机会成为委员，并且已经在汽标委下各领域深度参与并发挥了重要作用。

在具体标准项目方面，粗略统计，已有 31 家外资企业参与了总计 235 项汽车国家标准和行业标准的制修订工作，成为标准的实际参与起草单位，外资企业为我国汽车标准体系的建立和完善做出了重要贡献。在标准制定过程中，针对外资企业提出的意见，在工作组内部均进行了充分的讨论且通过了专业技术委员会的审查，标准制定全过程开放，汽标委也积极通过制度完善强化意见处理反馈要求，尽可能满足意见提出方的需求。

四　海外市场汽车标准化工作启示

国际化是加快建设汽车强国的必由之路。扩大出口、开拓海外市场，也是汽车企业做强、做优、做大和建设国际品牌的必然选择。2021 年 10 月，党中央、国务院印发《国家标准化发展纲要》（以下简称《纲要》），明确要积极参与国际标准化活动，支持企业、社会团体、科研机构等积极参与各类国际性专业标准组织，为汽车标准国际化发展提供了工作指引。

《纲要》明确指出，标准是经济活动和社会发展的技术支撑，是国家基础性制度的重要方面。标准化在推进国家治理体系和治理能力现代化中发挥着基础性、引领性作用。新时代推动高质量发展、全面建设社会主义现代化国家，迫切需要进一步加强标准化工作，尤其需要不断创新标准化工作。

为形成行业合力，推进中国汽车全生态出海，综合海外汽车标准化工作现状和工作特点，主要有以下几点启示。

（一）坚持政策引导，整合内外资源

中国汽车企业数量众多、总体规模较小、生产管理较为分散，市场集中度偏低、竞争激烈；在国际化发展中曾出现产品及模式高度同质化的问题。一些出海汽车企业各自为战、恶性竞争，损害中国汽车产业的整体利益。

建立和完善海外汽车标准法规信息交流机制和平台，整合国内外相关资源，实现信息资料共享、互通有无、相互印证，确保信息和资料的权威性、准确性、及时性、全面性。

鼓励重点出口企业充分利用我国汽车产业在供应体系建设、智能化技术创新、产品应用等方面已建立的优势，合力攻关产业薄弱环节，输出技术方案，为系统性参与海外市场标准法规制定奠定技术基础。

持续做好标准化组织建设和服务支撑，建立健全落实国家"双碳"战略的汽车标准体系。根据产业及技术发展、变化形势，不断完善组织架构，优化管理制度，规范工作程序和要求，依托信息化服务平台，实现汽车标准化工作全流程管理。

加强汽车产业战略性新兴领域标准供给，主动对接汽车技术变革和供需变化提出的新任务新需求，聚焦车辆安全、新能源汽车、智能网联汽车、汽车电子等重点领域，加强关键核心技术和基础共性技术的标准研制，加快汽车芯片产品标准及评价体系建设，持续推进标准创新突破，筑牢产业发展基础，推动产业变革和转型升级。

切实发挥标准对汽车技术的引领作用，加快国家技术标准创新基地（汽车）建设，以新兴技术领域为切入点，开展前瞻性标准技术研究，建立技术创新、标准研制、产业应用的协调联动机制；探索开展团体标准需求调研、质量评估、标准示范等活动，满足汽车行业多样化标准需求，着力构建形成政府主导标准和市场自主制定标准协同发展、协调配套的新型标准体系。

积极适应产业政策需求，将标准与各类政策规划衔接，用好标准化技术政策工具。发挥汽标委、标准创新基地等平台作用，加强产业链上下游以及交叉融合领域标准体系的衔接配套，协同推进信息通信、智能交通、智慧城市、能源综合一体站等相关标准研究制定，共同服务新质生产力大局。实施"标准化+"行动，强化标准研究、政策研究、计量、认证认可、检验检测、数据服务等互动联系，多维发力加快形成新质生产力。

协助国内更准确掌握国际组织的发展方向及其他国家的先进经验，推动主管部门国际化战略的落地实施和业务流程优化，打通标准与产品全球设计、国际检测、认证、贸易等相关环节，发掘汽车与上下游产业及社会、环境等的内在关联，优化国内标准化工作机制，实现对国内专家资源的合理配置，以外促内，内外联动，在国际化的大环境中提升汽车标准化工作水平，为汽车标准化工作的高质量发展打下坚实基础。

（二）立足国际网络，拓展海外布局

中国汽车产业"走出去"、国际化发展面临政治制度、法律体系、政策环境等挑战。对华贸易保护政策加速酝酿出台，美国谋求对华脱钩断链，限制芯片等关键技术产品，欧盟启动中国电动汽车反补贴调查；中外企业竞合关系发生转变，国外政治风险持续存在。

加强质量支撑和标准引领，切实发挥标准基础性、战略性作用，不断增强标准化治理效能，提升标准国际化水平。统筹推进，深化国际标准法规交流、协调与合作。充分利用我国汽车产业超大规模优势和新能源汽车、智能网联汽车产业先发优势，进一步加大联合国、国际标准化组织（ISO）、国际电工委员会（IEC）等层面的国际汽车标准法规协调范围和力度；加快推进中国汽车标准国际化中心（日内瓦）常态化运营，积极开展与共建"一带一路"国家在标准领域的对接合作，建立内外联动的标准国际化工作机制，扩大汽车标准国际"朋友圈"。

充分利用政府间交流对话机制以及驻外机构，推动目标国标准化工作的制度型开放，从官方渠道打通我国汽车行业参与出口目标国汽车标准化工作的路径。

统筹开展标准国际化工作，全面跟踪、深度参与制定与新质生产力要求相适应的国际法规标准，促进国内与国际标准兼容，深化汽车标准国际化发展。充分发挥中国汽车标准国际化中心（日内瓦）、世界汽车标准创新大会等平台作用，支撑建立"中国东盟先进汽车标准法规合作伙伴关系"分享和输出中国成果，促进中国与国际、国外标准"软联通"，服务中国汽车产业"走出去"，打造更多有国际影响力的"中国制造"品牌，为新质生产力的形成和发展营造良好的国际环境。

建立汽车出海企业协调合作机制，畅通政策、技术、市场信息交流渠道，鼓励企业在研发、采购、生产、基建等层面深度合作，形成整车及零部件、产业链上下游协同发展格局。适应海外市场多层次多元化需求，改变基于国内市场建立的总部高度集权模式，强化总部战略规划、核心研发及生产统筹职能，建立本土化采购、生产及销售体系。针对产品销售先行、服务网络滞后等问题，有序推动自有销售网络布局建设，加快建立完善售后服务和维保体系，为企业持续经营和长期发展奠定基础。

在现有海外布局设点的基础上，鼓励和协助汽车行业技术机构进一步在各个重要市场增加有关标准法规国际化工作的布局设点，加强与目标国主管部门和行业组织的交流合作，构建务实合作关系，建立联络员机制，为直接参与或协助现地中资企业参与目标国汽车标准法规工作谋篇布局、建立渠道，形成技术机构与企业间互相配合、协同推进的局面。

（三）关注人才培养，提升海外能力

我国国际化人才发展机制还不成熟，汽车产业长期以技术引进、合资合作为主，国际化人才较少，尚未形成外向型、专业化的国际人才选拔、培养机制。国际化人才技能本领还有欠缺，在对外投资方面，缺少熟悉国际投资贸易规则、精通中外谈判沟通、具有跨国投资并购经验的实战型投资人才。缺少熟悉主要目标市场政策法律、了解文化风俗、擅长公共关系、能够融入当地文化的管理人才。缺少掌握党和国家方针政策、具有国际视野、通晓国际规则、熟悉所在领域专业技术、能够在国际组织及多双边场合坚定维护中

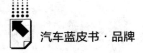

国汽车产业利益的国际标准法规协调人才。

进一步落实《标准化人才培养专项行动计划（2023—2025年）》，依托国家技术标准创新基地（汽车）加强汽车标准化人才梯队建设，多渠道做好汽车领域标准国际化人才储备，探索多元化的培养模式和实践路径，鼓励和推动人才"走出去"。同时，畅通国际标准化高端人才选拔推荐机制，鼓励技术机构与企业共同建立持续稳定的海外目标国标准法规工作团队和研究能力，并将其提升到与市场开拓同等重要的地位，坚持长期主义，逐步建立参与目标国标准法规的工作体系和专家队伍。

健全国际标准化人才系统化培养机制，为汽车产业新质生产力发展提供人才保障。充分发挥企业主体作用，搭建多层次、多元化、多渠道的国际人才选拔、引进、培养机制。根据国际化发展需要，采取总部选派和本土化培养并重原则，选拔优秀人员进行专业培训及实践锻炼；积极吸纳外资、合资企业优秀人才，发挥其熟悉国际企业运营管理的优势，加快提升我国汽车企业国际化水平；注重跨行业人才交流，从具有较好国际基础的相邻、类似行业招聘人才，加快弥补汽车产业国际化人才缺口；借助国际平台锻炼培养，通过多双边交流合作及向国际组织选派人员等方式，培养熟悉国际规则的复合型人才。

五 结语

我国汽车产业的出口目的国均已建立较为体系化的标准法规，进入目的国市场需要全面掌握当地标准法规现状和发展趋势，该项工作需要在目的国设立标准法规团队，建立信息跟踪和分析反馈渠道，并与国内技术研发团队沟通确认，及时将技术意见反馈到目的国标准法规制修订进程。以联合国法规、ISO、IEC为代表的国际汽车标准法规，对全球其他大部分汽车市场标准法规的发展具有重大的影响力。包括欧盟在内的许多国家和地区，越来越多地直接采用或引用国际汽车标准法规，我国在现有工作基础上还需要提升参与国际标准法规协调工作的力度和成效。

现阶段，我国对目的国标准法规的影响力与汽车产业发达国家相比，差距明显。发达国家基于全球化布局的丰富经验，形成了跟踪、影响全球汽车标准法规的工作体系，行业机构组织和企业参与相结合模式也日臻成熟。国内汽车企业、行业组织，通过汽车产品"走出去"，带动汽车标准"走出去"，针对主要出口国的汽车标准法规工作体系的系统性了解和参与尚处于探索阶段，由于海外标准法规专业人才缺失、资源渠道匮乏，虽有局部探索和实践，但需提升参与深度，扩大辐射效应。

面向东盟、中亚、非洲等重点区域，聚焦电动化、智能化、网联化等技术领域，积极开展汽车标准领域务实合作，不断提升标准化对外开放水平，有效促进共建国家汽车产业绿色转型发展，有力支撑中国汽车产业"走出去"。创新完善与共建国家多双边交流合作机制和平台建设，不断加强汽车标准化信息交流互换；坚持开展标准化能力提升合作项目，联合开展标准培训与人才交流，加强国家间标准互学互鉴，培育汽车标准国际化人才；积极参与国际、区域标准化活动，分享中国汽车标准化建设经验，贡献中国方案和中国智慧。不断深化汽车标准法规领域各项合作，搭建标准国际化创新平台，夯实合作成果、形成产业联动，抓住中国汽车产业新能源转型的契机，在汽车标准化领域深耕细作、久久为功，扎实推进标准国际化工作行稳致远。

参考文献

中共中央、国务院：《国家标准化发展纲要》，2021 年 10 月。

《中汽中心：全面实施汽车标准国际化战略　助力中国汽车产业走出去》，《国资报告》2021 年 9 月 15 日。

安铁成：《以新时代标准化工作推动汽车产业高质量发展》，《学习时报》2022 年 7 月 6 日。

《专访中汽中心董事长安铁成："新四化"引领汽车产业转型升级》，《国资报告》2024 年 4 月 30 日。

王笳旭、景晓晖、夏凡：《欧盟标准化战略对我国的影响及相关政策建议》，《标准科学》2022 年第 7 期。

B.10
全球低碳转型新形势下中国汽车品牌发展路径分析

常维 卢林峰 孔希*

摘　要： 汽车产业作为国民经济战略性、支柱性产业，具有涉及面广、产业链长、市场需求大的特征，汽车产品全生命周期排放占我国排放量超10%，产业低碳发展对实现我国经济社会低碳转型至关重要。在新型国际贸易环境下，汽车产业的绿色低碳转型面临着国际绿色贸易壁垒、数字主权与我国内部政策和市场的多方挑战。在此过程中，汽车品牌积极探索自身的低碳发展路径，充分运用低碳力量助力品牌发展。汽车行业低碳转型工作已经在基础能力、信息披露、供应链管理等领域取得了显著成效，但与国际先进水平相比还存在较大提升空间。在全球低碳竞争新形势下，汽车行业企业应当积极肩负社会责任，坚定不移地建设绿色、低碳、可持续的企业形象，促进我国新能源汽车绿色优势夯实做牢，以产业实际行动高质量助力碳达峰碳中和、美丽中国目标实现。

关键词： 绿色低碳　碳足迹　汽车品牌　产业链韧性　企业形象

---

* 常维，中汽数据有限公司青年科技骨干、中汽碳（北京）数字技术中心有限公司发展合作与国际化室总监、中国环境科学学会碳达峰碳中和专委会委员，主要研究领域为汽车等装备制造领域涉碳贸易政策、绿色低碳数字化技术、碳足迹、可持续发展等；卢林峰，中汽碳（北京）数字技术中心有限公司发展合作与国际化室咨询研究员，主要研究领域为国内外涉碳政策跟踪分析、新兴绿色低碳数字化技术开发应用、行业可持续发展等；孔希，工程师，中汽碳（北京）数字技术中心有限公司发展合作与国际化室咨询研究员，主要研究领域为汽车品牌与可持续发展等。

一　低碳发展趋势下的产业新形势

（一）碳中和目标下的全球行动

1. 主要国家低碳政策加速出台

气候变化是全人类的共同挑战，应对气候变化是人类共同的事业。2015年，近200个缔约方在巴黎气候大会上共同通过了《巴黎协定》，制定了"与工业化前的水平相比，全球平均气温的上升将被限制在2℃之内"的行动目标。2018年，IPCC发布了《全球升温1.5℃特别报告》，进一步强调了在全球范围内将温度上升限制在1.5℃的必要性。2021年，IPCC第六次评估报告第一工作组报告警示，目前全球气温较工业化之前已升高1.1℃，未来20年内或升高超过1.5℃。如果二氧化碳浓度延续过去的增长态势，人类将快速逼近"气候临界"，全球温升一旦突破临界点，气候灾害发生频率和强度将大幅上升。

碳中和承诺已成全球趋势。截至2023年，全球197个国家中已有133个国家（67.5%）提出碳中和目标，覆盖全球92%的GDP、89%的人口和88%的碳排放。其中，部分发达国家将目标时间设定在2050年前，超过90%的国家将实现碳中和目标的年份设定为2050年及2050年以后。以中国为代表的大多数发展中国家虽然尚未实现碳达峰，但是仍然提出了2050年或者2060年的碳中和目标与2030年的中期目标，二者仅仅间隔20~30年（见表1）。

应对气候变化目标的设定直接催生了各国气候行动细则与相关配套政策法规的出台。据统计，84%的发达国家具备完整政策体系，包括碳中和目标具体路线图、碳中和目标监管体系、碳中和技术与气候投融资战略或目标、技术和投融资支持政策。以欧盟为例，欧洲委员会于2019年12月正式发布了《欧洲绿色新政》，设定了到2050年使欧洲成为首个气候中和（温室气体净零排放）大陆的目标，以应对气候变化和环境退化，涉及环境、气候、能源、海洋、交通运输等各方面（见图1）。

表1　部分国家/地区"双碳"目标达成时间

国家/地区	碳达峰年份	碳中和年份
欧　　盟	1990	2050
澳大利亚	2006	2040
美　　国	2007	2050
加 拿 大	2007	2050
韩　　国	2013	2050
日　　本	2013	2050
中　　国	2030	2060

"碳壁垒"涵盖了与减排温室气体有关的各种贸易措施、安排和标准，具体包括碳关税、碳标签、碳减排证明、与减排有关的补贴和政府采购等形式。其中，英国是首个强制对公司设置贸易碳税规定的国家，从2013年起，所有在英国上市的公司需要全面披露温室气体排放数据，以确保2050年碳中和的目标达成；欧盟于2013年实行首个碳足迹强制性法律要求，发布产品环境足迹（PEF）评价方法并启动试点工作；日本作为第一个推出碳标签制度的亚洲国家，产品碳足迹未来将逐渐成为进入国际市场和品牌供应链的必备条件。

2. 全球汽车行业加速新能源进程

据国际能源署（IEA）预计，至2070年，汽车的使用量将较2020年翻一番，汽车保有量将增长60%。在"双碳"目标下，汽车产业减碳正面临严峻的挑战。从各个国家的汽车"双碳"政策制定步伐来看，全球最激进的燃油车禁售计划是挪威计划在2025年停止销售汽油和柴油新车。德国计划在2030年后禁止销售燃油车，仅允许零排放汽车销售；英国计划在2030年禁止销售汽油、柴油驱动的小汽车和货车，但对混动轿车和货车设定了宽限期至2035年。法国巴黎、西班牙马德里、希腊雅典和墨西哥墨西哥城四个城市已宣布在2025年禁止所有柴油车。

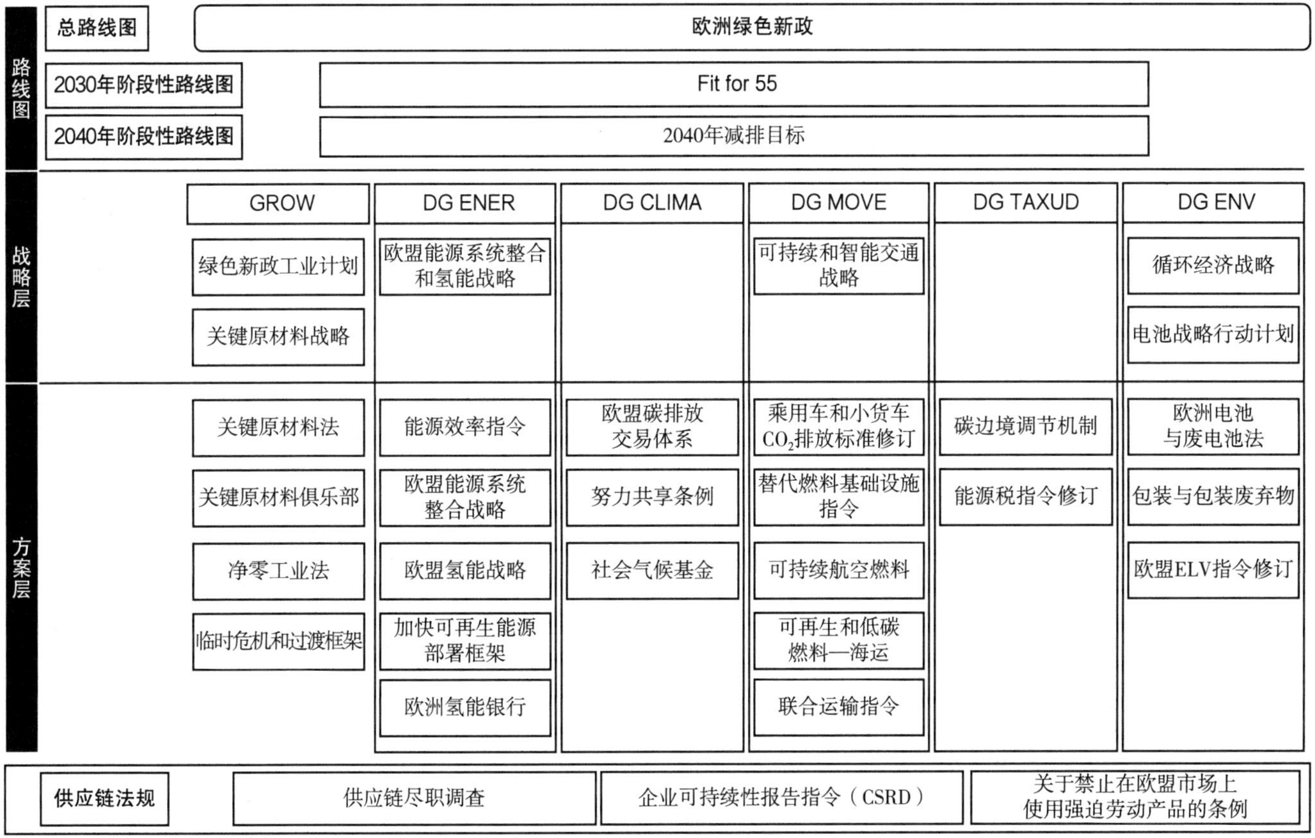

总路线图

路线图	总路线图	2030年阶段性路线图	2040年阶段性路线图
欧洲绿色新政	Fit for 55		2040年减排目标

	GROW	DG ENER	DG CLIMA	DG MOVE	DG TAXUD	DG ENV
战略层	绿色新政工业计划 关键原材料战略	欧盟能源系统整合和氢能战略		可持续和智能交通战略		循环经济战略 电池战略行动计划
方案层	关键原材料法 关键原材料俱乐部 净零工业法 临时危机和过渡框架	能源效率指令 欧盟能源系统整合战略 欧盟氢能战略 加快可再生能源部署框架 欧洲氢能银行	欧盟碳排放交易体系 努力共享案例 社会气候基金	乘用车和小货车CO₂排放标准修订 替代燃料基础设施指令 可持续航空燃料 可再生和低碳燃料—海运 联合运输指令	碳边境调节机制 能源税指令修订	欧洲电池与废电池法 包装与包装废弃物 欧盟ELV指令修订

供应链法规	供应链尽职调查	企业可持续性报告指令（CSRD）	关于禁止在欧盟市场上使用强迫劳动产品的条例

图 1 《欧洲绿色新政》总体框架

当前，汽车产业正全面向低碳化的新能源汽车方向转型，而纯电动乘用车因其显著的碳减排优势，成为这一转型过程中的重要力量。从燃料类型来看，纯电动乘用车碳足迹最低，柴油车碳足迹最高，相较于传统能源乘用车，纯电动乘用车具有明显的生命周期碳减排优势。纯电动乘用车相较汽油乘用车碳足迹降低 32.9%，相较于柴油乘用车碳足迹降低 51.7%。各国在汽车领域实现碳中和的路径上，更倾向于向纯电体系以及插混体系转变。该体系相比于传统燃油体系在减少碳排放上更占优势，这势必会减少传统燃油车在国际汽车市场上的市场份额。此时，车企进军国际市场应"弃油向电"，使产品矩阵转向更加低碳化的新能源汽车，无论是外资、合资还是自主品牌，都在抓紧时间，大力研发新能源汽车产品，向低碳化趋势靠拢。从主机厂角度来看，奥迪、本田、捷豹、沃尔沃和大众等也宣布了停产或停售燃油车的计划。

3. 绿色贸易壁垒挑战逐步显现

在《欧洲绿色新政》框架下，近几年，欧盟通过税收、立法等多种手段加强碳排放管控的脚步逐步加快。为实现 2050 年气候中性的目标，欧盟相继发布欧盟碳边境调节机制（CBAM）、《欧洲电池与废电池法》（以下简称"新电池法"）、《企业可持续性尽职调查指令》等组合政策，以加强碳排放管控为主线，综合运用税收、立法等多种手段，即所谓"合理"设置政策障碍。

2023 年，经多次修订和投票表决，历经两年多立法流程，新电池法已正式生效。该法案涵盖五类电池产品，分别为电动车动力电池、汽车用蓄电池、工业用电池、便携式电池和轻型运输工具电池。该方案规定对欧盟出口的动力电池产品、装载动力电池的新能源汽车产品，都须满足新电池法相关要求，对我国新能源汽车出海造成了直接冲击。具体来看：碳足迹方面，新电池法将按照碳足迹声明、碳足迹等级、碳足迹限值分阶段提高管理要求。回收率方面，针对电池及其关键材料（钴、铜、铅、锂、镍等），新电池法提出分阶段的最低回收率要求。循环材料方面，新电池法对动力电池使用循环钴、铅、锂、镍的比例说明及最低使用比例进行了分阶段规定。供应链尽职调查方面，新电池法要求在欧盟市场投放动力电池的企业须制定和实施供应链尽职调查政策。电池溯源方面，新电池法要求动力电池产品应有"电子护照"，以存储碳足迹、循环材料份额、符合性声明等信息。新电池法各项要求表明，碳足迹、循环材料份额、性能和耐久性等相关条款按照"先披露后限值"的监管思路，将呈现逐步加严的趋势。

2021年，欧盟委员会正式提出碳边境调节机制提案，变相将进口商品碳排放纳入欧盟碳排放交易体系（EU-ETS），通过核定其碳排放量并购买"碳边境调节机制证书"的方式，使其承担同本地产品相同的碳排放成本。目前该法规已正式生效，并于2023年10月1日进入过渡期，其对水泥、电力、化肥、铝、钢铁和氢六种初级产品的内含碳排放征收碳关税。分产品来看，钢铁、铝、氢等产品的内含碳排放仅包括直接排放，水泥、电力、化肥等产品的内含碳排放同时包括直接排放和间接排放。具体时间方面，碳边境调节机制实施分两个阶段，2023~2025年为过渡期，其间不收取费用，但需向欧盟提供商品的碳排放量报告，2026年起正式实施。过渡期结束前，将对政策实施情况进行评估，并决定是否进一步扩大产品范围和碳排放范围，以及是否纳入下游产品。

（二）汽车已成我国绿色转型优势产业

1. 新能源汽车领跑全球

中国已经成为世界第一汽车出口大国。根据Clarksons研究，2023年全球汽车海运量约2370万辆。根据中日德韩等国汽车协会数据，2023年四国汽车出口量分别约491万辆、442万辆、310万辆、276万辆，共约占全球汽车出口总量的六成。2023年，中国汽车出口量首次超越日本，成为全球第一大汽车出口国，打破了日本连续七年汽车出口第一的成绩。欧洲为我国整车出口第一大市场，出口量超过195万辆，占比近40%；出口欧洲的增速也最快，我国对其汽车出口量和出口额同比分别增长127.6%和101.6%。中国新能源汽车成为出口"新三样"代表。根据海关总署数据，2023年我国出口机电产品13.92万亿元，增长2.9%，占出口总值的58.6%；其中，电动载人汽车、锂离子蓄电池和太阳能电池产品合计出口 1.06 万亿元，首次突破万亿元大关，增长 29.9%，称为出口"新三样"。根据中国汽车工业协会数据，2023 年我国新能源汽车出口约 120 万辆，同比增长 77.6%，占新能源汽车销量的 12.7%，即我国每销售 9 辆新能源汽车就有 1 辆为出口、每出口 4 辆汽车就有 1 辆为新能源汽车。海外市场已成为我国新能源汽车行业弯道超车的重要发力点。

2. 国内市场逐年稳步增长

尽管面临全球经济的不确定性，中国汽车市场仍然保持了稳健的增长态势。相关数据显示，2023 年度日系车在华销量占比降至 17%，为近三年最低水平。美系车的福特和通用销量同比有所下滑，法系车呈现收缩状态，德系车在华销量同比微增，中国汽车市场已经进入新的竞争阶段。从追求德系车、日系车，到合资品牌随处可见，再到国产品牌成为众多消费者首选，充分展现出自主品牌汽车在这一竞争过程中的强大潜力，中国自主汽车品牌逐步迈上新台阶。

相关数据显示，2023 年，汽车制造业增加值、营业收入以及利润总额均实现了同比增长。中国品牌乘用车 2023 年累计销量同比增长显著，年度市场份额达到 56%，比上年攀升 6.1 个百分点。其中，新能源汽车在中国品牌中的销量占比达到 49.9%，显示出新能源汽车市场的强劲增长势头。单就新能源汽车领域来看，2023 年，新能源汽车产销分别完成 958.7 万辆和 949.5 万辆，同比分别增长 35.8% 和 37.9%。其中，中国品牌新能源乘用车市场份额达 80.6%。这反映出中国品牌在技术研发、品质提升以及市场营销等方面的努力取得了显著成效，赢得了消费者的广泛认可。随着技术的进步和消费者环保意识的提高，新能源汽车的接受度越来越高，预计未来这一比例还将继续攀升。当前，新能源乘用车市场仍处于供给驱动大于需求驱动的阶段，随着 2024 年进入新能源乘用车上市大年，新能源特别是 A 级主流市场产品矩阵日益丰富，智能化、数字化技术加速革新，新能源产品力持续提升，同时经济弱复苏背景下居民对性价比追求更高，均可驱动新能源汽车市场持续渗透。但是，考虑到基数影响，以及用户认知和补能设施短期内难有显著提升，新能源汽车市场增速将延续放缓。综合衡量下，2024 年新能源乘用车市场销量有望达到 968 万辆，同比增长 32.2%，市场渗透率达到 43%。

3. 产业政策引导低碳转型

随着全球对气候变化问题的关注度不断提升，低碳、环保已经成为国际贸易的重要考量因素。我国作为碳排放大国，实现"双碳"目标的任务十分艰巨，汽车产业全生命周期碳排放量占全社会的 8%，其低碳转型进度对绿色经济的转型至关重要。

2001 年起，科技部在"863 计划"中为我国新能源汽车行业的发展制定了"三横三纵"的技术路线，确立了新能源汽车行业发展的总体布局。2017 年包括财政部在内的五大质检部门联合发布《乘用车企业平均燃料消耗量与新能源汽车积分并行管理办法》。受此政策刺激，各大车企加速了新能源产业布局。2023 年 7 月，工信部共组织实施了 5 次积分交易，2018 年至今，积分累计交易金额超过 250 亿元。2020 年，国务院办公厅印发《新能源汽车产业发展规划（2021—2035 年）》，随后在财政补贴、体系建设、购置税减免等多领域制定了各有侧重的产业政策，扶持节能与新能源汽车的发展。至 2023 年，传统能源乘用车新车平均油耗较 2012 年下降超过 15%，新能源汽车关键核心技术不断突破，产销量连续九年位于全球第一。

2021 年"碳达峰、碳中和"目标正式提出后，我国汽车行业在全生命周期碳管理方面不断作为，取得一系列突破性成果。2021 年 10 月，国务院印发《2030 年前碳达峰行动方案》，该方案提出了"十四五""十五五"两个碳达峰关键期的主要目标，明确提出了我国碳达峰碳中和的时间表、路线图和施工图。2023 年 4 月，国家标准委、国家发展改革委、工业和信息化部等 11 部门联合发布了《碳达峰碳中和标准体系建设指南》，明确了"双碳"标准体系建设的基本架构和重点任务，设定了相关标准制修订的目标，为我国碳达峰碳中和工作提供了重要支撑。2023 年 11 月，国家发展改革委等 5 部门联合印发《关于加快建立产品碳足迹管理体系的意见》，对重点任务做出系统部署，构建起产品碳足迹管理体系总体框架，其中明确将新能源

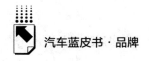

汽车、动力电池列入重点产品，要求在核算标准、核算规则、行业因子库等领域加大作为。

（三）全球绿色产业竞争日益严峻

1. "碳足迹"成为产业新高地

汽车产品"碳足迹"已成为各国产业新高地。汽车产品碳足迹逐渐被发达经济体所重视，开始向强制性、市场准入型要求转变。新电池法对新能源电池产品及搭载新能源电池的汽车产品进入欧盟市场提出了碳足迹准入要求；法国发布关于电动车的补贴政策，电动汽车"环境评分"中产品碳足迹占比70%；美国民主党提出的《清洁竞争法案》（CCA）提案，要求出口到美国的产品提供碳足迹证明；日本计划要求新能源汽车制造商计算并报告电池生产过程中的碳排放量，作为补贴资格的关键依据。2024年3月，欧盟提出，作为对中国电动汽车发起"反补贴调查"的一部分，将开始对从中国进口的纯电动汽车（BEVs）进行海关登记。这也意味着国内碳核算如果迟迟无法与国际核算体系互认，将使碳排放成为车企出海最容易被"卡脖子"的环节。应对汽车国际贸易中的"碳壁垒"，必须坚持走低碳发展之路，坚决落实"双碳"相关举措。

以碳足迹为核心的汽车产业链体系初见端倪。近年来，奥迪、丰田、福特、通用、奔驰、比亚迪、捷豹等围绕低碳车辆转型提出发展目标，宝马、保时捷、沃尔沃、大众、日产等整车企业以及博世、采埃孚、法雷奥等零部件企业，提出产业链相关碳中和目标，并就产品碳足迹明确了具体工作路径，以满足所在国对汽车产品碳足迹管理要求。2024年中国两会期间，吉利、广汽、奇瑞、小米、赛力斯等车企代表均对汽车行业碳管理提出建议；同时，能源、塑料、钢铁、电子电器等领域的企业代表也对产品碳足迹等工作建言献策。跨国汽车企业对产业链碳足迹的要求明显严格于我国自主汽车企业，存在潜在的全球供应链重构风险。

2. 汽车出海面临多项风险

在碳足迹领域，新电池法对电池的性能、电化学性能和耐久性、安全标准以及有害物质严格限制，并通过电池碳足迹信息强制实现目的，信息披露要求复杂且严格。碳足迹不合规的电池产品将被限制进入欧盟市场，我国相关产品企业将因管理政策、认证体系不同而面临合规风险。

在供应链领域，新电池法明确要求在欧盟市场投放动力电池的企业须制定和实施供应链尽职调查政策，为企业经营管理带来多种风险。一是违约赔偿风险。部分公司或因商品或服务不符合尽职调查要求而无法在全球供应链中正常履约，由此产生违约责任和赔偿义务。二是供应商资格丧失风险。存在合规缺陷或者无法提供证据证明自身经营及销售产品服务合规性的公司有可能被排除出原有供应链中。三是成本增加风险。欧盟法规要求的更严格的调查与披露义务需要公司更新和完善原本的治理体系和制度规范，增加更多的 ESG 合规实践与培训活动，产生额外的过渡费用。

在成本领域，CBAM 带来了两项额外成本。一是碳税缴纳直接成本。目前，碳边境调节机制覆盖钢铁、铝、氢、水泥、电力和化肥六种初级产品以及钢铁和铝的部分简单下游产品，未来有可能进一步扩大产品范围，逐渐向复杂产品过渡。按照中国汽车产品材料组成及碳排放情况进行测算，若 CBAM 覆盖至汽车产品，出海企业需为每辆车缴纳 100~1000 欧元不等的费用。二是企业合规间接成本。出海企业为符合相关政策要求，需采取设计改造和生产改造等措施，同时还要为碳数据收集、核算及认证、人才培训支付额外的费用。

在数据跨境方面，欧盟要求报送的数据能够涵盖或反推生产工艺、能源消耗、供应链、财务等多种关键信息，关乎国家工业安全、企业商业机密和市场形象。在激烈的国际竞争形势下，不同国家和地区的数据保护法律和政策差异较大，数据被非法访问或滥用风险较高，易造成核心商业信息泄露风险，对整个贸易市场的稳定性和公正性产生负面影响。

3. 数字主权成为产业争夺焦点

美国数字经济蝉联世界第一，规模达 15.3 万亿美元，中国位居第二，规模为 7.1 万亿美元。当前，美国已经制定详尽的数字经济战略，以维持数字经济领先地位。战略内容强调以数字经济支撑低碳目标实现，重视对降本增效的新技术投入，并通过强制要求及优惠政策，促进数字技术发展及低碳目标实现。日本2020年发布《2050年碳中和绿色增长战略》；2021年10月，日本宣布发展"Web3.0时代的数字经济"的国家战略，制定了数字产业在碳中和领域的发展规划，强调以数字化绿色为核心，通过数字化提高能源需求的效率和减少二氧化碳排放。韩国2023年提出"基于数字转型的碳中和方案"。

2023年，我国发布《数字中国建设整体布局规划》。2024年，《工业和信息化部等七部门关于加快推动制造业绿色化发展的指导意见》提出，要培育制造业绿色融合新业态，推动数字化和绿色化深度融合，面向重点行业领域在生产制造全流程拓展"新一代信息技术+绿色低碳"典型应用场景，提高全要素生产率，发挥区块链、大数据、云计算等技术优势。在当前的国际竞争环境中，数字化技术赋能绿色化转型成为主流趋势，数据资产成为产业竞争的一个重要维度。

二 低碳转型助力汽车品牌高质量发展

迈入"十四五"发展阶段，汽车产业低碳发展对实现我国经济社会低碳转型的重要性进一步凸显，扩大汽车消费对提振内需消费稳定工业和经济发展具有重要意义。以新能源汽车为代表的低碳汽车快速发展，深刻重塑着中国汽车市场格局与品牌表现。一方面，以往中国汽车市场长期由国外品牌主导，随着中国汽车工业日益壮大，在产业发展"弯道超车"的过程中，中国自主品牌乘用车逐渐崭露头角，成为众多消费者的首选。另一方面，随着社会公众意识的普遍提升，保护环境和低碳出行的理念日益深入人心。绿色、环保、低碳的生活方式已融入百姓的日常生活，对新能源汽车的补贴政策进一步推动了消费者对新能源汽车的认可。汽车供给端与消费端的共同变革，不仅考验着车企的实力，也检验着整个汽车产业链的协同能力，只有那些能够紧跟市场趋势、解决消费者诉求和痛点的企业，才能在激烈的市场竞争中脱颖而出。为拥抱新的业界发展形态，外资品牌、合资品牌以及自主品牌在品牌定位和产品布局上均展现出新的变化。

据英国品牌评估机构"品牌金融"（Brand Finance）发布的 2024 年汽车行业报告（Automotive Industry 2024），"2024 全球最有价值的 100 个汽车品牌"（Automobiles 100）榜单中，德国豪华汽车品牌梅赛德斯-奔驰重回榜首，美国电动汽车品牌特斯拉退居第二位，日本丰田汽车仍在第三位，中国品牌比亚迪升至第 11 位。

（一）可持续发展理念为品牌赋能

绿色传播已经成为企业品牌形象建设的重要手段，以 ESG 为首的可持续发展理念在企业绿色形象塑造上发挥着提纲挈领的作用。

梅赛德斯-奔驰提出"2039 愿景"计划，并制定了清晰的脱碳路径。为了指导公司在中国的可持续发展行动，梅赛德斯-奔驰确立了两大战略目标——到 2025 年，梅赛德斯-奔驰计划通过在环境、社会和公司治理（ESG）多方面的行动和表现，进一步强化可持续豪华汽车产品及服务，特别是提高电动车型在中国市场的认可度；到 2030 年，实现生产过程的碳中和，并将新车产品的全生命周期二氧化碳排放量较 2020 年减少至少 50%。此外，梅赛德斯-奔驰已启动保护热带雨林生物多样性行动、助力青年气候行动、森林保护行动等多个公益项目，全面落实豪华可持续发展战略。

比亚迪率先发布"禁燃令"，表明脱碳决心。自主品牌中，2023 年纯电车型销售 494 万辆，同比增长 24.4%；插电混动车型销售 174 万辆，同比增长 65.8%，增量主要来自比亚迪品牌。2023 年比亚迪汽车销量达到 302.4 万辆，同比增长 61.9%，超额完成年度 300 万辆目标。从国际市场份额来看，2023 年比亚迪位列全球汽车品牌销量榜第九，成为首个进入世界销量前十的中国品牌。作为新能源汽车的引导者，2022 年 4 月，比亚迪率先宣布退出油车市场，成为全球首家宣布停止燃油车生产的传统车企。

理想汽车率先发布 ESG 报告，并建立相应的组织机制。从 2021 年开始，理想汽车明确 ESG 管理体系并开始发布 ESG 报告，在每季财报中亦有专门章节披露 ESG 表现；2023 年，理想汽车已成立气候变化与碳中和工作组，进一步完善气候管理体系，自上而下落实减碳规划与目标；2024 年 4 月，理想汽车发布《2023 年环境、社会及管治报告》，从"合规经营　责任管理""创新先行　卓越产品""包容关爱　共同成长""低碳运营　绿色理想""同心协力　温暖社会"共五个方面展示了企业践行可持续发展的进展和成果。

吉利控股从产业链视角出发，重点打造碳中和总体战略。2022 年，吉利控股启动 ESG 战略制定，将合规与商业道德、气候行动、资源保护、交通出行、价值链责任、员工与社区作为重点战略领域，并以此为指导开展责任实践，促进经济、环境和社会综合效益的可持续发展。为实现 2045 年全链路碳中和的总体目标，吉利控股构建了"一个目标引领、两大能源驱动、三大碳中和场景、四大零碳路径"的碳中和总体战略路径。将通过绿色电力+绿色甲醇两大能源驱动、绿色低碳与能源安全双保险，为碳中和奠定基础；将聚焦碳中和车型、碳中和出行服务、碳中和物流三大碳中和场景，助力全社会碳中和目标实现；同时，吉利还将带动供应链伙伴共同实现零碳材料与零碳制造，零碳动力驱动零碳场景，构成从自身到价值链的全链路碳中和路径。

在商用车领域，斯堪尼亚通过技术创新、绿色生产、供应链优化和合作联盟等多种方式，积极推进减碳实践。斯堪尼亚将环境保护纳入其企业战略和价值观中，并公开披露其环境绩效和目标，以获取包括股东在内的多方支持。这种负责任和公开透明的做法，增强了公司与消费者、投资者和监管机构之间的信任关系。在中国，斯堪尼亚在江苏如皋建设了全新的制造基地，该基地从设计建设之初就确定全部使用绿色电力和可再生燃料，确保实现零排放。这种循环经济模式不仅有助于达到碳减排目标，也体现了斯堪尼亚在可持续发展方面的决心和行动。

值得借鉴的是，外资品牌还采取了一系列措施，如设立专门的减碳机构、制定详细的减碳计划、开展碳排放核算和报告等，这些措施有助于企业全面掌握自身的碳排放情况，制定更加有效的减碳措施，实现可持续发展。

（二）"双碳"数字化推动品牌升级

数字化和绿色化是当前新一轮科技革命和产业变革的两大趋势，也是新质生产力的两大时代特征。发挥数字化在产业脱碳中的价值与作用、提升车企数字化管理水平，是品牌升级的有效途径之一。

宝马提出"360度循环减碳"理念，数字化绿色表现突出。宝马集团是第一个加入由科学碳目标倡议组织发起的"1.5℃控温目标行动"的德国车企，并率先在业内提出了"360度循环减碳"理念。"BMW iFACTORY"聚焦"精益、绿色、数字化"三个方面，是宝马针对生产网络提出的最新标准。随着里达工厂建成投产，其意味着"BMW iFACTORY"生产战略在中国正式落地。在这一战略的指导下，沈阳生产基地在可持续之路上确立了能源转型、资源管理、循环经济三项工作重点。

中国一汽把数字化作为推动企业高质量发展的"加速器"，充分运用数字化为业务和管理赋能，积极带动产业链企业数字化升级。2019年，中国一汽发布数字化战略规划，以"数字驱动美妙出行"为使命，以实现全球一流企业为目标，推进所有业务的全面数字化、价值化、创新化，实现业务赋能、产品智能、生态智慧、数据增值。2019年12月，红旗数字化工厂系统正式上线，有效推动红旗实现数字化、智能化，打造世界顶级标准的"智能"制造基地。数字化战略的落地，彰显了中国一汽自主品牌向上跃迁的实力和底气。

广汽集团升级品牌战略，注重推动数字化碳中和目标早日达成。2022年1月，广汽集团审议通过《广汽集团"十四五"品牌规划》，全新的品牌战略逐步推进。为进一步支撑"科技广汽"战略目标实现，广汽集团"十四五"品牌建设始终紧密围绕"科技"展开，充分发挥品牌创新能力，实现研发自主化、设计前瞻化、产品智能化、制造专业化、服务人性化、管理数字化。与此同时，广汽集团"GLASS绿净计划"，将于2050年前实现产品全生命周期的碳中和。以"GLASS绿净计划"为指引，广汽集团使用"双碳"数字化管理系统（CMS）为企业提供全景式数字化企业碳管理解决方案，一站式管理企业不同维度碳排放信息。

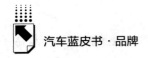

（三）产品绿色传播强化品牌表现

加强产品绿色传播，有利于促进品牌与低碳、绿色、可持续等发展理念形成关联与绑定，加速推动消费端的绿色消费意识与决策，最终在社会氛围层面推动形成绿色低碳的生产方式和生活方式。

蔚来汽车注重产品绿色传播，携手各方共同实现"Blue Sky Coming"愿景。2023 年 3 月，蔚来宣布承诺加入科学碳目标倡议，是国内第一家加入科学碳目标倡议的新能源车企；蔚来成为中国首批制定企业内部碳定价（ICP）机制的车企，为企业降碳提供决策方向。汽车工业节能与绿色发展评价中心"中国生态汽车"评价章程从健康、低碳和环保指标维度对车内空气质量、噪声、汽车生命周期碳排放量、可再利用率和可回收利用率等项目展开综合性测评，分数大于等于 90 分的车型被评为"白金牌生态汽车"，其中，"白金牌生态汽车"仅占在售车型的 10%，属于汽车生态性能的"天花板"产品。其中，蔚来 ET7 车型因用材环保、高可持续性等特点，荣获 2022 年度"白金牌生态汽车"称号。

广汽传祺坚持"电动化+智能化"双核驱动发展战略，全力以赴践行国家"双碳"号召，打造绿色环保的高品质产品。基于中国汽车产业链碳公示平台（CPP）公布的车型碳足迹数据，可遴选出同级别中碳足迹最低的车型作为"低碳领跑者车型"。2023 年，广汽传祺智电新能源 E9 以同级别最低且低于行业平均水平 16.9% 的碳排放水平，荣膺"C 级插电式混合动力 MPV 冠军"，荣获"低碳领跑者车型"称号。细分到各生命周期阶段，广汽传祺智电新能源 E9 的动力电池碳排放 $11.57gCO_2e/km$、整车生产 $1.17gCO_2e/km$、维修保养 $15.29gCO_2e/km$、燃料生产 $117.85gCO_2e/km$、燃料使用阶段 $26.54gCO_2e/km$，整车生命周期、动力电池、整车生产、维修保养等全产业链碳排放量均低于行业均值。

三 我国汽车行业低碳工作基础与挑战

2023 年 7 月，习近平总书记在全国生态环境保护大会上强调，要加快推动发展方式绿色低碳转型，坚持把绿色低碳发展作为解决生态环境问题的治本之策，加快形成绿色生产方式和生活方式，厚植高质量发展的绿色底色。践行绿色发展理念，持续走经济效益、社会效益和生态效益有机融合的绿色发展道路，成为绿色企业，是履行社会责任的根本，也是企业实现可持续发展的必由之路。汽车产业要加快制定绿色低碳消费模式转变行动方案，建立绿色消费信息平台，出台绿色消费奖励措施，积极引导消费者践行绿色低碳生活方式，讲好"绿色产品故事"，传播好"生态文明建设声音"，形成绿色低碳消费新风尚。

近年来，汽车行业持续推动全生命周期碳管理工作，在数据库、方法规则、核算工具建设等领域取得了一系列成果。但也要意识到，中国自主汽车品牌向"双碳"目标迈进、实现绿色发展的过程中，依然存在一些亟须解决的问题与挑战。

（一）工作基础不断筑牢夯实

1.行业低碳能力明显提升

新能源汽车是我国产品碳足迹管理中明确提出要加快工作进展的重点行业，我国在该领域已取得一系列成果，中国汽车产业链碳公示平台的数据显示，我国自主品牌汽车产品碳足迹实际上与合资、外资品牌差距不大，部分低碳的自主品牌汽车碳足迹已做到行业优秀水平。例如，东风某款产品碳足迹为 269.29 gCO_2e/km，远低于行业平均水平 342.32 gCO_2e/km，比亚迪几乎所有纯电动车型都优于行业平均水平，自主品牌产品低碳表现进步迅速。

在技术端，汽车行业已经建立了完整的集数据采集、模型建立、数据库对接、流程管理、企业展示、减排决策于一体的汽车生命周期碳排放核算工具体系。汽车产品生命周期评价工具（OBS）、中国汽车生命周期数据库（CALCD）和汽车生命周期评价模型（CALCM）在行业内得到广泛认可与使用，实现了对材料、零部件和整车等不同产品维度的碳排放自动化建模核算。20余家整车企业与研究机构联合共建了中国工业碳排放信息系统（CICES），形成了贯穿汽车全产业链的具体场地数据体系，助力核算结果与

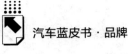

真实场景值的进一步匹配。低碳技术库及碳减排决策支持工具（CRDst）帮助企业依据时间成本、经济成本与工作基础，自动化选取最优减排方案。企业"双碳"数字化管理系统则整合企业、工厂、项目及产品的各项碳排放信息，将数据流进行集中体现与分析，形成低碳管理智慧大脑。目前，汽车行业低碳管理工作已覆盖 20 余家整车企业、2000 余家供应链企业、22000 余款供应链及整车产品，基本建成真实场景数据体系。

2. 信息披露工作进展迅速

2023 年 4 月，全球首个汽车全产业链的碳足迹信息公示平台——中国汽车产业链碳公示平台正式上线，对汽车产业链上的整车、零部件和车用材料等产品面向全社会进行公示，公示内容包括产品基本信息、碳排放信息、碳标识信息等。平台旨在补足当前汽车产业存在的"四个薄弱"问题，即减碳意识薄弱、核算方法薄弱、核算数据薄弱和产业链协同薄弱。平台核算结果显示，在国内十大汽车集团车型中，比亚迪汽车只生产新能源车型（插电混动和纯电动），其车型碳足迹均值最低；其余 9 家企业中，广汽集团、吉利控股、东风集团表现较好，长安集团和北汽集团相对较差（见图 2）。

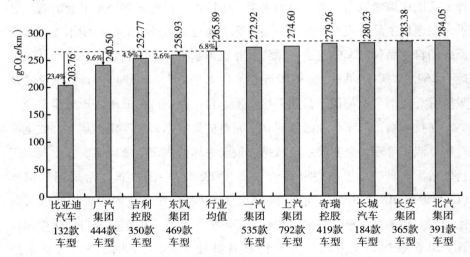

图 2 中国十大汽车集团车型碳足迹均值

中国汽车产业链碳公示平台是数字化降碳的典型中国方案，平台以数字化赋能低碳化，助力中国汽车产业完善汽车碳数据，提高汽车碳排放管理水平，推动碳数据国际互认，构建低碳生态，引导低碳消费，达成"双碳"目标。平台运行一年以来，已公示 61 家车企、近 5000 余款车型碳足迹，中国汽车碳足迹管理和碳足迹数据逐步公开、量化、透明。

3. 供应链管理工作引起重视

汽车行业积极探索由单一整车管控向全产业链管控、由单一碳指标管控向 ESG 可持续发展绩效管控过渡。汽车行业运营上线了中国首个汽车供应链 ESG 风险预警平台，实现汽车供应链 ESG 风险的可查、可追、可管。立足汽车行业全供应链的视角，建立了违法信息库、舆情信息库、政策信息库三个数据库，对汽车企业供应链上出现的风险进行预警和全流程跟踪，是创新 ESG 数字化解决方案。据统计，目前该平台已完成 73 家汽车企业配套的 23000 家供应商 ESG 风险信息集成，其中包含违法信息数据 4000 余条，舆情信息数据 50 万余条，政策信息数据数百条。车企可以通过了解供应商的 ESG 违法情况，针对供应链中存在的 ESG 风险问题采取相应的预防和管理措施，有效支撑企业 ESG 合规治理，综合提升企业 ESG 管理水平，助力车企实现高质量、可持续发展。

（二）产业链协同降碳空间巨大

1. 全产业链韧性有待进一步提升

企业绿色低碳供应链管理在国际合作和可持续发展理念推行中发挥着越来越重要的作用，发展绿色供应链是当今企业绿色低碳发展的必经之路。建立从原材料采购到产品销售各环节的综合评价系统，引导供应链体系遵守统一的低碳标准。同时，从低碳发展视角全面引入 ESG 理念至评价体系中，促进上游供应链遵守尽调规定、识别风险与机遇，增强链条的适应性和韧性。强化上下游沟通与协作，共享资源和碳信息，提升对外部变化的应对能力，加速低碳技术和管理经验的传播。

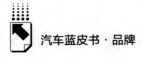

2. 数字化技术未充分应用

根据世界经济论坛（WEF）的数据，食品、建筑、时尚、快速消费品、电子产品、汽车、专业服务和货运 8 条供应链的碳排放占全球排放量的 50% 以上。通过推动实现产业链协同降碳，中国汽车产业链可以更好地满足国际市场对环保产品的需求，从而打破碳贸易壁垒，提升出口竞争力。但产业链上大量的中小企业受资金实力、技术基础及管理水平等因素制约，减碳压力较大，低碳工作进程不甚理想。建议联合行业力量，上下游协同共建"双碳"服务平台。在基础碳数据体系、产业链 ESG 绩效等方面，解决数据不足、信息不足、沟通不畅的问题，打通数据传输堵点。对标先进、弥补差距，共同构建政府引导、平台赋能、中央企业引领的联合机制，形成各方联动协同的"双碳"数字化转型新格局，在更大范围、更深程度上推进平台应用，打造新质生产力。

3. 示范带动作用尚未普及

当前，产业协同降碳发展路径仍不清晰。在推动产业链协同降碳的过程中，面临两个突出的问题：一是由于缺乏法律法规层面的强制性要求，上游供应链上的减排和低碳能源及产品研发进展不理想；二是在汽车全产业链中，中小企业占比超过 90%，然而这些中小企业受资金实力、技术基础及管理水平等因素制约，减碳压力较大，要实现低碳转型困难重重。

汽车产业低碳示范标杆是指在汽车产业低碳发展方面走在前列、具有引领作用的企业或地区。它们通过率先采用先进技术、推广低碳产品和服务、积极履行社会责任等方式，为行业发展树立标杆，引领产业向低碳方向转型升级。

共创行业低碳行动联盟，凝聚发展共识。以核心汽车企业与国家级行业机构为核心，推动全产业链伙伴，成立汽车行业低碳行动联盟，联合开展碳足迹核算、标准、评价、标识、管理、推广等工作。提升低碳产品宣传展示力度，引导科技、金融、资源要素向低碳企业和产品聚集。融合各方低碳展览、车展等大型活动，开展碳足迹标识应用的重点宣传，推动形成社会新消费理念。

四　中国汽车品牌低碳发展策略建议

（一）大力开展企业可持续发展建设

确立"双碳"目标，制定绿色低碳发展路线及规划。在国际贸易的过程中，通过开展 ESG 实践，出海企业可以获得当地政府和消费者的认可，降低法律风险，提升品牌形象和市场竞争力。在战略规划层面，车企应积极响应国家关于绿色发展的号召，将 ESG 理念融入企业运营中，通过设定明确的 ESG 目标，包括环境保护、社会责任和公司治理等方面，加强 ESG 信息披露，进一步提高公司治理水平，增强可持续发展动力，加速推动"双碳"目标实现，推动企业绿色低碳形象的建设。

树立可持续发展理念，做好企业品牌传播工作。车企实现"双碳"目标，是一项系统性工程。车企在确立"双碳"目标后，应当重点破解"不懂碳""不会算""没有减排目标""没有减碳技术""对外故事讲不好"等问题。在企业品牌层面，车企可以积极开展"绿色工厂""绿色产品""低碳企业"等评选工作，借助多平台全方位展示绿色低碳品牌形象，积极打造国家级、国际级绿色品牌示范项目及试点等，提高低碳汽车品牌的综合影响力，打造汽车品牌出海国际竞争力。

（二）推动企业"双碳"数字化升级

全面实施 ESG 绿色供应链管理策略。企业绿色低碳供应链管理在国际合作和可持续发展理念推行中发挥着越来越重要的作用，车企可通过汽车供应链 ESG 风险预警平台等工具的使用，实现汽车供应链 ESG 风险的可查、可追、可管，有效监测企业发展问题与风险点，促进企业绿色高质量发展，提升企业的品牌美誉度，积累品牌资产。

采用数字化碳核算及展示工具，一体化解决企业脱碳难题。汽车行业产品生命周期评价工具（OBS）、汽车生命周期评价模型（CALCM）、产品碳足迹标准管理工具（PCFst），可以有效应对碳管理过程中"核算难"等问题，实现标准算碳、数字算碳、智能算碳。企业"双碳"数字化管理系统围绕碳核算、碳管理、碳技术、大屏展示等维度打造，既符合行业"双碳"数字化管理趋势，又可满足企业的个性化定制需求。

（三）积极开展产品绿色品牌传播

充分运用融媒体传播渠道和工具，开展全方位绿色传播。随着互联网技术的深入发展，当前的媒介格局融合特征明显，并呈现媒介渠道多元化、交互形式数字化等特点。车企应充分利用社交媒体、短视频等媒体平台与渠道，围绕企业的可持续发展主张、绿色产品特质等，广泛开展形式多样的绿色传播活动；车企还可以积极参与绿色公益活动，展示企业的社会责任和担当，提升品牌在消费者心中的可持续发展形象。

充分发掘产品碳标识使用潜力，强化绿色属性。随着全球气候变化问题的日益严峻，碳标识制度的重要性越发凸显。碳标识能够直观地展示企业在生产过程中对环境的贡献，向消费者传递企业的环保理念和责任担当，对于推动绿色消费、促进产业绿色转型具有重要意义。我国相关政策文件多次提出建立碳排放信息平台、建立产品碳标识认证制度引导降碳减排和绿色低碳消费，鼓励企业按照市场化原则自愿开展产品碳标识认证，引导其在产品或包装物、广告等位置标注和使用碳标识。车企要尽快建立汽车产品及服务绿色低碳标识中国标准，充分发挥绿色标识体系战略性、基础性、引领性作用，制定汽车产品碳足迹标识，完善碳标识使用制度，提高绿色汽车生产和消费透明度。一方面，以碳标识为牵引，助力组织识别汽车全生命周期碳数据流动、计量汽车产品减碳技术创新成效，并基于碳等级标识实施汽车产品绿色分类，支撑政府主管部门出台标识管理要求，从技术层面与财政补贴上支持碳标识的发展，降低碳标识运行成本；另一方面，随着越来越多的消费者关注产品的环保和可持续性，车企产品碳标识可以传达其在碳排放减少方面的积极态度和努力，更好地满足消费者绿色环保的消费诉求，提升企业产品低碳形象和品牌竞争力。

加强绿色产品传播，引导绿色低碳消费新风尚。绿色低碳消费是实现汽车产业"双碳"目标的具体行动，因此，车企也要采取有力措施积极倡导绿色低碳消费，激活绿色低碳消费需求。以中国汽车产业链碳公示平台孵化的"低碳领跑者车型"为例，可以加强绿色产品的宣传，使消费者将绿色低碳作为消费的重要考量因素，提升公众绿色消费的意识水平，引导消费者选择更加健康、低碳、环保的产品。同时，这也符合全球可持续发展目标与碳中和的趋势，有助于推动整个汽车行业的绿色转型。

通过从企业战略端可持续发展目标的确立，采用相应的减碳技术手段和平台等推动产业链协同降碳，中国汽车产业链将有效应对国际贸易"碳壁垒"，提升汽车产业的低碳竞争力并积极融入国际市场；通过对产品碳足迹的关注和公示，采用产品绿色传播手段与方式等，提升自主汽车品牌绿色发展质量、提升车企可持续发展水平。通过汽车产业链积极践行一系列"双碳"举措，将为全球汽车产业的绿色转型和我国"双碳"目标的达成做出积极贡献。

参考文献

"中国汽车行业绿色低碳发展路径研究"项目组：《我国汽车产业绿色低碳发展路径研究》，《中国能源》2022年第12期。

乔英俊、赵世佳、伍晨波、臧冀原：《"双碳"目标下我国汽车产业低碳发展战略研究》，《中国软科学》2022年第6期。

庞旭飞：《基于欧盟碳税背景下的企业碳标签认证体系建设研究》，《环境科学与管理》2024年第3期。

任东明：《欧盟碳边境调节机制对我国新能源发展的影响及应对建议》，《中国能源》2022年第4期。

张铜柱、赵明楠、孙锌等：《面向碳中和目标的汽车产品碳足迹标识应用研究》，《中国汽车》2022年第7期。

林星阳：《"碳中和"目标下中国开征碳关税研究》，《国际贸易》2022年第5期。

郭智源、马宇飞、邱骏光：《浅谈工业企业"双碳"发展路径》，《低碳世界》2022年第8期。

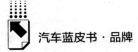

孙方：《深入学习贯彻习近平生态文明思想坚定不移推动绿色低碳发展》，《中国煤炭工业》2023 年第 9 期。

刘瑾：《"数字+"解锁汽车业降碳新路径》，《经济日报》2023 年 2 月 13 日，第 6 版。

杜兰：《千余款在售车型公示碳足迹》，《首都建设报》2023 年 6 月 22 日，第 2 版。

李争粉：《2023 中国汽车低碳领跑者计划发布》，《中国高新技术产业导报》2023 年 6 月 26 日，第 12 版。

田红豆、王伟、罗斌华等：《"双碳"战略下能耗双控向碳排放双控转变的内在逻辑与实现路径》，《能源研究与管理》2023 年第 4 期。

王鹏程：《构建我国碳信息披露体系的战略思考》，《北京工商大学学报》（社会科学版）2023 年第 1 期。

周小全、蔡敏勇、熊忠辉：《探索创新示范引领以产权交易市场推动全国统一要素和资源大市场建设》，《产权导刊》2023 年第 1 期。

林欣宇、张嘉仪、帅泞弋：《双碳目标背景下品牌绿色形象对 Z 世代消费者购买意愿的影响研究》，《全国流通经济》2023 年第 7 期。

B.11
汽车品牌国际化营销战略分析

摘　要：　近年来，我国汽车产业国际化发展加快，汽车产品"走出去"进入关键期，一批中国汽车企业正加快出海布局，铺设海外生产、研发和销售网络，未来有望在拓展海外市场中贡献新力量。2023年，我国汽车外贸出口迈上新台阶，全年整车出口首次跃居全球第一。随着出口份额的不断增加，中国汽车品牌的国际影响力稳步提升，而汽车产业"走出去"对企业营销战略的制定也提出了更高的要求。本报告梳理了2023年我国汽车品牌出口发展状况和汽车企业营销战略，建议我国汽车企业提升产品力，保持竞争优势，积极开放合作，提高营销水平，推动中国汽车走出国门。

关键词：　国际化营销　全球市场　品牌出海

一　国际化营销的重要性

国际化营销是指企业将商品和服务引入一个以上国家的消费者或用户手中的过程。这一过程涉及跨越国界的社会和管理活动，旨在通过计划、定价、促销和引导等手段，为多国消费者提供满足其需求的产品和服务，并在国际市场上进行交换，从而获取利润。国际化营销是企业为拓展市场、优化资源配置、提升技术水平、增强品牌影响力，并促进跨文化交流与合作，而在跨国界范围内开展的一种重要活动。通过国际化营销，企业能够适应全球

---

*　梁懿，新华网汽车产业中心总经理，深耕产业经济的营销与管理，在媒体传播、汽车营销、品牌建设等领域积极探索与实践。

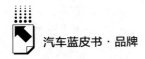

化竞争环境，实现长期的可持续发展。

在当今这个全球化时代，企业面临全球贸易和国际市场日益成熟的机遇与挑战。为了在竞争激烈的国际市场中保持领先地位，汽车产业不可避免地走上了国际化之路。汽车产业因其综合性和关联性而成为全球化以及国际分工的重要组成部分，各国市场都提供了广阔的发展空间。

中国积极参与多方合作，致力于促进对外开放和自由贸易。然而，随着全球新兴汽车品牌的涌现和国内市场的成熟，中国汽车市场面临行业利润下降以及竞争加剧等挑战。面对国内市场的饱和，中国自主汽车品牌需要寻找新的客户资源，扩大市场规模。

汽车产业是中国制造业的重要组成部分，也是中国经济高质量发展的重要支柱。随着中国经济的快速发展，汽车产业逐渐走向成熟，一些优秀的中国汽车企业正在全球市场上取得稳固地位。因此，中国汽车企业需要积极应对国际化的挑战和机遇，通过提高产品质量、优化服务体验、拓展国际市场等方式，实现在全球市场的持续发展，取得竞争优势。同时，我国政府也应加大对汽车产业的支持力度，提供政策支持和市场环境，促进汽车产业的创新和转型升级，推动中国汽车产业实现更高水平的国际化发展。

二　汽车国内外市场现状分析

（一）国际汽车市场发展现状

根据国际汽车制造商协会（OICA）的数据，2019年以来，全球汽车生产量呈现下降趋势。2019年，全球汽车产量为9218.3万辆，同比下降4.8%。到2020年，全球汽车生产总量下降至7771.2万辆，同比下降15.7%。全球汽车产能利用率降至近十年来的最低。在这一趋势下，乘用车的产量下降幅度明显高于整个汽车行业的平均水平，而商用车的降幅略低于平均水平。

然而，2023年的数据显示，全球乘用车新注册量达到7245.72万辆，同比增长9.7%；全球乘用车产量为7561.55万辆，同比增长10.2%，增速明显加快，这表明乘用车市场逐步复苏，并呈现较为积极的增长态势。尽管全球汽车产业在过去几年遇到了挑战，但乘用车市场的复苏和增长为整个行业带来了一线希望。未来，随着经济形势的好转和消费者需求的提升，全球汽车产业有望逐步走出低谷，迎来新一轮增长周期。

（二）我国汽车市场发展现状

中国汽车工业发展相对于发达国家稍晚，但经过 70 多年的发展，已成为中国经济的重要支柱之一。中国汽车工业不断融合发展，成为全球汽车工业体系的重要组成部分。

在历史上，中国汽车市场曾经历一段下滑期。从 2018 年 7 月开始至 2019 年，汽车销量连续下滑，分别下降 2.8% 和 8.2%。2020 年，受外部因素影响，中国汽车市场面临更大挑战。然而，近年来，汽车行业的复苏超出了预期。2021 年，全国汽车产销量分别完成 2608.2 万辆和 2627.5 万辆，同比增速分别为 3.4% 和 3.8%。新能源汽车成为亮点，销量超过 350 万辆，市场占有率达到 13.4%。2022 年，汽车产销量分别完成 2702.1 万辆和 2686.4 万辆，同比增速分别为 3.6% 和 2.1%。而到了 2023 年，产销量更是突破 3000 万辆，分别达到 3016.1 万辆和 3009.4 万辆，同比增速分别为 11.6% 和 12.0%（见图 1），产量增速较上一年提高 8.2 个百分点，销量增速提高 9.9 个百分点。这标志着中国汽车行业迎来新的发展和增长阶段。

2017 年之后，我国汽车出口量价齐升，年均出口规模保持 100 万辆以上。2021 年，出口量大幅增长，首次突破 200 万辆，位居全球第三；2022 年增长至 340 万辆，超过德国位居全球第二；2023 年进一步增长至 522 万辆（见图 2），超过日本居全球首位。同时，汽车出口价格稳步增长，2021 年汽车出口单车平均价格为 11 万元，2022 年增长至 12.7 万元，2023 年达到 13.7 万元。

2021 年以来，中国新能源汽车出口呈现持续快速增长态势。中汽协数据显示，2021 年新能源汽车出口量达到 31 万辆，同比增长 3 倍；2022 年出口量增至 67.9 万辆，同比增长 1.2 倍；而到了 2023 年，出口量更是达到

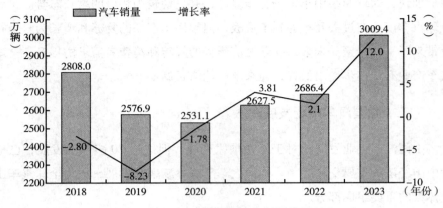

图1　2018~2023年中国汽车销量及增长率

注：历史年度数据为当年发布数据。
资料来源：中国汽车工业协会。

图2　2017~2023年中国汽车出口走势

资料来源：乘联会。

120.3万辆，稳居全球首位。尤其值得关注的是，中国新能源汽车对发达国家的出口量占比超过70%。

中国自主品牌汽车在海外市场也取得了长足进展。2021年以来，中国自主品牌汽车出口量占全部汽车出口量的比例均高于80%，并逐步提升。中汽协数据显示，2023年中国自主品牌汽车出口量超过413万辆，占全部汽车出口量的 84%。其中，上汽、奇瑞的出口量分别达到 99.4 万辆和 92.5 万辆，长安、长城、吉利、比亚迪和东风的出口量均超过 20 万辆，而北汽、江淮、重汽的出口量也均超过 10 万辆。

在海外市场份额方面，中国自主品牌汽车也持续提升。2021 年，中国自主品牌汽车在海外市场的销量份额首次超过 1%，达到 1.25%，而在随后的两年中持续增长，到 2023 年已经达到 2.7%。在多个国家，中国品牌汽车的销量位居前列。

（三）中国汽车品牌出口的机遇

第一，我国汽车出口快速增长，形成了有竞争力的规模优势和品牌优势。国际份额提升和产品质量稳中向好，新能源汽车发展势头强劲，2023 年新车出口量为 491 万辆，同比增长 57.9%，出口对汽车总销量增长的贡献率达到 55.7%；汽车出口再创新高，成为拉动汽车产销量增长的重要力量。

分车型看，2023 年乘用车出口量为 414 万辆，同比增长 63.7%；商用车出口量为 77 万辆，同比增长 32.2%。从动力形式来看，2023 年传统燃料汽车出口量为 370.7 万辆，同比增长 52.4%；新能源汽车出口量为 120.3 万辆，同比增长 77.6%。随着出口量的增加和市场份额的不断提升，特别是汽车质量的持续提升，性价比优势也更加明显，有力推动了规模上量和品牌美誉度跃升。

第二，聚焦"双碳"目标，给中国新能源汽车国际化带来机遇。世界各国正在更好地落实《巴黎协定》，加强应对气候变化威胁，把全球平均升温较工业化前水平控制在 2℃ 之内，并努力把升温幅度控制在 1.5℃ 之内。这是从环境保护与治理上明确了全球共同追求的"硬指标"。

根据相关机构的数据测算，按产品生命周期计算，一辆电动车碳排放量为 22.4 吨，一辆汽油车碳排放量为 39.7 吨，电动车比燃油车减排 43.6%。随着新能源汽车渗透率的逐年提高、保有量的不断增长，二氧化碳和有害气体排放将会逐年减少，对降低温室气体排放的贡献也会越来越大。

第三，智能化的优势。科技改变生活，智能汽车对国内外消费者都具有吸引力。首先是新能源汽车智能化的自动驾驶功能，可通过搭载的摄像头和传感器，实时感知道路上的路标、行人和其他车辆，在遇到紧急情况时，车辆可自动刹车或通过智能防碰撞系统避免碰撞，保障驾驶安全。其次是新能源车智能化使行驶更高效。车辆在行驶中通过智能化的地图和导航系统，自主调节充电地点和充电时间，从而提高充电效率。另外，车载信息娱乐系统也深受年轻人喜爱，包括导航、音乐、语言控制、车用KTV、看电视剧和电影、少儿节目、下棋等。中国新能源汽车在智能化方面有优势，而且已经被越来越多国内外消费者看好。

第四，产业链优势明显。首先，中国新能源汽车"三电"技术不断进步，动力电池研发应用在全球居主导地位，与整车产品的匹配性越来越好；随着电池技术进步，能量密度越来越好，电池的超长续航已经成为现实。其次，产业集群协同发展，在长三角、珠三角、京津冀鲁、川渝等产业条件相对成熟的地区，一家新能源整车厂可在4小时车程内解决从车身一体化压铸到"三电"再到车载软件所需配套零部件的供应。德国大众投资7亿美元购买小鹏汽车4.99%的股份，利用小鹏电动车平台，计划在2026年推出两款B级车在中国上市就是例证。同时，国内的充电、换电技术也走在世界前列，通过不同的商业模式全面解决消费者充电、换电难的问题，大大降低了使用成本。总之，技术、产品、性价比等构成了新能源汽车的产业链优势，将赢得越来越多国内外消费者的青睐。

第五，市场机遇大。在"双碳"目标引领下，世界各国特别是发达经济体大力推动新能源汽车的推广和普及。从新能源汽车的渗透率看，中国新能源汽车海外市场的机会非常明显。据欧洲汽车制造商协会（ACEA）预测，到2030年，欧洲每5辆汽车中就有3辆是新能源汽车，其渗透率将超60%。按这一渗透率预测值来计算，市场需求巨大，这给中国新能源车企带来巨大的发展机遇。

三 国际化营销战略的类型和特点

企业国际化营销战略基本上有四种类型，即国际战略、多国本土化战略、全球化战略与跨国战略。这四种战略可以通过"全球协作"的程度及

"本土独立性和适应能力"所构成的两维坐标体现出来。

国际战略是指企业将其具有价值的产品与技能转移到国外市场，以创造价值的举措。产品开发的职能留在母国，而在东道国布局制造和营销职能，总部一般严格地控制产品与市场战略的决策权。如果企业的特殊竞争力在国外市场上拥有优势，而且在该市场上降低成本的压力较小时，采取国际战略是非常合理的。

多国本土化战略是将自己国家所开发的产品和技能转移到国外市场，在重要的国家市场上从事生产经营活动。根据不同国家的不同市场，提供更能满足当地市场需要的产品和服务。在当地市场强烈要求根据当地需求提供产品和服务并降低成本时，企业应采取多国本土化战略。

全球化战略是向全世界市场推销标准化的产品和服务，并在较有利的国家集中进行生产经营活动，由此形成经验曲线和规模经济效益，以获得高额利润。企业采取这种战略主要是为了实施成本领先战略，通过提供标准化的产品促使不同国家的偏好趋同。在成本压力大而当地特殊要求小的情况下，企业采取全球化战略是合理的。

跨国战略是在全球激烈竞争的情况下形成以经验为基础的成本效益和区位效益，转移企业内的特殊竞争力，同时注意当地市场的需要。为避免外部市场的竞争压力，母公司与子公司、子公司与子公司的关系是双向的；企业采取这种战略，能够运用经验曲线的效应，形成区位效益，满足当地市场的需求，达到全球学习的效果。跨国战略应充分考虑东道国的需求，同时也要保证跨国公司的核心目标和技能的实现。目前，跨国战略被认为是跨国公司的最佳战略选择，但在实践中是一种理想化而非现实的形式。

四　汽车品牌国际化营销战略的要素

（一）市场细分与定位策略

汽车市场的细分与定位是基于不同区域的文化背景、消费理念和生活方

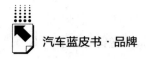

式差异而进行的。这一过程是企业根据市场需求的多样性和用户购买的差异性，将整个市场划分为若干具有相似特征的用户群的过程。通过分辨具有不同特征的用户群，企业可以选择其中一个或若干个作为目标市场。这种市场细分与定位的方法有助于企业抓住汽车市场的机会，并发现尚未满足的需求。

通过市场细分与定位，企业可以发现尚未满足的需求，并从中寻找适合自身开发的需求，从而抓住市场机会。这种需求往往是潜在的，一般不容易被发现。例如，日本铃木公司在打开美国市场时，通过细分市场发现了为18~30岁年轻人设计的省油、实用的敞篷车这一市场缺口，推出了"铃木SJ413"车型，并获得了成功。

汽车市场细分与定位也是目标市场选择的前提。企业的营销活动应该针对所要进入的目标市场，结合目标市场的特征和需求制定相应的营销策略。通过汽车市场细分与定位，有利于发现汽车用户群的需求特性，使汽车产品更具有特色，甚至在某些细分市场中形成垄断优势。

对于实力较强的大型汽车企业和实力一般的中小型汽车企业来说，汽车市场细分与定位都是市场营销的战略选择，也是有效的市场竞争策略。尤其对于中小型汽车企业来说，资源有限、技术力量相对较弱，因此选择一些大型汽车企业不愿顾及、需求相对较小的汽车细分市场，集中精力做出成绩，取得局部优势，是其立足市场、实现生存发展的重要战略。

在选择目标市场时，营销人员需要把握一定的原则和方法，确保选择的市场符合企业的优势和市场需求。因此，汽车市场细分与定位是汽车企业制定市场营销策略的重要环节，也是企业成功的关键之一。

（二）产品策略与定价策略

在车企产品定位下，制定企业的产品策略，包括品牌、产品组合、产品差异化和产品生命周期策略。

品牌策略分为单一品牌策略和多元品牌策略，大部分汽车企业采取单一品牌策略，少部分车企采取多元品牌策略。例如，比亚迪目标群体覆盖所有人群，实行多元品牌策略，各品牌定位不同，低、中、高端都设置了相应的品牌。特斯拉、赛力斯、理想定位清晰，有明显的目标客群以及与用户需求相匹配的品牌。

产品组合策略分为单一产品和多元产品策略，单一产品策略依赖于开发爆款产品，多元产品策略依赖于快速迭代开发打造爆款产品。特斯拉、赛力斯、蔚来、理想、小鹏等采取固定的几款经典车型持续迭代产品，打造爆款。例如，特斯拉的 Model 3、Model Y，赛力斯的问界 7、问界 9，理想的 L7、L9。比亚迪采取多元产品策略，快速迭代产品，不断推出新款。例如，比亚迪王朝系列推出秦、汉、唐、宋、元，海洋系列推出海豚、海鸥、海豹、驱逐舰、护卫舰等，多元产品策略需要敏捷的研发组织、强大的供应链支持和强大的销售渠道支持。

产品差异化策略是在激烈的竞争中，创新型企业取得竞争优势的重要策略，差异化策略需要聚焦价值链的核心环节，为用户提供独特的价值。特斯拉的差异化策略在于对电池、智能驾驶、汽车集成化、生产工艺等核心技术的研发创新。比亚迪的差异化策略在于垂直一体化，降低供应链成本。赛力斯的差异化策略在于依赖华为的智能驾驶技术和核心零部件技术，专注于汽车生产，规避企业劣势。蔚来的差异化策略在于换电服务和车主社交服务。小鹏的差异化策略在于聚焦家庭出游场景，提供冰箱、彩电、大沙发等服务。

产品生命周期包括导入期、成长期、成熟期和衰退期四个不同阶段，目前新能源汽车处于成长期，其产品生命周期策略包括产品迭代、新品开发、进入新细分市场、进入新渠道、品牌宣传、降低价格抢占市场等策略。例如，特斯拉主要采取产品迭代策略，每款车型持续推出新款，进入东南亚、中东、欧洲等区域市场时，则通过降低价格抢占市场份额。

汽车企业也需要根据自身发展的营销战略和目标，以及竞争对手的情况、市场需求和产品特征等多方面具体情况，灵活采取多种定价策略，以提高汽车销量。汽车企业最常用的定价策略如下。

针对新产品定价，常用的策略包括撇脂定价、渗透定价和适中定价。撇脂定价策略：在新产品上市初期，企业会设定较高的价格，以获取丰厚利润。例如，某汽车品牌推出一款高端豪华轿车，在初期上市时定价较高，以追求高利润率。渗透定价策略：企业为了迅速占领市场份额，会制定较低的价格，吸引更多顾客购买。这种策略实质上是以薄利多销为目的，快速打开市场。适中定价策略：汽车品牌可能会选择适中定价，将产品价格定在市场平均水平，以获取平均利润。这种策略旨在避免过高或过低的定价，以确保产品在市场上的竞争力和可持续性。例如，主流汽车品牌可能会根据车型的定位和品牌形象制定适中的价格，吸引中等收入的消费群体。

此外，还有折扣定价策略，通过打折促销来吸引消费者，提高产品销量。例如，汽车品牌在特定节假日或季节推出折扣活动，以促进销售。

针对产品生命周期，汽车企业可以采取不同的定价策略。在投入期，可以制定较高的价格，随后根据竞争情况适度降价；成长期，可通过成本控制降低售价，提高产品差异性；成熟期，可优化产品质量和售后服务，维持市场份额；衰退期，应保持价格稳定，考虑退出市场。

根据消费者心理和产品组合，汽车企业也可以制定相应的定价策略。声望定价和分级定价是常见策略。声望定价是利用品牌价值制定较高的产品价格；而分级定价则根据产品配置和消费者需求制定不同价格，以实现产品整体利润最大化。

（三）渠道与分销策略

汽车销售涉及一系列活动，包括运输、储存、库存控制以及售前、售中、售后服务。合理地组织这些活动，正确选择分销渠道，对汽车企业在国际化过程中扩大销售、加速资金周转、降低流通费用具有至关重要的作用。事实表明，汽车跨国营销的成功往往取决于渠道的选择。

自主品牌汽车要想在国外市场占据一席之地，就需要实现经营、售后服务和零配件的一体化，以优质的服务消除客户对其产品的顾虑。这就要求企业在分销渠道方面下功夫。一般而言，进入国际汽车市场常见的分销渠道方式有以下三种。

与目标国的销售渠道合作：这种方式能够节约成本，利用伙伴关系的渠道进行销售。但是，在合作伙伴选择和掌控方面存在一定难度。

依靠目标国的独立经销商：这种方式可以节约渠道建设投入，但对渠道销售控制力较弱，市场及消费者的信息反馈不畅，渠道效率的不确定性较大。

建立生产商独资控股的直属销售分部：渠道建设的投入比前两者更大，但一旦成功，收益也更为可观。这种方式可以带来更多的控制权和收益，有助于提高渠道效率。

针对中国自主品牌汽车企业，选择哪种渠道方式更适合，应该根据各企业的具体情况而定。

举例来说，现代汽车选择建立了"现代汽车美国公司"，要求经销"现代车"的公司必须建立单独的陈列室、单独的售后服务部，有效地提高了对渠道的控制力，为其在美国市场站稳脚跟提供了保障。有鉴于此，无论中国自主品牌汽车企业采取哪一种渠道方式，都应该在如何提高渠道控制力方面着力研究，并制定一套切实有效的措施。

（四）促销策略

从市场营销的角度来看，促销是指企业利用各种手段与消费者沟通，引发其消费欲望和兴趣，从而促使其产生购买行为。针对中国汽车企业国际化的现状，自主品牌汽车产品在技术、质量和环保方面与同档次跨国企业产品的差距正在逐步缩小，部分甚至实现领先。面对汽车行业同质化竞争加剧的趋势，自主品牌汽车企业可以通过促销来提升知名度和美誉度，刺激现实需求，培养潜在需求。

促销方式主要包括人员推销、广告、公共关系和营销推广等。在制定促销策略时，汽车企业必须考虑其产品特性。汽车作为一种耐用消费品，具有自己的促销特点。利用电视媒体、网络媒体以及各种车展等广告形式是非常有效的宣传途径。建立严密的传播管理机制，确保广告宣传的科学性和一致性，对于强化汽车企业的品牌形象至关重要。例如，丰田汽车公司曾通过破

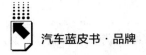

坏性试验宣传性广告成功改变了人们对于某款车型的印象，从而提升了品牌形象。

公共关系作为一种促销手段，在企业进入目标市场的初级阶段具有重要作用。通过公共关系的建立，企业能够以较低的成本、广泛的影响和较高的可信度塑造品牌形象。在国际化营销的初级阶段，自主品牌汽车企业应重视公共关系，吸引高素质的公关人才，并配合广告宣传进行推广。此外，在营销推广方面，汽车企业应采取多样有效的推广方式，同时加强对中间商的控制和合作，优化其推销能力与合作态度。

综上所述，促销对于自主品牌汽车企业在国际市场的拓展具有重要意义，通过科学合理的促销策略，可以提升企业的竞争力和品牌影响力，进而实现销量的增长和市场份额的提升。

五　案例分析

（一）长城汽车的国际化策略

长城汽车是中国最早进行汽车出口的企业之一，也是我国 SUV 产销量最大的自主品牌汽车企业之一。长城汽车一直致力于产品的自主研发，并着力于建立完整的汽车研发产业链。改革开放以来，长城汽车积极实施国际化经营战略，在俄罗斯等多个国家和地区建立了 KD 工厂和海外销售网络。为更好地推动汽车产业的发展，长城汽车与多家国外知名企业展开了战略合作，进一步深化了产品技术研发合作。

近年来，长城汽车先后收购了泰国罗勇工厂、巴西伊拉塞马波利斯工厂，进一步扩大了其海外产能布局。截至 2023 年，长城汽车全年销量超过123 万辆，同比增长 15.29%；海外销量突破 30 万辆，同比增长 82.48%。到 2023 年底，长城汽车全球累计出口超过 140 万辆。

长城汽车用长达 26 年的摸索与实践，走出了一条独特的全球化发展道路。从 1997 年简单的产品贸易出海到如今在海外深度布局全产业链，长城汽车专注于"一个长城"（ONE GWM）并践行"生态出海"，在海外取得了显著的发展成果。截至目前，长城汽车已经出口到 170 多个国家和地区。其国际销售网络遍布全球，海外销售渠道超过 700 家，海外累计销量超过 100 万辆。

1. 市场进入策略

长城汽车根据企业自身情况采用了三种模式开拓海外目标市场。首先是灵活性强、相对容易的出口进入模式，这些目标市场的出口环境相对简单，国内市场需求量大，汽车准入门槛较低。长城汽车通过整车出口的方式进入这些市场，充分利用这些国家的发展空间。

其次是投资进入模式，主要目的是在目标市场国家建立或收购工厂等。为了进一步扩大市场，长城汽车在海外直接投资建厂，充分利用当地的劳动力资源，降低了生产成本。通过在目标市场建立子公司和工厂，长城汽车深入了解当地的贸易政策和市场文化，加快汽车业务的本地化进程。

最后是国际战略联盟模式，长城汽车积极与国际企业合作，开展技术资源合作。例如，与法国道达尔公司在汽车润滑油方面开展合作，与美国 CODA 控股在电动汽车领域合作开发新产品，与海拉集团在汽车零部件的车身电子模块等领域展开合作。2018 年 7 月 10 日，长城汽车与宝马公司达成战略联盟，共同成立光束汽车有限公司，实现技术资源合作。这些合作都有助于长城汽车在国际市场上提升竞争力和影响力。

2. 营销策略

长城汽车根据目标市场的实际情况制定了不同的海外市场营销策略，主要包括直营经销模式、品牌专营模式和网络营销模式。

直营经销模式：长城汽车初期采取的是直营经销模式，通过自有的经销商代理在海外市场销售汽车。随着时间的推移，销售服务网点逐年增加，海外市场的营销网络也不断扩展，展现出了长城汽车强大的渠道实力。

品牌专营模式：长城汽车在强化产品核心的同时，根据不同市场需求进行市场细分，采取品牌专营模式。在马来西亚市场重点投放轿车；在泰国市场投放智能新能源品牌汽车。通过深入了解当地市场需求，长城汽车能够更

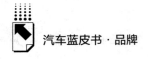

好地满足不同国家和地区消费者的需求。

网络营销模式：长城汽车也积极开展网络营销模式，利用互联网平台拓展销售渠道。例如，开创欧拉品牌与哈弗品牌终端店模式，通过产品与电商平台合作，实现线上销售与线下售后服务一体化；与京东达成合作意向，构建智能化、网联化的国内外销售汽车新生态；与多家企业达成战略联盟，携手打造基于5G+AI技术的在线生态，为实现长城汽车的网络营销提供技术支持。

通过以上多种营销模式的综合运用，长城汽车能够更好地适应不同国家和地区的市场需求，提升品牌影响力和市场竞争力。

3. 定价策略

长城汽车在开展国际市场业务时，对产品定价采取了多种策略，主要考虑到汇率变化、生产成本、贸易政策等因素。

成本导向定价：初期，长城汽车采用成本导向定价策略，将产品价格定位在中低端市场，以高性价比吸引消费者，顺利打入国际市场并占据市场份额。

差别定价：随着国际战略布局的扩大，长城汽车意识到不同目标市场的消费者需求、消费能力、行业政策和竞争环境各不相同。针对发达国家和新兴市场，长城汽车采取差别定价策略，灵活调整定价模式，以更好地匹配目标市场的特点。

地区定价：长城汽车面对一些市场竞争时，采取了地区定价策略。这些市场依靠整车进口销售，汽车销量有限，因此可以根据当地市场情况制定相应的定价策略。

通过灵活运用不同的定价策略，长城汽车能够更好地适应不同目标市场的需求，提高产品的竞争力和市场占有率。同时，随着国际市场的变化和竞争的加剧，长城汽车也需要不断调整和优化定价策略，以保持竞争优势并实现持续增长。

（二）比亚迪汽车公司

比亚迪创立于1995年，主要生产商务轿车、家用轿车和电池。目前，比亚迪已经在全球范围内开展业务，并成为全球新能源汽车行业的重要参与者之一。2023 年，比亚迪全年销售新能源汽车 302.4 万辆，同比增长 62%，不仅蝉联全球新能源汽车销量冠军，还首次跻身全球销量前十。乘用车出口 24.2 万辆，同比增长 334%，遍及全球 70 多个国家和地区、400 多个城市，并在巴西、泰国、匈牙利等海外地区投资建厂。随着新能源汽车市场的不断扩大和在新能源汽车技术方面的持续创新，比亚迪的领先地位得到不断巩固。

1. 产品策略

比亚迪的汽车产品主要是新能源商用车、新能源乘用车（包括纯电动车 EV、混动车 DM）。车型上，王朝和海洋系列均走向海外；销售体系上，比亚迪选择在海外多地与经销商合作铺开销售网络；生产上，则逐渐从整车出口迈向本土化生产。比亚迪目前的新能源汽车产品主要分为王朝和海洋两大系列。王朝系列车型主要为 SUV 和轿车，属于现阶段面向主流市场的主流产品。而海洋系列专注于纯电动力版本，主要面向年轻消费群体。除私家车外，还涉及公交、物流、客运及在机场、港口作业的新能源汽车。

2. 定价策略

目前，比亚迪的技术相对成熟，国产化程度高，所以整车生产成本较低，定价也比其他厂商低。同步采用差异化定价策略，通过在车辆外观、续航里程、内饰等方面的差异化匹配吸引不同的消费群体。

3. 渠道策略

比亚迪位列我国新能源车企的头部阵营，其渠道布局相对完整，主要依托"直营+经销商"的模式拓展销售渠道，在我国有九大生产基地；同时，比亚迪也在海外积极投资建厂，如位于美国经济和工业发达地区的加州工厂从事纯电巴士、纯电卡车的生产。目前，比亚迪已宣布停产旗下所有燃油汽车，全心全意致力于推动新能源汽车的发展。

4. 促销策略

从促销策略来看，人员推销、展会营销、广告投放、公共关系等为新能源汽车的主要促销手段，其中，广告投放和展会营销起到重要作用。许多车

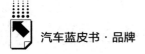

企每年都投入大量资金用于广告宣传和开设展会，比亚迪也不例外，在各大网络视频媒体和常用的手机 App 等，如抖音、优酷、爱奇艺、微博上，打开软件、视频暂停间隙都能见到其广告，在传统的纸质媒介上也能看到比亚迪投放的广告。

六　汽车品牌开展国际化营销的挑战

汽车品牌国际化营销面临的挑战是多方面的，涉及政策法规、文化语言、品牌认知、竞争对手、供应链管理和成本控制等方面。在全球化背景下，汽车制造商追求跨国市场的拓展，但在此过程中面临着种种挑战。

首先，政策法规挑战是制约汽车品牌国际化营销的重要因素。不同国家和地区的法规标准可能存在差异，对汽车制造商的产品设计、生产、销售等都会产生影响。例如，一些国家对汽车排放标准有严格要求，对电动汽车或低排放汽车提供税收优惠，而另一些国家则可能对进口汽车征收高额关税，或者对外资汽车企业设立门槛。这些政策法规的差异需要企业进行合规性评估，并调整相应策略以适应不同的市场要求。

其次，文化与语言障碍是汽车品牌国际化营销面临的挑战之一。不同国家和地区的文化背景、消费习惯、审美取向等都不尽相同，这就要求汽车品牌在推广和营销方面考虑到当地文化因素。同时，语言障碍也会影响企业与当地消费者的沟通与交流，因此需要开展有效的语言本地化工作，确保品牌信息准确传达并融入当地市场。

再次，品牌认知与竞争对手是汽车品牌国际化营销战略推进过程中面临的挑战之一。在进入新的国际市场时，汽车品牌可能面临着本国消费者对其认知不足的问题，需要通过广告宣传、市场推广等手段提升品牌知名度。同时，还需要面对来自本国和国际竞争对手的竞争压力，需要制定有效的竞争策略，与竞争对手展开激烈的市场竞争。

最后，供应链管理与成本控制也是汽车品牌国际化营销过程中面临的挑战之一。汽车制造是一个涉及多环节的复杂过程，涉及零部件供应商、生产基地、物流运输等多个方面。在跨国经营中，需要建立稳定可靠的供应链体系，确保零部件的供应和生产的顺畅进行，还需要控制好成本，避免因汇率波动、原材料价格波动等因素导致的成本增加，影响企业的盈利能力。

七　未来发展趋势展望

（一）企业新车规划以新能源汽车为主，新能源汽车营销"内卷"加剧

据中国汽车工业协会统计分析，预计 2024 年全年汽车销量达到 3200 万辆左右，新能源汽车达到 1280 万辆左右，渗透率可能突破 40%。可以看到，纯电动与混动汽车并驾齐驱，混动车型增速超过新能源汽车市场的整体水平。

在新能源汽车赛道上，2023 年，各大车企全力推新，大量汽车新品投向市场，导致新能源汽车品牌的市场竞争加剧，新能源汽车品牌在营销上各出新招，加大广告投放力度，制造各种热点话题，聚焦品牌曝光，品牌营销"内卷"加剧。

（二）南美、东欧及东南亚等地区未来或将成为全球车市增长的核心动力

从汽车普及率来看，目前普及率较高的国家主要是发达国家，汽车的全球化普及远未结束。在美洲市场，新能源汽车支持力度大，有市场规模基础，看好未来增长空间。加拿大推行全面电动化，2026 年要求乘用车销量的 20% 为电动汽车，包括墨西哥对电动汽车的进口税政策，均有利于中国新能源汽车出口。目前，包括中国在内的发展中国家汽车千人保有量仍处于较低水平，与发达国家存在较大差距。南美、东欧、中亚、南亚、东南亚等地区汽车市场的快速发展将有效拉动汽车消费，助推全球汽车消费继续由欧美日向亚非拉普及。南美、东欧、中亚、南亚、东南亚等地区的市场未来有望成为全球车市增长的重要动力之一。

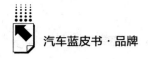

（三）以价换量仍是主旋律，生态型企业掌握营销主动权

2023年以来，价格战此起彼伏，推动汽车产业的加速转型。汽车之家研究院统计数据显示，受降价潮影响，整个汽车销售价格在2023年持续下滑，汽车零售价从3月的平均20.57万元下降到7月的平均19.27万元，单车均价下降1.3万元，预计未来汽车平均零售价还会持续下滑，进一步开拓海外市场是下一个阶段企业规模增长的关键。

在此背景下，掌握核心技术和品牌号召力的生态型企业更能够依靠其生态产业链（一是核心零部件环节自主掌握，包括三电系统和车规级半导体等，提升核心能力；二是产业链垂直整合构筑核心能力，整车延拓上下游意愿强烈）来保持较低生产成本，同时加大全球营销投入，获取更多粉丝群体，掌控更大的市场份额，在存量竞争时代占据优势地位。

八 建议和策略

（一）确保产品品质，提升品牌力

随着汽车市场的全球化，品质是赢得国际消费者信任和认可的关键。汽车品牌应该在技术研发、生产制造、质量控制等方面保持高标准，确保产品的品质和可靠性，从而在国际市场上树立良好的声誉。中国汽车企业要重视品牌价值的提升，加强自身品牌建设，实施品牌战略，着力打造国际知名车企品牌，在保持产品质量的前提下，加强新技术研发，开发满足消费者需求的新车型，通过提高产品品质，增强企业的品牌核心竞争力，进而提升企业在国际市场中的国际化品牌形象，将自身的独特品质和发展理念推广到国际市场上。

以全球思维为导向，积极参与国际合作，充分发挥国际合作伙伴的品牌影响力，加快自身国际化进程，扩大国际市场；积极参与国际赛事和国际汽车展会、赞助国际活动等，扩大品牌在国际市场的影响力，让中国品牌区别于国外品牌，拥有独特的中国文化魅力，提升品牌价值，同时缩小与其他国际知名车企的差距，推动中国汽车进入品牌国际化的发展阶段。

（二）明确市场定位，突出价格优势

在国际市场上，我国汽车产品要及时关注当地关于新能源消费补贴、充电基础设施补贴等方面的政策。此外，不同地区和消费群体对汽车的需求和偏好有所不同。汽车品牌应加强国家和重点市场研究，针对不同市场制定明确的定位策略，了解当地消费者需求，调整产品设计和营销策略，投放差异化产品类型。同时，通过优化生产成本和供应链管理，确保产品价格的竞争优势，提升市场竞争力。

（三）促进品牌数字营销，开展文化营销

在国际市场中，品牌认知和推广至关重要。汽车品牌应该加大品牌推广力度，采用多种方式和渠道进行宣传，提升品牌在国际市场的知名度和影响力。此外，随着数字化时代的到来，数字营销变得越来越重要。相较于其他消费，汽车消费的全生命周期消费特点更加明显，围绕消费者需求，充分利用互联网及数字化能力，将消费者需求更全面、更直接地引入研发、销售、售后整个闭环，与消费者共创产品、形成共赢，带动整个行业从"渠道为王"走向"消费者中心"，汽车品牌可以利用搜索引擎营销（SEM）、社交媒体营销、内容营销等数字营销手段，与消费者进行更直接、更具个性化的互动，加强品牌与消费者之间的连接和共鸣。同时，企业也要根据当地不同文化背景和语言环境，开展针对性的文化营销活动，与当地消费者建立情感联结，增强品牌认同感。

专题篇 ⟪⟫

B.12
中国新能源汽车品牌发展的
支持政策分析与建议

姚占辉　李鲁苗*

摘　要： 我国紧抓汽车电动化转型机遇，建立了较完善的新能源汽车政策支持体系，推动了关键核心技术突破、市场规模大幅提升、民族品牌加速向上，"换道超车"初见成效。当前，全球汽车产业进入了以电动化、智能化、低碳化为特征的新阶段，我国新能源汽车也进入了规模化快速发展新阶段，亟须系统梳理技术创新、投资准入、财税支持、安全管理、低碳发展、出口等方面的政策新需求，并以新视角和新理念完善政策体系，营造适宜新能源汽车向上发展的有利氛围。

关键词： 新能源汽车　汽车品牌　政策体系　需求判断

---

* 姚占辉，高级工程师，中国汽车技术研究中心有限公司首席专家，主要研究领域为汽车产业政策研究；李鲁苗，高级工程师，中国汽车战略与政策研究中心高级研究员，主要研究领域为新能源汽车政策研究。

新能源汽车是我国汽车产业高质量发展的战略选择。经过坚持不懈努力，我国新能源汽车"换道超车"初见成效，产销量位居全球第一，部分技术和产品达到世界领先水平，国际竞争力水平不断提升，中国品牌建设取得明显进步。当前，我国新能源汽车产业还处于"逆水行舟、不进则退"的关键阶段，亟须以新视角和新理念完善产业政策体系，推动中国新能源汽车品牌向上发展，助力汽车强国建设。

一　新能源汽车产业支持政策现状

（一）新能源汽车政策体系分析

为培育和促进新能源汽车产业高质量发展，围绕"研发—生产—推广—使用—走出去"等各个环节，我国出台了支持新能源汽车企业发展的系列政策举措，涉及技术创新、投资准入、财税支持、安全管理、低碳发展、出口等多个方面。通过"胡萝卜+大棒"方式，以经济激励切实提升企业自主创新能力，以行政约束减少企业低水平重复建设，高水平推动汽车产业转型升级。

1.技术创新政策支持关键技术研发和产业化

2001年，我国启动"863计划"电动汽车重大专项，构建了"三纵三横"技术研发布局，即以混合动力汽车、纯电动汽车、燃料电池汽车三种整车技术路线为"三纵"，以多能源动力总成控制系统、电机及其控制系统、电池及其管理系统三个技术路线为"三横"，为我国新能源汽车技术创新和产业发展奠定了坚实的技术研发基础。自此，按照"三纵三横"研发布局，我国在国家重点研发计划中实施新能源汽车技术专项，加强整车、动力电池等研发和产业化应用，解决关键核心技术"卡脖子"问题。同时，我国实施新能源汽车技术创新工程，组建动力电池、智能网联汽车等创新平台，搭建跨行业、产学研相结合的协同创新体系，推动我国新能源汽车技术水平提升，动力电池等部分技术指标已处于全球领先水平。

2. 投资准入政策严控进入门槛并加大清退力度

为引导和规范新能源汽车有序发展，我国发布了《关于完善汽车投资项目管理的意见》《新能源汽车生产企业及产品准入管理规定》等文件，建立健全新能源汽车投资审批和生产准入管理制度，提出了产能利用率、产量占比、研发能力、产品售后服务保障能力等门槛条件，并通过窗口指导，严格把握新建整车项目、扩能项目和整车企业兼并重组条件。对生产经营异常、长期停产的"僵尸"企业，我国通过特别公示和特别监管加快推动退出，引导骨干企业兼并重组落后企业和产能，同时依法依规查处未批先建、批零建整、边批边建等违规行为。此外，2023年11月，工信部等四部门发布了《关于开展智能网联汽车准入和上路通行试点工作的通知》，推动有技术条件的量产车型产品上路通行和推广应用，加快智能网联汽车产业化进程。

3. 财税支持政策驱动产业逐步提升技术水平

为提升新能源汽车综合成本优势、加快推广应用，我国构建了包括购置补贴、运营补贴、购置税优惠、车船税优惠等在内的财税支持政策体系。其中，购置补贴政策自2009年新能源汽车"节能与新能源汽车示范推广应用工程"启动起实施，至2022年底到期，补贴期间逐步构建了包括续驶里程、电池系统能量密度、能耗水平等在内的技术指标体系，并结合产业发展情况动态调整技术指标门槛，促进了技术先进的产品和企业扩大市场优势。新能源汽车车辆购置税、车船税优惠政策与购置补贴政策协同，对享受政策的车型提出了相应的技术指标要求。2023年12月，工信部等三部门发布《关于调整减免车辆购置税新能源汽车产品技术要求的公告》，提升现有技术指标门槛要求，并增设低温里程衰减指标，提升低温环境下的动力性能。

4. 安全管理政策加强企业全生命周期监管

安全是新能源汽车产业可持续发展的首要任务，需要从研发设计、生产制造、运行监控、售后服务等关键环节，做好全生命周期的安全监管工作。工信部等先后发布《关于进一步做好新能源汽车推广应用安全监管工作的通知》《关于进一步加强新能源汽车企业安全体系建设的指导意见》（以下简称《指导意见》），要求新能源汽车生产企业落实产品质量安全主体责任，建立安全管理制度规范，严格管控整车、系统、零部件等级别的产品安全性设计，提升企业监测与安全预警能力，优化维保、安全事故应急处置等售后服务，保证了企业的生产能力、产品一致性、售后服务及产品安全保障能力。此外，工信部、市场监管总局等部门开展新能源汽车产品安全隐患排查、安全事故调查等工作，加强事前事中事后全链条安全管理，提高新能源汽车安全水平。

5. 低碳发展政策以降碳倒逼企业绿色转型

发展新能源汽车是建设低碳交通体系的重要路径，是落实国家"双碳"战略的重要支撑。自 2020 年"双碳"目标提出以来，我国陆续发布《中共中央 国务院关于完整准确全面贯彻新发展理念做好碳达峰碳中和工作的意见》《2030 年前碳达峰行动方案》等顶层文件，并围绕财政支持、减污降碳、交通结构优化、科技支撑等方面，提出碳达峰实施方案和一系列支撑保障措施，涉及新能源汽车推广应用、基础设施建设、车船税优惠、公共领域电动化、车网互动等要点，为汽车产业低碳发展指明方向。2023 年 12 月，《汽车产业绿色低碳发展路线图 1.0》发布，明确汽车产业碳排放核算边界、核算方法，提出产业绿色低碳发展的总体目标、实施路径及措施建议，其中提出"2025 年、2030 年新能源汽车市场渗透率目标分别为 45%、60%"。

6. 出口政策多措并举提升企业出口竞争力

作为全球新能源汽车的主要生产国和消费市场，中国新能源汽车成为整车出口"新引擎"。我国汽车出口支持政策涵盖资质管理、基地建设、财税金融、退税、物流畅通等方面，具体来讲：我国对经营企业实行生产企业授权管理，规范出口秩序和经营行为；全国共有 40 余家国家外贸转型升级基地（汽车及零部件），推动外贸创新发展、优化和稳定产业链供应链；完善出口退税政策，保持出口产品的国际竞争力；发布《关于支持新能源商品汽车铁路运输 服务新能源汽车产业发展的意见》，支持新能源商品汽车铁路运输，降低物流成本。商务部等九部门发布《关于支持新

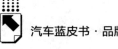

能源汽车贸易合作健康发展的意见》，围绕经营能力、物流运输、金融支持、服务支撑等方面提出发展要求和政策支持，推动新能源汽车贸易高质量发展。

（二）新能源汽车发展成效分析

在新能源汽车政策体系的大力支持下，我国汽车电动化变革"上半场"取得了积极成效，中国新能源汽车品牌呈现"量质"双升的良好发展局面。

1. 市场规模稳居全球领先地位

2023 年，我国新能源汽车产销分别完成 958.7 万辆和 949.5 万辆，连续 9 年位居全球第一，新能源汽车市场渗透率由 2016 年的 1.8%提升至 2023 年的 31.6%（见图 1）。截至 2023 年底，我国新能源汽车保有量达 2041 万辆，占汽车总保有量的 6.1%。此外，2023 年我国新能源汽车出口 120.3 万辆，同比增长 77.6%，占汽车总出口量的 24.5%，较 2022 年提升 2.7 个百分点，成为我国外贸出口新亮点。

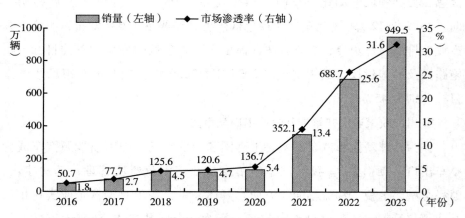

图 1 2016~2023 年中国新能源汽车销量走势及市场渗透率

资料来源：中国汽车工业协会。

2. 中国品牌凸显全球竞争实力

围绕电动化、智能化、网联化等发展趋势，传统整车企业陆续推出了新能源汽车独立品牌，蔚来、小鹏、理想等造车新势力为中国汽车发展注入了新鲜血液。2023年，我国自主品牌新能源乘用车销量达604.4万辆，同比增长15.5%，市场占比达83.3%；全球新能源乘用车销量前15车型中包括11款国产品牌车型，如比亚迪宋Plus DM-i/元Plus/秦Plus DM-i/海鸥、上汽通用五菱宏光MINI EV、广汽Aion Y/Aion S等，合计销量达303.2万辆，占全球新能源汽车销量的20%；全球动力电池企业销量前10强中，中国动力电池企业占据6席，市场份额达63.5%。此外，宇通、比亚迪、上汽、长城等企业的整车产品销往全球40多个国家，宁德时代、精进电动等成为全球知名的零部件供应商，"走出去"取得重大突破。

3. 产品质量达到国际先进水平

我国新能源汽车技术创新能力得到大幅提升，技术水平实现从追赶到领先国际先进水平。整车多项技术达到世界领先水平，纯电动乘用车车型平均续驶里程达到460公里以上、百公里电耗约12kWh，相比2009年分别提升45%以上和170%以上。动力电池技术处于国际先进水平，锂离子动力电池单体能量密度、价格从2012年的130Wh/kg、5.0元/Wh，提升至2023年的300Wh/kg、0.9元/Wh，分别提高1.3倍、下降80%，单体能量密度360Wh/kg的半固态电池实现量产应用，钠离子电池已率先装车应用，无模组电池、刀片电池、弹夹电池等结构创新技术实现规模化应用。此外，L2级及以上辅助驾驶功能装车率超50%，智能网联汽车产品和品牌竞争力实现跃升。

二　新能源汽车高质量发展对政策需求的分析

（一）新能源汽车发展形势分析

我国新能源汽车产业虽然进入了规模化快速发展新阶段，但仍面临国际环境复杂、竞争日益激烈等挑战，同时依然存在一些产业内部深层次的问题和挑战，需要加强分析研判、认真研究应对。

1. 国外环境发展形势分析

新能源汽车国际竞争进入白热化，对我国先发优势构成挑战。一是传统汽车强国加大新能源汽车财税优惠支持力度。德国电动汽车购置补贴由原来的最高 6000 欧元提高到 9000 欧元，补贴延续至 2025 年底，免征 10 年机动车税优惠政策延长至 2030 年；美国取消了电动汽车最高 7500 美元所得税抵免政策对单个车企设置的 20 万辆总量限制；日本将纯电动汽车补贴上限由 40 万日元大幅提高到 85 万日元，插电式混合动力汽车补贴上限由 20 万日元提高到 55 万日元。二是以碳为核心的新型国际绿色贸易壁垒正在形成，推动本土产业加快发展和海外产业链回流。美国《通胀削减法案》、欧盟碳边境调节机制、欧盟《电池与废电池法规》、法国"环境分数"等通过设置歧视性补贴、碳关税、碳足迹等壁垒，加大了我国新能源汽车产品合规难度，削弱我国出口产品竞争力；美日关键矿产协议、《美墨加自贸协定》等打造西方产业链"小圈子"，推动与中国"脱钩断链"；美国《芯片与科学法案》等通过技术封锁，减缓我国核心技术水平提升速度；美国"对华投资限制"等定点打击中国头部企业，压制其全球化发展势头。

2. 国内环境发展形势分析

一是碳中和、新质生产力等战略任务更加艰巨。国家"双碳"目标需要新能源汽车行业承担更高的战略任务，加紧构建绿色产业链体系，统筹推进低碳工业、低碳产品、低碳交通、低碳能源系统发展。同时，新能源汽车作为新技术、新模式、新业态发展与应用的最佳载体，是培育新质生产力的重要引擎。二是跨产业技术变革加速导致竞争格局变数加大。当前，新能源汽车正处于以电动化技术为核心，转变为电动化、网联化、智能化三者融合发展的阶段，具备"三化"融合特征的智能化新能源汽车将成为全新战略方向，有望重塑当前产业竞争格局。目前，我国新能源汽车企业在车规级芯片、操作系统、新型电子电气架构等关键技术领域，与国外领先水平存在明显差距。三是产业内部发展还面临一些深层次问题。关键零部件对外依赖明显，尤其是汽车芯片设计工具、制造设备及晶圆加工等环节严重依赖国外进口，国产车用操作系统尚未形成良好的软件研发和应用生态体系。而且，与超大产销规模的国际企业集团相比，我国新能源汽车品牌企业数量多、规模小、国际化程度较低，缺乏超大型企业集团引领带动。

（二）新能源汽车支持政策需求判断

坚持问题导向、需求导向和结果导向原则，围绕技术创新、投资准入、财税支持、安全管理、低碳发展、出口等方面，产业政策体系需要调整"不适应"、填补"空白"，解决发展"掣肘"问题。

一是技术创新政策应项目式支持重点领域技术突破。当前，欧盟、美国、日本等高度重视新能源汽车先进技术研发和推广应用，充分协同发挥大学、研究机构、行业企业等各方资源优势，投入专项资金支持动力电池、燃料电池、芯片、轻量化等先进技术突破。因此，新形势下我国在延续现有国家重点研发计划、国家技术创新工程等项目支持外，还需加快推进新能源汽车科技创新体制改革，集中优质资源实行"揭榜挂帅""赛马争先"等技术创新制度，强化用户需求牵引和结果考核机制，培育一批具备全球领先水平的技术引领型企业，进一步提升产业发展内生动力。

二是投资准入政策应进一步推进整车企业高质量发展。当前，我国落后产能淘汰不及预期，整体产能利用率不足60%，闲置产能造成大量资源浪费。因此，我国汽车产业亟须优化投资准入管理政策，盘活闲置、淘汰落后，为优势企业留出发展空间。另外，新能源汽车与能源、交通、信息通信等领域技术加速融合，业外企业跨界进入汽车行业，既有利于加快新技术导入，也有助于提升产品供给水平。因此，汽车管理政策需要制定新进入企业主体评估方案，支持具备长期持续发展条件的企业进入，为业外企业提供"进入窗口"机会。

三是财税支持政策应由"量的积累"转向"质的提升"。目前新能源汽车产业总体处于发展初期，技术迭代快、变革性技术集聚、产销规模低；而企业战略性投入较高，包括产能建设、技术攻关、品牌培育、海外扩张等各方面，综合成本负担极高。特别是智能化程度较高的车型，研发投入和生产成本更高。据行业机构预测，到2025年，新能源汽车购置成本仍略高于燃油车。因此，仍需要财税金融政策予以进一步支持，在保证财政收支稳定的前提下，创新财政补贴支持方式，继续发挥税收政策对技术进步的引导作用，加大对具有先进技术的企业和产品支持力度。

四是安全管理政策应全面提升企业安全体系管理水平。随着新能源汽车保有量的快速增长，部分企业产品质量安全风险逐渐增大，给整体产业发展带来更大挑战；同时，电动化、智能化、网联化融合发展，网络安全、数据安全等新问题不断出现，使得新能源汽车安全的内涵和外延也发生了变化。因此，基于《关于进一步加强新能源汽车企业安全体系建设的指导意见》顶层文件，厘清监管部门职责，建立健全安全保障体系，强化监测平台效能及在线预警等，并制定细化的评价机制、规范要求，确保"优则奖励、差则处罚"。

五是低碳发展政策应系统谋划、协同推进、以优促优。汽车产业涉及面广、产业链长，亟待国家层面政策法规体系推动汽车及能源、材料、工业、交通等相关行业产业链上下游联动，通过系统思维、协同方式推动汽车产业全生命周期、全产业链降碳脱碳，并强化示范工程引领，以优带弱，助力产业高质量发展。在面对国际以碳为核心的"围剿"之势，为增强我国汽车企业和产品的国际竞争力，需要完善汽车产业碳管理政策体系，建立一套科学的汽车行业碳排放核算体系和产品碳足迹政策法规体系，筑牢新能源汽车产业"碳"竞争基础。

六是出口政策应集中资源优势促进贸易便利化。出口支持政策应充分结合新能源汽车出口需求和特色，有针对性地打造并推广若干重点公共服务平台，鼓励成果发布，有效实现资源共享。同时，全球贸易保护主义升温，多国对中资车企的投资审查力度加严，逐步形成以"碳"为核心的新型国际绿色贸易壁垒。而且在百年未有之大变局的大背景下，产业安全和自主可控能力有待提升，如我国北斗卫星应用技术、激光雷达系统等出口技术管制要求等。因此，我国亟须出台相关出口政策改善国际营商环境，实施一国一策、一企一策，并通过双边协商、自贸区谈判等方式妥善解决贸易保护问题，优化出口管制方式，强化我国与出口目标国或地区的产业链供应链联系。

三 提升中国新能源汽车品牌力的政策建议

面对复杂多变的新形势新问题，应加强资源统筹、综合施策、精准发力，优化完善产业支持政策体系，营造适宜新能源汽车向上发展的有利氛围，坚持不懈推动新能源汽车产业高质量发展，助力汽车强国建设。

（一）深化技术创新支持体系

一是加大国家重点研发计划支持力度。聚焦产业链头部企业，重点加强新型动力电池、新型底盘、智能驾驶等重点领域技术攻关，着力突破退役电池无损检测、资源高值化利用等关键技术。不断强化产学研用融合创新，提升车规级芯片、基础软件、关键材料、关键生产与检测装备等产业关键基础领域技术水平。二是实施产业技术创新攻关工程。重点布局新材料新体系动力电池、线控底盘系统、智能驾驶等前沿领域技术研发与产业化，加快培育生态主导型企业。实施新能源汽车智能操作系统与芯片协同攻关工程，建立头部企业引领、跨行业联合攻关与开源应用机制，加快实现技术突破和应用迭代，构建产业发展新生态。

（二）全面优化投资准入环境

一是加强产能调配，优化整车产能布局。鼓励省内产能调配，在全省总产能不增加的前提下，允许骨干企业有序兼并重组省内落后企业和产能。建立跨省调节联动机制，推动跨省产能调配，在全国产能总量不增加的前提下，引导闲置产能向产业基础好、产能利用率水平高的省份集聚。允许优势公告企业以委托加工生产的方式利用闲置产能，支持集团内部代工生产。二是打通优秀新兴主体合规进入通道。放宽市场销量规模要求，转而从资金实力、技术可行、产品定位、组织架构、供应链和用户权益保障、产品绿色回收等方面研提新要求，附条件给予生产准入许可（如首款产品先向内部合作伙伴等定向销售，积累一定经验后才可向社会销售）。

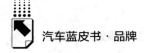

（三）财税金融政策联动发力

一是实施新技术新模式上车应用补贴支持。围绕新型电池、智能驾驶操作系统、汽车芯片、智能传感器、工业基础软件等先进技术攻关及产业化，对企业推广应用自主技术和零部件的新能源汽车产品，给予资金奖补支持。支持重点企业优先开展自动驾驶、车网融合、智慧交通等新技术新模式示范应用，加强政策法规倾斜及资金奖补支持。结合产业发展情况，动态调整新能源汽车减免车辆购置税技术要求，真正实现税收政策对技术进步的引导作用。二是鼓励银行业金融机构为优势新能源汽车整车企业提供综合金融服务。鼓励金融机构通过投贷联动、银团贷款等方式，为关键零部件企业加速成果转化和扩充产能提供资金保障；鼓励银行、证券公司、投资机构通过科创贷款、风险投资、股权融资等，支持车规级芯片、车用操作系统等新技术攻关和产业化发展。

（四）严格执行安全管理政策

一是逐步完善管理制度及流程。当前，《指导意见》仅为纲领性文件，行业内企业缺乏遵照执行的细化规范要求，应尽快建立健全包括安全管理机制、产品质量安全、监测平台效能、售后服务能力、事故响应处置、网络安全保障等环节的全生命周期监管制度和流程。二是制定管理规范和建立评价体系。完善安全管理的政策法规体系，加强行业标准制定和修订，建立一套完整的管理制度规范。同时，通过行业监管部门形成完整的评价体系，对《指导意见》提到的产品质量安全、监测平台效能等六个方面进行考核评价，根据考核结果对企业采取相应的奖惩措施。

（五）细化低碳发展政策措施

一是构建汽车产业低碳发展政策体系。依托汽车产业绿色低碳发展路线图，建立健全支持汽车产业低碳发展政策体系，持续丰富政策工具箱，从研发、生产、消费、使用等环节鼓励汽车产业全面绿色低碳转型。二是建立健全汽车动力电池碳足迹政策法规体系及数据体系。加快动力电池全产业链碳足迹核算标准法规研究，完善碳足迹认证、评级及激励机制。借鉴国内外碳足迹核算先进经验，推动建立覆盖产业链各环节的动力电池碳排放因子数据库。三是推动汽车与相关行业协同降碳。实施绿电等低碳燃料推广应用工程，研究建立低碳能源积分管理体系，配套实施市场化积分交易机制。加强低碳材料及关键零部件全生命周期碳排放评价方法和数据库建设，鼓励汽车企业及上下游企业进行产品自愿性"碳标签"认证，引导车用材料行业低碳转型。

（六）加强出口支持政策协同

一是改善国际营商环境，优化市场布局。积极推动自贸区提升战略，将新能源汽车、动力电池等优势产品列入重点降税清单，消除海外市场技术和政策壁垒。大力开拓沿线国家和新兴市场，引导有实力的企业在产业基础好、潜力大的重点国家适时建立海外工厂和产业园区，积极推进本地化生产。二是构建多元稳定的产业链供应链。以关键核心部件、元器件、基础原材料等出口管制方式，强化我国与出口目标国或地区的产业链供应链联系。建立汽车关键核心技术与产品清单，以出口许可证、出口关税等方式细化管制措施。三是支持汽车金融公司出海，健全国际化服务体系。实施一国一策、一企一策，支持汽车金融公司、进出口银行、出口信保等中国金融机构协同重点新能源车企共同开展海外布局。

B.13
中国汽车品牌 ESG 发展报告

李肖夏　徐丽婕　石睿*

摘　要：　本报告聚焦中国汽车品牌在环境、社会和治理（ESG）方面的发展现状与展望。研究对象包括国内外汽车企业在中国的分支机构及中国本土汽车企业，覆盖乘用车、商用车和汽车零部件企业等多个领域。通过分析国内外 ESG 评级框架，结合中国汽车产业的发展现状，构建了"三位一体"的 ESG 评价模型，并建立了包含 171 个细分指标的 ESG 评价指标体系。采用德尔菲法和层次分析法，对指标权重进行赋值研究，最终形成中国汽车产业 ESG 先锋指数。研究结果显示，中国汽车产业 ESG 发展整体处于起步阶段，但已有企业在 ESG 实践中取得显著成效，成为行业先锋。需强调的是，汽车企业需加强 ESG 体系建设，提升信息披露质量，以促进产业的可持续发展。

关键词：　ESG 评价　社会责任评价　汽车品牌

ESG 概念发轫于联合国全球契约组织（United Nations Global Compact）2004 年 6 月提出的倡议，主张企业在注重经营效益的同时，也应该将环境（Environment）、社会（Social）和治理（Governance）三方面的表现纳入决策过程中，将其与自身业务深度融合。ESG 实践作为可持续发展的重大议题，引领着价值判断体系的重构，为企业深入落实社会议题、重塑核心竞争

---

* 李肖夏，中汽传媒（天津）有限公司公益发展室主任，工程师，长期从事汽车产业 ESG 评价研究、市场研究、产品研究及行业咨询等工作；徐丽婕，中汽传媒（天津）有限公司公益发展室职员，工程师，长期从事品牌发展指数、汽车产业 ESG 评价研究、企业品牌诊断和品牌价值链研究等工作；石睿，中汽传媒（天津）有限公司公益发展室职员，长期从事汽车产业 ESG 评价研究、汽车文化类活动研究、汽车技术科普研究等工作。

力提供了有效支撑。

党的二十大擘画了中国式现代化的宏伟蓝图，致力于实现物质文明和精神文明相协调，促进人与自然和谐共生，这与 ESG 推崇多重价值取向、追求经济与社会共赢的理念高度契合，新发展理念、"双碳"战略也推动本土 ESG 进入加速发展时期。

在全球加速碳中和以及中国"双碳"目标落地的背景下，涉及汽车行业的环保、碳达峰政策频频出台，ESG 逐渐为众多汽车企业所重视，但由于国内缺乏行业 ESG 信息披露的细化指引，汽车领域社会责任指标体系建设"中国化"进程缓慢，缺乏行业特色，汽车行业 ESG 信息披露的数量和质量均有待提升。

放眼当下，展望未来，我国汽车企业迫切需要主动适应 ESG 发展的新风尚，积极面对蓬勃发展、日益强劲的 ESG 潮流与挑战。本报告将从 ESG 议题出发，依托汽车产业的现实发展情况，构建汽车行业领域内具有前瞻性、专业性、权威性的 ESG 评价体系，科学评估中国汽车产业 ESG 发展的阶段性特征，构建中国汽车评价模型，确定评价指标内容，在此基础上进行指标权重及赋值研究，把 ESG 作为衡量汽车企业价值的新标尺，在微观层面为更多车企践行 ESG 理念、加强 ESG 治理、开展 ESG 实践提供思路，将可持续发展理念由单向传递升级为双向传导；在宏观层面带动行业企业更加负责任、更加可持续经营，鼓励汽车企业肩负起减碳及绿色可持续发展重任，促进汽车行业内的市场主体以更加积极的姿态投身 ESG 实践，引导 ESG 先锋车企积极发挥表率作用，重塑多元价值观，拓展 ESG 实践边界，共建绿色、低碳、可持续的汽车行业生态圈。

一　中国汽车品牌 ESG 发展背景

（一）国际 ESG 发展趋势

随着全球环境变化和社会问题日益严峻，ESG 已成为国际社会关注的重大议题，与 ESG 相关的政策和监管措施不断加强。欧盟通过非金融报告指令要求企业披露 ESG 信息，美国证券交易委员会也积极探索相关的披露规定，推动企业在全球范围内提高透明度，加强内部的 ESG 管理。投资者的需求正在发生显著变化，他们越来越倾向于投资那些展现出良好 ESG 实践的企业。这种趋势促使资产管理公司和投资基金开发出多样化的 ESG 投资产品，以满足市场的需求。企业自身的 ESG 实践也在不断深化，许多企业已经开始将 ESG 原则融入战略规划、日常运营和产品开发中。

此外，ESG 信息披露的标准化也在逐步推进中，得益于全球报告倡议组织（GRI）和可持续发展会计准则委员会（SASB）等机构的努力，企业能够更加一致和透明地向外界传达其 ESG 表现。同时，随着 ESG 教育和培训的普及，越来越多的企业高管和投资者开始具备评估和应对 ESG 相关议题的能力。面对全球性挑战，跨国合作在 ESG 领域显得尤为重要。各国政府、国际组织和企业之间的合作，不仅有助于解决气候变化等全球性问题，也推动了全球治理体系的完善。ESG 的国际发展趋势表明，企业社会责任和环境责任已成为全球经济和社会发展的重要驱动力，预示着一个以可持续为核心的新时代的到来。

（二）中国 ESG 发展趋势

国内 ESG 相关政策起步较晚，但发展速度迅猛，呈现系统化特点。在环境方面，中国政府提出了"绿色发展"理念，并在"十四五"规划中明确了碳达峰和碳中和的目标，并积极参与国际气候变化合作，承诺提高国家自主贡献力度。

在社会领域，中国政府强调企业应承担起对社会和公众的责任，推动了企业社会责任（CSR）的普及，鼓励企业在创造经济价值的同时，关注员工权益、社区发展和公益事业。

在治理方面，中国加强了公司治理结构的改革，强调提高上市公司质量和透明度。中国证监会等监管机构发布了多项指导性文件，要求上市公司加强信息披露，特别是涉及 ESG 方面的内容。此外，中国也在不断完善相关法律法规，以提高公司治理水平，保护投资者权益。

在政策推动下，中国的 ESG 信息披露制度逐步完善。原环境保护部发布《上市公司环境信息披露指南》（征求意见稿），引导上市公司在年报中披露环境信息。同时，中国绿色金融的发展也为 ESG 政策的实施提供了资金支持，绿色债券、绿色基金等金融产品的发行日益活跃。随着政策的不断深化和实践的逐步推进，中国的 ESG 发展将更加成熟，为实现长期可持续发展目标奠定坚实基础。

（三）中国汽车产业的 ESG 挑战与机遇

中国作为全球最大的汽车市场之一，其汽车产业在 ESG 方面面临着独特的挑战与机遇。随着国家对可持续发展战略的重视，汽车产业被赋予了推动绿色转型和社会责任实践的重要使命。

在环境方面，中国汽车产业面临的主要挑战是如何在快速增长的同时实现低碳转型。这包括减少生产过程中的能源消耗和排放、推广新能源汽车以及提高汽车尾气排放标准。机遇在于，随着技术的进步和政策的支持，新能源汽车市场迎来了爆发式增长，为汽车企业提供了巨大的市场潜力和创新空间。

社会方面的挑战主要集中在如何平衡快速工业化带来的社会影响，包括提高员工的工作条件和福利、确保供应链的社会责任以及加强对消费者权益的保护。同时，汽车产业也面临着提升公众交通安全和环保意识的社会责任。机遇方面，企业通过积极参与社会公益活动和提升品牌形象，可以增强公众信任，从而在激烈的市场竞争中获得优势。

治理方面的挑战则涉及加强企业内部管理、提高透明度和合规性。汽车产业需要建立健全的公司治理结构，确保决策过程的公正和高效，同时加强对潜在风险的管理。机遇在于，通过优化治理结构和提升管理水平，企业能够更好地应对市场变化，增强抗风险能力，从而实现可持续发展。

总体而言，中国汽车产业在 ESG 方面的挑战与机遇并存。面对环境保护的压力、社会责任的期待以及治理结构的优化需求，汽车企业需要转变发

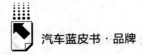

展模式，加强创新，积极拥抱绿色、智能、互联的发展趋势。通过这样的转型，中国汽车产业不仅能够满足国内外市场的需求，还能在全球汽车产业的可持续发展中发挥领导作用。

二 中国汽车产业 ESG 评价模型构建研究

在全球可持续发展、ESG 理念逐渐成为世界主流趋势的背景下，企业可持续发展能力的概念外沿不断拓展，ESG 相关的制度建设也处于更新迭代期。有鉴于此，研究团队认为，要想将原本应用于投融资评价的 ESG 合理迁移至汽车产业，应当关注经济学领域支撑 ESG 评价的经典理论，遵循国际范围内的既定惯例，兼顾 ESG 的本土化进程，同时结合我国汽车产业的发展现状，构建相应的评价体系，为汽车企业 ESG 评价奠定良好基础。

（一）研究路径

中国汽车产业 ESG 先锋指数是对中国汽车企业的治理水平、社会环境价值创造和风险管理水平进行综合性评价的评级体系。研究路径为：在分析明晟（MSCI）ESG 评级、道琼斯可持续发展指数（DJSI）、国务院国资委社会责任局指导的"央企 ESG·先锋 50 指数"、中国社会科学院研究团队"重点行业上市公司 ESG 指数"等国内外 ESG 评级框架的基础上，参考中国社会科学院研究团队《中国企业社会责任报告指南（CASS-ESG 5.0）》《中国企业社会责任报告指南（CASS-ESG 5.0）之汽车制造业》等 ESG 信息披露理论模型，搭建中国汽车产业"三位一体"ESG 评价模型；在国内外 ESG 标准、行业 ESG 报告研究、行业政策背景分析的基础上，系统梳理总结行业特色实践、明确行业特色指标，搭建起中国汽车产业 ESG 评价指标体系；通过企业公开信息，Wind 数据库、企查查、国家企业信用信息公示系统等第三方信息等多个渠道获取并采集数据，根据指数信息，并参考外部权威媒体新闻，补充收集 ESG 治理重大创新实践和重大负面事件等信息，最终得到 2023 年中国汽车产业 ESG 先锋指数（见图 1）。同时，为了更全面展现中国汽车产业 ESG 表现，课题组从样本分类和议题板块两个维度出发，设置"2023 中国整车集团 ESG 先锋指数""2023 中国汽车零部件企业 ESG先锋指数""2023 中国外资车企 ESG 先锋指数""2023 中国汽车产业 ESG·治理先锋指数""2023 中国汽车产业 ESG·社会价值先锋指数""2023 中国汽车产业 ESG·风险管理先锋指数"系列细分指数榜单。

（二）评价模型

基于可持续发展理论可知，企业不仅应当注重经济效益，还要充分考虑生产经营行为对于环境和社会产生的影响；根据外部性理论分析，企业应当在实践过程中规避负外部性带来的风险，增加正外部性实践，从而提升企业价值；依据利益相关方理论，企业要想实现组织目标，需要从供应链角度全面洞察各方利益相关者的诉求。

本报告依托上述理论指导，在分析国内外 ESG 评级框架的基础上，参考中国社会科学院研究团队《中国企业社会责任报告指南（CASS-ESG 5.0）》《中国企业社会责任报告指南（CASS-ESG 5.0）之汽车制造业》等 ESG 信息披露理论模型，同时充分考虑中国汽车产业的特殊社会价值，搭建了中国汽车产业"三位一体"ESG 评价模型（见图 2）。

三　中国汽车产业 ESG 评价体系研究

课题组深入研究 GRI、ISO 26000、SDGs、SASB、CDP、TCFD 等区域性和国际性组织框架，广泛对标 MSCI、DJSI、FTSE Russell、香港联交所《环境、社会及管治报告指引》和《中国企业社会责任报告指南（CASS-ESG 5.0）》等国内外相关指标体系，同时开展中国汽车产业政策背景和特色议题研究，系统梳理总结行业特色实践、明确行业特色指标，搭建起包含 171个细分指标的中国汽车产业 ESG 评价指标体系，其中行业特色议题 48 个（见表 1）。

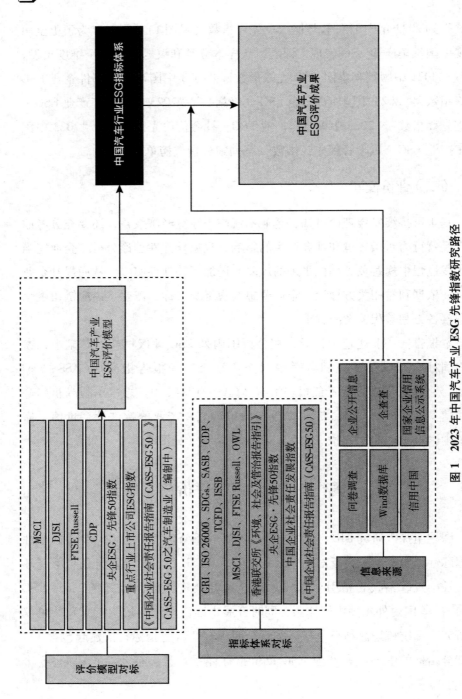

图 1　2023 年中国汽车产业 ESG 先锋指数研究路径

中国汽车行业ESG指标体系

中国汽车产业
ESG评价成果

中国汽车产业
ESG评价模型

MSCI

DJSI

FTSE Russell

CDP

央企ESG·先锋50指数

重点行业上市公司ESG指数

《中国企业社会责任报告指南（CASS-ESG 5.0）》

CASS-ESG 5.0之汽车制造业（编制中）

评价模型对标

GRI、ISO 26000、SDGs、SASB、CDP、
TCFD、ISSB

MSCI、DJSI、FTSE Russell、OWL

香港联交所《环境、社会及管治报告指引》

央企ESG·先锋50指数

中国企业社会责任发展指数

《中国企业社会责任报告指南（CASS-ESG 5.0）》

指标体系对标

企业公开信息

企查查

国家企业信用
信息公示系统

问卷调查

Wind数据库

信用中国

信息来源

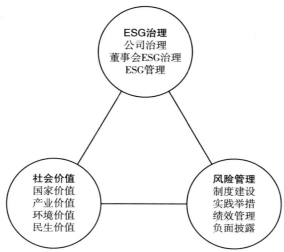

图 2　中国汽车产业"三位一体"ESG 评价模型

表 1　中国汽车产业 ESG 评价指标体系

一级议题	二级议题	具体指标（部分）
ESG 治理	公司治理	①董事长/总经理分权　②董事会构成多元 ③董事会独立性　④守法合规体系
	董事会 ESG 治理	①董事会 ESG 管理方针　②董事会 ESG 工作领导机制 ③董事会对 ESG 风险与机遇的识别 ④董事会 ESG 目标审查 ⑤高管薪酬与 ESG 挂钩
	ESG 管理	①ESG 工作责任部门　②ESG 战略 ③ESG 工作制度　④开展 ESG 绩效考核
社会价值	国家价值	①乡村振兴　②"一带一路" ③国家安全　④国家重大工程
	产业价值	①创新驱动　②研发投入 ③数智化体系建设 ④建设智能制造标杆工厂
	环境价值	①碳达峰碳中和战略与目标 ②碳达峰碳中和行动计划与路径 ③减碳降碳成效　④推动全价值链减排降碳
	民生价值	①新能源汽车下乡　②公益行动领域 ③打造汽车行业特色品牌公益项目 ④交通安全知识普及

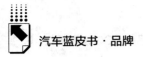

续表

一级议题	二级议题	具体指标（部分）
风险管理	环境管理	①环境管理量化目标　②碳足迹管理体系 ③数字化碳排放管理 ④汽车产品生产者责任延伸
	资源利用	①采购和使用环保原材料 ②可持续材料开发与利用 ③清洁能源使用政策　④清洁能源使用量
	排放物	①废水排放量　②废气排放量 ③一般废弃物排放量及排放强度 ④危险废弃物排放量及排放强度
	应对气候变化	①应对气候变化目标及制度 ②识别与应对气候变化风险和机遇 ③碳核查/盘查/碳交易举措 ④温室气体排放量及排放强度
	守护生态安全	①业务经营对生物多样性及生态的影响 ②汽车产品使用过程中对环境的影响 ③生物多样性保护行动　④生态修复治理
	雇用	①遵守劳工准则　②多元化和机会平等 ③员工构成　④劳动合同签订率
	发展与培训	①职业发展通道　②职业培训体系 ③职业培训投入　④职业培训绩效
	职业健康和安全生产	①职业健康管理　②新增职业病数 ③员工心理健康援助　④安全生产管理体系
	客户责任	①提升产品服务可及性　②生产一致性 ③产品安全技术的研发与应用 ④汽车安全隐患的排查
	负责任供应链管理	①供应链 ESG 管理体系 ②供应商 ESG 审查评估 ③经销商管理与渠道建设 ④经销商能力建设

具体而言，评价指标体系的第一层级为 ESG 目标层，从 ESG 治理、社会价值、风险管理三个维度系统性概括汽车行业的 ESG 实践情况。第二层级为 ESG 准则层，将三大目标层级进行细化，共归纳出 17 个需要重点关注的准则。第三层级为 ESG 方案层，将各个汽车企业的 ESG 实践行为进行具体化、全方位的梳理总结，最终形成具有代表性的汽车产业指标。依据研究团队的前期调研结果，目前汽车行业的 ESG 信息披露仍处于起步阶段，尚未形成标准化、规范化的统计口径，不同评价体系在具体维度和指标内涵确定上仍然存在较大差异。据此，本报告将针对 ESG 治理、社会价值、风险管理三大评价维度下的二级指标和汽车行业特色指标进行系统阐释，提供中国汽车产业 ESG 研究的创新化、标准化范式。

ESG 治理板块聚焦企业是否能够在顶层设计层面落实尽责管理，按照从宏观制度框架到微观落地举措的逻辑顺序，本板块由公司治理、董事会 ESG 治理和 ESG 管理构成。首先，从公司治理层面出发，设置董事长/总经理分权、董事会构成多元、董事会独立性以及守法合规体系等指标，考察企业是否建立了权责法定、权责透明、协调运转、有效制衡的公司治理机制。其次，从 ESG 的顶层架构出发，设置董事会 ESG 管理方针、高管薪酬与 ESG 挂钩等指标，用以衡量企业董事会 ESG 治理表现。最后，在实践举措层面，考虑到 ESG 管理和 CSR 管理存在相通之处，参考"企业社会责任管理三步十法"框架设立 ESG 管理指标，其基本逻辑是建立 ESG 统筹管理部门是开展 ESG 工作的组织基础，有效管理社会环境影响需要通过制度建设、绩效考核和能力建设将 ESG 理念融入日常运营中，而利益相关方沟通和参与是把握 ESG 核心议题、获取利益相关方支持、推动社会环境绩效改进的关键，设置 ESG 工作责任部门、ESG 战略、ESG 工作制度、开展 ESG 绩效考核等指标，基于行业发展视角识别汽车企业是否将 ESG 治理理念贯彻到主责主业当中。

社会价值具有复杂性、多元性，其产生和发展也与国家政策、产业建设、生态环境、公民权益等因素息息相关。根据我国汽车产业的发展现状，本报告归纳梳理了四个方面的社会价值。其一，在国家价值层面，重点考察企业对国家重大方针战略的响应，设置接续乡村振兴、践行"一带一路"、维护国家安全、服务国家重大工程等方面的指标，用以评估汽车企业在服务国家战略过程中采取的行动举措；其二，在产业价值层面，设置数智化体系建设、尊重和保护知识产权、创新驱动、智能制造、产业链协同发展、保障产业链供应链安全稳定等方面的指标，重点考察汽车企业在挖掘自身业务优势的基础上，对推动中国汽车产业共同进步的贡献；其三，在环境价值层面，设置推动全价值链减排降碳、守护绿色生态等方面的指标，用以重点考察企业在助力"双碳"目标、守护绿色生态等方面创造的价值；其四，在民生价值层面，设置带动就业、新能源汽车下乡、打造汽车行业特色品牌公益项目、交通安全知识普及、公益行动领域等指标，关注新四化背景下的社会公众体验，考察汽车企业是否能够满足民众在就业、服务、公益方面的合理需求。

风险管理的目的在于最大限度规避负面影响，完善供应链层面的尽责管理机制。风险管理板块的关键是衡量企业对行业性风险议题的管理水平。针对汽车产业而言，需要纳入决策范围的风险管理板块为环境风险管理和社会风险管理。因此，课题组在对标国内外 ESG 指标体系的基础上，根据汽车行业的社会环境影响，共设置了十大风险议题，每个议题下再从制度建设、实践举措、绩效管理和负面披露四个维度进行评价。制度建设维度下设置企业在该议题下的管理政策、制度和目标等具体指标，例如，"排放物"议题下设置废水管理目标及制度、废气管理目标及制度、废弃物排放目标及制度等制度建设类指标。实践举措维度下设置企业在该议题下的具体行动与措施等指标，例如，"资源利用"议题下设置采购和使用环保原材料、可持续材料开发与利用、绿色包装等实践举措类指标。绩效管理维度下设置关键数据指标，衡量企业是否对关键数据进行了披露和持续的跟踪，例如，"雇用"议题下设置劳动合同签订率、员工流失率等绩效类指标。负面披露维度评判企业是否主动披露了社会环境方面的负面信息，当课题组搜索到"实锤"的行政处罚而企业未进行主动披露时，将有可能被扣减较多的分数。

四 中国汽车产业 ESG 指标权重及赋值研究

基于可操作性原则，结合中国汽车产业 ESG 评价指标体系的确定过程，课题组选择运用德尔菲法和层次分析法进行研究。

在专家咨询过程中使用德尔菲法，设计咨询问卷，并以电子邮件形式向专家发放问卷。具体而言，专家函询的内容分为三部分：第一部分为专家个人的基本信息，需要专家依据真实情况填写；第二部分为意见收集表，需要专家针对指标的名称、具体释义进行合理评估，提出意见建议；第三部分为指标量化评分表，需要专家依据自身的专业知识和实践经验，判断指标体系中各指标的相对重要程度并进行打分。

在使用德尔菲法进行研究时，评审专家的具体情况直接影响研究结果的有效性，因此课题组依据汽车产业 ESG 的评价要求，审慎开展了专家选拔工作，最终本项目邀请的专家共 15 名，具体构成情况为：社会责任与可持续发展事业专家 3 名、汽车技术专家 4 名、汽车产业研究员 3 名、ESG 智库专家 5 名。针对专家评议情况进行数据分析，具体结果如下。

其一，专家积极系数通过统计问卷回收率得出，用以衡量专家对于本次研究的关注度。专家积极系数的计算公式为：

$$K = \frac{m}{M} \tag{1}$$

其中，m 代表实际填写问卷、参与评议的专家数量，M 代表收到问卷的专家数量。本项目问卷回收率为 100%，即专家积极系数为 100%，表明专家对于汽车产业 ESG 评价的研究十分关注。

其二，专家权威系数通过评估专家对于汽车产业 ESG 问题的熟悉程度以及专家判断问题的依据进行计算。专家权威系数的计算公式为：

$$C_R = \frac{C_a + C_S}{2} \tag{2}$$

其中，C_a代表专家判断问题的依据，分为实践经验、理论研究、资料学习、主观认知四个来源，依据可靠性分别对应不同的系数；C_s则用于表示专家对于问题的熟悉程度，从非常熟悉到不了解，划分为五个不同等级，并由大到小进行赋分。若$C_R \geqslant 0.7$，表明符合专家权威度的要求。依据函询结果计算，本项目的C_R值为0.81，证明参与评估的专家较为权威，符合研究要求。

其三，专家意见集中度通过计算指标的重要性赋分均值得出。运用李克特五点量表作为评估工具，对汽车产业ESG评价指标进行逐个计算，剔除均值≤4的指标。由计算结果可知，评价指标均值处于4.53~5.00区间，指标予以保留。

其四，专家意见协调度则通过变异系数进行考察，变异系数的计算公式为：

$$C_v = \frac{\sigma}{\mu} \tag{3}$$

其中，σ代表指标的标准差，μ则代表均值，若变异系数≥0.25，则代表专家对于该指标重要性的评价分歧度较高，指标的离散程度高，需要剔除无效数据。经过计算得出一级指标变异系数为0.11，二级指标变异系数为0.15，三级指标变异系数为0.19，均符合标准。

根据专家评议结果的数据分析情况可知，中国汽车产业ESG评价指标体系的设置符合评价标准，可以运用层次分析法进行更为深入的分析研究，用以深度评估现有指标体系的合理性。使用层次分析法的一般步骤如下：一是基于专家咨询和前期研究结果明确指标体系的目标层、准则层和方案层；二是依据评价结果构建判断矩阵；三是通过一致性检验确定指标权重，得出评价结果。基于前文可知，指标体系已构建完成，课题组依据专家对于评价指标重要性的打分结果，构造判断矩阵，对现有指标体系进行两两对比，汇总三个层级的判断矩阵并进行加权计算。由于中国汽车产业ESG评价指标体系相对繁杂，包含指标数量众多，在此仅以三个一级指标为例，计算判断矩阵关系。一级指标层的3×3判断矩阵如下：

$$\begin{bmatrix} 1 & 0.970 & 0.958 \\ 1.031 & 1 & 0.987 \\ 1.044 & 1.013 & 1 \end{bmatrix}$$

在计算过程中，继续将判断矩阵的计算转换为特征值和特征向量的运算。首先，计算矩阵中各指标的几何平均值，在此基础上进行归一化处理，得到一级指标的特征向量 $W = (0.325，0.335，0.340)^T$。基于已有结果计算该向量的最大特征值 $\lambda_{max} = 3$。其后，为验证权重系数的合理性、有效性，还需要通过计算一致性指标 CI 和一致性比率 CR，针对矩阵进行一致性检验。计算公式如下：

$$CI = \frac{\lambda_{max} - n}{n - 1} \tag{4}$$

$$CR = \frac{CI}{RI}(n \geq 2) \tag{5}$$

计算可知，在一级指标层的 3×3 判断矩阵中，$CI = 0$，$RI = 0.52$，$CR = 0$。由一致性检验结果可知 $CR \leq 0.1$，故判断矩阵符合一致性检验要求。综上所述，对所有指标层进行计算并合成，构建中国汽车产业 ESG 评价指标体系权重如表2所示，由于指标体系繁杂，在此仅展示一级和二级指标权重计算结果。

表 2　中国汽车产业 ESG 评价指标体系权重

目标层	权重	准则层	权重
ESG 治理	0.325	公司治理	0.115
		董事会 ESG 治理	0.072
		ESG 管理	0.138
社会价值	0.335	国家价值	0.091
		产业价值	0.065
		环境价值	0.094
		民生价值	0.085

续表

目标层	权重	准则层	权重
风险管理	0.340	环境管理	0.031
		资源利用	0.027
		排放物	0.029
		应对气候变化	0.043
		守护生态安全	0.045
		雇用	0.015
		发展与培训	0.028
		职业健康和安全生产	0.021
		客户责任	0.039
		负责任供应链管理	0.062

五　中国汽车产业 ESG 评价实践研究

（一）评价样本

在评价样本确认方面，课题组聚焦汽车品牌，基于行业影响力、经营业绩、ESG 实践及 ESG 相关报告披露情况，遴选出 100 家汽车企业（含乘用车、商用车、汽车零部件企业等）作为评价对象（见表3），开展 ESG 综合评价。

表3　中国汽车产业 ESG 先锋指数样本名单

序号	企业名称	企业性质	CSR 专栏	CSR 报告
1	中国第一汽车集团有限公司	中央企业	有	有
2	东风汽车集团有限公司	中央企业	有	有
3	重庆长安汽车股份有限公司	其他国有企业	有	无
4	上海汽车集团股份有限公司	其他国有企业	有	有
5	北京汽车集团有限公司	其他国有企业	有	有
6	广州汽车集团股份有限公司	其他国有企业	有	有
7	一汽解放汽车有限公司	其他国有企业	有	有
8	东风柳州汽车有限公司	其他国有企业	有	无

续表

序号	企业名称	企业性质	CSR 专栏	CSR 报告
9	博世(中国)投资有限公司	外资企业	有	无
10	奇瑞汽车股份有限公司	其他国有企业	无	无
11	安徽江淮汽车集团股份有限公司	其他国有企业	有	无
12	广汽乘用车有限公司	其他国有企业	无	无
13	华晨汽车集团控股有限公司	其他国有企业	无	无
14	深圳市东风南方实业集团有限公司	其他国有企业	有	无
15	中国长安汽车集团有限公司	其他国有企业	有	无
16	广州汽车工业集团有限公司	其他国有企业	有	无
17	庆铃汽车(集团)有限公司	其他国有企业	有	无
18	重庆长安新能源汽车有限公司	其他国有企业	无	无
19	奥托立夫(中国)	外资企业	无	无
20	南京汽车集团有限公司	其他国有企业	无	无
21	江铃汽车集团有限公司	其他国有企业	无	有
22	宁德时代新能源科技股份有限公司	民营企业	有	有
23	广汽埃安新能源汽车股份有限公司	其他国有企业	无	有
24	摩比斯中国	外资企业	有	有
25	福建省汽车工业集团有限公司	其他国有企业	有	无
26	中国重型汽车集团有限公司	其他国有企业	有	无
27	北汽蓝谷新能源科技股份有限公司	其他国有企业	有	无
28	北汽福田汽车股份有限公司	其他国有企业	有	有
29	奇瑞新能源汽车股份有限公司	其他国有企业	无	无
30	一汽奔腾轿车有限公司	其他国有企业	有	无
31	陕西汽车控股集团有限公司	其他国有企业	有	有
32	浙江吉利控股集团有限公司	民营企业	有	有
33	广州小鹏汽车科技有限公司	民营企业	有	无
34	北京车和家信息技术有限公司(原重庆理想智造汽车有限公司)	民营企业	无	有
35	比亚迪股份有限公司	民营企业	有	有
36	长城汽车股份有限公司	民营企业	有	有
37	上海蔚来汽车有限公司	民营企业	有	无
38	浙江零跑科技股份有限公司	民营企业	无	有
39	四川野马汽车股份有限公司	民营企业	无	无
40	万向集团公司	民营企业	有	无
41	赛力斯集团股份有限公司(原重庆小康工业集团股份有限公司)	民营企业	有	无

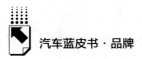

续表

序号	企业名称	企业性质	CSR 专栏	CSR 报告
42	智己汽车科技有限公司	民营企业	无	无
43	大陆集团(中国)	外资企业	有	无
44	威马智慧出行科技(上海)股份有限公司	民营企业	无	无
45	小米汽车有限公司	民营企业	无	无
46	开沃新能源汽车集团股份有限公司	民营企业	无	无
47	合众新能源汽车股份有限公司	民营企业	无	无
48	众泰汽车股份有限公司	民营企业	无	无
49	重庆瑞驰汽车实业有限公司	民营企业	无	无
50	东风商用车有限公司	其他国有企业	有	无
51	电装中国投资有限公司	外资企业	有	无
52	海马汽车股份有限公司	民营企业	无	无
53	四川汽车工业集团有限公司	民营企业	无	无
54	德赛西威	其他国有企业	有	有
55	广西玉柴机器集团有限公司	其他国有企业	有	无
56	郑州宇通集团有限公司	民营企业	有	有
57	采埃孚集团	外资企业	无	无
58	极氪汽车(上海)有限公司	民营企业	无	无
59	江铃控股有限公司	民营企业	无	无
60	现代汽车集团(中国)	外资企业	有	有
61	丰田汽车(中国)投资有限公司	外资企业	有	无
62	郑州日产汽车有限公司	合资企业	有	无
63	通用汽车(中国)	外资企业	有	无
64	沃尔沃(中国)投资有限公司	外资企业	有	无
65	大众汽车集团(中国)	外资企业	有	无
66	马自达(中国)企业管理有限公司	外资企业	无	无
67	斯巴鲁汽车(中国)有限公司	外资企业	无	无
68	本田汽车(中国)有限公司	外资企业	有	有
69	梅赛德斯-奔驰(中国)汽车销售有限公司	外资企业	有	有
70	保时捷(中国)汽车销售有限公司	外资企业	有	无
71	特斯拉(上海)有限公司	外资企业	无	有
72	铃木(中国)投资有限公司	外资企业	无	无
73	福特汽车(中国)有限公司	外资企业	有	无

续表

序号	企业名称	企业性质	CSR 专栏	CSR 报告
74	宝马中国	外资企业	有	有
75	日产(中国)投资有限公司	外资企业	有	有
76	戴姆勒中国	外资企业	有	无
77	武汉路特斯科技有限公司	外资企业	有	无
78	极星汽车(中国)集团有限公司	外资企业	有	无
79	重汽(重庆)轻型汽车有限公司	其他国有企业	无	无
80	阿维塔科技(重庆)有限公司	外资企业	无	无
81	北京现代汽车有限公司	合资企业	有	有
82	江苏悦达起亚汽车有限公司	合资企业	有	有
83	广汽本田汽车有限公司	合资企业	有	有
84	东风本田汽车有限公司	合资企业	有	无
85	一汽-大众汽车有限公司	合资企业	有	无
86	广汽丰田汽车有限公司	合资企业	有	有
87	华晨宝马汽车有限公司	合资企业	有	有
88	东风日产乘用车公司	合资企业	有	无
89	天津一汽丰田汽车有限公司	合资企业	有	无
90	北京奔驰汽车有限公司	合资企业	无	无
91	上汽大众汽车有限公司	合资企业	有	无
92	上汽通用汽车有限公司	合资企业	有	无
93	奇瑞捷豹路虎汽车有限公司	合资企业	无	无
94	上汽通用五菱汽车股份有限公司	合资企业	有	无
95	华晨雷诺金杯汽车有限公司	合资企业	无	无
96	达索系统	外资企业	无	无
97	宝山钢铁股份有限公司	其他国有企业	有	有
98	厦门金龙汽车集团股份有限公司	合资企业	有	无
99	神龙汽车有限公司	合资企业	有	无
100	南京依维柯汽车有限公司	合资企业	有	无

（二）信息来源

在信息来源方面，本研究的信息来源主要包括企业公开信息、第三方信息两大方面。具体而言，其一，企业公开信息的来源主要包括企业 2022

年度的社会责任报告、可持续发展报告、ESG 报告、社会环境专项报告（包括环境报告、公益报告、乡村振兴报告、海外报告等）、企业年报以及企业官网。企业公开信息的采集时间范围为 2022 年 1 月 1 日至 2023 年 7 月 31 日，因此存在部分企业在 7 月 31 日之后发布社会责任报告/可持续发展报告/ESG 报告未被纳入信息来源的情况。其二，第三方信息来源主要包括中国证券监督管理委员会官网、上海证券交易所官网、深圳证券交易所官网、香港联合交易所官网、国家企业信用信息公示系统、巨潮资讯网、Wind 数据库、企查查等。采集时间为 2022 年 1 月 1 日至 2023 年 7 月 31 日。

（三）等级划分

为了更加直观展现中国汽车产业 ESG 水平，课题组根据中国汽车产业 ESG 评级得分，分为七个等级（见表 4）。五星级［85（含）~100 分］代表企业具有较为完善的 ESG 治理体系，在国家、产业、环境和民生建设中取得了突出成效，并且在生产经营过程中较好地规避了环境风险和社会风险，是汽车产业 ESG 领域的先锋领导者。四星半［70（含）~85 分］和四星级［60（含）~70 分］的企业在社会价值创造领域进行了一定尝试，做出了一些贡献，具有一定的社会环境风险管理能力，初步建立了 ESG 治理体系，是汽车产业 ESG 领域的有效实践者。而三星级及以下的企业基本未建立 ESG 治理体系，社会价值创造成绩不够突出，社会环境风险管理水平有待提高，这类公司亟须在 ESG 治理方面探索全新路径，提升治理水平。

表 4　中国汽车产业 ESG 评级星级划分

分数区间	星级	分数区间	星级
85（含）~100 分	★★★★★	40（含）~50 分	★★★
70（含）~85 分	★★★★☆	30（含）~40 分	★★
60（含）~70 分	★★★★	30 分以下	★
50（含）~60 分	★★★☆		

六　中国汽车产业 ESG 先锋指数分析

（一）总体表现

1. 中国汽车产业 ESG 先锋指数平均得分为37.0分，整体处于二星级水平

中国汽车产业 100 家企业 ESG 先锋指数平均得分为 37.0 分，整体处于二星级水平。具体来看，宝山钢铁公司、现代汽车集团（中国）、东风汽车等 6 家企业 ESG 先锋指数达到五星级水平；广汽本田、德赛西威、比亚迪、广州小鹏等 14 家企业 ESG 先锋指数处于四星半水平；重庆长安、北汽福田、东风日产等 7 家企业 ESG 先锋指数处于四星级水平；ESG 先锋指数为一星级的企业数量最多，为 54 家（见图 3）。

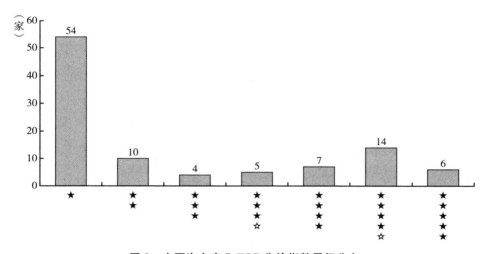

图3　中国汽车产业 ESG 先锋指数星级分布

2. 集团公司 ESG 表现优于分子公司

分析不同类型企业表现（见图4），发现集团公司 ESG 先锋指数平均得分（39.9 分）高于分子公司平均得分（33.4 分），且 ESG 治理、社会价值、风险管理三个板块得分均高于分子公司。集团公司中，现代汽车集团

（中国）表现最优，为 88.5 分，处于五星级水平；分子公司中，宝山钢铁公司表现最优，为 91.7 分，处于五星级水平。

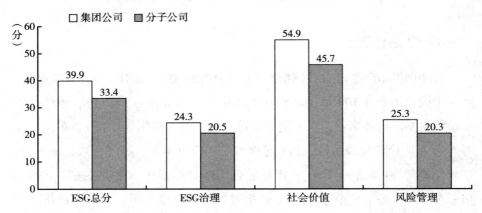

图 4　中国汽车产业集团公司、分子公司 ESG 先锋指数平均得分比较

3. 零部件企业 ESG 先锋指数优于商用车企业

从细分行业表现来看，零部件企业 ESG 先锋指数平均得分（43.4 分）高于整车企业平均得分（35.9 分）以及商用车企业平均得分（30.8 分）。具体来看，零部件企业中，宝山钢铁公司表现最好，为 91.7 分，处于五星级水平；商用车企业中，一汽解放表现最好，为 80.5 分，处于四星半水平。

从 ESG 治理、社会价值、风险管理三个板块看，零部件企业平均得分均高于商用车企业（见图 5）。其中，零部件企业 ESG 治理平均得分为 27.3 分，处于一星级水平；社会价值平均得分为 61.9 分，处于四星级水平；风险管理平均得分为 27.2 分，处于一星级水平。

4. 自主品牌 ESG 先锋指数优于外资品牌和合资品牌

从不同性质企业表现来看，自主品牌 ESG 先锋指数平均得分最高，为 40.5 分，处于三星级水平；合资品牌 ESG 先锋指数平均得分为 37.0 分，处于二星级水平；外资品牌 ESG 先锋指数平均得分最低，为 29.4 分，处于一星级水平。具体来看，自主品牌中，宝山钢铁公司表现最优，为 91.7 分；合资品牌中，广汽本田表现最好，为 84.6 分；外资品牌中，现代汽车集团

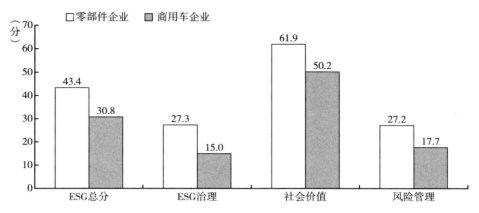

图 5　中国汽车产业零部件企业、商用车企业 ESG 先锋指数平均得分比较

（中国）表现最好，为 88.5 分。

从 ESG 治理、社会价值、风险管理三个板块看，自主品牌的表现均领先于合资品牌和外资品牌（见图 6）。

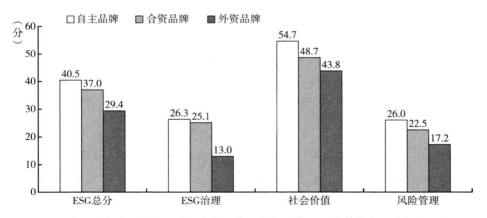

图 6　中国汽车产业自主品牌、合资品牌、外资品牌 ESG 先锋指数平均得分比较

（二）各板块分析

1. 社会价值表现优于风险管理、ESG 治理

中国汽车产业社会价值平均得分为 50.8 分，显著领先于风险管理

（23.1 分）和 ESG 治理（22.6 分），如图 7 所示。100 家企业样本中，宝山钢铁公司、长城汽车等 33 家企业的 ESG 治理得分高于平均水平；东风汽车、现代汽车集团（中国）、中国一汽等 45 家企业的社会价值得分高于平均水平；中国一汽、江苏悦达起亚等 33 家企业的风险管理得分高于平均水平。

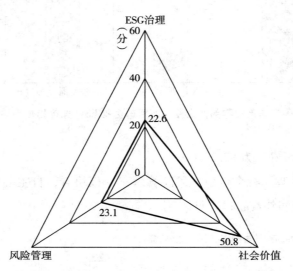

图 7 中国汽车产业 ESG 先锋指数各板块平均得分

2. ESG 治理板块，公司治理表现最佳，董事会 ESG 治理表现欠佳

ESG 治理板块考察公司治理、董事会 ESG 治理、ESG 管理三个维度。中国汽车产业 ESG 治理板块平均得分为 22.6 分，处于一星级水平。其中，中国汽车产业的公司治理表现最佳，为 28.6 分；ESG 管理表现次之，为 19.8 分，董事会 ESG 治理表现最差，为 12.0 分。

具体来看，宝山钢铁公司、长城汽车、德赛西威、广州汽车公司在公司治理（100.0 分）维度得分最高，宝山钢铁公司在董事会 ESG 治理（100.0 分）维度得分最高，现代汽车集团（中国）在 ESG 管理（100.0 分）维度得分最高，均达到五星级水平（见表 5）。

3. 社会价值板块，产业价值得分最高，国家价值得分最低

中国汽车产业社会价值板块平均得分为 50.8 分，处于三星半水平。其中，产业价值表现最好，为 64.2 分；环境价值和民生价值次之，分别为 58.4 分和 42.6 分；国家价值得分最低，为 38.1 分（见图 8）。具体来看，东风汽车、现代汽车集团（中国）等 13 家企业在国家价值（100.0 分）维度得分最高；一汽解放、中国一汽等 44 家企业在产业价值（100.0 分）维度得分最高；重庆长安、北汽福田等 44 家企业在环境价值（100.0 分）维度得分最高；东风汽车和广州汽车 2 家企业在民生价值（100.0 分）维度得分最高。

表5 中国汽车产业 ESG 治理板块各维度具体表现

单位：分

评价板块	维度	平均分	最高分	最佳实践
ESG 治理 （22.6 分）	公司治理	28.6	100.0	宝山钢铁公司、长城汽车、德赛西威、广州汽车公司
	董事会 ESG 治理	12.0	100.0	宝山钢铁公司
	ESG 管理	19.8	100.0	现代汽车集团（中国）

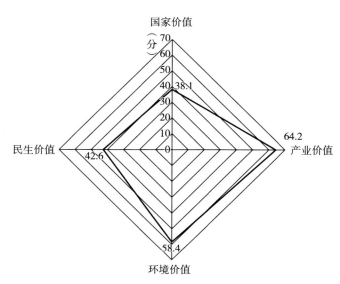

图8 中国汽车产业社会价值板块各维度得分

4. 风险管理板块，发展与培训维度表现相对较好，守护生态安全维度表现有待提升

中国汽车产业风险管理板块平均得分为23.1分，处于一星级水平。风险管理板块包含10个议题维度，其中，发展与培训（31.8分）维度表现相对较好，守护生态安全（14.0分）维度表现不佳（见表6）。

表6 中国汽车产业风险管理板块各维度具体表现

单位：分

评价板块	维度	平均分	最高分	最佳实践
风险管理（23.1分）	环境管理	22.6	96.9	现代汽车集团(中国)
	资源利用	20.6	94.0	江苏悦达起亚
	排放物	21.1	78.0	北京车和家信息技术有限公司（理想汽车）
	应对气候变化	17.9	100.0	广州小鹏、广汽集团、宝山钢铁公司、吉利控股
	守护生态安全	14.0	75.0	中国一汽、现代汽车集团（中国）、东风本田、宝山钢铁公司
	雇用	22.3	91.7	中国一汽、江苏悦达起亚
	发展与培训	31.8	100.0	中国一汽、江苏悦达起亚、东风汽车、广汽本田、摩比斯中国、广州小鹏、一汽解放
	职业健康和安全生产	23.1	89.2	广州小鹏、宝山钢铁公司
	客户责任	22.4	84.4	中国一汽
	负责任供应链管理	15.6	82.9	广汽本田

中国汽车企业需要加强公司治理、环境保护、安全生产、产品质量等负面事件的披露。经分析发现，有40%左右的企业较为坦诚地披露了负面事件，其中，仅有12家企业披露了"新增职业病数"指标，14家企业披露了"员工流失率"指标，13家企业披露了"员工工伤/亡人数"指标。

此外，课题组通过查询报告、企查查、信用中国、国家企业信用信息公示系统等渠道，收集了企业2022年1月1日至2023年7月31日受到行政处罚的相关情况，发现中国汽车产业样本企业中有3家曾受到行政处罚，且均在年报、ESG报告、信用中国网中主动披露。

5. 中国汽车产业需加强 ESG 信息披露，仅有三成企业发布社会责任/可持续发展/ESG 报告

截至 2023 年 7 月 31 日，在 100 家企业样本中，仅有 31 家企业发布了 2022 年度社会责任/可持续发展/ESG 报告，近七成企业尚未发布报告，缺乏系统披露。从报告发布的连续性来看，宝山钢铁公司连续 20 年发布报告，神龙汽车公司连续 17 年发布报告，重庆长安汽车、上海汽车集团连续 15 年发布报告；中国一汽、东风汽车、重庆长安汽车、上海汽车集团等 11 家企业发布次数达 11~15 次；江铃汽车、现代汽车集团（中国）等 4 家企业发布次数达 6~10 次（见图 9）。

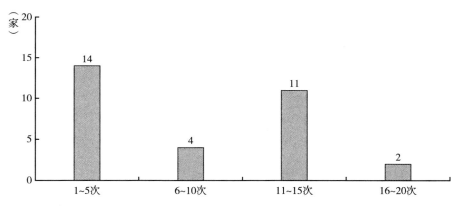

图 9 中国汽车产业社会责任/可持续发展/ESG 报告发布次数

中国汽车产业是资本市场关注度较高的产业，应发挥示范作用，按照证监会、证券交易所的要求，及时发布社会责任/可持续发展/ESG 报告，展现企业 ESG 实践，在提高透明度的同时，以报告为载体加强与利益相关方的沟通交流。

七 中国汽车品牌 ESG 案例研究

在全球加速碳中和以及中国"双碳"目标落地的时代大背景下，ESG 正在成为衡量车企价值的新标尺。为进一步提升汽车产业 ESG 和可持续发

展水平，推动汽车企业更加系统科学、持续高效地履行社会责任，展现企业在行业 ESG 各重点议题实践中取得的重大成果，树立行业 ESG 典范、传播 ESG 理念、探索 ESG 品牌项目创新模式，以榜样的力量带动中国汽车行业 ESG 转型发展，课题组从有效性、可复制性、创新性、社会影响力的评选标准出发，选树具有代表性的汽车品牌 ESG 先进案例。

（一）现代汽车生态园——现代汽车绿色乡村振兴项目

现代汽车集团作为坚定的"环保主义者"，长期投身于环保公益事业。自 2008 年开始，面向生态脆弱的内蒙古草原地区，开展了多样的环境保护工作。2008~2013 年，现代汽车集团在内蒙古查干诺尔地区发起"现代汽车生态园"1 期项目，通过种植固沙植被，使得已干涸盐碱化的查干诺尔湖成功退沙还草，成为全球范围内草地恢复面积最大的单个区域。自 2014 年开始，在正蓝旗宝绍岱诺尔盐碱干湖盆地区继续推进"现代汽车生态园"2 期项目，通过培育多年生草地植被，利用当地气候及种植条件，成功研发了多年生植被治理盐碱干湖盆的方法，并将技术传授给当地政府。2021 年，现代汽车集团在"碳达峰、碳中和"目标和乡村振兴战略的指引下，将环境保护与经济发展相结合，在内蒙古乌兰察布市兴和县开展"现代汽车生态园"3 期项目，探寻出一条助力乡村振兴的新型公益之路，助力乡村向绿色低碳、可持续发展方向转型升级。该项目的成功落地将为兴和县脱贫人口就业、创业、增收提供持续稳定的平台。为实现旅游产业发展人口增收致富和乡村振兴产业发展助力双赢，推动兴和县全域旅游发展，"绿色民宿"项目已于 2023 年 8 月竣工并对外试营业，建成包括民宿、咖啡厅、露营地、乡村振兴学院等在内的综合生态旅游度假区。

（二）"东风梦想车"中国青年汽车创意设计大赛

东风汽车集团有限公司为积极响应国家提出的"大众创业、万众创新"战略，持续提升中国汽车产业的科技创新和人才培养水平，积极打造了"东风梦想车"中国青年汽车创意设计大赛履责品牌项目，通过提供实践机会、行业专家指导、职业发展激励等方式，持续培养、挖掘中国汽车行业优秀后备人才，以促进人、车、自然和社会的和谐共存。六届比赛的成功举办，以跨学科的合作模式促进了不同领域知识的融合与创新，吸引了海内外高校 1131 支团队参赛，开阔学生视野，培养了大学生群体的团队协作精神，对参赛学生的创新思维和探索意识产生了深刻影响，并且已经发展成为汽车行业一项具有一定规模、专业水平和广泛影响力的设计竞赛，激发了青年学生和公众对于建设文明汽车社会的关注，并支持青年学生实现他们的汽车梦想。通过这一平台，东风汽车为青年人才提供了展示专业技能和拓展职业发展机会的强大支持，为汽车产业的科技创新和人才培养注入了持续动力，为中国汽车产业实现"中国梦"做出了重要贡献。

（三）中国一汽："红旗梦想自强班"项目

中国一汽全面贯彻党的教育方针，全力支持教育事业发展，关注欠发达地区的教育状况，倾力教育事业，开设"红旗梦想自强班"项目帮助困难高中学生完成学业，走向大学。截至 2022 年底，中国一汽累计向项目投入资金 8370 万元，累计开设"红旗梦想自强班"250 个、受益高中学生达 12500 余名。帮助一个孩子，托起一个家庭，甚至可能照亮一片天地。目前，共 7075 名学生顺利参加高考，其中多名学子考入清华大学、北京大学、外交学院等高校，开启新的人生征程，开始追求新的人生理想。中国一汽"红旗梦想自强班"覆盖整个高中阶段的成才支持，为乡村青年学子提供了全方位的教育资源和机会，搭建了成就人生理想的平台，引导他们成为自强、创新和有责任感的人才，展现了中国一汽的央企责任担当，为推动乡村教育高质量发展做出贡献，为乡村振兴奠定了人才基础。随着"红旗梦想自强班"项目的扩展，受益群体不断扩大，影响力也逐步提升。"红旗梦想自强班"项目得到受助地党委政府的高度认可和社会各界的广泛赞誉。"红旗扶贫梦想基金"获得了民政部第十一届"中华慈善奖"，"红旗梦想自强班"获得全国学雷锋志愿服务"四个 100"最佳志愿服务项目、吉林省"优秀志愿服务项目"等荣誉称号。

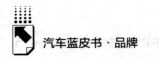
（四）广汽本田：梦想童行·儿童道路安全公益行

从 2015 年开始，广汽本田致力于推广名为"梦想童行"的儿童交通安全教育项目，旨在通过教育儿童来影响家庭乃至整个社会，实现和谐交通环境的愿景。该项目通过"教育一个孩子，带动一个家庭，影响整个社会"的理念，努力实现"零事故"的目标。到 2022 年，该计划已经覆盖了全国近 700 家广汽本田特约店和 200 多所合作学校，线上课程吸引了近 2 亿人次的学习参与，影响了华北、华南、华东、中西部和东北五大区域。项目还建立了 10 个道路安全教育基地，并在湖北、贵州、黑龙江和吉林等 6 个地区的小学开展了相关活动。广汽本田不断提供教师培训、教学设备和课程资源等方面的支持，通过"校园+特约店"的模式，将道路安全教育推广到更广泛的区域和更多的孩子。

通过加强与权威机构、非政府组织、学校和家庭的合作，广汽本田"梦想童行"项目建立了一个多方参与的儿童交通安全教育和保护网络，成为企业公益项目中一个长期而稳定的部分。这一举措有效地推动了中国儿童交通安全教育事业的深入发展。

（五）一汽解放："解放爱领航·关爱货车司机"项目

一汽解放以关怀卡车司机群体为起点，积极履行其社会责任，并投身于社会公益活动。2018 年，该公司与中国乡村发展基金会（前身中国扶贫基金会）合作，首次推出了全国性针对卡车司机的公益项目，名为"解放爱领航·关爱卡车司机"。该项目旨在为全国范围内因交通事故或家庭成员疾病而面临困境的卡车司机提供精确的援助，以此传递爱心并促进社会的和谐与共同繁荣。

自项目启动以来，一汽解放与合作基金会共同努力，开展项目宣传、信息沟通、救助材料的整理和救助流程的执行，确保救助资金能够及时发放到需要帮助的司机手中。截至 2023 年 9 月，已有 130 名卡车司机通过审核并获得了救助，平均每 1.5 天就有一名司机得到援助，累计捐助金额达到

1017 万元。受助司机所驾驶的卡车涵盖了 18 个不同的品牌，地域分布遍及 28 个省份。

该项目不仅为一些陷入困境的卡车司机提供了紧急救助，还通过一汽解放的帮助，引起了社会的广泛关注，使得更多司机在多方的支援下顺利渡过了难关。通过这些实际行动，一汽解放展现了企业的社会责任感，并为构建和谐社会贡献了自己的力量。

（六）广汽丰田：座驾精灵 CSR 社会教育项目

自 2014 年开展"座驾精灵 CSR 社会教育项目"以来，广汽丰田坚持"创想+安全"的核心理念，深耕儿童交通安全教育十年，成为广汽丰田企业社会责任品牌重点项目之一，也是广汽丰田在安全教育领域的原创特色项目。项目坚持"与孩子共创"的安全教育模式，以"汽车也有生命"建构童心世界观，将汽车拟人化，让汽车幻化成"座驾精灵"，培养孩子们在实践中注入想象力，在共创中主动学习安全知识。十年来，项目在内容、形式、渠道上不断升级扩充，鼓励孩子从"人·车·交通环境"全方位视角观察安全，通过校本课程、夏令营、向社会延伸的"移动安全课堂"等形式，动员更多社会力量参与到项目中，让创新的共创式安全出行科普惠及更多孩子和家庭，携手构筑美好出行社会。十年来，"座驾精灵 CSR 社会教育项目"坚持"与孩子共创"的安全教育模式，全面覆盖广汽丰田 26 所公益小学，以全国 450 家销售店为传递安全理念的基地，链接更多公众和家庭，与 13000 多位中小学生一起共创，超过 345 万人参与到项目中，线上课堂惠及超 6500 万人次。项目持续采用多样化传播手段，连续三年发布《幸福小镇系列绘本》，推出校本课程读本、走进校内课堂，通过创新儿童出行安全文创、线上课程等，持续拓展更专业、更广泛的传播知识面，为打造安全家庭、构筑安全出行社会筑牢坚实基础。

（七）北汽集团：电影大篷车助力乡村美育公益事业项目

北汽集团与北京师范大学深度合作"电影下乡——新时代大学生美育

支教行"项目,携旗下极狐汽车、北京汽车、福田汽车共同打造"电影大篷车",带着电影资料深入中西部欠发达地区、红色文化发源地,以电影为媒,因地制宜开展美育思政课,以美育支教,助力乡村基础教育的优质均衡发展。2023年度"电影下乡"项目于7月23日至8月21日展开,支教团在广西大化(2站)、陕西照金、新疆阿克陶、青海西宁和兴海累计开展6站"电影大篷车"活动,电影放映8场次、覆盖学校6所、师生群众累计2000人次。"电影下乡"项目获得超500家媒体的关注和报道。微博、抖音、快手、B站、百家号等新媒体平台发酵了近10万条相关信息,全网总覆盖超2亿人次。北汽集团在"电影下乡"项目活动期间,以"为孩子的梦想续航"为主题,展现北汽品牌的温度和担当,传播阅读量超246万,获人民网、《北京日报》、《中国新闻周刊》、《北京青年报》等30余家核心媒体关注报道,可视阅读量超过289万;微博、抖音等社交平台策划#第一次走进电影院#话题,发起抽奖活动,提高广大用户的关注度,该话题实现总阅读量2167万,互动量、原创量、讨论量累计超5000人次。

(八)摩比斯中国:"透明雨伞捐赠"项目

摩比斯全球公益周作为摩比斯社会公益活动的重要组成部分,在每年摩比斯成立纪念日之际,组织摩比斯世界各国的员工和合作伙伴共同开展丰富多彩的社会贡献活动,"与美好同行",打造全民幸福的社会。摩比斯中国"透明雨伞捐赠"项目从2013年开展至今已持续10年,在北京、上海、盐城、无锡等地尝试开展了透明雨伞分享活动,并于2016年将活动范围扩大至重庆、沧州、天津等地,累计捐赠透明雨伞20余万把,金额超500万元。该项目以"关爱儿童出行安全"为宗旨,将有助于防止雨天交通事故的透明雨伞捐赠给儿童的同时,开展儿童交通安全教育和知识分享,精心设计的透明雨伞在雨天能确保视野,有助于防止雨天交通事故及冲撞事故的发生。至今共向150多所学校捐赠了22万把透明雨伞,以"透明雨伞捐赠"项目为起点,摩比斯中国聚焦儿童交通安全,积极组织"我和透明雨伞的故事""儿童交通安全教育""交通安全故事征集赛"等参与型活动，寓教于乐，宣传普及交通安全知识，激发儿童自主学习交通安全知识的兴趣，努力实现全方位守护儿童安全出行的愿景，多方位守护儿童健康成长。

（九）宝钢股份：碳汇授渔乡村振兴项目

2004 年以来，宝钢股份积极响应党中央号召，在上级单位中国宝武钢铁集团统一部署下，连续 20 年定点帮扶云南省江城县、镇沅县、宁洱县和广南县（2016 年国务院将墨江县调整为文山州广南县），实施"一二三"咖啡产业振兴行动，注册"宁小豆"咖啡品牌，开发咖啡资源数字化管理平台——宁洱咖啡公共服务平台，建立宁洱咖啡产业现代创新园平台，同时引进专家工作站、实习实训基地，购买咖啡杯测、直播等设备，开展咖啡培训，集咖啡品种改良、产品研发、运营展示、生豆大赛、咖啡品鉴及培训于一体，成立公司、打造特色、人才支持，多渠道、全方位帮扶云南四县经济发展和当地百姓致富。通过搭建宁洱"双碳振兴生态圈"、实施"C123"行动计划，打造了咖啡全产业链可持续商业模式，创建了双碳产业和碳汇开发先行示范，累计投入帮扶资金超 4 亿元，消费帮扶 6000 余万元，先后选派 16 名援滇干部在市、县、村挂职，从"输血"向"造血"转变，从"授鱼"向"授渔"转变，推动碳意识广泛传播，助力宁洱成功创建国家林业碳汇试点县，全面推进帮扶地区多样化、细分化、特色化的产业振兴，获"云南省脱贫攻坚扶贫先进集体"称号。

（十）长安汽车：助力酉阳茶油乡村振兴项目

长安汽车于 2021 年组建乡村振兴专项工作组，并与酉州油茶科技有限公司共同设定在 3~5 年内打造行业顶尖品牌的目标。同年 7 月 9 日，长安汽车与酉阳县政府及酉州油茶科技有限公司签订了《乡村振兴定点帮扶合作协议》，利用产业优势，采用"企业携手企业，联手带动产业"的新模式，积极开展定点帮扶，推动酉阳油茶产业快速发展。在品牌塑造方面，长安汽车利用已有营销市场资源，与酉阳油茶合作打造公益品牌，帮助酉阳油茶在汽车垂类消费群体中提升知名度；在渠道管理方面，长安汽车充分挖掘油茶功效亮点，利用内部采购、产业链宣发动员等多种方式，帮助酉阳油茶快速拓展渠道，实现高效铺货；在管理机制方面，长安汽车建立数字化管理体制，同时为酉阳油茶优秀骨干人才开设培训班，通过培训赋能员工全方面提升个人能力。到2022年，酉阳油茶的总销售收入超过1.66亿元，其中长安汽车助力带动的销售额达到3268万元，电商销售业绩同比大幅增长，酉阳油茶的线上销售渠道也取得了新的进展。酉州油茶科技有限公司现已拥有29万亩高标准油茶园，覆盖全县38个乡镇的168个村，带动了近20万农户增收，其中茶农人均分红利润达到4000元。长安汽车还将"碳达峰"和"碳中和"的理念融入乡村振兴工作之中，推动了重庆油茶碳汇的研究，提升了油茶产业的经济与生态价值，同时将公司的转型与绿色发展理念相结合，积极承担社会责任，为社会的可持续发展贡献力量。

八 中国汽车品牌ESG发展展望

中国汽车产业作为国家经济发展的重要支柱，其产业链条长、涉及面广，与能源、材料等上下游行业紧密相连。在这样的产业背景下，ESG的理念和实践显得尤为重要。ESG的广泛性和迅速发展要求汽车产业内外凝聚共识，加强研究和专业传播，以实现可持续发展的长远目标。

首先，汽车产业需制定符合自身特点的ESG评价标准，以合理评价企业在不同时期的ESG表现，并进行多维度的动态评估。这不仅有助于企业的自我监督和提升，也为投资者和消费者提供了决策参考。同时，ESG作为一个慢变量，与传统商业逻辑存在博弈，企业需要在"守正创新"中找到平衡，确保长期稳定的预期。

课题组在调研过程中发现，中国汽车品牌ESG正在蓬勃发展，汽车行业领域内不断涌现出的先锋企业，在中国汽车产业的ESG体系建设中发挥着关键作用。通过高标准践行ESG理念，高质量编制和发布ESG报告，这些企业不仅树立了行业标杆，也正在以先锋榜样的力量引领带动中国汽车产业高质量可持续发展。

其次，企业内部各部门应将 ESG 作为战略工具，实现"同频"应用，将其融入日常业务中。利用新一代信息技术，企业可以实现 ESG 绩效表现的"脱虚向实"，真正提升信息披露的质量和透明度。在追求可持续发展的过程中，汽车产业应高举低碳零碳的旗帜，树立绿色发展品牌。通过让科技普惠，延伸产品责任，成就产业生态，从而在提升发展的"含绿量"的同时，提高增长的"含金量"。

同时，加强 ESG 与消费者（C 端）的结合至关重要。企业应致力于维护良好的社会口碑，成为"公众眼中的良心企业"，实现"品牌向上，公众可感，责任可见"的目标。

最后，为了加快"出海"步伐，中国汽车企业需提升 ESG 管理的质量，努力提高海外战略的本土化水平。在新能源领域，企业应持续转型，专业化和国际化并重，以加速在全球市场的新赛道上发力。

综上所述，中国汽车品牌在 ESG 发展上需凝聚行业力量，创新实践，提升透明度，强化绿色品牌，深化消费者关系，并加快国际化步伐，以实现产业链的全面可持续发展。

参考文献

楼秋然：《ESG 信息披露：法理反思与制度建构》，《证券市场导报》2023 年第 3 期。

薛天航、郭沁、肖文：《双碳目标背景下 ESG 对企业价值的影响机理与实证研究》，《社会科学战线》2022 年第 11 期。

司孟慧、许诗源、胡晓静：《地方政府 ESG 信用评级体系研究——基于可持续发展理念》，《征信》2022 年第 6 期。

姚树洁、蒋艺翅：《可持续发展之路：ESG 实践与企业创新》，《山东大学学报》（哲学社会科学版）2023 年第 4 期。

石福安、李晓冬、马元驹：《ESG 背景下的企业社会责任驱动模式研究》，《财会月刊》2023 年第 1 期。

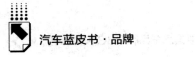
项东、魏荣建：《ESG 信息披露、媒体关注与企业绿色创新》，《武汉金融》2022 年第 9 期。

张慧：《ESG 责任投资理论基础、研究现状及未来展望》，《财会月刊》2022 年第 17 期。

易碧文：《数据协同视角下的 ESG 信息披露标准化建设》，《财会月刊》2022 年第 17 期。

B.14
中国智能网联汽车测评技术发展趋势研究

王鑫 李向荣 张鲁 李韬 闫晓晓*

摘　要： 随着智能网联汽车技术的广泛应用，行业内相关测评技术快速发展。本报告系统阐述了智能网联汽车在辅助驾驶、智慧座舱、隐私保护三个技术领域的发展现状。同时，结合中国汽车技术研究中心有限公司近年来在智能网联汽车领域的测试评价结果，对我国智能网联汽车行业的技术现状进行系统阐述，并提出相应的发展建议。

关键词： 智能网联汽车　测试评价　辅助驾驶　智慧座舱　隐私保护

一　国内外智能网联汽车测评技术最新进展

汽车测评是基于大量消费者需求调研数据，从消费者的角度，系统性地直观呈现车辆某项或几项性能，并通过社会主流媒体发布结果，对于消费者全面了解车辆安全、智能等性能指标具有重要参考意义。

随着汽车智能网联技术的发展，汽车测评在传统的主被动安全基础上，进一步深化测评技术研究，形成了以辅助驾驶、智慧座舱、隐私保护为代表的智能网联汽车测评体系，一方面为各国政府行业管理提供技术参考，为企业产品研发和性能提升提供技术支撑；另一方面也为消费者选购智能网联车

---

* 王鑫，中国汽车技术研究中心有限公司汽车测评管理中心技术管理部 C-ICAP 项目主办，工程师；李向荣，中国汽车技术研究中心有限公司汽车测评管理中心主任，高级工程师；张鲁，中国汽车技术研究中心有限公司汽车测评管理中心技术管理部副部长，高级工程师；李韬，中国汽车技术研究中心有限公司汽车测评管理中心技术管理部 C-ICAP 项目主管，工程师；闫晓晓，中汽研（天津）汽车工程研究院有限公司规划创新室主任，高级工程师。

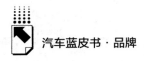

辆提供专业参考，避免消费者误用、滥用智能系统。本部分将主要从辅助驾驶、智慧座舱、隐私保护三个板块进行分析介绍。

（一）国内外辅助驾驶测评研究现状

1. 国内辅助驾驶测评研究现状

国内官方测评体系有中国智能网联汽车技术规程（China Intelligent-connected Car Assessment Programme，C-ICAP），自媒体测评品牌有42号车库测评、懂车帝测评等。

（1）国内技术机构辅助驾驶测评

C-ICAP是由中国汽车技术研究中心有限公司推出的具有广泛行业影响力的测评品牌。C-ICAP致力于打造面向汽车智能网联性能的专业测评品牌，服务政府行业管理，为相关政策、标准落地提供先试先行经验；服务企业智能网联技术发展，推动产品性能提升与行业健康发展；服务消费者选车用车，促进用户形成理性认知，引领科技消费；还为全球智能网联汽车技术发展贡献中国智慧和中国经验。

辅助驾驶测评是C-ICAP测评体系中的重要一环。如图1所示，行车辅助项目包括基础行车辅助和领航行车辅助，泊车辅助项目包括基础泊车辅助和记忆泊车辅助。基础行车辅助和基础泊车辅助为必测项，领航行车辅助和记忆泊车辅助为增测项。基础行车辅助旨在对基础的行车辅助驾驶能力进行考察，侧重评价系统安全性和舒适性，以跟车能力、组合控制能力、紧急避险能力、驾驶员交互为一级指标；领航行车辅助旨在对高阶行车辅助能力进行考察，侧重评价系统智能通行效率，以自主换道能力、连续运行能力为一级指标；基础泊车辅助旨在对基础泊车辅助能力进行考察，侧重评价车辆的自动泊入能力，以车位前泊入能力、车位前遥控泊车能力为一级指标；记忆泊车辅助旨在对高阶泊车辅助能力进行考察，侧重评价车辆的寻迹能力，涵盖绝大部分常见场景，以一键召唤能力、一键泊车能力为一级指标。

（2）国内媒体类辅助驾驶测评

42号车库测评体系以辅助驾驶能力为主要指标，如图2所示，包括基

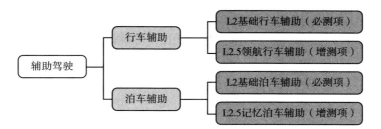

图 1　C-ICAP 辅助驾驶测评

础的辅助驾驶能力、进阶的导航辅助驾驶能力，以及自动泊车能力。次级指标主要为测试场景/情景等。其设计多个指标覆盖日常出现的场景，能够体现被测车辆自动/辅助驾驶的能力水平。次级指标下，进一步细化指标形成对应的评价指标体系。

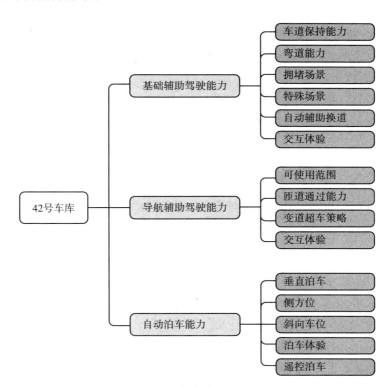

图 2　42 号车库测评体系

懂车帝测评体系以开放道路测试、封闭场地测试两种典型测试方法为主要指标，如图3所示。其中，开放道路测试选取相同路径，在相同时段对不同车辆进行测试，以系统退出次数、驾驶员主动接管次数为评价指标；封闭场地测试，选取前车缓停、加塞后跟车等场景进行测试，以相对纵向距离为评价标准。

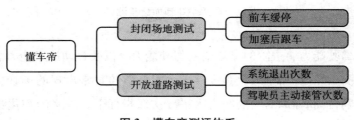

图3　懂车帝测评体系

2. 国外辅助驾驶测评研究现状

国外测评体系有欧洲新车评价规程—辅助驾驶（European New Car Assessment Programme Assisted Driving，Euro NCAP AD）、美国《消费者报告》（Customer Report，CR）调研等。

（1）国外技术机构辅助驾驶测评

Euro NCAP AD测评体系主要分为驾驶员参与（Driver Engagement）、车辆辅助（Vehicle Assistance）和安全储备（Safety Backup）三方面。其中，驾驶员参与和车辆辅助两者的最低分与安全储备得分的和作为Euro NCAP AD的最终得分。Euro NCAP AD满分为200分，并按照不同分值划分为非常好（Very Good）、好（Good）、一般（Moderate）、入门（Entry）四个级别。

Euro NCAP AD涵盖驾驶员监测（Driver Monitoring）、自适应巡航表现（ACC Performance）、转向辅助（Steering Assistance）、速度辅助（Speed Assistance）等测试内容。

（2）国外媒体类辅助驾驶测评

《消费者报告》是美国消费者联盟主办的一份杂志，在汽车领域，《消费者报告》测试汽车已有87年历史，涉及领域包括从消费者购买新车或二手车到使用和维护全流程，其汽车评测以车辆试验结合车主调研的方式进行，《消费者报告》杂志在美国拥有上千万的读者，受众广泛，深得各界认可。

CR 调研了大量具备 ADAS 系统的车辆，提出了测评体系框架，如图 4 所示。测评主要指标包括车辆能力测试、保持驾驶员参与、易用性测试、可用范围以及驾驶员不可用测试等。车辆能力测试主要考察车道纠偏辅助（LKA）以及自适应巡航控制（ACC）功能；保持驾驶员参与主要考察驾驶员监控、驾驶员主动干预、系统干预等；易用性测试主要考察控制与显示水平；可用范围主要考察周边环境、汽车运行设计域（ODD）清晰情况等；驾驶员不可用测试考察驾驶员注意力不集中时是否有分心提示、系统故障提示等。

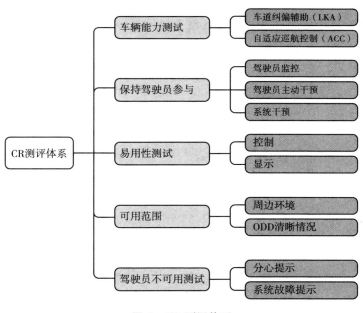

图 4　CR 测评体系

（二）国内外智慧座舱测评研究现状

随着汽车智能化、网联化、电动化和共享化的持续发展，智慧座舱渗透率增长迅速，据 IHS Markit 统计预测，2025 年智慧座舱渗透率将超过 75%。
与此同时，用户对于汽车座舱智能化的关注度日益提高，汽车行业日益注重
智慧座舱产品的技术发展，国家也不断加快标准政策的研究和制定工作，引
导行业有序、健康、快速发展，其中语音交互、人脸识别、数字钥匙、抬头
显示等一系列智慧座舱关键技术被列入国家智能网联汽车标准建设的重点
方向。

为助力智慧座舱技术发展，同时为用户提供车辆选购参考，行业不断探
索智慧座舱的评价方法和体系。目前，市面上主要存在两类测评方法：一类
是以国内外媒体开展的以主观测评方法为主的智慧座舱评价体系，主要由具
有一定测评经验的人员开展主观体验评价，测试结果依赖于人员的主观经
验，评价结果的一致性较难保证；另一类是以专业技术机构（学会、协会、
第三方检测机构等）为主导的基于客观测评方法的智慧座舱评价体系，可
以有效避免人员主观因素对测试结果一致性的影响，大大提高了结果的可
靠性。

1. 国内智慧座舱测评研究现状

（1）国内技术机构智慧座舱测评

中国汽车技术研究中心有限公司，基于在行业内开展广泛调研和意见讨
论，通过大量的摸底试验验证，于 2023 年 6 月发布《中国智能网联汽车技
术规程（C-ICAP）（1.1 版）智慧座舱测评规则》。该评价体系聚焦智慧座
舱的"能交互""善护航""慧服务"三个核心属性，针对智能交互（含触
控交互、语音交互、无线交互等）、智能护航（含全景环视、HUD、防眩目
等）、智慧服务三个维度，建立了一套完整的智慧座舱客观测评体系。

由中国汽车工程学会发起，以清华大学为牵头单位，于 2023 年 12 月发
布《汽车智能座舱智能化水平测试与评价方法》团体标准，该标准从感知
能力、交互能力、服务能力、互联能力四个维度，开展智慧座舱性能和功能
的客观和主观测试评价，从理论上提出了一套主客观综合的测评方法。

（2）国内媒体类智慧座舱测评

新出行在 2023 年推出了 XCX-IC Test 3.0 测评体系，该测评体系从视觉

交互、交流逻辑性、语音、应用四个维度，提出了主观评价标准。车云研究院推出 CC-1000T 智慧座舱测评体系，针对车机系统、人机交互（HMI）、座舱智控、仪表盘开展测评，从消费者体验角度出发，从智能表现、易用性、外观及科技感、可信赖度和创新等几个维度，对车辆的智慧座舱水平进行主观体验和评分。太平洋汽车推出"汽车智能化"ICT-300 测评标准体系，其中包含智能驾驶、智慧座舱、性能测试三部分。智慧座舱从屏幕效果、车机性能、语音交互、智能化进阶需求等几个方面，建立了一套以主观评价为主的测评体系。

2.国外智慧座舱测评研究现状

（1）国外技术机构智慧座舱测评

国外技术机构方面，美国高速公路安全管理局（NHTSA）从驾驶安全的角度出发，针对车载屏幕及仪表屏的显示内容、声音信号提醒、座椅震动等方面给出了一些方法类指导。Euro NCAP 也在技术路线图中提出，未来将考虑增加车载信息娱乐系统（IVIS）、人机交互（HMI）、舒适度相关的测评项目。

（2）国外媒体类智慧座舱测评

国外媒体测评方面，美国埃森哲公司针对智慧座舱建立了一套主观测试评价体系，面向车载信息娱乐、车载导航、语音控制、人机交互等系统，开展人机界面、舒适度、功能和性能、用户体验等项目的测试和评价。美国《消费者报告》开展了座舱智能座椅舒适性评价。

（三）国内外隐私保护测评研究现状

汽车智能化、网联化的快速发展既带来了机遇，也带来了用户隐私泄露的风险挑战，网络安全和数据安全问题日益凸显。为保障汽车用户隐私安全，国内外汽车网络安全与数据安全领域相关政策、法律法规及标准文件密集出台。

1.国内隐私保护测评研究现状

2021 年 8 月，为了规范汽车数据处理活动，保护个人、组织的合法权益，维护国家安全和社会公共利益，促进汽车数据合理开发利用，国家互联网信息办公室、国家发展和改革委员会、工业和信息化部、公安部、交通运输部发布《汽车数据安全管理若干规定（试行）》。该规定明确要求汽车数据处理应遵循车内处理、默认不收集、精度范围适用、脱敏处理四大原则。

2023 年 11 月，工业和信息化部、公安部、住房和城乡建设部、交通运输部联合发布《关于开展智能网联汽车准入和上路通行试点工作的通知》，为智能网联汽车试点准入、通行和运营提供了明确的规范指引。该通知要求企业建立覆盖车辆全生命周期的网络安全防护体系，采取必要的技术措施和其他必要措施，有效应对网络安全事件，保护车辆及其联网设施免受攻击、侵入、干扰和破坏。同时，要求企业依法收集、使用和保护个人信息，且在中华人民共和国境内运营中收集和产生的个人信息和重要数据应当按照有关规定在境内存储。此外，国家标准《汽车数据通用要求》和《汽车整车信息安全技术要求》也处于报批状态，标准草案针对汽车数据安全的全生命周期保护和汽车信息安全的外部链接安全、通信安全、软件升级安全、数据安全提出了具体的要求。

中国汽车技术研究中心有限公司，以标准体系情况、行业测评、市场渗透率和消费者关注度等方面为出发点，结合测评对象主要涉及的功能场景以及可能涉及的安全风险，在中国智能网联汽车技术规程（C-ICAP）隐私保护测评单元中，提出构建以防入侵 & 防篡改（网联通信守护）、防偷窥 & 防窃取（个人信息守护）为核心的汽车隐私保护测评体系，并计划于 2024 年发布行业征求意见稿。中汽中心天津检验中心基于 UNECE R155 汽车网络安全要求等国内外标准法规，构建了行业领先的通信安全测试用例库，成为国内首家完成信息安全领域 CNAS 扩项的国家级汽车检验中心；测试用例库包括入侵攻击测试、漏洞库 CAVD 扫描、渗透测试、模糊测试等测试项。

2. 国外隐私保护测评研究现状

2018 年 5 月，欧盟《通用数据保护条例》（General Data Protection Regulation，GDPR）正式生效。GDPR 的推出有利于欧盟成员国数据安全政策要求的统一和协调。GDPR 设立了 7 项数据保护的关键原则，即合法、公平和透明，目的限制，数据最小化，准确性，存储限制，正直，保密性。

2019年8月，国际标准化组织（ISO）和国际电工委员会（IEC）正式对外发布ISO/IEC 27701隐私信息管理体系标准，旨在为保护个人隐私提供指导。目前，ISO/IEC 27701也已成为业内公认的最具权威性的个人隐私信息管理体系建设指导标准。2021年8月，国际标准化组织（ISO）与国际自动机工程师学会（SAE）正式发布汽车信息安全领域首个国际标准ISO/SAE 21434：Road Vehicles－Cyber security Engineering（道路车辆—信息安全工程）。ISO/SAE 21434信息安全测试认证，由国际认可的第三方认证公司执行，从产品开发周期、风险评价、安全测试、供应链管理等方面对汽车生产企业或零件生产企业进行评价、认证。2022年11月，Euro NCAP发布《Euro NCAP 2030年愿景》（Euro NCAP Vision 2030），为更安全的车辆勾勒出更清晰的道路，并为欧洲消费者提供了更大的确定性。在这一路线图中，Euro NCAP认为用户信息安全与数据安全已成为欧洲立法者关注的紧迫问题，进入市场的车辆必须满足基本的安全要求，并主张数据访问应以保护消费者隐私为前提。

二 智能网联汽车技术特征分析

（一）辅助驾驶技术特征分析

1. 行车辅助技术特征

辅助驾驶汽车集感知、决策、规划与控制于一体，代表着汽车科技领域的发展方向。2022年，我国搭载辅助驾驶系统的智能网联乘用车新车销量约700万辆，市场渗透率达到34.9%。2024年上半年，市场渗透率进一步提升，达到42.4%。随着智能网联汽车的普及，由此带来的交通安全事故也逐渐暴露，2019年以来，美国共发生736起涉及特斯拉司机辅助驾驶系统的车祸，近年来我国此类事故也频频发生。这类撞车事故激增表明，辅助驾驶系统的使用越来越广泛，同时其带来的危险也不断增加。

中国汽车技术研究中心有限公司自2018年开始进行辅助驾驶功能测试

评价工作研究，并发布实施了中国智能网联汽车技术规程（C-ICAP），对辅助驾驶功能进行全面评价。在过去的两年里，中国汽车技术研究中心有限公司共完成 30 款车型的测试评价工作，其中 2022 年完成 22 款车型的测试评价，2023 年完成 8 款车型的测试评价。根据能源类型，测试评价车辆如表 1 所示。

表 1 测试评价车辆类型分布

单位：款

能源类型	2022 年	2023 年	合计
新能源车	9	6	15
燃油车	13	2	15
合　计	22	8	30

（1）基础行车辅助技术特征

2022~2023 年，中国汽车技术研究中心有限公司共选取 30 款车型进行测试评价，其中仅有 1 款车型不具备基础行车辅助功能。

对 2022 年 21 款具备基础行车辅助功能的车型进行测试评价，数据统计结果如图 5 所示，可以发现：最高得分率为 89.7%，最低得分率为 14.0%，平均得分率为 66.9%。其中有 7 款车型的得分率超过 80.0%，占比为 33.3%。得分率超过 70.0% 的车型有 11 款，占比达到 52.4%。综合分析，基础行车辅助功能测评结果尚可。

对 2023 年 8 款具备基础行车辅助功能的车型进行测试评价，数据统计结果如图 6 所示，可以发现：最高得分率达 99.3%，最低得分率为 76.7%，平均得分率达到 86.8%。其中有 2 款车型的得分率超过 90.0%，占比为 25%。得分率超过 80.0% 的车型有 6 款，占比达到 75%。综合分析，基础行车辅助功能测评结果较好。

从两年的数据对比不难发现，基础行车辅助功能的得分率提升明显，平均得分率从 66.9% 提升至 86.8%。具体表现在基础行车辅助功能的跟车能力和驾驶员交互能力得到显著提升。

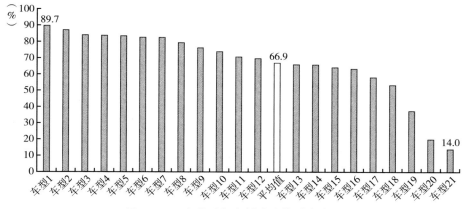

图 5　2022 年基础行车辅助功能测试结果

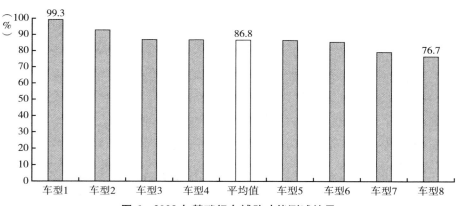

图 6　2023 年基础行车辅助功能测试结果

根据能源类型区分，新能源车基础行车辅助功能的平均得分率为80.5%，如图 7 所示。燃油车基础行车辅助功能的平均得分率为 63.8%，如图 8 所示。不难发现，在基础行车辅助领域，新能源汽车的技术水平要优于燃油车，平均得分率高出 16.7 个百分点。

（2）领航行车辅助技术特征

随着智能网联技术的发展，2023 年成为领航行车辅助功能元年，并逐步出现在大众视野。相比于基础行车辅助功能，领航行车辅助功能具备规划路线、换道超车、上下匝道的能力，且已成为年轻消费者选车、购车的考虑因素之一。

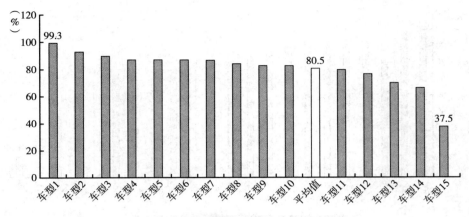

图 7　新能源车基础行车辅助功能测试结果

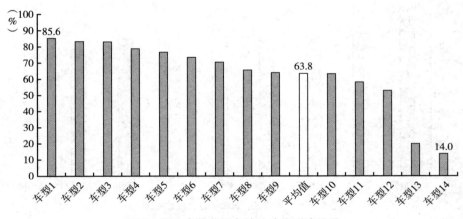

图 8　燃油车基础行车辅助功能测试结果

现阶段的领航行车辅助功能普遍基于 ADAS 高精地图，随着感知技术、算法的成熟，行业内逐步出现"轻图方案"。目前中国汽车技术研究中心有限公司所测的 30 款车型中，仅 3 款车型具备领航行车辅助功能，且此 3 款车型均为新能源车。

领航行车辅助功能测试结果如图 9 所示，最高得分率为 95.3%，最低得分率为 87.4%，平均得分率为 90.2%。综合分析，领航行车辅助功能测评结果较好。

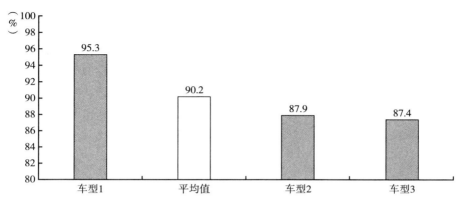

图 9 领航行车辅助功能测试结果

2. 行车辅助功能成绩分析

（1）跟车能力

根据对 29 款车型的测试评价，可以发现在跟车能力项目中，共有 4 个场景的失分率较高，分别如下。

场景 A：摩托车慢行，场景布置如图 10 所示，试验车辆速度设置 80km/h，摩托车行驶速度 30km/h，摩托车行驶过程中处于道路中心偏右 0.5m。

图 10 摩托车慢行场景示意

场景 B：前车低速切出，场景布置如图 11 所示，试验车辆速度设置 50km/h，目标车辆 VT1 行驶速度 40km/h，待试验车辆稳定跟随行驶后，VT1 驶离本车道，此时 VT2 出现在试验车辆前方，且处于静止状态。

场景 C：前车低速切入，场景布置如图 12 所示，试验车辆速度设置 40km/h，目标车辆 VT1 行驶速度 20km/h，待试验车辆与目标车辆纵向距离为 16.7m 时，目标车辆切入本车道。

场景 D：前车高速切出，场景布置如图 11 所示，试验车辆速度设置

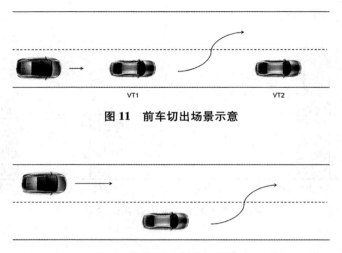

图 11　前车切出场景示意

图 12　前车低速切入场景示意

70km/h，目标车辆 VT1 行驶速度 60km/h，待试验车辆稳定跟随行驶后，VT1 驶离本车道，此时 VT2 出现在试验车辆前方，且处于静止状态。

　　根据统计，上述场景的平均得分率如图 13 所示。在跟车能力中，行车辅助功能对于摩托车、前方突然出现的目标车辆以及前方车辆恶意加塞等状况，均表现不佳，发生碰撞的概率较高。

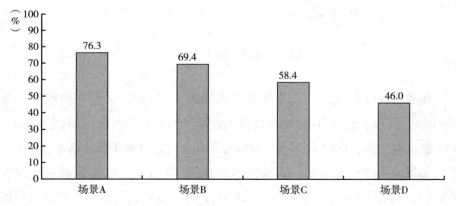

图 13　跟车能力得分率较低场景得分率情况

（2）紧急避险能力

根据对 29 款车型的测试评价，在紧急避险能力项目中，得分率普遍较低，紧急避险能力涉及的测试场景共有 6 个，分别如下。

场景 A：二轮车横穿，场景布置如图 14 所示，试验车辆速度设置40km/h，二轮车行驶速度 15km/h。

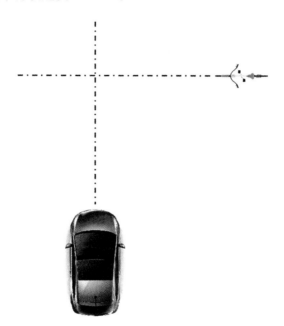

图 14　二轮车横穿场景示意

场景 B：夜间行人横穿，场景布置如图 15 所示，试验车辆速度设置40km/h，行人速度 6.5km/h。

场景 C：有遮挡行人横穿，场景布置如图 16 所示，试验车辆速度设置40km/h，行人速度 5km/h。

场景 D：摩托车横穿，场景布置如图 17 所示，试验车辆速度设置40km/h，摩托车行驶速度 5km/h。

场景 E：事故车辆识别与响应，场景布置如图 18 所示，试验车辆速度设置 60km/h，目标车辆横置于道路中央。

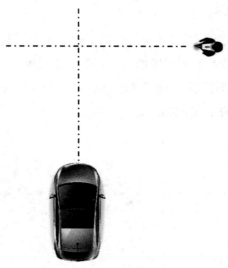

图 15　夜间行人横穿场景示意

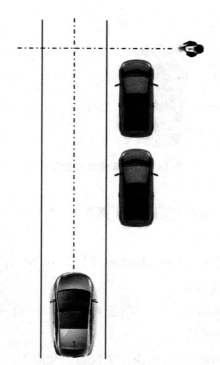

图 16　有遮挡行人横穿场景示意

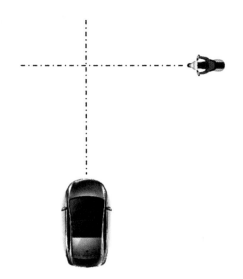

图 17　摩托车横穿场景示意

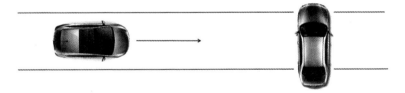

图 18　事故车辆识别与响应场景示意

场景 F：锥桶识别与响应，场景布置如图 19 所示，试验车辆速度设置 40km/h，在车道中间放置倾斜于道路方向 45 度夹角的 5 个锥形交通路标（推荐尺寸：50cm×35cm）作为障碍物，试验车辆匀速驶向前方障碍物。

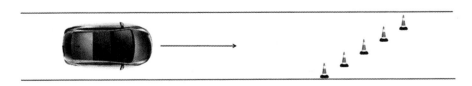

图 19　锥桶识别与响应场景示意

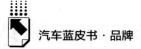

根据统计，上述场景的平均得分率如图 20 所示。在紧急避险中，行车辅助功能得分率普遍较低，部分场景得分率不足 40%。可以发现，行车辅助功能在应对紧急情况表现较差。

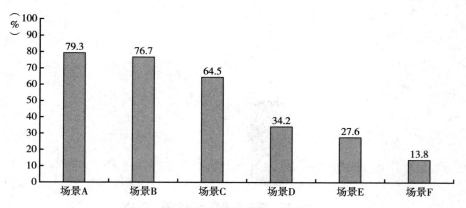

图20　紧急避险得分率较低场景得分率情况

（3）驾驶员交互

根据对 29 款车型的测试评价，在驾驶员交互能力项目中，驾驶员检测、最小风险策略方面得分率普遍较低，其得分率如图 21 所示。

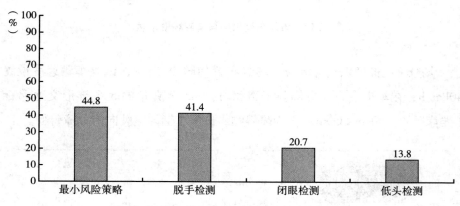

图21　驾驶员交互得分率较低场景得分率情况

3. 泊车辅助技术特征

2022~2023 年，中国汽车技术研究中心有限公司选取的 30 款车型中仅 15 款车型具备基础泊车辅助功能。

对 2022 年 8 款具备基础泊车辅助功能的车型进行测试评价，数据统计结果如图 22 所示，可以发现：最低得分率为 47.6%，最高得分率为 98.6%，平均得分率达到 81.3%。其中有 5 款车型的得分率超过 90.0%，占比为 62.5%。得分率超过 80.0% 的车型有 6 款，占比达到 75%。综合分析，基础泊车辅助功能测评结果较好。

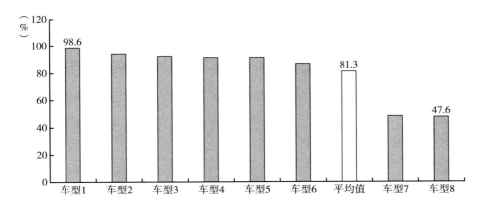

图 22　2022 年基础泊车辅助功能测试结果

对 2023 年 7 款具备基础泊车辅助功能的车型进行测试评价，数据统计结果如图 23 所示，可以发现：最高得分率为 95.0%，最低得分率为 75.0%，平均得分率达到 86.9%。其中有 4 款车型的得分率超过 90.0%，占比为 57.1%。得分率超过 80.0% 的车型有 5 款，占比达到 71.4%。综合分析，基础泊车辅助功能测评结果较好。

从两年的数据对比不难发现，基础泊车辅助功能的得分率有上升趋势，从 81.3% 提升至 86.9%。

根据能源类型区分，新能源车基础泊车辅助功能的平均得分率为 91.5%，如图 24 所示。燃油车基础泊车辅助功能的平均得分率为 72.5%，

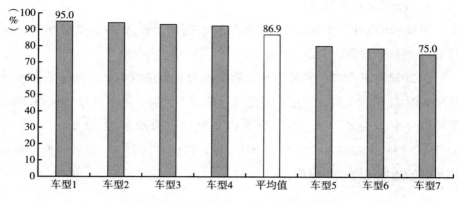

图 23　2023 年基础泊车辅助功能测试结果

如图 25 所示。不难发现，在基础泊车辅助功能领域，新能源汽车的技术水平略优于燃油车，平均得分率高出 19.0 个百分点。

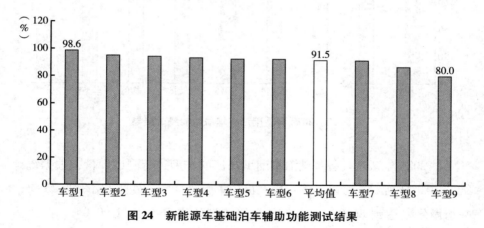

图 24　新能源车基础泊车辅助功能测试结果

泊车辅助功能在场景适应性上还有进一步提升空间，根据测试结果分析，在平行车位、垂直车位、斜车位三个项目中，均存在失分严重的场景。

根据对 15 款车型的测试评价，共有失分率较高场景 5 个，分别如下。

场景 A：斜车位—车位线车位，场景布置如图 26 所示，车位长 $X_0 = 7\text{m}$，车位宽 $Y_0 = 2.4\text{m}$。

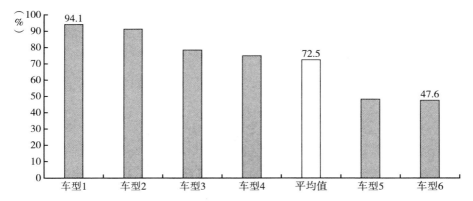

图25　燃油车基础泊车辅助功能测试结果

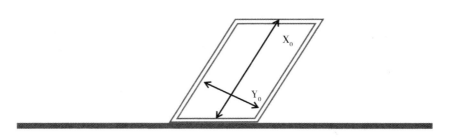

图26　斜车位—车位线车位场景示意

场景B：垂直车位—空间车位（狭小尺寸），场景布置如图27所示，车位长 $X_0=X$（X为车长），车位宽 $Y_0=Y+0.8m$（Y为车宽）。

场景C：平行车位—空间车位（狭小尺寸），场景布置如图28所示，车位长 $X_0=X+\text{Max}$（0.7m，0.15X）（X为车长），车位宽 $Y_0=Y+0.2m$（Y为车宽）。

场景D：斜车位—空间车位（狭小尺寸），场景布置如图29所示，车位长 $X_0=X$（X为车长），车位宽 $Y_0=Y+0.8m$（Y为车宽）。

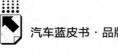
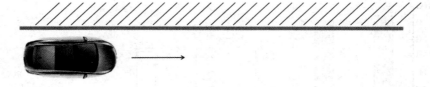

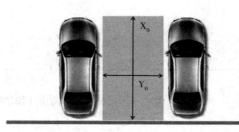

图 27　垂直车位—空间车位（狭小尺寸）场景示意

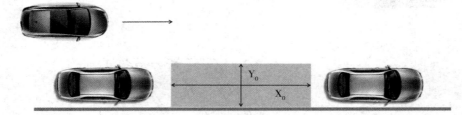

图 28　平行车位—空间车位（狭小尺寸）场景示意

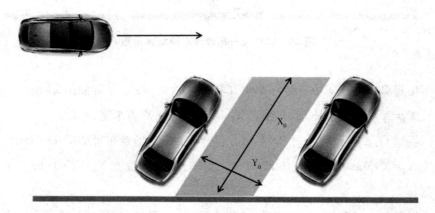

图 29　斜车位—空间车位场景示意

场景 E：斜车位—空间车位（标准尺寸），场景布置如图 29 所示，车位长 $X_0 = X$（X 为车长），车位宽 $Y_0 = Y + 1.0$m（Y 为车宽）。

根据对 15 款车型的测试评价，上述场景的平均得分率如图 30 所示。

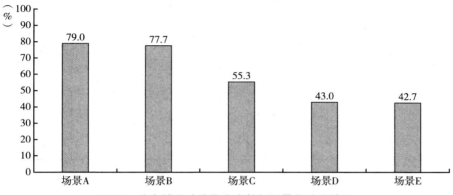

图 30　泊车辅助功能得分率较低场景得分率情况

综上所述，从 2022 年和 2023 年的测试结果可以发现，基础行车辅助功能得分率得到显著提升，基础泊车辅助功能得到略微提升，同时业内出现了领航行车辅助这一全新的辅助驾驶功能。从能源类型角度分析，不难发现，新能源车的辅助驾驶功能总体优于燃油车。

（二）智慧座舱技术特征分析

为研究智能网联汽车智慧座舱产品的技术特征，中国汽车技术研究中心有限公司从市面上选取了 15 款热销车型，涵盖新势力品牌 8 款、传统自主品牌 4 款、合资品牌 3 款。考虑市场主流销售区间，选取的 15 款车型售价从 10 万~65 万元不等，其中售价 35 万元以上有 7 款车型，售价 20 万~35 万元有 5 款车型，售价 10 万~20 万元有 3 款车型。基于《中国智能网联汽车技术规程（C-ICAP）（1.1 版）智慧座舱测评规则》，对 15 款车型的智慧座舱技术水平进行全面测评，测评结果如下。

1. 智慧座舱测评成绩整体情况分析

测评结果显示，15 款车型的平均得分仅为 79.62 分，得分在 92 分（五

on

星分数线）以上的仅有 2 款车型，有 7 款车型得分低于 81 分（四星分数线），智慧座舱产品总体水平有待进一步提升，如图 31 所示。

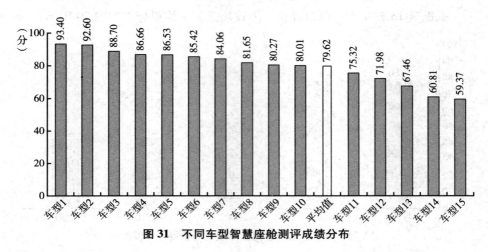

图 31　不同车型智慧座舱测评成绩分布

从 15 款车型的售价来看，15 款车型中，有部分车型存在高售价、低得分的现象，如图 32 所示。由此看来，智慧座舱产品单纯依靠功能堆砌，无法获得较好的综合用户体验。

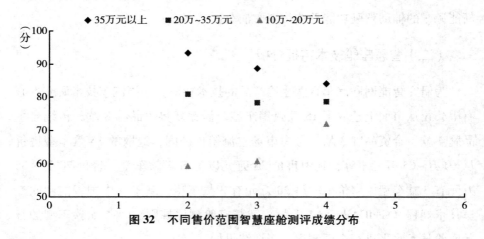

图 32　不同售价范围智慧座舱测评成绩分布

对比 15 款车型的品牌类型的平均得分，发现国内新势力品牌、传统自主品牌智慧座舱测评得分显著高于合资品牌，国内汽车品牌对于智慧座舱的理解更贴近中国用户的使用需求，更注重从用户角度加强智慧座舱产品的技术创新，如图 33 所示。

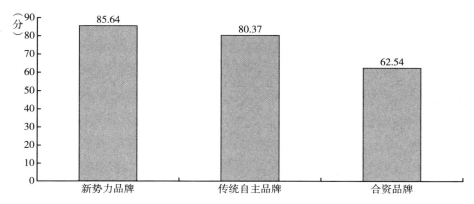

图33　不同品牌车型智慧座舱测评平均成绩对比

2. 智慧座舱测评成绩分模块性能分析

如图 34 所示，对 15 款车型测评成绩的一级指标（智能交互、智能护航、智慧服务）进行分析，测评结果显示部分车型在三个板块得分差别较大，存在一定的偏科现象。

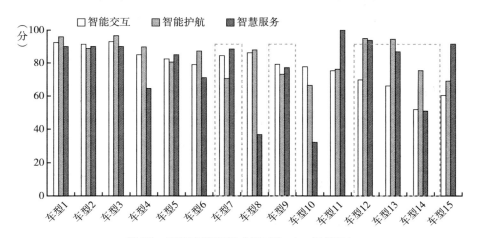

图34　智慧座舱测评成绩对比（一级指标）

如图 35 所示，从 3 项一级指标的得分分布来看，15 款车型的智能护航板块总体得分相对较高，说明企业对于智慧座舱产品的护航能力有较高的关注；智慧服务板块测评成绩分化显著，体现出不同企业对于座舱产品提供的智慧化服务水平参差不齐。

（1）智能交互测评成绩分析

如图 36 所示，15 款车型智能交互板块的平均得分低于 80 分。其中，触控交互、语音交互、无线交互的平均得分分别为 75.62 分、79.84 分、81.60 分，触控交互和语音交互得分整体偏低。

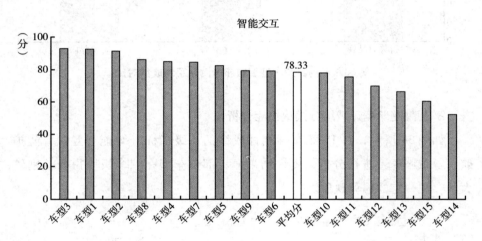

智能交互

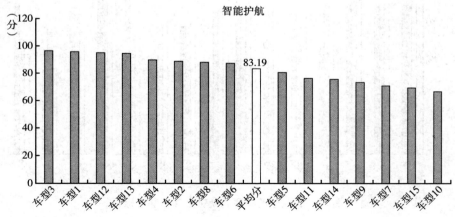

智能护航

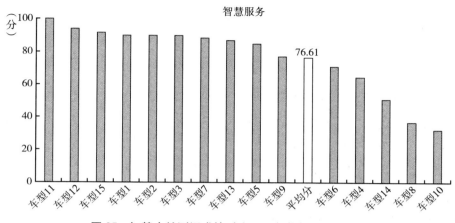

图35 智慧座舱测评成绩对比（一级指标分项成绩）

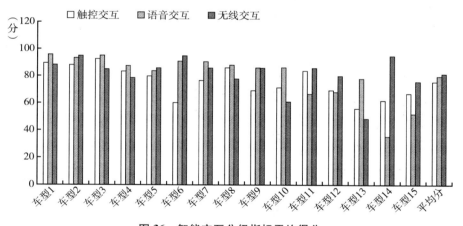

图36 智能交互分级指标平均得分

在触控交互指标中，触屏效果、操作便捷两项的权重之和达95%，直接决定触控交互的测评成绩。通过分析发现，触屏效果方面，主要失分项为屏幕显示效果偏差、屏幕点击响应时间过长；操作便捷方面，主要失分项为由应用系统菜单层级烦琐、页面布局欠佳导致的触控操作离路时间过长。

在语音交互指标下，分别对唤醒能力和交互能力测评情况进行分析。在交互能力方面，含噪声场景的交互成功率偏低、高阶语料交互成功率低、地

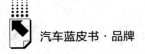

方口音及方言语料交互成功率低、乘员位交互成功率低（不支持声源定位）是主要失分项目。在唤醒能力方面，发现 15 款车型中具备免唤醒功能的车型很少。

（2）智能护航测评成绩分析

如图 37 所示，15 款车型智能护航板块的平均得分为 83.19 分。其中，视野防干扰—防眩目平均得分为 91.11 分，但仍有部分车型存在屏幕或氛围灯眩目问题，得分低于 80 分。视野智能拓展平均得分为 77.91 分，部分车型全景环视图像拼接质量存在明显的重影、拼接错位现象，是得分偏低的主要原因。此外，6 款车型未装备抬头显示，且已配备抬头显示的 9 款车型中有 4 款车型得分低于 80 分，是导致智能护航板块得分偏低的原因之一。

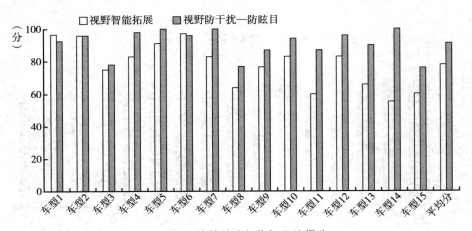

图 37　智能护航分级指标平均得分

在视野防干扰—防眩目指标下，有 11 款车型在中控屏主页、导航页面、音乐播放界面存在眩目、假影等问题。在视野智能拓展指标下，全景环视的拼接质量、观察视角失分较多；对装配抬头显示的 9 款车型进行分析，可知抬头显示在显示信息亮度、虚像距离、显示内容方面失分较多。

（3）智慧服务测评成绩分析

如图 38 所示，15 款车型智慧服务板块的平均得分为 76.61 分。目前智慧座舱产品已具备基本的智能化功能，但在智能化功能的体验上还有待加强，如车机 IP 管家个性化声音、座椅场景化联动、空调智能化自适应调节、车机软件生态丰富性、氛围灯智能联动等高阶智慧服务功能还需进一步加强。

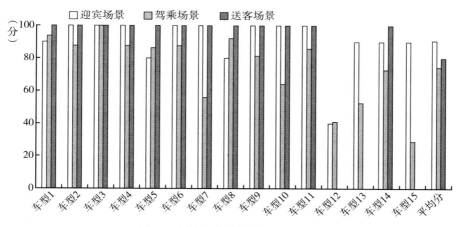

图38　智慧服务分级指标平均得分

（三）隐私保护技术特征分析

过去十年中有太多的汽车网络安全事件发生，近年来汽车的隐私安全威胁还引入了新的攻击媒介，表明隐私安全威胁已扩展到离散车辆之外，复杂性的增加和新攻击向量的兴起，给整个汽车和智能移动生态系统带来了新的挑战。随着技术和网络安全措施的进步，攻击方式也在进化，因此必须深入了解目前汽车隐私安全威胁主要有哪些，又可以通过哪些检测手段发现或杜绝安全威胁可能造成的风险。

1. CVE 漏洞

CVE 是公认和编目的网络安全风险，可以在整个汽车生态系统中快速引用，可以通过开放且标准化的漏洞评估对 CVE 进行评级。这些威胁在 OEM 产品上很常见，但它们也可能出现在 OEM 供应链公司的产品中，尽管 CVE 公开了严重漏洞，但它们也可能被黑客利用，在类似系统中寻找漏洞。

漏洞安全检测，在网络安全发展过程中，针对 CEV 漏洞已经有很多成

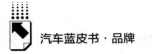

熟的漏洞扫描工具可连续和自动扫描，扫描网络中是否存在潜在漏洞，例如
Cybellum 固件二进制分析、Nessus 等。

2. 遥控无钥匙进入

在过去十年中，远程无钥匙进入系统（无线密钥卡）已经从一种奢侈
功能发展成为一种行业标准。由于无线钥匙扣操纵，车辆盗窃和闯入事件急
剧增加。密钥卡和车辆之间的通信可以通过几种不同的方式受到攻击：使用
"实时"信号进行中继攻击，使用存储的信号重放攻击，重新编程遥控钥
匙，干扰遥控钥匙和车辆之间的通信。

遥控无钥匙进入安全检测，目前可以使用数字钥匙分析工具对上述风险
项进行检测和监控，例如通过 NFC 卡片分析工具 Proxmar、433MHz 通信分
析工具 HackRF/USRP 等来捕获数据，然后使用特定的软件对通信数据进行
协调，把它反映成数字信息，观察分析通信过程中发送了什么数据、有没有
使用规划技术、有没有使用相应的加密技术或者防护技术。

3. 车辆移动应用

通过移动应用程序，用户可以获取车辆的位置、跟踪其路线、打开车
门、启动引擎、打开辅助设备等。另外，这些使驾驶员享受数字用户体验的
相同应用程序也可能被攻击者利用来访问车辆和应用程序的后端服务器。配
套应用程序也可能存在漏洞，包括开源软件漏洞、硬编码凭证以及移动应用
程序 API 或后端服务器中的弱点。车载移动应用程序也可用于身份盗用，
攻击时可以利用移动设备和应用程序服务器中的漏洞获取凭据并大规模破坏
私人用户信息。

车辆移动应用安全检测，主要针对应用包进行安全加固分析，检测加固
后的移动应用是否具备防逆向分析、防二次打包、防动态调试、防进程注
入、防数据篡改等安全保护能力，也可以使用代码审计检查程序源代码是否
存在安全隐患。

4. 蓝牙

蓝牙是一种无线通信技术，它使用无线电频率连接设备和共享数据。未
经保护的蓝牙连接可能会被攻击者利用来获取车辆的敏感信息、控制车辆

等，从而对车辆的安全和车主的隐私构成威胁。

蓝牙安全检测主要针对汽车车载信息交互系统的蓝牙接口进行配对模式测试、已知漏洞测试、控车指令重放测试等，可以挖掘出潜在的安全隐患，如驱动和内核溢出、Crash、命令执行、拒绝服务等。

5. Wi-Fi

汽车厂商为了实现车联网，通常利用 Wi-Fi、移动通信网等无线通信手段与其他车辆、互联网等进行互联，而这种无线通信方式等于将汽车的网络系统暴露在互联网上，攻击者很容易通过无线通信的漏洞，攻击汽车联网系统，这不可避免地为车联网带来安全风险。

Wi-Fi 安全检测主要针对汽车 Wi-Fi 无线接口的 AP 端、Client 端以及 WPA/WPA2 加密端进行模糊测试和风险挖掘测试，可以挖掘出已知风险和潜在的未知隐患。也可以使用 Wireshark、tcpdump 等数据抓包工具，对 Wi-Fi 安全漏洞进行检测。

三 智能网联汽车技术发展趋势与建议

（一）辅助驾驶发展趋势与建议

1. 行车辅助发展趋势与建议

行车辅助功能在场景适应性上还有提升空间，根据测试结果分析，在跟车能力、紧急避险能力、驾驶员交互三个项目中，个别场景失分严重。

在跟车能力场景中，对于前车切入、前车切出等场景，普遍得分率较低，主要表现在发生碰撞或减速度过大。

在紧急避险能力中，对于行人横穿、摩托车横穿、自行车横穿、交通事故场景、道路施工场景等，普遍无法应对或应对不好，得分率非常低。

在驾驶员交互中，行车辅助功能部分场景得分率较低，主要表现在：①部分车辆不具备最小风险策略，即当车辆检测到驾驶员不在驾驶状态，且长时间没有接管车辆时，不具备将车辆安全风险降低到最小的策略；②大部

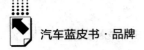

分车辆允许驾驶员脱手的时间过长，容易导致驾驶员对辅助驾驶系统过于信任，驾驶注意力不集中；③普遍不具备驾驶员疲劳监测的能力。

综上所述，行车辅助功能应着重考虑以下四个方面。

（1）考虑多种场景的适应性

行车辅助功能需要能够适应各种不同的驾驶场景，包括城市道路、高速公路、乡村道路等不同道路条件。现阶段，辅助驾驶功能普遍适用于高速路和快速路，面向城区场景的辅助驾驶功能逐步普及。未来在测试评价领域，将逐步引入城区场景的测试评价，逐步增加行人、二轮车、摩托车、十字路口、红绿灯等城区要素在测试评价规程中的权重。

（2）考虑不同的气象条件

不同的气象条件可能会对辅助驾驶功能的效果产生影响。例如，雨、雾、夜晚等恶劣天气条件下，视线受到限制，辅助驾驶系统可能无法正常工作。未来在测试评价领域，将逐步扩大夜间场景、雨雾天气模拟场景的数量和权重。

（3）考虑不同的道路条件

不同的道路条件可能会对辅助驾驶功能的效果产生影响。例如，隧道、急转弯、斜坡等复杂道路条件下，辅助驾驶系统可能需要做出更为复杂的决策。未来在测试评价领域，将逐步增加隧道、连续过弯等测试场景。

（4）考虑人机交互功能

目前智能驾驶功能的定位依然是辅助驾驶员驾驶，驾驶员依旧是驾驶的第一责任人。但目前因驾驶员误用、滥用等导致的交通事故屡发不止，因此做好驾驶员驾驶状态监测具有重要意义。同时，目前行业内部分车企为了让用户更好地理解智能驾驶功能，在车机中引入了视频教学、答题考试等环节，对于提高驾驶员对辅助驾驶功能的理解具有重要意义。

总体来说，未来辅助驾驶功能场景适应性提升的方向主要包括考虑多种场景的适应性、适应不同的气象条件和不同的道路条件、考虑人机交互功能。这些方面的不断进步将使辅助驾驶系统更加智能、精准和适应性强，提高驾驶的安全性和便利性。

2. 泊车辅助发展趋势与建议

泊车辅助功能在场景适应性上还有提升空间，根据测试结果分析，存在以下现象：①在泊车辅助功能中，所测车辆普遍无法应对斜车位，主要表现在斜车位识别率较低，尤其是空间车位。②在垂直车位和平行车位中，仅在空间车位（狭小尺寸）中失分率较高，主要表现在无法识别狭小的空间车位，识别后无法正常泊入，泊入环节揉库次数较多，泊入后摆放位置布局中，车辆停放角度较大。

综上所述，泊车辅助功能应着重考虑以下两个方面。

（1）考虑多种场景的适应性

泊车辅助功能需要能够适应各种不同的驾驶场景。鉴于中国各大城市普遍存在的停车难问题，泊车辅助功能应能适用更小的车位，同时为方便驾乘人员出入车辆，可以考虑增加泊出功能。未来在测试评价领域，将逐步增加遥控泊车、泊出功能的测试评价。

（2）考虑不同的障碍物类型

根据调研统计，中国停车位内的障碍物种类较多，包括柱子、栏杆、充电桩、灯杆、墩子、汽车、汽车轮胎、自行车、杂物等，具体分布如图39所示。未来在测试评价领域，将逐步丰富车位内障碍物类型。

（二）智慧座舱发展趋势与建议

随着人工智能、物联网以及云计算在汽车领域的不断渗透，汽车智慧座舱的智能化功能将越来越丰富，面向用户的单模态、被动指令式交互将逐步走向多模态融合、主动式交互。同时，基于用户实际用车场景的多功能融合协作将成为主流发展趋势。

1. 智能交互

（1）触控交互

车载显示触摸屏，是座舱智能化的重要载体，是车载信息娱乐系统、辅助驾驶等功能的主要端口，在未来有望实现进一步的功能和场景突破。

未来将重点关注中控显示触摸屏在音乐、视频、导航、空调、系统应用

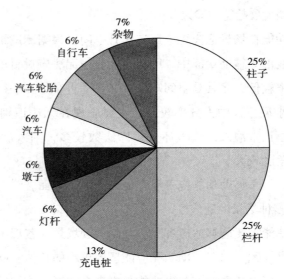

图 39　车位内静态障碍物类型统计

等高频应用场景下的响应快捷性、滑动流畅性等性能指标。随着副驾屏、后排屏甚至车外屏幕装配率的提升，其性能将成为企业关注的重点内容，多屏互动也将促使座舱形成一个更加完整融合的整体。与此同时，特殊典型场景（如夜间场景等）下操作触摸屏对于交互安全的影响，也是未来需要研究的一个课题。

（2）语音交互

近年来，随着人工智能、芯片、大数据、传感等技术逐渐兴起，车载语音交互技术已成为智慧座舱信息传递的最重要的交互方式。

从语音交互支持的功能维度来看，在语音控制的车身控制、娱乐功能等方面，语音交互垂域语料的支持能力、语义识别的泛化能力、主动语音查询能力和用户定制化的能力将会更加强大。从智能化程度来看，语音交互将由单一问答式交互向连续会话式及复杂任务交互发展，由被动指令式交互向主动关怀交互发展，由单纯的功能性交互向情感化交互发展，由单一驾驶员交互向不同乘员位、不同声纹的自由式交互发展。同时，随着 AI 技术与语音技术的深度融合，拟人化的主动式推送、自然流畅应答将成为未来语音交互的发展方向。

未来，随着智能驾驶技术的发展和普及，全车语音控制将成为车辆控制的主要手段，语音交互系统的抗噪声能力、离线交互能力、交互响应延迟要求将越来越高，例如自动驾驶场景下的超车命令，必须要求系统快速响应，且不能受到网络的影响，否则会造成较大的安全隐患。

（3）无线交互

数字钥匙，未来将融合 NFC、BLE、UWB、手机 App 等多种方式的优势，实现用户贴近解锁、近程解锁、远程解锁的各种应用场景，可让用户轻松应对距离、网络等发生变化的不同场景。手机控车 App 也将集成更加丰富的车辆信息显示及车控功能，为用户提供多样化的车辆状态显示、寻车、远程车辆控制功能。随着生物识别技术的上车应用，人脸识别、指纹识别等有望成为未来座舱的亮点功能。

使用手机或电脑等的车辆无线投屏也将成为未来的特色功能，不同企业深度绑定不同的终端企业或品牌，利用强大的手机算力，从底层到应用层打造智能投屏、无缝流转等更加丰富的应用生态。

人—车—家互联，未来汽车将更多地和车主的家庭及车主的个人可穿戴设备关联，车控家、家控车将会是基本的能力，人们将通过汽车控制家里的各种智能电器（空调、热水器等），也能在家里的电视大屏查看汽车的状态。汽车将和智能手机、全屋智能、可穿戴智能等深度融合，打造更加立体化的服务生态。

（4）多模态交互

随着人工智能技术在汽车领域的深度应用，单一的交互方式将不能满足用户对于汽车智能座舱智能性、舒适性、情感性的需求，多模态交互技术成为智能座舱设计的核心技术之一，融合了手势、触控、语音、表情、姿态等多个模态，其表达效率和表达的信息丰富和立体程度都远远优于单一的交互模式。

2. 智能护航

（1）全景环视

随着汽车视觉辅助系统的发展，未来着眼于满足用户的需求，全景环视

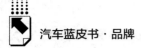

将关注用户在不同光照场景（如夜间场景、黄昏/清晨场景等）下的用车需求，同时将重点关注对儿童目标物的识别能力。

（2）抬头显示

随着 AR 技术的发展，增强现实抬头显示（AR-HUD）将成为未来的发展趋势，同时将更加关注在不同光照场景下内容显示的丰富性、蓝光对人眼的伤害等。随着行车记录仪装配率的提升，未来行车记录仪在不同场景下的体验也将成为用户关注的重点。

（3）屏幕、氛围灯防眩目

随着座舱内氛围灯的颜色、样式、安装形式等的多样化发展，氛围灯和中控屏的防眩目性能将成为企业重点关注的内容，未来会集中在用户高频使用场景（如导航、音乐等）下的防眩目、UGR 炫光指数等性能。

3. 智慧服务

未来，智慧座舱将重点关注智慧化、人性化服务的深度，单纯的功能堆砌并不一定能提升用户对座舱智能化的体验。

车载导航将更加关注用户的个性化需求，如信号灯提醒、绿波通行等，同时结合绑定智能停车场等公共设施，提供更加便捷化、智能化的用户体验。无线充电将成为提升用户体验的亮点功能，将重点关注阳光直射、极寒天气场景下的充电效率、发射等性能。智能音响将给用户提供一个天然的音乐座舱，提供更加立体化、还原度高的音乐体验。主动降噪将给用户提供更加安静舒适的座舱体验。另外，场景化的服务体验将被越来越多的用户所关注，抽烟模式、小憩模式、影院模式、露营模式等场景化的个性化体验，将是未来发展趋势之一。

（三）隐私保护发展趋势与建议

近年来，伴随智能网联汽车数量快速增长、城市测试智能道路等基础设施建设加快，其支撑路、网、车、云各要素的链接能力不断加强，成为产生海量数据的系统中枢之一。智能网联汽车系统与应用场景复杂，多要素融合交互，因此车辆的隐私保护不应仅关注于车端，如何在复杂环境下确保数据安全，成为发展智能网联汽车必须应对的挑战。

同时也要看到，数据泄露、木马攻击、数据篡改等非传统安全问题正在向智能网联汽车领域不断渗透，传统监管模式已难以应对智能网联汽车领域数据跨区域、跨类型、跨行业、跨层级的特点，亟待从制度、技术等多个层面加强系统防护。下一阶段，要进一步强化智能网联汽车领域隐私安全，可从以下几个方面考虑。

1. 发展智能网联汽车基础检测研究技术

目前，针对车辆变得更加复杂和频繁的攻击方式，已经可以通过一定的手段对车辆 CVE 漏洞、蓝牙、Wi-Fi、车辆移动应用、遥控钥匙等存在的安全风险进行检测，但是车辆对应的攻击方式和攻击手段也会随着网络安全的发展不断升级变化。目前 V2X 攻击还处于起步阶段，但在意料之中 V2X 攻击在未来几年会变得更加频繁，几年内车辆将通过 API、传感器、摄像头、雷达、蜂窝物联网模块等不断地与周围环境进行通信和交互。因此，发展车辆基础检测研究技术，是确保车辆隐私安全的重要前提。

2. 强化智能网联汽车相关基础设施安全

加快推动面向智能网联汽车的算力基础设施建设，探索建设集聚海量数据的城市超级算力中心，推动算力突破、服务升级、模式创新，逐步形成领先全球、自主可控的算力生态。加强跨区域算力一体化调度，形成规模化先进算力供给能力，支撑和服务智能网联汽车领域大模型训练与应用。适当布局建设绿色智能、安全可靠的云计算数据中心和新一代高性能边缘计算、智能计算能力中心，更好满足智能网联汽车领域对低时延、高可靠算力的需求。

3. 强化数据流动安全

整合数据采集渠道，依法依规建立车载终端、人工智能、可穿戴设备、车联网、路网等领域数据采集标准，形成涵盖道路、车辆工况、驾驶人员以及乘客信息等数据的多维安全保障机制。通过白名单和负面清单、第三方机构认证评级相结合等方式，规范智能网联汽车数据业务市场准入备案制度。规范智能网联汽车企业数据市场交易行为，明确数据登记、确权、评估、定价、交易、跟踪各环节安全审计机制，对智能网联汽车全生命周期的用户个人信息处理、数据跨境流动，尤其是涉及国家和社会公共利益的数据开发行为，实施全链条安全预警、泄露通报的动态监管机制。

4. 强化智能网联技术应用安全

完善数字知识产权保护制度，加快人脸识别、人工智能等智能网联汽车典型应用场景的数据安全技术研发创新，构建覆盖车载终端、通信网络、服务和检测平台的数据安全综合保障体系。增强测试验证安全可靠性，稳步推进数据安全性更高的高速路快速路和城市中心地段测试试点。

5. 提升信息安全与数据安全治理效能

为行业制定统一的新产品、新业态数据安全标准体系，探索开展包容审慎监管试点。健全车联网等新型融合性网络安全保障措施，鼓励企业运用区块链、隐私计算、数据沙箱等技术，解决数据在共享、流通中的安全问题，建立面向企业的数据安全备案机制。搭建数据溯源、授权存证完整性检测、监测预警、威胁分析和应急处置平台，完善智能网联汽车数据资源质量评估和信用评级体系，增强数据要素应急配置能力，提升数据安全事件应急解决能力。

参考文献

中国汽车技术研究中心有限公司：《C-ICAP 中国智能网联汽车技术规程（1.0 版）》，2022 年 12 月。

汽标委智能网联汽车分标委：《智能座舱标准体系研究报告》，2022 年 12 月。

中国汽车技术研究中心有限公司：《C-ICAP 中国智能网联汽车技术规程（1.1 版）》，2023 年 6 月。

中国汽车工程学会：《汽车智能座舱分级与综合评价白皮书》，2023 年 5 月。

B.15
高购商时代背景下汽车品牌战略创新

孙 瑞[*]

关键词： 高购商 汽车品牌 品牌战略

2023年疫情防控转段后经济恢复发展，经济增长呈"先升后稳"的走势，从经济景气监测结果看，2023年宏观经济运行在年初小幅回升后一度缓慢回落，并于7月企稳回升至今，在全球经济增长不确定性持续增强的形势下，中国经济发展料将长期保持这种弱复苏态势。

受此影响，中国消费市场呈现不同寻常的变化。一方面，服务性消费正在成为中国GDP增长的主要支撑，2023年中国社会消费品零售总额471495亿元，比上年增长7.2%，对经济增长的贡献高达82.5%，服务业或者说接触性消费行业2023年的服务零售额同比增长20%。另一方面，"消费理性"

---

* 孙瑞，品牌中国战略规划院院长助理，长期从事区域品牌生态构造、企业品牌生态建设、国企品牌战略和高端消费品创新、行业品牌发展指数、企业品牌竞争力诊断和品牌价值链研究工作。

现象在更多行业上演，单价较低的产品所对应的品牌与渠道更受欢迎，越来越多的消费者追求"低价"和"性价比"，改变过往高消费转向寻求"平替"。宏观经济承压之时，为消费者提供实在的"低价""好用""易得"，从而表现出业绩上扬的积极态势。我们将此称为高购商时代。

汽车作为高值耐用品和重资产产品的典型代表，天然自带强周期属性，居民人均收入是影响行业发展的核心。在这一趋势影响下，当下中产阶层对汽车市场的消费也日趋理性，他们希望获得高质价比的商品，即更好的产品更低的价格，追求高品质生活同时又精打细算，纵观中国汽车市场品牌创建的历程，我们认为这是驱动中国汽车自有品牌迭代发展、引发未来市场新一轮竞争的关键信号。

一　高购商时代的市场风貌和特征

高购商时代，是一个由消费者主导的经济发展阶段，主要特征是消费者的购买决策不仅基于产品的功能和价格，更涉及对品牌、服务、体验等多方面的综合考量，是消费市场的深刻变革和消费者心智成熟的标志。高购商时代的市场主要有以下特征。

1. 消费者行为特征：理性与成熟并存

高购商时代背景下，消费者的购买行为呈现前所未有的理性和成熟。他们不再盲目跟风或被华丽的广告所吸引，而是更加注重产品的实际价值和性价比。在做出购买决策时，他们会仔细比较不同品牌、型号、价格的产品，以找到最符合自己需求的产品。

今天的消费者更加关注品牌背后所蕴藏的品质、安全、环保等新的特征。他们希望购买到的产品不仅具有优良的性能，还能够保障自己的健康和安全，能够提供高品质、安全、环保等产品的企业，是高购商时代消费者青睐的品牌。

2. 市场竞争特征：品质与创新的竞争

高购商时代的市场竞争越发激烈，企业要想在市场中脱颖而出，就必须注重产品的品质和创新。品质是企业生存和发展的基石，只有不断提升产品品质，才能赢得消费者的信任和忠诚。创新是企业发展的重要动力，唯有创新者胜，才能满足消费者不断变化的需求，保持市场竞争的优势。

企业创新不仅要苦练内功，还需特别注重培育创新形象。品牌形象是企业与消费者之间的情感纽带，品质和创新的内涵只有通过树立良好的品牌形象，才能提高消费者的认同感和忠诚度。企业需要不断提升品牌的价值和内涵，通过优质的服务和体验来增强消费者对品牌的信任和喜爱。

3. 消费趋势特征：个性化与多元化并行

高购商时代背景下，消费者的需求呈现个性化、多元化、圈层化的特点。新一代的消费者不再满足于千篇一律的产品和服务，而是希望获得更加个性化、定制化的消费体验。因此，企业需要更加注重和诱导消费者的个性化需求，善于发现和开发定制化、差异化的产品和服务来满足消费者的不同需求。

值得注意的是，随着科技的不断进步和互联网的普及，消费者的购物渠道和方式也变得更加多元化。线上购物、直播带货、社交电商等新型消费方式不断涌现，为消费者提供了更加便捷、丰富的购物体验。企业需要紧跟时代潮流，不断拓展新的销售渠道和方式，以适应消费者的多元化需求。

4. 社会影响特征：消费观念与生活方式转变

高购商时代的到来，不仅改变了消费市场的格局，也深刻影响了社会的消费观念和生活方式。消费者获得产品信息的渠道更多元、更广泛，更加个性化和多元化的需求产生了更丰富的消费观念。这种消费观念的转变，推动企业向更加环保、健康、可持续的方向发展，因此也促进了社会的可持续发展。

高购商时代还催生了新的生活方式和消费文化。消费者更加注重自我表达和自我实现，通过购买具有独特性和文化价值的产品来展示自己的个性和品位。这种新的生活方式和消费文化，不仅丰富了人们的精神生活，也为文化产业和创意产业的发展提供了广阔的空间。

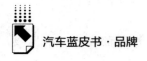

5. 产品升级特征：智能化与绿色化并重

高购商时代的产品，智能化和绿色化将成为重要的趋势。随着人工智能、大数据等技术的不断发展，智能化消费将成为主流。消费者可以通过智能设备随时了解产品资料、价格、评价等信息，更加便捷地做出购买决策。同时，企业也可以通过智能化技术来优化生产流程、提高产品质量和效率，降低成本并提升竞争力。

绿色消费也将成为未来发展的重要方向。随着环保意识的提高和消费者对健康生活的追求，绿色产品将受到越来越多消费者的青睐。企业需要注重产品的环保性能和可持续性，通过采用环保材料、节能减排等方式来降低对环境的影响，同时为消费者提供更加健康、安全的产品。

消费者行为的理性与成熟、市场竞争的品质与创新、消费趋势的个性化与多元化、社会影响的消费观念与生活方式转变以及产品升级的智能化与绿色化并重等特征共同构成了高购商时代的独特风貌和深刻内涵，也为企业和消费者提供了新的发展机遇和挑战。

二 高购商时代对汽车品牌创建的挑战

随着消费者心智成熟度和甄别能力的不断提升，高购商时代已经来临。在这个时代，汽车品牌创建面临着前所未有的风险和挑战，要深入研究这些风险和挑战，并提出相应的应对策略，以期为汽车品牌的稳健发展提供参考。

（一）市场竞争日益激烈

在高购商时代，汽车市场竞争越发激烈。国内外众多汽车品牌纷纷涌入市场，试图抢占市场份额。这导致品牌之间的差异化竞争变得更加困难，汽车品牌需要不断创新和提升品质，才能在激烈的市场竞争中脱颖而出。

一是品牌的产品同质化现象日益严重。众多汽车品牌在产品定位、外观设计、功能配置等方面都呈现高度的相似性，使得消费者在选择时感到困惑。品牌必须着力打破这种局面，产品创新和差异化设计需要迭代升级，从满足需求向引领需求升级。

二是价格成为市场竞争的主要手段。在高购商时代，消费者对价格的敏感度不断提高，价格成为影响购买决策的重要因素。因此，汽车品牌需要在保证产品质量的同时，注重成本控制和价格优化，以提供性价比更高的产品。

三是营销创新成为市场竞争的关键。汽车品牌需要运用多元化的营销手段，如社交媒体营销、线上线下融合等，提升品牌知名度和美誉度，吸引更多潜在消费者。同时，品牌间的合作与联盟也成为一种趋势，通过共享资源和技术，共同应对市场竞争的挑战。

在激烈的市场竞争中，汽车品牌也面临市场份额下降、利润下滑等风险。为了应对这些风险，汽车品牌需准确定位目标市场和用户，不断提升产品竞争力和品牌影响力。

（二）消费者需求变化快速

在高购商时代，消费者的需求变化非常快速，他们不再满足于传统的汽车产品，而是追求更加个性化、智能化和环保的汽车产品。这种变化对于汽车品牌的创新能力和市场反应速度提出了更高的要求。

一是消费者对汽车产品的个性化需求日益增加。他们希望汽车能够体现自己的个性和品位，因此在外观设计、内饰配置等方面都呈现多元化的需求。汽车品牌需要密切关注消费者的个性化需求，提供小规模定制、引领性个性化的产品和服务，以满足消费者的独特需求。

二是智能化技术成为汽车产品的重要发展方向。消费者对于智能驾驶、智能互联等功能的需求不断提升，要求汽车产品具备更高的智能化水平。汽车品牌需要加大在智能化技术方面的研发和应用力度，推动汽车产品的智能化升级。

三是环保和可持续发展成为消费者关注的重点。随着全球环保意识的提高，消费者对于汽车产品的环保性能要求也越来越高。汽车品牌需要注重环

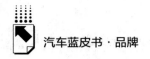

保技术的研发和应用，提升产品的环保性能，以满足消费者的环保需求。

消费者需求的快速变化也是一把双刃剑，汽车品牌需要不断跟踪市场动态和消费者需求变化，及时调整产品策略和市场策略，以应对市场的快速变化。此外，汽车品牌还需要加强与消费者的互动和沟通，了解消费者的真实需求和期望，为产品创新和升级提供有力支持。

（三）品牌形象塑造难度加大

在高购商时代，消费者对于品牌的形象和信誉越来越重视。品牌形象直接影响到消费者的购买决策和忠诚度。然而，随着信息传播的快速化和多元化，品牌形象的塑造难度也在加大。

一是网络舆论和社交媒体对于品牌形象的影响日益显著，自媒体繁荣的当下，消费者的声音更容易被放大和传播，一旦品牌出现负面事件或舆情危机，很容易引发消费者的不满和抵制。汽车品牌不仅需要加强危机管理和舆情应对能力，及时妥善处理各种突发事件，维护品牌的形象和声誉，更需要从被动走向主动，做好从堵到疏。

二是消费者对品牌的认知正在升华。新一代的消费者越来越期望品牌具有独特的文化内涵和价值观，能够让他们产生共鸣和认同。汽车品牌不仅要讲好故事，还要将听得懂的文化故事，通过故事化、情感化的方式，与消费者建立深厚的情感联结。

三是品牌形象的塑造越来越需要注重与消费者的互动和沟通。消费者反馈正在从售后向售前迁移，能够积极倾听消费者的声音和需求，并及时调整产品策略和市场策略，建立与消费者紧密的互动关系的品牌形象，符合社会价值的普遍认知。

四是品牌形象的塑造需要系统实施。汽车品牌创建的过程越来越系统化，不是简单的宣传推广逻辑，要在激烈的市场竞争中脱颖而出，必须着力形成独特的品牌形象和文化特色。需要品牌管理者具备强大的品牌管理能力和市场洞察力，精准把握市场趋势和消费者需求，制定有效的品牌传播策略和推广活动。

（四）法律法规和环保要求日益严格

在高购商时代，随着全球环保意识的提高和政府对汽车产业的监管加强，汽车品牌在环保和法规方面面临越来越大的压力。

一是各国政府纷纷出台严格的汽车排放标准和环保政策，未来汽车产品需要符合环保标准，而一些衍生标准可能构筑起新的绿色壁垒，不仅要求汽车品牌加大在环保技术方面的研发力度，提升产品的环保性能，而且对于汽车产品衍生的环保问题，企业也需要承担相应的社会责任，以满足政府的要求和消费者的期待。

二是法规对于汽车安全性能的要求也日益严格。汽车企业不仅需要注重产品安全性能的研发和测试，确保产品符合相关法规的要求，保障消费者的安全权益，而且在自动驾驶领域，一些新的法律法规正在与时俱进，汽车品牌要做好未雨绸缪的准备。

面对法律法规和环保的日趋严格，汽车品牌需要投入更多的研发资金，企业运营成本和市场风险随之增加，汽车品牌还需要及时调整企业战略和业务模式，以适应市场发展趋势。

（五）品牌忠诚度呈现下降趋势

在高购商时代，品牌忠诚度成为汽车品牌面临的一大挑战。由于消费者需求的多样化和市场竞争的激烈化，消费者更容易受到价格、品质、服务、口碑等多种因素的影响而转向其他品牌，对品牌的忠诚度逐渐下降。

一是价格因素成为影响品牌忠诚度的重要因素。在高购商时代，消费者对价格的敏感度提高，价格优惠和促销活动成为吸引消费者的重要手段。消费者往往会在不同品牌之间进行价格比较，选择性价比更高的产品。因此，即使消费者对某个品牌有一定的好感度，也可能因为价格因素而转向其他品牌。

二是产品品质和服务的差异也会影响品牌忠诚度。消费者在购买汽车产品时，不仅关注产品的外观和性能，还注重产品的品质和服务的优劣。如果

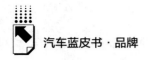

某个品牌的产品品质不稳定或服务水平不佳，消费者可能会选择其他品牌的产品或服务。因此，汽车品牌需要不断提升产品品质和服务水平，以赢得消费者的信任和忠诚。

三是口碑和推荐也是影响品牌忠诚度的重要因素。在社交媒体和互联网的普及下，消费者的声音更容易被放大和传播。如果消费者认为某个品牌的口碑不佳或存在负面评价，将对品牌的形象和忠诚度产生负面影响。因此，汽车品牌需要注重口碑管理和客户关系维护，积极回应消费者的反馈和投诉，提升品牌的口碑和形象。

（六）国际化竞争与本土化策略

随着全球化进程的加速，汽车品牌面临的国际化竞争日益激烈。国际市场上的汽车品牌众多，各具特色，竞争激烈。为了在国际市场上立足并取得成功，汽车品牌需要制定合适的国际化战略和本土化策略。

一是国际化战略是汽车品牌拓展全球市场的重要手段。汽车品牌需要了解不同国家和地区的市场需求和文化背景，制定针对性的市场进入策略和产品推广策略。同时，汽车品牌还需要加强与国际合作伙伴的合作与交流，共同应对国际市场的挑战和机遇。

二是本土化策略是汽车品牌在国际市场上取得成功的关键。不同国家和地区的消费者需求和偏好存在差异，汽车品牌需要根据当地市场的特点和文化背景，调整产品设计和营销策略，以更好地满足当地消费者的需求。同时，汽车品牌还需要注重在当地市场的品牌传播和口碑管理，提升品牌在当地市场的知名度和美誉度。

不同国家和地区的法规、政策和文化差异可能给汽车品牌的国际化进程带来障碍。同时，国际市场上的竞争也异常激烈，汽车品牌需要具备强大的竞争力和市场洞察力，才能在市场中脱颖而出。

（七）供应链管理与成本控制

高购商时代背景下的供应链管理和成本控制成为汽车品牌运营中的重要

环节。汽车产品的制造涉及多个环节和多个供应商，供应链的稳定性和成本控制能力直接影响企业的运营效率和利润水平。

一是供应链管理是确保产品质量和交货期的重要保障。汽车品牌需要与供应商建立紧密的合作关系，确保供应商能够按时提供高质量的零部件和原材料。同时，汽车品牌还需要对供应链进行风险管理和优化，降低供应链中断和延误的风险，确保生产的顺利进行。

二是成本控制成为提升企业竞争力的关键。在高购商时代，消费者对价格的敏感度提高，成本控制成为汽车品牌赢得市场份额和利润的重要手段。汽车品牌需要在保证产品质量的前提下，通过优化生产流程、降低采购成本、提高生产效率等方式，实现成本的有效控制。

供应链管理和成本控制也面临新的挑战，供应链中的不确定性因素较多，如供应商的生产能力、原材料价格波动、运输风险等都可能对企业的供应链稳定性和成本控制造成威胁。同时，随着汽车产业的快速发展和市场竞争的加剧，成本压力也在不断增加，需要汽车品牌具备更强的成本控制能力和市场洞察力。

（八）人才培养与组织变革

汽车品牌的发展离不开高素质的人才和灵活高效的组织结构。随着市场竞争的加剧和技术变革的推进，汽车品牌需要不断调整和优化组织结构，培养和引进具有创新能力和跨界思维的人才，以应对市场的挑战和机遇。

一是人才培养是汽车品牌持续发展的关键。汽车品牌需要注重员工的培训和发展，提升员工的专业技能和综合素质。同时，积极引进具有创新能力和跨界思维的人才，为企业的创新和发展提供有力支持。通过建立良好的人才激励机制和职业发展通道，激发员工的积极性和创造力，推动企业的持续发展。

二是组织变革是汽车品牌适应市场变化的重要手段。随着市场竞争的加剧和技术变革的推进，传统的组织结构和管理模式已经难以满足企业的发展需求。汽车品牌需要打破传统的部门壁垒和层级结构，建立更加灵活

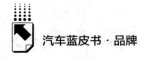

高效的组织结构和管理模式。通过推行扁平化管理、跨部门协作、项目制等方式，提高组织的响应速度和创新能力，以更好地应对市场的挑战和机遇。

三　2024年中国消费需求变化趋势

随着社会的快速发展和科技的日新月异，中国消费市场展现出了前所未有的多样性和创新性。通过对这些多样变化的捕捉，形成了对2024年消费市场变化趋势的分析。

第一，消费需求追求叛逆下的和谐。一种被称为"疯癫进化"的生活态度在年轻群体中悄然兴起，它表现为一种外在行为的反叛和张扬，更多的是内心对于传统观念和社会束缚的反抗，但是这种反抗并非如字面之意的无序和疯狂，而是体现为追求自由、激情与秩序之间的一种矛盾的和谐。这种"疯癫进化"的消费需求，并不是特立独行，而是更容易被社会各阶层所理解、包容和演绎。

第二，消费需求崇尚内心的栖息。在物质丰富的今天，人们开始更加注重精神层面的追求。从"自然景区"到"生活区"，人们开始在日常生活中寻找那些能够触动心灵、带来精神满足的事物。"栖地经济"开始初露端倪，这种对精神远方的追寻，不仅体现在旅行和休闲方式上，更深入地影响了人们的生活态度和价值观。

第三，消费需求追求游乐场心态。新的消费需求渴望轻松面对生活中的种种挑战和不确定性，在各种"卷"到"卷不动"的形式下，越来越多的消费群体开始采取一种游乐场心态，他们习惯性地将生活视为一场游戏，用轻松、乐观的态度去面对每一个挑战。这种心态不仅有助于缓解压力，更能让人在困境中找到乐趣和希望。

第四，消费需求追求审慎、理性、品质。经济下行形势下，人们逐渐摆脱盲目跟风和过度消费的困境，转向更加理性和审慎的消费态度。他们更加注重产品的品质和实用性，而非仅仅追求品牌和价格。这种消费观念的转变，不仅有助于节约资源，更能让人在消费中找到真正的价值和满足感。

第五，消费需求追求安宁与力量。在充满不确定性的时代，人们开始寻求一些非传统的精神寄托和心理安慰。日益流行的玄学"药"方便是一种体现，它们或许没有科学依据，但却能给人带来一种内心的安宁和力量。这种寻求不仅反映了人们对于未来的担忧和不安，更体现了他们对于内心平静和力量的渴望。

第六，消费需求重新定义自我与幸福。在快节奏的现代生活中，人们开始更加注重自我感受和自我实现。悦己图鉴便是一种体现，鼓励人们关注自己的内心需求，追求那些能够让自己感到愉悦和满足的事物。这种对自我的关注和追求，不仅有助于提升个人的幸福感和满足感，更能让人在追求中找到真正的自我。

第七，消费需求追求社交陪伴。随着科技的发展，传统的社交方式正在发生深刻的变化。线上社交、虚拟陪伴等新型陪伴方式的出现，为人们提供了更加便捷和丰富的社交体验。这种跨越时空的社交方式，不仅有助于拓展人们的社交圈子，更能让人在虚拟世界中找到真实的情感和陪伴。

第八，消费需求追求真实自我，无畏表达。在社交媒体高度发达的今天，人们开始逐渐摆脱虚拟世界的束缚，回归真实的自我。人们更加勇敢地表达自己的观点和想法，不再受到外界评价和期待的影响。这种人格回归的趋势，不仅有助于提升个人的自我认知和自信心，更能让人在真实的世界中找到属于自己的位置和价值。

第九，消费需求追求兴趣相投：生活因热爱而精彩。随着个性化需求的不断增长，人们开始更加注重自己的兴趣爱好和特长。人们通过参加各种兴趣小组和社群，与志同道合的人一起分享和交流，找到属于自己的兴趣坐标。这种以兴趣为导向的生活方式，不仅有助于提升个人的生活质量和幸福感，更能让人在追求中找到真正的快乐和满足感。

第十，消费需求崇尚慢生活回归自然。在快节奏的现代生活中，越来越多的人开始追求慢生活的方式。他们倡导回归自然、享受宁静的生活方式，通过减少物质追求和放慢生活节奏来寻找内心的平静和满足。这种慢生活症

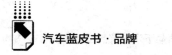

候的出现，不仅有助于缓解现代社会的压力和焦虑，更能让人在简单的生活中找到真正的幸福和满足。

以上十大变化趋势反映了年轻消费群体在2024年的生活图景。无论是精神层面的追求、消费观念的转变还是社交方式的创新，都体现了人们对于更好生活的向往和追求。而这种认知层面的变化带来的消费革命是深层次和广泛的，对包括汽车行业在内的产业影响是深远和迭代的。

四　新消费趋势下自主品牌汽车的创新策略

基于对这种消费趋势的洞察，汽车行业品牌创建的策略和思路必须随之做出调整。这种从精神追求到消费观念的转变，再到社交方式的革新，都是汽车行业品牌创新的宝贵参考，我们有必要密切跟踪和结合这些趋势，深入探讨汽车行业品牌创建的策略和思路的变化，为汽车品牌的未来发展提供建议。

（一）以满足个性需求梳理定位逻辑

我们可以看到消费者的个性化需求持续增加。"疯癫进化"与兴趣坐标的趋势表明，消费者追求的是能够表达自我、彰显个性的产品。汽车行业作为重要的消费品行业，其品牌创建的首要任务便是精准定位，以满足不同消费者的个性化需求。

首先，品牌需要深入理解目标消费群体的特点。这包括他们的年龄、性别、职业、收入等基本信息，更重要的是他们的生活方式、价值观、兴趣爱好等深层次信息。通过市场调研、数据分析等手段，品牌可以掌握目标消费群体的真实需求，为后续的产品设计和营销策略提供有力支持。

其次，品牌需要根据目标消费群体的特点进行差异化定位。不同的消费群体有着不同的需求和偏好，品牌需要针对这些差异，推出符合他们需求的产品和服务。例如，针对年轻消费者，品牌可以推出外观时尚、性能卓越、配置丰富的车型，满足他们追求个性和刺激的需求；而针对家庭用户，品牌可以注重舒适性、安全性和实用性，为他们提供温馨、安全的出行体验。

最后，品牌需要通过各种方式强化与目标消费群体的情感联结。这包括举办主题活动、赞助文化赛事、开展互动营销等。通过这些活动，品牌可以让消费者更深入地了解产品的特点和优势，提高消费者对品牌的认同感和忠诚度。

在实现精准定位的过程中，品牌还需要注意以下几点：一是要保持敏锐的市场洞察力，及时捕捉消费者的需求变化；二是要注重与消费者的互动和沟通，了解他们的真实想法和反馈；三是要不断创新和迭代产品，以满足消费者日益多样化的需求。

此外，随着新能源汽车市场的快速发展，汽车品牌还需要关注绿色环保、节能减排等社会议题，积极推广新能源汽车，为可持续发展贡献力量。通过精准定位，汽车品牌不仅可以满足消费者的个性化需求，还可以在激烈的市场竞争中脱颖而出，实现品牌的可持续发展。

（二）以承载时代精神创新品牌形象

面对追求精神理想与人格回归的趋势，消费者对品牌的期待不再仅仅停留在产品层面，更看重品牌所传递的精神内涵和价值观。因此，汽车品牌在创建过程中，应注重强化品牌的精神内涵，塑造独特的品牌形象。

首先，品牌需要明确自己的核心价值和使命。这不仅是品牌存在的意义，也是品牌与消费者建立情感联结的基础。品牌的核心价值应该与消费者的需求和期望相契合，能够引起消费者的共鸣和认同。例如，一些品牌强调创新、环保和可持续发展，通过推广新能源汽车、智能驾驶等技术，展现品牌对未来出行的美好愿景；另一些品牌则注重品质、服务和客户体验，通过提供高品质的产品和优质的服务，赢得消费者的信任和忠诚。

其次，品牌需要通过各种方式传递自己的精神内涵。广告宣传、产品特征设计、互动营销活动等都是品牌与消费者沟通的重要渠道。在广告宣传中，汽车品牌需要更多运用故事化的手法，讲述品牌的发展历程、文化底蕴和社会责任，让消费者在情感上产生共鸣；在产品特征设计中，车体可以更巧妙地融入品牌元素和符号，实现符号功能化，使产品成为品牌精神内涵的载体；在互动营销活动中，需要更多的跨界活动实现圈层的突破，让消费者在参与中感受到品牌的艺术气息和文化底蕴，营造体验场景。品牌形象是消费者对品牌的整体印象和感知，它需要保持一定的稳定性和连续性。品牌应该坚持自己的核心价值和品牌形象，不断通过优质的产品和服务来强化消费者对品牌的认知和记忆。

最后，品牌还需要维护自己的形象和声誉。在互联网时代，信息传播的速度非常快，品牌的任何负面消息都可能迅速扩散并造成严重影响。因此，品牌需要积极应对各种挑战和危机，及时处理消费者的投诉和反馈，积极参与社会公益事业，展现品牌的正面形象和社会责任感。

通过强化品牌精神内涵，汽车品牌可以塑造出独特而深刻的品牌形象，与消费者建立紧密的情感联结，提升品牌的知名度和美誉度，为品牌的长期发展奠定坚实的基础。与此同时，汽车品牌还需要注重与时俱进，关注社会发展和消费者需求的变化与品牌的精神内涵进行有机融合。汽车品牌必须紧跟时代潮流，不断创新和进步，以满足不断升级的消费者需求和期待。

（三）以营造轻松氛围优化购车体验

游乐场心态与审慎消费的趋势下，消费者对于购车的态度变得更加轻松和理性。他们既希望购车过程充满乐趣和惊喜，又注重产品的性价比和售后服务。因此，汽车品牌在创建过程中，应努力营造轻松愉悦的购车氛围，并不断优化消费体验。

首先，品牌可以通过创新的营销方式和手段，吸引消费者的关注和兴趣。例如，利用社交媒体平台发布有趣、有吸引力的内容，与消费者进行互动和交流；举办试驾活动、汽车文化节等线下活动，让消费者亲身体验产品的魅力和性能；与旅游、文化等行业合作，推出特色旅游路线、定制版车型等，为消费者提供多元化的购车选择。

其次，品牌应注重提升购车的便捷性和透明度。优化购车流程，简化烦琐的手续，降低购车门槛，使消费者能够更轻松地完成购车过程。同时，提供详细的产品信息和价格体系，让消费者能够清晰了解产品的性能、配置和价格，避免产生不必要的疑虑和困惑。此外，还可以通过线上线下的渠道提供个性化的购车方案，满足不同消费者的需求，提供灵活的金融和支付选项，让购车变得更加便捷和经济实惠。

除了购车流程的便捷性，品牌还需要全面提升售后服务体验。不仅需要建立健全售后服务体系，提供及时、专业的维修保养服务，确保消费者在购车后能够享受到无忧的用车体验；更需要建立经常性的用户关怀计划，设计引起客户互动兴趣的主题项目，进而获取消费者的使用反馈和需求变化，及时解决潜在的问题和投诉，提升消费者的满意度和忠诚度。

在提升消费者体验的过程中，汽车品牌还应注重与消费者的互动。通过建立用户社区或线上平台，为消费者提供一个交流和分享的空间，让他们能够分享用车心得、交流购车经验，增强品牌的凝聚力和影响力。同时，积极回应消费者的反馈和建议，不断改进产品和服务，以满足消费者的期望和需求。通过营造轻松购车氛围和优化消费体验，汽车品牌可以吸引更多消费者的关注和喜爱，提升品牌形象和市场竞争力。在激烈的市场竞争中，只有不断满足消费者的需求和期望，才能脱颖而出，实现品牌的可持续发展。

（四）以多元跨界合作拓展品牌边界

新型陪伴与慢生活的趋势下，消费者对汽车品牌的期待已经超越了单纯的交通工具功能，他们更希望汽车能够成为生活的一部分，与他们的生活方式、兴趣爱好紧密相连。因此，汽车品牌在创建过程中，应积极寻求跨界合作的机会，拓展品牌的边界和影响力。

首先，汽车品牌可以与旅游、文化等行业深度合作。旅游和文化是消费者日常生活中不可或缺的部分，与汽车品牌跨界合作，可以将汽车与旅游、文化元素相结合，为消费者提供更加丰富、有趣的体验。例如，汽车品牌可以与旅游机构合作，推出特色旅游路线和定制版车型，拓展旅行租车用车场景，让消费者在旅行中驾驶心仪的汽车，享受独特的风景和驾驶乐趣；同时，也可以与文化机构合作，举办艺术展览、文化活动等，丰富车主权益，

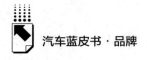

让汽车在文化氛围中展现其独特的魅力和品位。

其次，汽车品牌可以与科技、娱乐等行业合作，共同打造具有创新性和吸引力的产品和服务。随着科技的不断发展，智能驾驶、车联网等新技术已经成为汽车行业的重要发展方向。汽车品牌可以与科技公司合作，共同研发和推广新技术，提升产品的科技含量和竞争力；也可以与娱乐行业合作，推出联名车型、限量版周边产品等，吸引年轻消费者的关注和追捧。

最后，汽车品牌还可以与时尚、体育等领域合作，共同打造品牌形象和市场影响力。时尚和体育是年轻人热衷的领域，与汽车品牌跨界合作，可以吸引更多年轻消费者的关注和喜爱。例如，汽车品牌可以与时尚品牌合作推出联名车型和周边产品，展现品牌的时尚品位和个性魅力；也可以与体育赛事合作，成为赛事的官方用车或赞助商，提升品牌的知名度和影响力。

在跨界合作的过程中，汽车品牌需要注重合作方的选择和合作内容的策划。合作方应该与品牌的形象和定位相符合，能够共同创造更大的价值；合作内容应该具有创新性和吸引力，能够引起消费者的兴趣和共鸣。同时，汽车品牌还需要注重合作效果的评估和反馈，及时调整合作策略和方向，确保跨界合作取得良好的效果。

通过跨界合作，汽车品牌可以拓展品牌的边界和影响力，吸引更多消费者的关注和喜爱。同时，跨界合作也可以为品牌带来新的创意和灵感，推动品牌的不断创新和发展。在竞争日益激烈的市场中，只有不断创新和拓展品牌边界的汽车品牌，才能在市场中脱颖而出，赢得消费者的信任和忠诚。

综上所述，汽车品牌在创建过程中应深入理解消费者的需求和期望，精准定位，强化品牌精神内涵，营造轻松购车氛围，优化消费体验，并积极寻求跨界合作的机会。通过这些策略的实施，汽车品牌可以塑造出独特而深刻的品牌形象，提升品牌的知名度和美誉度，为品牌的长期发展奠定坚实的基础。同时，汽车品牌还需要不断创新和进步，紧跟时代潮流，满足消费者不断升级和变化的需求，实现品牌的可持续发展。

B.16
2024年中国汽车品牌发展建议与展望

中汽信息科技（天津）有限公司*

摘　要： 在国际环境充满不确定性、芯片供应短缺以及原材料价格急剧上涨等多重因素影响下，2023年中国汽车行业依然展现出令人瞩目的韧性与创新能力。展望未来，汽车行业所面临的挑战将越发严峻，市场竞争亦将日趋激烈，对于国内汽车品牌而言，如何在重重困难中谋求突破，实现品牌价值的提升，已成为亟待解决的重要议题。本报告首先对2023年中国汽车市场的发展亮点进行了全面梳理，包括新能源汽车市场的蓬勃发展、自主品牌的崛起、汽车市场结构的多元化发展、汽车产业的深度合作，以及民族汽车在国际市场上的积极拓展等。其次，基于当前市场形势与行业发展趋势，对2024年中国汽车市场的发展态势进行前瞻性分析。最后，从提升技术水平和产品品质、塑造品牌形象和提升口碑、加强产业交流与合作、提升国际化运营能力等多个维度，就民族汽车品牌的未来发展提出策略性建议，旨在推动汽车产业实现更高质量的发展。

关键词： 民族汽车品牌　品牌建设　汽车产业

一　2023年中国汽车市场发展情况

汽车行业作为国民经济的重要支柱，承担着引领工业增长、推动高质量

---

* 中汽信息科技（天津）有限公司（以下简称中汽信科）隶属于中国汽车技术研究中心有限公司。编写组组长：杨靖，中国汽车技术研究中心有限公司首席专家，中汽信科品牌咨询部部长，长期从事品牌研究、市场调研、消费者研究等工作；编写组成员：胡慧莹、邢宸伊、赵翼舒、张雪。

发展的重任。面对国际环境的不确定性，全球供应链受到严重冲击，尤其是芯片短缺问题对汽车行业造成了巨大影响。同时，动力电池原材料价格居高不下，进一步加大了汽车行业的成本压力。然而，正是在这样的挑战下，我国汽车行业展现出了顽强的韧性和强大的创新能力。在党中央和国务院的坚强领导下，汽车行业内的企业紧密团结、共同努力，通过技术创新、市场开拓、品牌建设等多种手段，不断提升自身竞争力和市场份额。2023年，汽车行业取得了显著的成绩，汽车产销量均突破3000万辆大关，其中汽车产量达到3016.1万辆，销量达到3009.4万辆。与上年相比，产量增速提升了8.2个百分点，销量增速提升了9.9个百分点。① 这一成绩不仅刷新了历史纪录，也充分展现了我国汽车行业的强大实力和巨大潜力。其中，新能源汽车实现爆发性增长，民族汽车品牌强势崛起，汽车市场多元化发展趋势不断深化，跨界合作与产业融合不断加剧，民族汽车竞争力增强不断加大出口成为2023年汽车市场的几大亮点。

（一）新能源汽车的蓬勃发展

2023年，中国新能源汽车产业呈现显著的爆发力与领先优势。根据中国汽车工业协会的数据，2023年，新能源汽车产销量均实现了大幅度增长，产销量分别完成958.7万辆和949.5万辆，同比分别增长35.8%和37.9%，市场占有率达31.6%。这种快速增长得益于国家长期的政策扶持以及技术创新的积累。中国政府通过一系列政策措施，如补贴、税收优惠、购车指标倾斜等，极大地推动了新能源汽车消费市场的扩大。同时，本土企业在电池技术、驱动电机、电控系统以及智能网联汽车核心技术方面的研发投入与突破，促使产品竞争力增强，吸引了更多消费者转向新能源汽车。

随着新能源汽车技术的不断进步和市场的日臻成熟，消费者的认知度和接受度也不断提高。越来越多的消费者开始关注新能源汽车的性能、续航里程、充电便利性等关键指标，并将其作为购车的重要考虑因素。同时，新能

---

① 资料来源：中国汽车工业协会。

源汽车的环保、节能等优势也逐渐深入人心，使得越来越多的消费者选择新能源汽车。

在企业发展方面，2023 年，中国新能源汽车市场展现出激烈的竞争态势，各大车企纷纷加大投入，力求在市场中占据一席之地。一方面，传统车企凭借强大的品牌影响力和技术积累，不仅推出了多款新能源汽车产品，还在技术研发、生产制造、销售渠道等方面进行了全面布局。比如，比亚迪依据自身纯电、插混两条路线共同发力，占据了 2023 年国内新能源汽车销量的首位，其中秦 PLUS 这一款产品销量就超过 39.6 万辆。另一方面，新兴造车势力如蔚来、小鹏、理想等则凭借创新的思维模式和敏锐的市场洞察力，在新能源汽车市场中迅速崛起。它们通过推出高品质、高性能的新能源汽车产品，吸引了大量年轻消费者的关注。2023 年，三者年销量均超过 13万辆，理想的年销量甚至达到了 37 万辆，展现出强大的增长态势。[①]

在政策环境方面，2023 年政府继续推行免征车辆购置税的优惠政策。该政策明确规定，对于购置日期在 2023 年 1 月 1 日至 2023 年 12 月 31 日之间的新能源汽车，将通过编制《免征车辆购置税的新能源汽车车型目录》进行精细化管理。此举旨在通过减轻消费者经济负担，有效提升新能源汽车的市场竞争力，进而促进市场需求的进一步释放。此外，政府还通过鼓励相关企业和科研机构加强对新能源汽车技术的研发和应用，加大对创新的支持力度，以促进科研成果的转化和应用。

（二）民族汽车品牌的崛起与塑造

在新能源汽车市场蓬勃发展的背景下，民族汽车品牌也迎来了崛起的机遇。一系列民族汽车品牌凭借出色的产品质量和创新设计，赢得了市场的广泛认可。

比亚迪在熟悉度、考虑度、美誉度以及推荐度等方面，其品牌力表现亮眼。这一成就的取得，得益于比亚迪多年来在技术研发、品质控制以及市场

---

① 资料来源：中汽信科数据库。

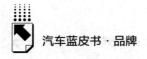

布局等方面的持续投入和努力。

与此同时，新势力品牌如理想、小鹏和蔚来等也凭借创新的产品设计和先进的智能科技，逐渐在市场上站稳脚跟。这些品牌持续向上发力，跻身以传统合资品牌如大众、丰田、本田以及豪华品牌沃尔沃、凯迪拉克等为主的品牌梯队，其中理想汽车更是在短短几年内实现了从初创企业到市场领导者的华丽转身。新势力品牌的崛起，不仅打破了传统汽车市场的格局，也为消费者带来了更加多样化的选择。

传统自主品牌如长安、吉利等也在激烈的市场竞争中不断提升品牌影响力和市场地位。通过引进先进技术、加大研发投入等措施，这些品牌成功提升了自身的竞争力。数据显示，长安、吉利等传统自主品牌的品牌力已经与传统合资品牌不相上下，甚至在部分领域实现了反超。

从汽车品牌向上战略的成功实践来看，众多中国品牌开始实施品牌高端化策略，推出了各自的高端子品牌或旗舰车型，例如吉利旗下的领克、长城魏牌，以及比亚迪汉系列等，都在中高端市场获得了消费者的认可，打破了过去民族品牌主要集中在中低端市场的固有印象。

2023年，在新能源汽车领域，中国汽车市场迎来了一个令人瞩目的变化——自主品牌在高端新能源汽车领域取得了显著进展。这一趋势不仅体现在车型数量的激增上，更体现在售价的跃升和品质的提升上。众多自主品牌的车型如雨后春笋般崭露头角，售价普遍跃升至30万元以上，展现了自主品牌在新能源汽车技术上的成熟和自信。例如，4月比亚迪仰望品牌推出的百万级越野SUV——U8，以及同样定位百万级的纯电超跑U9。这两款车型的推出，不仅展示了比亚迪仰望在新能源汽车领域的强大实力，也彰显了该品牌对于高端市场的坚定信心和决心。此外，蔚来的ES系列、理想汽车的理想ONE和L系列、小鹏G9等车型同样在高端电动汽车市场崭露头角，这些品牌通过设计语言、客户服务、品牌体验店等方式传达品牌价值观，吸引并培养了一大批忠诚的高端用户群体，产品均在市场上取得了良好反响，直接与国际知名豪华品牌展开竞争。

在国际市场布局方面，中国汽车品牌加快了国际化步伐，不仅在国内市场站稳脚跟，还在欧洲、北美等发达国家和地区设立了销售和服务网络。例如，比亚迪宣布进军日本市场，蔚来汽车在挪威、德国等欧洲多国启动销售和服务业务，显示了中国高端汽车品牌走出国门的决心和能力。

（三）汽车市场多元化发展趋势的深化

随着社会的不断进步和消费者观念的转变，2023 年的中国汽车市场迎来了一个多元化发展的崭新时代。这一趋势的显现，不仅体现在车型种类的丰富多样，更体现在市场细分的深化以及消费者购车理念的多元化等多个方面。

在车型种类的丰富方面，可以看到，除了传统的轿车和 SUV 之外，MPV、皮卡、新能源商用车等车型也逐渐崭露头角，受到市场的热烈追捧。如针对 MPV 车型，市场上出现了理想 MEGA、小鹏 X9、上汽大通大家 9 等车型，这些产品在高端纯电 MPV 市场中展开激烈竞争。多样化的车型，不仅满足了不同消费者的个性化需求，也为汽车市场带来了更多的选择和活力。例如，MPV 以其宽敞的空间和舒适的乘坐体验，成为家庭出行的首选；皮卡则以其强大的载货能力和越野性能，在乡村和工地等特定领域展现出独特的优势；而新能源商用车则以其环保节能的特点，在物流、公共交通等领域得到了广泛应用。

在市场细分方面，汽车企业也越来越注重细分市场的深耕。无论是豪华车市场、中端市场还是入门级市场，汽车企业都针对性地推出了符合市场需求的车型，并通过精准的市场定位获得了良好的市场反响。这种细分市场的策略，不仅有助于企业更好地满足消费者的需求，也提高了市场的活力，同时还有助于企业更加精准地把握市场动态，为未来的产品研发和市场推广提供有力的支持。汽车厂商面对不同的消费需求，根据不同年龄层次、生活方式、使用场景等推出差异化产品。例如，年轻消费者可能更倾向于购买拥有智能互联、运动外观的小型 SUV 或紧凑型轿车，而家庭用户则可能更关注大空间、舒适性和安全性较高的 MPV 或者七座 SUV。此外，许多品牌也开始提供高度定制化的服务，让消费者可以根据自己的喜好选择颜色、内饰材

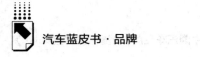

质、配置选项等，以实现真正意义上的"私人订制"。

此外，消费者购车理念的多元化也是市场多元化发展的重要体现。如今，消费者购车不再仅仅关注价格因素，而是更加注重汽车的品质、性能、安全性以及智能化程度等多个方面。这种消费观念的转变，推动了汽车企业不断创新和提升产品质量，以满足消费者的多样化需求。以智能化驾驶辅助系统为例，许多汽车企业已经开始研发并应用这一技术。这些系统通过先进的传感器和算法，能够实现车辆的自动驾驶、自动泊车、智能避障等功能，大大提高了驾驶的安全性和便利性。消费者在购买车辆时，也开始将这一技术作为重要的考量因素之一。同时，新能源汽车的推广和普及也是消费者购车理念转变的重要体现。随着环保意识的提高和政府对新能源汽车的支持力度加大，越来越多的消费者开始选择新能源汽车作为自己的出行工具。他们希望通过购买新能源汽车，为环保事业贡献自己的一份力量。为了满足这一需求，汽车企业也加大了对新能源汽车的研发和推广力度，推出了更多符合市场需求的新能源车型。

（四）跨界合作与产业融合加剧

在2023年的中国汽车市场中，跨界合作与产业融合成为显著特征，进一步推动了汽车产业的创新与发展。

首先，汽车企业积极与互联网、科技等行业的领军企业开展深度合作，共同探索智能驾驶、车联网等前沿技术。通过整合双方的优势资源和技术实力，推动了汽车产业的技术升级和产品创新。例如，2023年，互联网和科技巨头如华为、阿里巴巴、腾讯等与传统汽车制造商密切协作，共同推动智能汽车的研发与生产。华为不仅提供自动驾驶解决方案，还深度参与到整车设计中，与北汽、长安等品牌联合打造了多款智能电动汽车。这类跨界合作使得汽车产品在电子电气架构、智能驾驶、智能座舱等方面实现了重大突破。

其次，产业融合加剧，汽车产业链不断延伸和拓展。汽车制造不再局限于传统的生产环节，而是与能源、交通、通信等多个产业深度融合。新能源汽车的快速发展推动了电池、电机、电控等关键零部件产业的壮大，同时也带动了充电设施、智能电网等基础设施的建设。例如，特斯拉、比亚迪等主机厂与宁德时代、亿纬锂能等电池企业的战略合作进一步加深，共同研发更高能量密度、更安全可靠的电池产品，为新能源汽车的续航能力和安全性提供保障。

最后，汽车产业逐渐实现与其他行业的跨界融合，特别是在旅游、文化和体育等领域的合作中展现出显著成效。这种跨界融合不仅催生了众多具有鲜明特色的汽车旅游产品和文化活动，而且极大地拓展了汽车市场的影响范围。其中，汽车文化就在中国社会得到广泛而深入的传播与发展。一方面，汽车赛事和文化活动日益丰富多样，涵盖了从国际顶级的 F1 赛事、紧张刺激的拉力赛，到国内举办的各类汽车嘉年华、改装车文化展等多种形式。这些活动不仅为公众提供了亲身参与和深入了解汽车文化的机会，还进一步提升了汽车产业的品牌影响力和市场竞争力。另一方面，汽车媒体和社交平台在汽车文化的传播中发挥着越来越重要的作用。通过汽车杂志、电视节目、网络直播等多元化渠道，公众能够便捷地获取汽车资讯、学习汽车知识，并分享自己的汽车生活体验。这些媒体平台不仅丰富了汽车文化的内涵，也促进了汽车文化的交流与传播。

（五）民族汽车出口的快速增长

在出口方面，中国民族汽车品牌取得了令人瞩目的成绩。根据中国汽车工业协会公布的数据，2023 年中国汽车出口量首次超过日本，跃居全球首位。2023 年，我国汽车出口 491 万辆，同比增长 57.9%，取得历史性的突破，标志着我国从汽车大国发展为汽车出口强国。这一成就的取得，离不开中国汽车产业在技术创新、品质提升以及市场拓展等方面的持续努力。在新能源汽车板块，2023 年共计出口 120.3 万辆，同比增长 77.6%。在整车出口的前十企业中，从增速角度分析，比亚迪表现突出，其出口量达到 25.2 万辆，同比增长显著，增幅高达 3.3 倍。奇瑞亦表现不俗，出口量达到 92.5 万辆，同比增长 1 倍。而长城的出口量为 31.6 万辆，同比增长 82.5%。这些数据显示了我国汽车出口在国际市场上的强劲增长势头。

从出口市场来看，中国汽车品牌已经出口至全球 200 多个国家和地区①，中国民族汽车品牌在海外市场拓展中，不仅着眼于传统的东南亚、非洲、南美等市场，更成功进入了欧洲、美国等发达市场，并且在澳大利亚、新西兰等南半球国家也取得了显著成果。其中，俄罗斯、墨西哥、比利时、澳大利亚和英国是中国汽车品牌出口的前五大目的地（见图 1）。通过精准定位、因地制宜的市场策略，中国汽车品牌成功挖掘了各个市场的潜力。不少品牌如比亚迪、蔚来、小鹏等已在海外建立了稳定的销售网络和售后服务体系，实现了从单纯的产品输出到品牌与服务输出的转变。

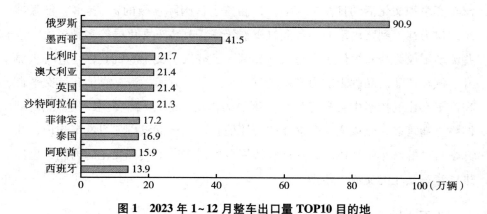

图 1　2023 年 1~12 月整车出口量 TOP10 目的地

资料来源：DATA100，《2023 中国汽车品牌出海白皮书》，2024 年 3 月。

在品牌影响力方面，2023 年，中国民族汽车品牌在全球范围内的知名度和认可度显著提高。在设计、品质、技术以及性价比方面，中国品牌的汽车产品得到了海外消费者的广泛好评。其中，部分高端品牌车型如吉利旗下领克品牌和长城魏牌的高品质车型，凭借精致的工艺、先进的技术及极具竞争力的价格，成功打入欧洲等成熟市场，并收获了良好的用户口碑，改变了以往中国汽车品牌只能在发展中市场占优的局面。

----

①　DATA100：《2023 中国汽车品牌出海白皮书》，2024 年 3 月。

二 中国汽车市场趋势预测

回顾 2023 年，尽管国际环境充满了复杂性和不确定性，全球贸易紧张局势、地缘政治风险等因素不断考验着行业的稳健性，但中国汽车产业仍然以坚定的步伐和强大的韧性迎接这些挑战。特别是在芯片短缺、原材料价格持续高涨等多重压力下，中国汽车行业不仅未被打倒，反而通过自我调整和创新，展现出了令人瞩目的活力。这一年，中国民族汽车品牌通过深入的技术研发，不断提升产品性能和质量，实现了品质升级。同时，积极拓展全球市场，通过全球布局和战略合作，提升了品牌的国际影响力。这种全方位的发展策略，不仅增强了中国汽车产业的竞争力，也为中国在全球汽车市场中的地位和话语权奠定了坚实的基础。

更为值得一提的是，中国汽车行业在新能源汽车领域取得了显著进展。中国通过政策引导和市场培育，已构建起较为完备的新能源汽车产业链，并成功培育出一批具备国际竞争力的新能源汽车品牌，推动了新能源汽车产业的蓬勃发展。这些品牌通过技术创新和市场推广，不仅在国内市场取得了良好的销售业绩，也在国际市场上获得了越来越多的认可。

展望 2024 年，中国汽车产业将继续保持强劲的发展势头。随着科技的进步和市场的拓展，中国汽车产业将进一步加强技术创新，推动汽车制造技术的革新和智能化水平的提升。同时，新能源汽车的普及率将进一步提高，技术创新的涌现将推动新能源汽车的性能和续航里程等关键指标不断提升。此外，品牌竞争的加剧也将促使中国汽车企业更加注重品质和服务，通过提升用户体验和口碑来赢得市场。市场需求的多样化也将推动汽车企业不断推出符合消费者需求的新车型和新产品，从而满足消费者日益增长的出行需求。在国际市场上，中国汽车企业将继续拓展出口市场，通过国际合作和品牌建设，提升中国汽车的国际竞争力。这将有助于推动全球汽车产业的进一步发展和繁荣，为消费者提供更加多样化、智能化的出行选择。

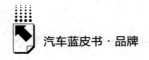

（一）新能源汽车市场持续扩大

新能源汽车领域无疑将是中国汽车行业发展的核心方向。在环保意识日益增强以及政府对新能源汽车支持政策持续的背景下，新能源汽车市场展现出强劲的增长势头。纯电动、插电式混合动力以及氢燃料电池汽车等新能源汽车技术，逐步成为市场的主流选择。

随着技术的进步和市场成熟度的提升，新能源汽车在续航里程和智能化水平等方面将迎来显著提升。这一趋势将大幅增强消费者对新能源汽车的购买意愿，进而推动新能源汽车市场维持高速增长态势。据中国汽车工业协会的权威预测，2024年我国新能源汽车销量预计将达到1150万辆，同比增长率有望达到20%，显示出新能源汽车市场的巨大潜力和广阔前景。

从企业的新车规划来看，2024年新能源汽车将成为各大车企的主打产品。众多新车型的推出，将进一步推高新能源汽车的销量。在新势力企业层面，华为将加持问界、智界、江淮、北汽等品牌，理想汽车计划推出L6等多款车型，小鹏汽车也将带来G11等新产品。此外，备受关注的小米也正式进军汽车市场，为新能源汽车市场注入新的活力。传统车企同样动作不断，竞相加大对新能源汽车领域的投资力度。如比亚迪预计推出仰望U6、方程豹3和豹8、腾势N8 MAX等多款新车型，吉利也将推出银河L5、E7、E6等新产品。长城旗下的哈弗、魏牌、欧拉、坦克以及长安旗下的深蓝、启源、阿维塔等品牌也将推出众多全新产品，进一步丰富新能源汽车市场的产品线。

随着新能源汽车市场的不断扩大和产品的日益丰富，消费者将有更多选择，新能源汽车的普及程度也将进一步提高。同时，新能源汽车的充电基础设施将得到进一步完善，为消费者提供更加便捷、高效的充电服务，从而进一步推动新能源汽车市场的健康发展。

（二）技术创新驱动市场发展

汽车市场的竞争已不再仅仅局限于价格和产品性能，而是更多地依赖技术创新。从技术创新的角度来看，2024 年中国汽车市场将继续展现出令人瞩目的趋势，这些趋势不仅反映了汽车技术的飞速进步，也预示着汽车产业的深刻变革。

一方面，智能化与网联化技术将深度融合，为汽车市场注入新的活力。随着 5G、大数据、人工智能等技术的快速发展，汽车将不再是一个孤立的交通工具，而成为连接人、车、路、云等多元信息的智能移动平台。这意味着未来的汽车将具备更强的感知、决策和执行能力，能够实现更高级别的自动驾驶，提供更丰富的智能化服务。同时，汽车也将成为智慧城市的重要组成部分，与交通管理系统、城市基础设施等实现高效协同，共同构建安全、高效、环保的出行环境。

另一方面，新能源汽车技术将持续突破，推动汽车市场向绿色、低碳方向转型。随着电池技术的不断进步，新能源汽车的续航里程和充电速度将得到进一步提升，同时电池成本也将逐步降低，这将使新能源汽车更加具有市场竞争力。此外，新能源汽车的智能化水平也将得到提升，如智能充电、智能维护等功能的实现，将进一步提升新能源汽车的使用便捷性和安全性。轻量化材料、高效能源管理系统、车联网安全技术、V2X 通信等也将成为技术研发和应用的重点。技术创新将助力中国汽车产业向高端化、智能化、绿色化方向转型升级，提升在全球价值链中的地位。

除此之外，汽车产业链的协同创新也将成为推动市场发展的重要力量。随着汽车产业的转型升级，产业链上下游企业之间的合作将更加紧密，共同推动技术创新和产品升级。如比亚迪通过构建从锂矿布局到半导体芯片研发，再到三电系统与核心零部件自研自产的完整产业链，有效实现了成本控制与集成创新；广汽集团依托 1615 战略，积极推动新四化转型，通过"自研+合作"的方式强化产业链薄弱环节，并在动力电池与 IGBT 领域积极部署；长城汽车 2025 战略推动产业链共创；吉利汽车智能吉利 2025 战略加速技术布局，提升半导体自给率等。同时，跨界合作也将成为汽车产业发展的重要趋势，汽车企业将与科技、互联网、能源等领域的企业展开深度合作，共同开发新产品、新技术和新模式，为消费者带来更加多元化、品质化的产品和服务，未来包括小米在内的生态型企业将依托核心技术、品牌号召力、粉丝群体、成本优势、产业链掌控取得更大的市场份额。

（三）消费者对汽车品质和品牌要求逐渐提高

从消费者对产品的要求和关注点来看，2024年中国汽车市场将呈现几个明显的趋势。首先，随着家庭结构的变化，消费者对车辆的空间要求越来越高。特别是在二孩、三孩政策放开后，大家庭出行的需求日益增长，使得SUV、MPV等具有宽敞内部空间和良好通过性的车型受到更多家庭的青睐。其次，消费者对车辆的舒适性、安全性和便利性也提出了更高要求，这要求汽车制造商在车辆设计和配置上做出更多创新。最后，消费者对汽车的动力和操控性能也越来越重视。随着汽车文化的深入，越来越多的消费者开始关注汽车的驾驶乐趣和性能表现，特别是在年轻消费者群体中，这一需求尤为突出。因此，汽车制造商在研发新车时，不仅需要注重车辆的外观和内饰设计，还需要在动力系统和底盘调校等方面做出优化，以满足消费者对驾驶体验的追求。

从新能源汽车的需求趋势来看，主要表现为高端化和智能化两个方面。在高端化方面，随着消费者收入水平的提高，他们对汽车价格的敏感度逐渐降低，而对汽车品质、性能和服务的要求则越来越高。此外，一些消费者对于大尺寸和大品牌的追求依然强烈。这类消费者通常希望通过车辆来展示其社会地位和经济实力，因此在购车时更偏向于选择品牌知名度高、车身尺寸大的车型。正如乘联会秘书长崔东树指出，乘用车新能源化的发展推动了市场的高端化趋势。近年来，全国乘用车市场价格段销量结构走势持续上行，高端车型销售占比明显提升。特别是15万元以上新能源车型的占比逐年攀升，其中30万元以上车型占比已达14%。[①] 这表明消费者对高端新能源汽车的需求增加，市场对于高端新能源汽车的接受度也有所提高。

在智能化方面，新能源汽车消费者的需求呈现"四化"趋势。这意味

---

① 36氪：《买不起的新能源车》，2024年1月。

着消费者不仅关注车辆的基本性能，还非常重视车辆的智能化功能，包括但不限于自动驾驶技术、智能互联系统以及高级辅助驾驶功能等。自动驾驶技术能够有效提升驾驶安全性，减少人为因素造成的交通事故；而智能互联系统则能够实现车辆与外部环境的无缝连接，为驾驶者提供更为便捷、高效的信息交互服务。这些智能化功能的实现，不仅提升了新能源汽车的使用体验，也推动了新能源汽车产业的技术进步和产业升级。随着技术的进步和消费者认知度的提升，智能化已成为新能源汽车不可或缺的一部分，也是未来发展的重要方向之一。

（四）汽车后市场迎来快速发展

根据中商产业研究院的分析，2023 年中国汽车后市场行业市场规模达到 5.4 万亿元，预计 2024 年将进一步增长至 6.2 万亿元。[①] 这一增长趋势表明，随着汽车保有量的增长和平均车龄的增加，汽车后市场需求将持续扩大。

首先，在汽车维修、保养、美容等服务领域，消费者对于汽车保养和维修的重视程度日益提升。随着汽车技术的不断进步和消费者对汽车品质的要求提高，汽车维修和保养行业得到快速发展。消费者对车辆性能、外观和舒适度的要求越来越高，这也促使汽车美容服务需求的不断增长。汽车后市场将出现更多创新服务模式，如按需订阅式保养、一站式维修保养解决方案、线上预约线下服务的 O2O 模式等，以提升用户体验和便利性。同时，整合型服务平台通过聚合维修网点、配件供应商、保险公司等资源，为消费者提供全方位、一站式的汽车养护服务。这种平台化、网络化的服务模式将促进后市场资源的优化配置，提高服务效率。

其次，在汽车金融、保险等领域，创新和服务质量的提升为消费者提供了更加便捷和全面的服务。随着金融科技的快速发展，汽车金融产品的种类和形式不断丰富，包括新能源汽车电池租赁、分期购车、维修保养贷款等创

---

① 中商产业研究院：《2024 年中国汽车后市场行业市场规模及驱动因素预测分析》，2024 年 3 月。

新金融方案，满足了消费者多样化的购车需求。同时，保险产品也针对新能源汽车和智能网联汽车的特点，推出定制化的保险套餐，如电池质保保险、自动驾驶责任险等。金融机构与后市场服务商的合作将更加紧密，金融服务将深度嵌入汽车维修、保养、置换等各个环节，为消费者提供无缝衔接的金融服务体验。

此外，二手车市场的蓬勃发展也为汽车后市场带来了新的机遇。随着消费者对二手车认知度的提高和二手车交易政策的不断完善，二手车市场规模不断扩大。二手车评估、检测、认证、交易平台将进一步规范和完善。同时，随着环保法规的严格实施，汽车回收拆解及零部件再制造行业将迎来发展机遇。先进的汽车拆解技术和高效的资源回收利用将受到政策支持和市场需求的双重驱动，推动循环经济在汽车后市场的落地。这不仅为汽车产业链的延伸和拓展提供了更多机会，也为消费者提供了更多购车选择。

（五）民族汽车出口将更具竞争力

随着国内汽车产业的发展以及技术的进步，越来越多的民族汽车品牌开始在国际市场上崭露头角。特别是在新能源汽车领域，中国已积累了一定的技术储备并形成了可观的市场规模，这为中国汽车品牌的国际化战略提供了坚实的支撑。新能源汽车在海外市场的出口潜力巨大，并有望成为未来销量增长的主要引擎。在美洲市场，由于新能源政策的强力推动以及现有市场规模的支撑，该区域展现出巨大的增长空间。例如，加拿大正积极推行全面电动化战略，计划到2026年实现乘用车销售中20%为电动汽车的目标，这为中国新能源汽车的出口提供了有利条件。[①] 同时，墨西哥对电动汽车实施的进口税政策也为中国新能源汽车在该国的市场拓展提供了契机。欧洲市场方面，随着上汽、比亚迪、蔚来等中国企业的持续深耕，当地消费者对中国新能源汽车品牌的认知度和接受度逐步提升。特别是在俄罗斯市场，中国新能源汽车的市场份额持续增长，预计2024年销量将实现显著增长。中亚市场

---

① 张夕勇：《展望2024，汽车市场走势研判》，新华网，2023年12月。

和中东市场作为中国在海外的传统优势市场，预计未来也将继续保持强劲的增长势头，新能源汽车的销量有望实现大幅增长。

民族汽车品牌的出口结构将进一步优化。过去，中国汽车的出口主要集中在低端市场，凭借价格优势赢得了一定的市场份额。现在，随着技术的不断进步和品牌的逐步升级，民族汽车品牌逐步摆脱"低价低质"的标签，开始进军中高端市场。这一转变并非一蹴而就，而是基于中国民族汽车品牌对产品质量的严格把控、对技术研发的持续投入以及对品牌形象的精心打造。未来一年，这种趋势有望进一步加强。民族汽车品牌将更加注重在国际市场上的品牌定位和市场细分，深入研究不同国家和地区的消费者需求，推出更加符合当地市场特点的产品和服务。中国民族汽车品牌将进一步实施全球化战略，不仅致力于产品出口，还将通过设立海外研发中心、建设海外生产基地、开展本地化营销等方式，更好地了解当地市场并提升生产效率，通过与当地消费者建立情感联结来提升品牌形象和国际影响力。一些领先的民族汽车品牌有望在欧洲、北美、东南亚等关键市场取得显著突破，甚至成为当地主流品牌之一。

为了更好地实现国际化目标，中国民族汽车品牌还将加强与国际伙伴的合作。这种合作可能涉及与国际汽车品牌共同开发新产品、与技术提供商合作提升技术水平、与销售渠道合作扩大市场份额等多个方面。通过与国际伙伴的紧密合作，民族汽车品牌可以更快地融入全球汽车产业链，提升自身的国际化水平，并在全球市场上获得更广泛的认可和影响力。

三 民族汽车品牌未来发展建议

在全球经济持续面临下行压力，市场竞争越发激烈，国际形势纷繁复杂的当下，民族汽车品牌的发展成为业界和学术界共同关注的焦点。民族汽车品牌不仅需要立足于当前的市场格局，深入剖析自身的优势与不足，更要具备前瞻性的战略眼光，积极寻找突破口，应对各种挑战。为了实现汽车产业做大做强，民族汽车品牌要坚定信心，不畏艰难，勇于探索，在技术研发、品牌建设、产业合作、市场发展等方面加大投入，提升自身实力。基于现状分析以及趋势预测，本报告就民族汽车品牌未来发展提出以下建议。

（一）提升技术水平和产品品质

在技术创新方面，民族汽车品牌需从四方面持续发力。一是加大研发投入。民族汽车品牌要想在全球汽车市场中占据一席之地，必须加大在研发领域的投入力度。包括设立专项基金，用于支持新能源、智能驾驶、轻量化材料、动力总成等关键领域的核心技术自主研发。通过自主研发，民族汽车品牌可以掌握核心技术的知识产权，从而在激烈的市场竞争中占据有利地位。二是争取技术主导权。为了抢占技术制高点，民族汽车品牌还应积极参与或主导行业标准的制定。通过参与或主导标准制定，民族汽车品牌可以引导行业技术发展方向，打破外资品牌的技术壁垒，提升在国际汽车市场上的影响力。三是建立产学研合作关系。民族汽车品牌可通过与国内外高校、科研机构建立紧密的产学研合作关系，共建创新研发平台，形成产学研用一体化的创新体系，利用高校和科研机构的科研资源和人才优势，共同推进汽车技术的创新与发展。四是激发员工热情。民族汽车品牌可设立创新奖励机制。例如，设立技术创新奖励基金，对在技术创新方面取得突出成果的员工进行奖赏；实施股权激励方式，让员工成为公司的股东，共享创新成果带来的收益。这些措施有助于发挥员工的个人潜能，推动公司内部创新氛围的形成。

在产品质量方面，民族汽车品牌应采用国际先进的质量管理标准，如ISO/TS 16949、IATF 16949等。这些标准有助于确保产品设计、生产、检验等全过程的质量控制，提升产品的整体品质。同时，民族汽车品牌还应引入精益生产等先进管理工具和方法，持续改进生产流程，降低不良品率，提升产品一致性。为了确保产品质量的稳定性和可靠性，民族汽车品牌需要从设计、采购、制造到售后服务每个环节保证高标准的质量控制。在供应链体系打造上，民族汽车品牌应严选优质供应商，与全球顶级零部件厂商建立长期稳定的合作关系。通过严格筛选供应商，民族汽车品牌可以确保零部件的高品质，从而提升整车的性能和可靠性。此外，为了推动本土供应商的技术升级，民族汽车品牌还应通过技术指导、联合研发等方式提升其产品质量和性能。通过构建稳定的国产化供应链体系，民族汽车品牌可以降低采购成本，提高供应链的响应速度，进一步增强市场竞争力。

（二）塑造品牌形象和提升口碑

除了产品本身的品质提升外，还要注重品牌文化的塑造与传播，树立良好的品牌形象。通过提升品牌形象和影响力，锚定可持续发展航向，实现从"制造大国"到"品牌强国"的转变。正如一提到美系、德系、日系或者韩系车，就能想到它们各自的标签，对于民族汽车品牌来说，其品牌标签并不明确，相应的品牌形象也没有建立起来，因此品牌定位和核心价值的凸显显得尤为重要。民族汽车品牌应清晰定义自身的市场定位、目标消费群体以及品牌所代表的核心价值。这包括但不限于：安全可靠、科技创新、节能环保、舒适驾乘、卓越性能、优质服务等。品牌定位应与企业战略、产品特性及消费者需求紧密契合，为后续的品牌塑造与传播提供方向。

根据品牌定位，推出具有鲜明特色和竞争优势的产品系列。不仅要满足不同消费群体的需求，更要通过独特设计、先进技术、优质工艺等元素，使产品成为品牌理念的具象载体，从而强化品牌形象。此外，还要在不同的市场和平台上保持品牌形象和信息的一致性，避免让消费者产生困惑。品牌视觉元素（如LOGO、色彩方案）和沟通语言应统一，以提高品牌识别度。

在营销传播策略上，采用多元化的营销手段，如广告宣传、公关活动、社交媒体营销、内容营销、线上线下联动等，统一传达品牌故事和核心价值。在传播过程中，注重情感共鸣和价值观传递，鼓励满意的用户分享他们的正面体验，将用户生成内容（UGC）作为口碑传播的工具。同时，积极响应和处理网络上的负面评论，通过建立健全舆情监测与应对机制，对可能出现的负面信息迅速反应，公正公开地处理消费者投诉，维护品牌声誉。同时，关注舆论，及时消除误解，提振消费者信心。

未来汽车市场的发展将以用户为中心，良好的用户口碑对于汽车品牌力的提升具有重要作用。因此，可以设立用户俱乐部、车主论坛、用户评价奖励机制等，搭建用户交流平台，激发用户参与品牌建设的积极性。此外，要构建品牌体验生态系统，打造覆盖购车、用车、养车全生命周期的优质用户体验。优化销售服务流程，提供个性化购车方案；建设完善的服务网络，确保售后服务及时、专业；利用数字化技术，如移动应用、车联网等，提供便捷的线上服务和增值服务，提升用户满意度。

（三）加强产业交流与合作

对于民族汽车品牌来说，加强产业交流与合作不仅可以帮助品牌获取最新的技术和市场信息，还可以通过合作伙伴的网络拓展销售渠道和市场份额。在全球化的大背景下，国际合作更能够帮助品牌提升国际影响力，加速全球化进程。

在国内，民族汽车品牌可通过跨行业合作和推动产业链协同不断提升竞争力，做强做优自身的汽车品牌。一方面，与能源、信息技术、互联网、人工智能等相关行业企业深度合作，共同探索智能网联、共享出行等新兴领域的技术创新和商业模式创新。例如，与电池制造商合作研发高性能动力电池，与科技公司合作开发自动驾驶系统，与互联网企业合作打造智慧出行服务平台等。另一方面，加强与零部件供应商、经销商、服务商等上下游企业的紧密协作，共同提升产业链的整体效率和竞争力。通过建立长期战略合作关系、共享市场信息、协同研发新产品、优化供应链管理等方式，实现产业链各环节的高效衔接和资源共享。

此外，区域产业联盟或者战略联盟的建立对于中国汽车产业来说也是提升整体实力的重要途径。通过与其他民族汽车品牌、地方车企、科研机构等组建区域产业联盟，共同开展关键技术攻关、标准制定、市场开拓等工作，形成产业集群效应，有利于提升区域汽车产业的整体竞争力。通过汇聚各方资源与力量，激发各自的创新活力，为民族汽车品牌发展注入源源不断的创新动力。

在国外，民族汽车品牌可以积极参加国际汽车展览、论坛、研讨会等活动，了解全球汽车行业最新动态和技术发展趋势，与全球同行交流经验，推广自己的品牌和技术，展示民族汽车品牌的实力和形象。与海外汽车制造商、研究机构、行业协会等开展技术交流、项目合作、人才培训等多元化合作，引入先进的技术和管理经验，提升自身的国际化水平。在跨国营销上，可以针对海外市场，开展有针对性的营销活动，如文化交流、产品体验、品牌推广等，提升民族汽车品牌在海外市场的知名度和美誉度。

（四）提升国际化运营能力

随着市场的开放和全球化的发展，汽车市场的竞争将更加激烈。国际品牌将不断加大在新兴市场的投入，以抢占市场份额。同时，本土品牌也将通过技术创新和品质提升，逐渐在国际市场上崭露头角。为了进一步提高市场占有率，朝着国际知名品牌奋斗，民族汽车品牌亟须提升自身的国际化水平，打造全面的国际竞争力，从而在更广泛的市场中与头部国际竞品展开竞争。

随着国内汽车制造企业海外工厂的陆续落成，国际化战略逐步从单一的贸易出口模式向投资、生产、销售一体化的当地化战略转型。展望未来，汽车行业国际化的显著特征将体现为海外生产与销售比重的持续攀升。鉴于汽车出口初期存在增长势头，国际化进程将维持贸易与海外生产并行的模式，二者均呈现迅猛的增长态势。随着时间的推移，这一模式将逐渐由贸易主导转向以海外投资及本地化发展为重心，这符合国际化发展的基本规律。因此，民族汽车品牌亟须精心构建自身的海外发展战略。

在战略规划层面，应审慎选择具备潜力的海外市场，布局生产基地、研发中心及销售网络。此过程需综合考虑市场规模、消费者偏好、投资环境及政策优惠等因素，以确保全球化布局的科学性与有效性。在标准化方面，应积极参与国际汽车行业认证体系，如欧洲 ECE、美国 DOT、日本 JIS 等，以保障产品在国际市场的顺利准入。在合规管理方面，应严格遵守各国法律法规，特别是反垄断、贸易及环保等关键领域，确保国际化进程中始终遵循合规原则。同时，建立风险预警与防控机制，以有效应对国际贸易摩擦、汇率波动及政治经济形势变动等带来的风险。在品牌建设方面，应塑造既与国内市场保持一致又符合国际审美标准的品牌形象。通过开展跨国营销活动、与国际知名 IP 合作等多元化手段，提升品牌在国际市场的知名度。在服务层面，应构建全球化的销售服务网络，提供从售前咨询、售中支持到售后维修保养等一站式服务，确保客户在全球范围内均能享受到统一的高品质服务体验。通过多维度的战略布局与举措实施，民族汽车品牌有望在国际市场取得更为显著的发展成果，为推动汽车产业的高质量发展贡献力量。

四 展望

展望未来，随着全球经济复苏和我国经济持续增长，汽车行业发展势头强劲。新能源汽车、智能网联汽车等技术发展普及，为行业带来新机遇，亦伴随挑战。民族汽车品牌应推动产业绿色、智能、可持续发展，以应对市场与技术变革。具体而言，民族汽车品牌应加大对新能源汽车、智能网联汽车等领域的研发力度，推动汽车产业向绿色化、智能化、高端化、品质化方向转型升级。通过技术创新和产业升级，提升产品的竞争力，满足消费者对高品质、智能化、环保型汽车的需求。同时，积极参与国际汽车市场的竞争与合作，拓展海外市场，提升国际影响力，为民族汽车品牌的国际化发展奠定坚实基础。此外，民族汽车品牌还应加强与政府、行业组织、科研机构等各方的合作，共同推动汽车产业的创新发展。通过政策支持、资金投入、人才培养等措施，为民族汽车品牌的崛起提供有力保障。我们有理由相信，在党中央的坚强领导下，我国汽车行业将继续保持强大的韧性和创新能力，为推动经济高质量发展做出更大的贡献。同时，民族汽车品牌也将不断壮大，成为国际汽车市场的重要力量，为实现汽车强国梦想贡献力量。

参考文献

DATA100：《2023 中国汽车品牌出海白皮书》，2024 年 3 月。

《向着建设汽车强国的目标奋勇前行——2023年中国汽车产业观察》，新华社，2024年1月。

中国汽车工业协会：《2024中国汽车市场整体预测报告》，2023年12月。

张夕勇：《展望2024，汽车市场走势研判》，新华网，2023年12月。

《中国新能源汽车步入"豪华时代"》，《环球时报》2024年1月20日。

36氪：《买不起的新能源车》，2024年1月。

中商产业研究院：《2024年中国汽车后市场行业市场规模及驱动因素预测分析》，2024年3月。

《〈中国民族汽车品牌影响力报告（2023）〉发布》，新华财经，2023年7月。

《2024年中国新能源汽车产业发展十大趋势》，中国工业新闻网，2024年2月。

Abstract

Annual Report on the Development of Chinese Automobile Brand is an annual research report focusing on the development of automobile brands in China. It was first published in 2022, being the third in the series. This book is authored by numerous researchers from China Automotive Technology Research Center Co., Ltd., along with experts and scholars in related fields, all working under the guidance of senior experts and scholars from related industries.

According to this report, in 2023, the automobile market in China remained stable and positive, with annual automobile sales reaching 30.094 million, a record high, and experiencing a year-on-year increase of 12%. Among them, the production and sales volume of new energy vehicles in China reached 9.587 million, representing a year-on-year growth of 22.1%, and their market share accounted for 31.6%. As the macro-economy continues to recover and improve, the national policy of promoting consumption is being actively implemented, which is expected to further stimulate the vitality of the automobile market. Currently, the automobile market is undergoing a transformation from fuel vehicles to new energy vehicles. Thanks to years of accumulated technical expertise and the development of the industrial chain supply system, China's new energy automobile industry has flourished, initially establishing a comprehensive competitive advantage at the global level. Consequently, the export scale has been further expanded, and the new energy market in Europe and America has gradually broadened. With the emergence of national automobile brands in China, the country's automobile exports have embraced new branding opportunities.

In 2023, the annual domestic market sales of China's independent brands surpassed those of overseas brands for the first time. Seeking overseas breakthroughs has become the underlying logic for China's automobile brands to expand internationally, based on their strong footing in the local market. The international development of China's automobile brands demonstrates that, as the world's largest automobile production and sales country, China's export potential for both new and used cars is considerable, with a significant presence in the European and American markets. Correspondingly, the export of used cars, particularly in the heavy truck and bus segments, has been driven by the efforts of car companies to expand overseas. The success of used car exports relies on the brand influence and after-sales systems established through the export of new car brands, making it an inevitable choice for most car companies to collaborate in developing the overseas market for used cars in China. Consequently, for Chinese national brands to expand internationally, special attention should be paid to adhering to the industry standards and relevant laws and regulations of exporting countries, thereby reducing operational risks. As countries increasingly set targets for "peak carbon dioxide emissions" and "carbon neutrality", China's automobile brands are embracing new development opportunities, and the internationalization of new energy vehicles is poised to enter a broader stage.

Currently, Chinese automobile brands must prioritize fostering strong parent brand associations and implementing a premium branding strategy. By putting users at the core, they can drive industry growth. This requires consistently pursuing high-quality development, strengthening the ESG framework for automotive companies, accelerating R&D in intelligent and connected vehicle technologies, and embracing the era of discerning consumers to enhance the influence of national brands. Strategically positioning their brands across the brand relationship spectrum is crucial. They should allocate resources judiciously among sub-brands and foster synergistic growth between product and corporate brands, especially in the high-end segment. Enhancing marketing prowess, product excellence, and service quality simultaneously is paramount. User experience shapes brand perception directly; thus, automakers must prioritize user-centricity, continuously refine service offerings, enhance product quality, and cultivate customer loyalty. Concurrently, the government boosts support for China's auto sector through policy initiatives aimed at stimulating technological innovation and brand enhancement, thereby fostering industry transformation and upgrading. Automotive enterprises must intensify R & D investments to propel the sustained and excellent development of their brands. At present, the ESG construction of the automobile industry in China is in its initial stage overall, yet some enterprises have achieved remarkable progress in ESG practices and emerged as industry pioneers. Chinese automobile enterprises need to enhance their commitments to ESG systems, improve the quality of information disclosure, and promote the sustainable development of the industry. Furthermore, intelligent networked vehicles have entered a new phase of rapid technological evolution and accelerated industrial deployment, along with the continuous improvement of industrial ecology and the standardization of laws and regulations. In the future, the main trend in the development of intelligent networked vehicles will revolve around the constant upgrading of intelligent driving technology. Those enterprises that can lead the way in breaking through the technical bottlenecks of intelligent driving technology will secure a strong voice in the market and enhance their competitiveness. As consumers' mental maturity and discriminating ability continue to improve, automobile market consumption has gradually shifted towards a high-buyer era. Meeting consumers' needs and cultivating a unique brand image have become crucial issues for automobile enterprises.

In the future, the integration in the Chinese auto market will continue to intensify and accelerate innovation. Under the sweeping wave of smart electric vehicles, technology continues to penetrate the market, making it imperative for brands to become high-end and intelligent. Chinese automobile brands should strengthen brand awareness, put the user experience at the center, enhance their independent research and development capabilities, and strive to achieve brand advancement.

Keywords: Automobile Brand; Automobile Industry; Brand Building

Contents

I General Report

Abstract: 2023 is the first year to fully implement the spirit of the 20th National Congress of the Communist Party of China, and the year of economic recovery and development after three years of COVID − 19 prevention and control. Facing the influence of such factors as the preferential purchase tax for traditional fuel vehicles, the withdrawal of subsidies for new energy vehicles, and complex international forms, the Chinese automobile market has a better trend than expected, with production and sales hitting a new record high. 2023 is a year for China's automobile industry to create miracles, with a total sales volume of over 30 million vehicles (including passenger and commercial vehicles), demonstrating the strong potential and market development space of the automotive industry. In the era of electrification, intelligence, and networking sweeping the global automotive industry, the development of new energy vehicles has made rapid progress, and the sales of highend intelligent electric vehicle brands represented by China's innovative forces have rapidly increased. Chinese automotive brands will demonstrate unstoppable strength in the future global competition for intelligent electrification leading technology. Supported and guided by the Social

Responsibility Bureau of the State owned Assets Supervision and Administration Commission of the State Council, the key project "National Automobile Brand Upward Plan" initiated by China Automotive Technology Research Center Co. , Ltd. has achieved significant results in 2023. Through longterm research, it is imperative to promote the upward development of national automobile brands. At the end of 2023, the Central Economic Work Conference clearly stated that in 2024, we must adhere to the principle of seeking progress while maintaining stability, promoting stability through progress, and focusing on expanding domestic demand. Stimulate potential consumption and boost bulk consumption such as new energy vehicles and electronic products. Promoting the coordinated growth of new energy vehicles and fuel vehicles requires the joint efforts of Chinese automotive enterprises and industry colleagues, with the goal of creating a highend brand strategic layout, a brand overseas strategic layout, a technology brand, and a quality brand, to jointly promote the upward development of Chinese automobiles.

Keywords: Chinese Automobiles; Automobile Brand; Brand Building

II   Expert Viewpoints

III   Industry Hotspot

Abstract: This paper systematically studies the important characteristics of Chinese automobile brands in market internationalization, and analyzes the new characteristics and trends of market internationalization from the perspectives of scale trends, new energy automobile exports, and the upward trend of national brands. On the strategic level, Chinese automobile brands have upgraded their internationalization strategy to the core strategy of the company, and accelerated the deployment of the brands overseas. In terms of international resource distribution, global resources are utilized through R&D internationalization, supply chain internationalization, and marketing internationalization to further promote global distribution. Finally, the paper looks forward to the internationalization trends of automobile brands and puts forward practical suggestions, especially in risk control, emphasizing the need for increased research and investment to avoid heavy losses.

Keywords: Internationalization; Chinese Automobile Brands; New Energy Vehicles

B. 4   Trend and Suggestions of High-end Development
of Automobile Brands in China   *Zhu Xianglei, Ding Qian* / 070

Abstract: With the rapid progress of new energy vehicle technology and the remarkable enhancement of Chinese automobile brands in both technical innovation and quality assurance, national brands are witnessing an unprecedented surge in popularity and competitiveness. They are committed to transforming into high-end markets, aiming to secure a favorable position in today's fiercely competitive automotive landscape. This transformation is evident not only in the innovative designs and enhanced configurations but also in the seamless integration of scientific and technological advancements with intelligent applications, alongside comprehensive improvements in product quality, performance, differentiation, and personalization. This paper systematically examines the background, evolution, and core elements underlying the high-end development of Chinese automobile brands, while delving into the challenges encountered during this process, taking into account both the current state of high-end development and the evolving trends among high-end user groups. Based on these insights, this paper offers a series of strategic recommendations to encourage local automobile enterprises to undertake comprehensive innovation and promotion, spanning from product definition, design, and development to manufacturing and brand marketing, thereby propelling the high-end development of national automobile brands to new heights.

Keywords: Automotive Brands; High-end; Automotive Enterprises; New Energy Vehicles

B.5 Research on the Relationship Construction between Mother and Child Brand in Automobile Industry

You Jiaxun, Li Xinbo / 092

Abstract: With the increasing diversification of market demand and the continuous expansion of the brand strategy of the automotive industry, the management of maternal and child brand relations has become a vital link in the car brand strategy. More and more auto companies have begun to adopt the strategy of mother and child brand. The research of car mother and child brand is a relatively complex topic. There is a complex relationship between car mother and child brands, and with the continuous development of the automotive market and the continuous upgrading of consumer demand, the car parent and child brand needs to continuously adjust its strategy to adapt to market changes. Only through in-depth research and analysis can we better understand the relationship and market environment between car mother and child brands, so as to provide strong support for enterprises to formulate more scientific and reasonable strategies. This article analyzes the formation of mother-child brands through in-depth discussion of the mother-child brand. At the same time, in accordance with the actual operation of the market, summarize the experience and lessons in the construction of maternal and child brand relations. Finally, in accordance with the overall trend of the development of the automotive industry, it is speculated that the development trend of maternal and child brand relations.

Keywords: Automotive Industry; Car mother-child Brand Relationship; Construction Model Presentation Type

B.6   The Measurement Results of Automobile Brand Competitiveness
　　　in 2024 and the analysis of the advantage and
　　　disadvantage of Chinese Automobile Brands

Gu Hongjian, *Xing Chenyi* / 110

Abstract: As a key symbol of industrial development and enterprise competitiveness, brands' social evaluation holds significant influence over consumers' purchase decisions. To enhance the effectiveness of brand management and the effectiveness of value communication, the China Automotive Technology & Research Center (CATARC) has established the Chinese Automobile Brand Competitiveness evaluation system, with the aim of comprehensively monitoring and promoting the development of automobile brands. This paper focuses on the essence of automobile brand competitiveness, the construction of the brand strength assessment framework, while providing an in-depth analysis of the monitoring results from the first quarter of 2024. It is found that Chinese automobile brands are showing a strong development momentum in brand competitiveness enhancement, and the gap between them and joint venture brands is narrowing. Some domestic brands have already achieved distinct advantages, yet overall, there remains substantial room for further growth. Finally, some suggestions are put forward from brand value, user cognition, market share, cultural history and product technology.

Keywords: Brand Competitiveness; Chinese Automotive Brands; Automobile Brand Competitiveness

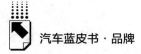

B.7　Analysis of Factors Influencing the Enhancement of Automotive Brand Competitiveness Based on User Experience

Hu Huiying, *Cheng Meilin* / 132

Abstract: In the face of the competitive landscape and complex and diverse consumer demands in the new energy vehicle market, car companies need to reshape the sales process of new energy vehicles, improve consumer experience, and strengthen consumer recognition, intimacy, and loyalty to the brand. This will become a key anchor point for various car companies to exert their efforts. Brand, product, and price advantages need to be conveyed to consumers through experience as a bridge, and a good experience can also enhance consumer purchasing willingness. Based on the five influencing factors of automotive brand power proposed by China Automotive Center, namely product, service, culture, marketing, and innovation, combined with user surveys and expert analysis, as well as the 2024 user experience report, suggestions for improving automotive technology are proposed, providing optimization directions for enhancing corporate brand power. Ensuring driving safety has always been the most important prerequisite while increasing functional diversity. Automotive design needs to focus on the integration of hardware and software to enhance user experience. At the same time, improve the backend system support and enhance the user purchasing experience. Provide more personalized services based on user needs and scenario differences. Make software payment a key driving point to achieve a more flexible service model, enhance user satisfaction and brand value.

Keywords: Automotive Brand; Brand Competitiveness Enhancement; User Experience

IV Internationalization Reports

Abstract: 2023 is a booming year for China's used car export industry. In the past year, China's used car export enterprises actively expanded their sales channels and accelerated their penetration in the overseas markets, achieving remarkable results, increasing number of overseas consumers getting to know, accept and praise China's used cars. This article systematically analyzes the overall situation of China's used car exports, the development history of China's used car export policies, and summarizes the development characteristics of China's used car export industry. It analyzes the export market development situation, characteristics of used car export business, and typical used car export enterprise development in mature regions such as Japan and South Korea. Through comparative research, recommendations are proposed for the development of China's used car export industry and the overseas expansion of Chinese automotive brands.

Keywords: Used Car Exports; Overseas Markets; Export Operations

Abstract: Currently, Chinese automotive brands are accelerating their overseas expansion. In 2023, China became the world's largest exporter of automobiles, with exports of 101.6 billion US dollars and a new car export volume of 4.91 million units, a year-on-year increase of 57.9%. The contribution rate of exports to the total sales growth of automobiles reached 55.7%. The export of electric vehicles, lithium batteries, and photovoltaic products increased by nearly 30%. China's independent brand automobile products have been exported to more than 200 countries and regions worldwide. The current international automotive industry pattern is undergoing significant changes, and accelerating China's automotive industry's "going global" and achieving international development has become a practical need and inevitable option. Deeply participating in the standardization of automobiles in overseas markets is beneficial for reducing enterprise costs, further meeting local market demands, and enhancing product competitiveness. This article analyzes the current situation of China and international enterprises participating in overseas market automobile standardization work from the perspective of automobile standard internationalization work, and studies and summarizes the inspiration for China's automobile standard internationalization work.

Keywords: Automotive Standards; Overseas Markets; Standard Internationalization; The Automotive Exports

B.10 Analysis of Development Pathways for Chinese
Automotive Brands Under the New Global
Low-Carbon Competition Scenario

Chang Wei, Lu Linfeng and Kong Xi / 194

Abstract: The automotive industry, as a strategic and pivotal sector of the national economy, features extensive engagement, long industrial chains, and substantial market demand. Emissions from the entire life-cycle of automotive products account for over 10% of China's total emissions, making the industry's low-carbon development crucial for the country's socio-economic transition to low-carbon practices. In the context of new international trade environments, the green and low-carbon transformation of the automotive industry faces challenges from international green trade barriers, digital sovereignty, and domestic policies and markets. In this process, automobile brands actively explore their own low-carbon development path, and make full use of low-carbon power to promote brand development. Significant progress has been made in the automotive industry's low-carbon transformation in areas such as foundational capabilities, information disclosure, and supply chain management. However, there is still considerable room for improvement compared to international advanced levels. Under the new scenario of global low-carbon competition, enterprises in the automotive industry should actively assume social responsibilities, steadfastly build a green, low-carbon and sustainable corporate image, and solidify China's green advantages in new energy vehicles to support the achievement of the dual carbon goals and the beautiful China goal.

Keywords: Low-Carbon; Carbon Footprint; Automotive Brands; Industrial Chain Resilience; Corporate Image

B.11   Analysis of International Marketing Strategies for

Automotive Brands   *Liang Yi* / 217

Abstract: In recent years, the internationalization of China's automotive industry has accelerated, with automotive products entering a critical period of 'going global.' A number of Chinese automotive companies are rapidly expanding their presence abroad by establishing overseas production, research, and sales networks. These efforts are expected to contribute new strength to the expansion of overseas markets in the future. In 2023, China's automotive foreign trade exports reached a new milestone, with annual vehicle exports ranking first globally for the first time. As export shares continue to increase, the international influence of Chinese automotive brands is steadily rising. The 'going global' strategy of the automotive industry also demands higher standards for the formulation of corporate marketing strategies. This paper reviews the development status of Chinese automotive brand exports and corporate marketing strategies in 2023. It suggests that Chinese automotive companies should enhance product competitiveness,

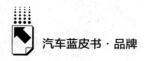

maintain a competitive edge, actively pursue open cooperation, and improve marketing capabilities to promote the internationalization of Chinese automotive brands.

Keywords: International Marketing, Global Market, Brand Internationalization

V Special Reports

B.12 Analysis and Suggestions on Supporting Policies
for the Development of Chinese New Energy
Vehicle Brands

Yao Zhanhui, Li Lumiao / 236

Abstract: China has seized the opportunity of electric vehicle transformation, established a relatively complete policy support system for New Energy Vehicles, promoted breakthroughs in key core technologies, significantly increased market size, accelerated the upward trend of national brands, and achieved initial results in "overtaking by changing lanes". At present, the global automotive industry has entered a new stage characterized by electrification, intelligence, and low-carbon, and China's New Energy Vehicles has also entered a new stage of rapid development on a large scale. It is urgent to systematically sort out new policy requirements in areas such as technological innovation, investment access, financial and tax support, safety management, low-carbon development, and exports, and improve the policy system with new perspectives and concepts, creating a favorable atmosphere for the upward development of New Energy Vehicles.

Keywords: New Energy Vehicles; Automotive Brands; Policy System; Requirement Judgment

B. 13 ESG Development Report of Chinese Automotive Brands

Li Xiaoxia, Xu Lijie and Shi Rui / 248

Abstract: This report focuses on the current status and prospects of Chinese automotive brands in Environmental, Social, and Governance (ESG) development. The research subjects include both domestic and foreign automotive companies' branches in China and Chinese local automotive enterprises, covering various fields such as passenger cars, commercial vehicles, and automotive parts enterprises. By analyzing domestic and international ESG rating frameworks and combining the development status of China's automotive industry, a "three-in-one" ESG evaluation model has been constructed, along with an ESG evaluation index system containing 171 sub-indicators. The Delphi method and the Analytic Hierarchy Process (AHP) were employed to study the weight assignment of indicators, ultimately forming the China Automotive Industry ESG Pioneer Index. The study results show that the ESG development of China's automotive industry is generally in its infancy, but some enterprises have achieved significant results in ESG practices, becoming industry pioneers. The report emphasizes the need for automotive companies to strengthen ESG system construction and improve the quality of information disclosure to promote the sustainable development of the industry.

Keywords: ESG evaluation; Social Responsibility Evaluation; Automotive Brands

B. 14 Research on the Development Trends of Evaluation

Technologies for Intelligent and Connected Vehicles in China

Wang Xin, Li Xiangrong, Zhang Lu, Li Tao and Yan Xiaoxiao / 283

Abstract: With the widespread application of intelligent connected vehicle technology, related evaluation technologies in the industry are developing rapidly.

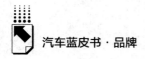

This article systematically elaborates on the current development status of intelligent connected vehicles in three technical fields: assisted driving, smart cockpit, and privacy protection. At the same time, this article combines the testing and evaluation results of China Automotive Technology Research Center Co., Ltd. in the field of intelligent connected vehicles in recent years, systematically elaborates on the technological status of China's intelligent automotive industry, and puts forward development suggestions.

Keywords: Intelligent Connected Vehicles; Testing and Evaluation; Assisted Driving; Smart Cockpit; Privacy Protection

B.15   Strategic Innovation of Automobile Brands in the Era
of a High Quality-to-Price Ratio   *Sun Rui* / 321

Abstract: This paper discusses the importance of automobile brand innovation strategy and its implementation path within the context of a high quality-to-price ratio. Furthermore, it sums up the market features and characteristics in detail in the context of a high quality-to-price ratio environment, analyzes the risks and challenges of establishing a brand with a high quality-to-price ratio in the automotive industry, and explores the changing trend of China's consumer demand. On this basis, a series of innovative strategies for self-owned brand cars under the new consumption trends are proposed, along with the identification of critical factors for successful innovation of automobile brands in the era of a high quality-to-price ratio.

Keywords: High Quality-to-Price Ratio; Automobile Brand; Brand Strategy

Abstract: In 2023, China's automobile industry will continue to demonstrate remarkable resilience and innovation capabilities amidst multiple factors, including the uncertain international environment, chip shortages, and soaring raw material prices. Looking ahead, the challenges confronting the automobile industry will grow increasingly severe, and market competition will become more intense. For domestic automobile brands, seeking breakthroughs amidst numerous difficulties and enhancing brand value have emerged as urgent issues that need to be addressed. Firstly, this paper comprehensively summarizes the development highlights of China's automobile market in 2023, encompassing the robust growth of the new energy automobile market, the rapid ascendance of independent brands, the diversification of the automobile market structure, deepened cooperation within the automobile industry, and the active expansion of national automobiles in the international market. Secondly, taking into account the current market situation and industry development trends, a prospective analysis of the potential development trajectory of China's automobile market in 2024 is conducted. Finally, strategic suggestions are offered for the future development of national automobile brands, encompassing enhancing technological research and development, improving product quality, strengthening brand image, optimizing customer reputation, deepening cross-industry collaboration and exchange, and bolstering international operational capabilities, thereby facilitating the automobile industry's pursuit of higher-quality development.

Keywords: National Automobile Brand; Brand Construction; Automobile Industry

社会科学文献出版社

皮书

智库成果出版与传播平台

❖ 皮书定义 ❖

皮书是对中国与世界发展状况和热点问题进行年度监测，以专业的角度、专家的视野和实证研究方法，针对某一领域或区域现状与发展态势展开分析和预测，具备前沿性、原创性、实证性、连续性、时效性等特点的公开出版物，由一系列权威研究报告组成。

❖ 皮书作者 ❖

皮书系列报告作者以国内外一流研究机构、知名高校等重点智库的研究人员为主，多为相关领域一流专家学者，他们的观点代表了当下学界对中国与世界的现实和未来最高水平的解读与分析。

❖ 皮书荣誉 ❖

皮书作为中国社会科学院基础理论研究与应用对策研究融合发展的代表性成果，不仅是哲学社会科学工作者服务中国特色社会主义现代化建设的重要成果，更是助力中国特色新型智库建设、构建中国特色哲学社会科学"三大体系"的重要平台。皮书系列先后被列入"十二五""十三五""十四五"时期国家重点出版物出版专项规划项目；自2013年起，重点皮书被列入中国社会科学院国家哲学社会科学创新工程项目。

权威报告·连续出版·独家资源

皮书数据库
ANNUAL REPORT(YEARBOOK)
DATABASE

分析解读当下中国发展变迁的高端智库平台

所获荣誉

- 2022年，入选技术赋能"新闻+"推荐案例
- 2020年，入选全国新闻出版深度融合发展创新案例
- 2019年，入选国家新闻出版署数字出版精品遴选推荐计划
- 2016年，入选"十三五"国家重点电子出版物出版规划骨干工程
- 2013年，荣获"中国出版政府奖·网络出版物奖"提名奖

皮书数据库

"社科数托邦"
微信公众号

成为用户

登录网址www.pishu.com.cn访问皮书数据库网站或下载皮书数据库APP，通过手机号码验证或邮箱验证即可成为皮书数据库用户。

用户福利

- 已注册用户购书后可免费获赠100元皮书数据库充值卡。刮开充值卡涂层获取充值密码，登录并进入"会员中心"—"在线充值"—"充值卡充值"，充值成功即可购买和查看数据库内容。
- 用户福利最终解释权归社会科学文献出版社所有。

数据库服务热线：010-59367265
数据库服务QQ：2475522410
数据库服务邮箱：database@ssap.cn
图书销售热线：010-59367070/7028
图书服务QQ：1265056568
图书服务邮箱：duzhe@ssap.cn

社会科学文献出版社 皮书系列
SOCIAL SCIENCES ACADEMIC PRESS (CHINA)
卡号：427268282625
密码：

基本子库
SUB DATABASE

中国社会发展数据库（下设 12 个专题子库）

紧扣人口、政治、外交、法律、教育、医疗卫生、资源环境等 12 个社会发展领域的前沿和热点，全面整合专业著作、智库报告、学术资讯、调研数据等类型资源，帮助用户追踪中国社会发展动态、研究社会发展战略与政策、了解社会热点问题、分析社会发展趋势。

中国经济发展数据库（下设 12 专题子库）

内容涵盖宏观经济、产业经济、工业经济、农业经济、财政金融、房地产经济、城市经济、商业贸易等 12 个重点经济领域，为把握经济运行态势、洞察经济发展规律、研判经济发展趋势、进行经济调控决策提供参考和依据。

中国行业发展数据库（下设 17 个专题子库）

以中国国民经济行业分类为依据，覆盖金融业、旅游业、交通运输业、能源矿产业、制造业等 100 多个行业，跟踪分析国民经济相关行业市场运行状况和政策导向，汇集行业发展前沿资讯，为投资、从业及各种经济决策提供理论支撑和实践指导。

中国区域发展数据库（下设 4 个专题子库）

对中国特定区域内的经济、社会、文化等领域现状与发展情况进行深度分析和预测，涉及省级行政区、城市群、城市、农村等不同维度，研究层级至县及县以下行政区，为学者研究地方经济社会宏观态势、经验模式、发展案例提供支撑，为地方政府决策提供参考。

中国文化传媒数据库（下设 18 个专题子库）

内容覆盖文化产业、新闻传播、电影娱乐、文学艺术、群众文化、图书情报等 18 个重点研究领域，聚焦文化传媒领域发展前沿、热点话题、行业实践，服务用户的教学科研、文化投资、企业规划等需要。

世界经济与国际关系数据库（下设 6 个专题子库）

整合世界经济、国际政治、世界文化与科技、全球性问题、国际组织与国际法、区域研究 6 大领域研究成果，对世界经济形势、国际形势进行连续性深度分析，对年度热点问题进行专题解读，为研判全球发展趋势提供事实和数据支持。

法律声明

"皮书系列"（含蓝皮书、绿皮书、黄皮书）之品牌由社会科学文献出版社最早使用并持续至今，现已被中国图书行业所熟知。"皮书系列"的相关商标已在国家商标管理部门商标局注册，包括但不限于 LOGO（）、皮书、Pishu、经济蓝皮书、社会蓝皮书等。"皮书系列"图书的注册商标专用权及封面设计、版式设计的著作权均为社会科学文献出版社所有。未经社会科学文献出版社书面授权许可，任何使用与"皮书系列"图书注册商标、封面设计、版式设计相同或者近似的文字、图形或其组合的行为均系侵权行为。

经作者授权，本书的专有出版权及信息网络传播权等为社会科学文献出版社享有。未经社会科学文献出版社书面授权许可，任何就本书内容的复制、发行或以数字形式进行网络传播的行为均系侵权行为。

社会科学文献出版社将通过法律途径追究上述侵权行为的法律责任，维护自身合法权益。

欢迎社会各界人士对侵犯社会科学文献出版社上述权利的侵权行为进行举报。电话：010-59367121，电子邮箱：fawubu@ssap.cn。

社会科学文献出版社